Wie Männer & Frauen ticken

Hauke Brost /
Hauke Brost & Marie Theres Kroetz-Relin

WIE
MÄNNER & FRAUEN
TICKEN

Sonderausgabe in einem Band

Schwarzkopf & Schwarzkopf

Wie Männer ticken
Von Hauke Brost

Wie Frauen ticken
Von Hauke Brost & Marie Theres Kroetz-Relin

Wie Frauen ticken – und wie wir Männer darüber denken
Von Hauke Brost

Hauke Brost

WIE MÄNNER TICKEN

*Über 150 Fakten, die aus jeder Frau
eine Männerversteherin machen*

Willkommen in der Welt des Mannes!

»Frauen und Männer verstehen sich nicht.« Mit diesen sechs recht leicht zu begreifenden Worten begann die erste Ausgabe meines Buches »Wie Männer ticken«. Offenbar haben die Leute beim Lesen genickt, geseufzt, geweint oder gegrinst, aber garantiert nicht gegähnt! Sonst wäre »Wie Männer ticken« nämlich kein Bestseller geworden. Dies ist nun die erweiterte, noch viel bessere Ausgabe mit frischen wissenschaftlichen Erkenntnissen, neuen Beobachtungen, fantastischen Geschichten aus dem Beziehungs-Alltag meiner Leserinnen und einem weiteren tiefen Griff in das Haifischbecken der Liebe, in dem sich Mann und Frau wie heimtückische Moränen umkreisen und nur darauf warten, dass sie dem jeweils anderen einen überbraten können.

»Wie Männer ticken«, das ist offenbar tatsächlich spannend. Das Buch war gleich vom Start weg Spitzentitel in den Hitlisten der meistverkauften Bücher von Amazon bis »Buchreport«. Vorabgedruckt von »BILD«, verrissen von der »WELT«, diskutiert bei »Kerner«, rezensiert von über 100 Zeitungen und Illustrierten, übersetzt ins Tschechische und ins Koreanische. Moment mal: Ins Koreanische?

Hm. Der koreanische Mann ist, sagen wir mal, mit dem hiesigen Mann doch wohl überhaupt nicht zu vergleichen. Nicht, dass ich was von dem Koreaner als solchem wüsste. Vom Koreaner verstehe ich so viel wie von der deutschen Sprache. Nämlich nix.

Letzteres findet jedenfalls der Hamburger Publizist Michael Jürgs, der mich erst kürzlich in einer Kolumne einen »Sprachverhunzer« nannte. Dieser kleine Scherzbold! »Sprachverhunzer!«

Ich finde das gut. Wenn ich seitdem in einem Hotel einchecke, schreibe ich auf dem Meldezettel immer unter »Beruf«: »Sprachverhunzer«. Klingt doch geil, oder? So wie »Wahnsinns-Stecher« oder »Immer-Könner«. Aber zurück zum Koreaner, diesem unbekannten Wesen.

Der Koreaner hat ein ziemlich kleines Glied und kommt nach spätestens 20 Sekunden. Das ist ein genauso blödes Vorurteil wie alle Vorurteile, die Sie in diesem Buch finden werden. Es gibt natürlich auch ganz andere Koreaner, jedenfalls kann ich das nicht ausschließen. Und es gibt auch ganz andere Männer als die, von denen ich schreibe in diesem Buch. Wenn Sie also alles ganz ernst nehmen, was Sie hier lesen, dann machen Sie einen Fehler.

Sie werden aber alles ernst nehmen, das verspreche ich Ihnen. Sie werden Ihren Kerl in diesem Buch so originalgetreu wiederfinden, als hätte ich mit ihm schon mal eine Nacht durchgesoffen oder, sein Kopf an meiner Schulter, mit ihm auf einer Parkbank geheult, oder beides gleichzeitig, also heulend auf einer Parkbank durchgesoffen. Wie ging das eigentlich alles los?

Ich sitze so in einer Kneipe und schau mich um. Eigentlich höre ich mich um. Das macht Spaß: Nach links gucken und nach rechts lauschen. Also rechts, da wo ich hinlausche, sitzen ein paar Mädels am Tresen, und die können ihre Jungs mal wieder so gar nicht verstehen. Null! Gar nicht! Nix kapiert! Nicht mal die Basics! Ein Geschwafel und Gegacker, ein Gerätsel über die Macker, am liebsten hätte ich sie mit den Köpfen gegeneinander gerumst und gesagt: Hey, wisst ihr denn so gar nicht – »wie Männer ticken«?

Am nächsten Abend sitze ich schon wieder in einer Kneipe. Nicht, dass Sie jetzt glauben, ich sitze ständig in einer Kneipe. Aber ein Reporter gehört auf die Straße, und die Straße ist feucht und kalt, also muss der Reporter, um sich nicht zu verkühlen, hin und wieder mal ins Warme.

Apropos ins Warme. Als die erste Ausgabe von »Wie Männer ticken« erschien, gab es eine wunderbare Lobeshymne auf meinen Bestseller ausgerechnet in – einem Schwulen-Magazin namens »Adam«. Aber wenn die Schwulen mein kleines Macho-Buch gut finden, dann hab ich ja wohl irgendwas falsch gemacht, oder? Ist aber nicht so. Sie denken da zu schlicht. Lesen wir mal rein.

»Das ist eigentlich ein Buch für Frauen, um ihren Mann besser zu verstehen. Gemeint ist der gemeine Heteromacho. Aber sehnen sich nicht auch Schwule nach so einem straighten Kerl fürs spießig normale Lebensglück? Partnerschaftsexperte Hauke Brost liefert in seinen 135 Klischee-Analysen sehr Interessantes zum Hetero-Mini-Macho.«

Und das ist auch gut so. Wo waren wir stehen geblieben? Ach so: Ich sitze also schon wieder mal in einer Kneipe und schaue nach links und lausche nach rechts. Da sitzen ein paar schlicht gestrickte Jungs, und die reden gerade über ihre Frauen. Was stelle ich fest? Die kriegen auch nix mit! Die haben auch keine Ahnung! Null! Niente! Sie verdrehen die Augen, schauen zur nikotingelben Decke und murmeln: »Frauen.« Ich möchte sie am liebsten mit den Köpfen... Siehe oben. Ja, da gibt es aber doch eine Menge Verständigungsbedarf, so dachte ich bei mir am nächsten Morgen unter der Dusche, und darum werde ich ein ganzes Regal voll Bücher schreiben. Das erste soll den Titel tragen »Wie Männer ticken«. Und dann »schaun mer mal«.

»Wie Frauen ticken« war der logische Band 2. In erster Ausgabe erschienen exakt ein Jahr später, nämlich 2006. Wieder in »BILD«. Wieder bei »Kerner«. Wieder ein Bestseller. Nicht, dass ich irgendeine Ahnung gehabt hätte, »wie Frauen ticken«! Also von Frauen verstand ich anfangs (trotz oder wegen meiner drei geschiedenen Ehen) so viel wie von Koreanern oder der deutschen Sprache, nämlich auch nix. Aber ich wurde im Laufe der Recherche weiser und weicher und – ja, auch weiblicher irgendwie. Weil ich lernte, wie eine Frau zu denken. Nebenbei lernte ich noch viel über Pilze im Vaginalbereich und sexuelle Gefühle beim Bügeln, über unkontrollierbare Inkontinenz ab der dritten Geburt und alles andere, was Männer noch niemals wirklich wissen wollten. Das verdankte ich zahllosen Gesprächsrunden mit Frauen, die irgendwie vergessen hatten, dass ein Kerl mit am Tisch saß und fleißig mitschrieb. Und meiner Co-Autorin Marie Theres Kroetz-Relin natürlich, die ohne jeden Zweifel auch eine Frau ist.

Weiter geht's! Band 3 erscheint im Herbst 2007. Falls Sie Kinder haben oder beabsichtigen, jemals welche in die Welt zu setzen, sollten Sie ihn nicht verpassen. Er wird den verheißungsvollen Titel tragen »Wie Teenies ticken« und befasst sich mit der total beschissenen Lebensphase zwischen 12 und 17, wo man noch nicht weiß, ob man Fisch oder Fleisch ist, und wo einen sowieso keiner kapiert und wo alles, was theoretisch schief gehen könnte, tatsächlich schief geht.

Aber jetzt heißt es erst einmal: »Wie Männer ticken, die Zweite«: Neu, erweitert, überarbeitet, verschärft, härter, gemeiner, fieser, schonungsloser. Und so, wie alle Männer mal werden: dicker...

Hauke Brost

Erstes Kapitel

DER MANN UND
DIE LIEBE

1. Denkt er beim Kennenlernen immer gleich an Sex?

Nur dann? Männer denken alle acht Minuten an Sex. Frauen pro Tag nur 30 Mal.[1] Um die Frage zu beantworten: Die Antwort heißt natürlich Ja. Aber das bedeutet nicht, dass ER sofort konkrete Pläne schmiedet, wie er SIE am schnellsten herumkriegen könnte. Es bedeutet nicht einmal, dass er es jemals versuchen wird. Es bedeutet nur, dass Männer darauf programmiert sind, Frauen sofort erotisch abzuscannen.

Die allererste Frage, die sich ein Mann stellt, lautet: »Ist sie sexuell interessant?« Das passiert auf jeden Fall, bevor er seinen Namen nennt und bevor sie ihm die Hand gibt. Er macht das nicht bewusst. Er ist so. Auch, wenn er glücklich liiert ist. Vielleicht haben Sie schon mal zwei Hunde beobachtet, die sich gerade kennen lernen. Als Erstes riechen sie gegenseitig an den Geschlechtsteilen. Danach ignorieren sie sich (»riecht uninteressant«), oder sie spielen miteinander (»riecht prima«), oder sie gehen aufeinander los (»riecht ätzend«).

Als Erstes an den Geschlechtsteilen zu riechen, verbietet sich bei zwischenmenschlichen erstmaligen Begegnungen ganz zweifelsfrei, aber Männer ticken ähnlich wie Hunde.[2] Will ich mit ihr reden, zu wem gehört sie, hat sie einen spannenden Beruf, könnte ihre Bekanntschaft interessant sein usw. – all das fragt sich ein Mann danach. Erst mal wird abgescannt: »Mit der würde ich.« – »Mit der würde ich nie.« Das sind die ersten, nicht die letzten, nicht die alleinigen, aber zunächst einmal die wichtigsten Kriterien. Sie können das sogar beobachten. Indem Sie seinem Blick folgen. Der wird, sofern sich der Typ einigermaßen unbeobachtet fühlt, blitzschnell vom Gesicht der neuen Bekanntschaft über Busen und Beine wieder zum Gesicht wandern. Ein Mann, der das nicht tut, ist wahrscheinlich schwul.

Männer haben übrigens nichts gegen Schwule. Im Gegenteil. Sie beobachten Schwule mit einer Mischung aus Neid, Interesse und Wissbegierde. Es muss doch einen Grund haben, warum Frauen mit Schwulen so gut klarkommen. Was haben die, was wir nicht haben?, so fragt sich jeder Hetero-Mann. Okay, er weiß es natürlich. Instinktiv. Schwule

---

1 Quelle: Weltgesundheitsorganisation
2 Glauben Sie nicht? Der Trend geht zum Zweitbuch, also lesen Sie nach diesem hier Michal Vieweghs »Geschichten über Sex und Ehe« (Deuticke-Verlag). Oder in der »Welt am Sonntag« (12.9.2004, S. 80): »Porträt des Mannes als läufiger Hund«.

hören besser zu, Schwule verstehen die Frau als solche, Schwule gehen gern ausführlich shoppen, Schwule wollen nicht ständig mit ihr ins Bett... Wobei, Moment mal, Moment mal, was ist das denn: Schwule wollen nicht mit ihr ins Bett und sind deshalb interessant??? Hat die Frau als solche denn keine Lust auf Sex??? Na, dazu kommen wir später noch. Tatsache ist jedenfalls: Jede Frau findet Schwule toll.

Und deshalb ist der beste Trick eines Mannes, der gerne mit einer Frau ins Bett möchte, sich anfangs so schwul wie möglich zu geben. Der »Frauen-Versteher«. Der »Gerne-Shopper«. Der »Lange-Zuhörer«. Der »Nie-von-Sex-Reder«. Der »Komm-her-und-heul-dich-bei-mir-aus-Baby-Typ«. Ja, das läuft. Wenn Sie mal so einen treffen und nicht hundertprozentig sicher sind, dass er wirklich schwul ist, dann passen Sie bloß auf. Das ist ein ganz gerissener Hetero. Der tarnt sich. Wolf im Schafspelz, verstehen Sie? Und ehe Sie sich versehen, hat er seine Hände da, wo Sie es niemals erwartet hätten. Vermutlich zwischen Slip und Haut. Gerade dann, wenn Sie sich ausheulen bei ihm. Und er kann doch so wunderbar trösten. Weil er sich obendrein aber noch ganz gut anfühlt, werden Sie wahrscheinlich gleich mit ihm ins Bett gehen. Wollen Sie wirklich wissen, wie Männer ticken?

Kluge Männer ticken genau so. Sie machen erst ein bisschen auf schwul und holen erst später den Hetero aus der Hose. Nur Beziehungs-Deppen fallen mit der Tür ins Haus. Also Vorsicht, Vorsicht, Vorsicht. Man kann als Frau heutzutage nicht mal mehr den Schwulen trauen.

2. Woran merke ich, dass er mich noch liebt?

Er hört Ihnen meistens nicht zu. Er macht all das, was Sie ihm schon immer abgewöhnen wollten. Er kümmert sich verdammt wenig um Sie. Aber dabei hat er ziemlich gute Laune. Sie finden, das ist ein seltsamer Liebesbeweis? Stimmt. Aus Frauensicht. Denn was Liebe ist, davon haben Männer und Frauen völlig unterschiedliche Vorstellungen.

Was wäre für Sie als Frau ein schöner Beweis, dass er Sie noch liebt? Eine Blitz-Umfrage auf der Straße ergibt Antworten wie diese: »Er ist romantisch, so wie früher.« – »Er macht mir kleine Geschenke.« – »Er kümmert sich um mich.« – »Er hört mir zu.« – »Er bringt Blumen mit.« – »Er verführt mich mal wieder.« – »Er sagt es einfach.« Das sagen Frauen. Männer hingegen finden all das äußerst lästig. Zärtlichkeit ist für einen Mann eine Pflichtübung, ohne die es allerdings wahrscheinlich auch heute wieder keinen Sex geben wird. Also ist er zärtlich zu Ihnen. Mit Liebe hat das nichts zu tun. Zuhören (oder so tun als ob) ist für ihn ein Akt der Partnerschafts-Diplomatie, der Stress vermeiden hilft. Denn Sie werden garantiert zickig, wenn er Ihnen nicht zuhört. Nur darum legt er manchmal die Zeitung weg oder schaltet den Fernseher leise. Sich um Sie kümmern heißt aus seiner Sicht: Ich mach doch alles! Ich gehe hart arbeiten, ich bring auch schon mal den Müll weg, ich sorge für sie. Also kümmere ich mich. Was, zum Teufel, will sie noch? Und über Liebe reden... »Sie weiß doch, dass ich sie liebe. Also muss ich es ihr nicht ständig sagen« ist typisch Mann. Ein Mann, der liebt, möchte am liebsten alles so lassen, wie es ist.

Und darum heißt die Antwort: Wenn er nicht allzu viel an Ihnen herumkritisiert, wenn er Sie in Ruhe lässt und seine Ruhe will, und wenn er dabei einen ausgeglichenen Eindruck macht: Dann können Sie davon ausgehen, dass er die Frage »Liebst du mich noch?« jederzeit mit einem ehrlichen Ja beantworten würde.

Man könnte die Frage natürlich auch umgekehrt stellen. »Liebt sie dich noch?«, hieße sie dann. Ein Mann, der diese Frage gestellt bekommt, wird in der Regel einen völlig merkbefreiten Gesichtsausdruck kriegen und gucken wie eine Mathe-Niete an der Tafel, die der Klasse den Satz des Pythagoras erklären soll. Hä? Ob SIE MICH noch liebt? Diese Frage stellt sich ein Mann einfach nicht. Er geht schlichtweg davon aus. Die Kuh vorm berühmten Scheunentor sieht irgendwie intelligenter aus. Männer fragen sich nie, nie, nie, ob die Frau sie noch liebt. Sie gehen einfach davon aus. Und deshalb sind Männer so vor den Kopf geschlagen, wenn sie verlassen werden.

Männer ticken so: Sie hat doch alles. Ich tu doch alles. Es geht uns doch gut. Den Kindern fehlt es doch an nix. Also ist alles gut. Im Bett, na gut, da ist vielleicht nicht mehr alles so, wie es mal war. Aber sie hat doch KEINEN GRUND, sich zu beschweren. Also liebt sie mich, klar. Das alles ist natürlich dummes Zeug und überhaupt kein Argument, dass SIE IHN noch liebt. Aber es ist männlich! Typisch Mann! Genau: »MÄNNER.« (Verdrehen Sie die Augen zum Himmel und geben Sie Ihrer Stimme diesen angewiderten Ton, den Sie so gut drauf haben als Frau.)

3. Kann er treu sein?

Natürlich. Und zwar aus purer Bequemlichkeit. Wenn er allerdings weniger träge (und für andere Frauen attraktiv genug) wäre, und wenn er jedes Risiko ausschließen könnte, würde er garantiert fremdgehen, und zwar nicht nur gelegentlich.

Sie müssten mal Mäuschen spielen, wenn Ihr Mann mit seinen Kumpels in einer Kneipe sitzt und die Jungs eine schöne Frau allein am Tresen entdecken.

Sofort kreist das Gespräch darum, wer sie wohl vom Tresen weg an den Männertisch und später ins Bett kriegt, wie und mit welchem Spruch. Das ist ja in der Praxis nicht so einfach wie in der Bitburger-Werbung, wo zwei Typen der Dame den falschen Drink servieren lassen, sie lehnt ab, gibt ihrerseits zwei Bit aus, und die Sache ist geritzt! Nein: In der Praxis läuft das leider nicht.

Das Gespräch wird sich also zunächst einmal darum drehen, welcher der anwesenden Herren zum Anbaggern der Geeignetste wäre. Die anderen werden ihre Witzchen über ihn machen, aus denen aber pure Hochachtung klingt. Dann werden Strategien entwickelt, alte Jagdgeschichten werden aufgewärmt, und die Trophäen werden maßlos übertrieben. (Jedenfalls hat keine Frau, die in solchen Geschichten vorkommt, kleinere Brüste als ein Airbag der S-Klasse.)

Der eine Typ nun, den die anderen für Manns genug halten (sie selbst werden ja im Schutz des Rudels zurückbleiben), der eine Typ nun ist im Zugzwang. Entweder rettet er sich mit einer Notlüge (»die ist nicht mein Typ«). Oder er muss ran. Oje, das ist eine schwierige Situation. Kein Mann möchte dafür ausgewählt werden. Klar: Einerseits ist es eine Auszeichnung. So, als wenn Kahn einen Elfer hält. Man ist halt der Größte, und vermutlich hat man auch den Größten. Glauben die anderen jedenfalls.

Aber andererseits, man ist ja nicht wirklich so toll, wie die anderen gerade glauben. Und jetzt soll man raus an die Front? Wirklich aufstehen und rübergehen zum Tresen?

Das hat nichts mehr mit großen Sprüchen zu tun, das ist die bittere Realität. Der Preis des Ruhms. Nur vergleichbar mit dem unmittelbar bevorstehenden Salto vom Zehner, als man noch kleiner war und die Angebetete vom Badetuch auf der Schwimmbad-Wiese betont gelangweilt herübergeschielt hat. »Hic Rhodos, hic salta.«[3] Schlimmstenfalls holt er sich eine Abfuhr und ist sofort wieder zurück (glatte 6, Ruf als Womanizer[4] ruiniert). Unterhält sie sich kurz mit ihm, wendet sich dann aber ab? Setzen, 5. Nimmt sie einen Drink an und wechselt den Platz ohne ihn? Glatte 4. Bleibt er bei ihr am Tresen stehen? Gute 3. Schleppt er sie zu den Jungs an den Tisch? Ruf gerettet, das gibt eine 2. Verlassen die beiden gemeinsam das Lokal? Unfassbar, wie er das wieder gemacht hat. Eine 1 und Stoff genug für die nächsten Herrenabende. Er kann übrigens auch eine 1+ mit drei Sternen kriegen. Dann stößt im Laufe des Abends die noch viel hübschere Freundin der Dame hinzu, und alle drei ziehen gemeinsam ab.

Wow. Aus diesem Holz sind Rudelführer geschnitzt. »Was bin ich wert?«, diese Frage ist für einen Mann gleichbedeutend mit: »Wie viele Frauen kann ich haben?«, und es ist total egal, ob es sich um kluge Frauen oder doofe, blonde oder brünette handelt. »Inside they all are pink«, tönt es im Chor am Männertisch.

Sie als feste Partnerin können einem Mann die notwendige Selbstbestätigung leider nicht geben, denn SIE hat er ja sowieso. Sie zählen nicht zu den selbstwertfördernden Eroberungen. Aber, wie gesagt: Er kann schon treu sein. Weil er so unglaublich bequem und träge ist und sich lieber im Rudel versteckt, als an den Tresen zu gehen.

Rechnen Sie trotzdem damit, dass er bei einem gemeinsamen Restaurantbesuch der attraktiven Kellnerin umgehend seine Visitenkarte zusteckt, wenn Sie mal kurz um die Ecke müssen. Sie werden es weder ihm noch ihr anmerken. Aber wollen Sie es denn wirklich wissen? Tun Sie lieber alles dafür, dass er Sie auch weiterhin für attraktiv hält! Womit wir schon bei der nächsten Frage wären…

---

3 Im alten Rom stand mal ein Marktschreier auf der Straße und prahlte, wie hoch er seinerzeit auf Rhodos springen konnte. Weltmeisterlich! Da kam ein Philosoph daher und meinte ganz cool: »Hier ist Rhodos, spring hier« (lat.: »Hic Rhodos, hic salta.«). So oder ähnlich hat es der Autor mal gelernt. Aber: Alle Angaben ohne Gewähr.

4 Ein »Womanizer« ist ein Mann, der jeder Mann gern wäre. Es ist der Typ, bei dem Frauen sofort Hautkontakt suchen. Er zieht sie irgendwie magisch an. Er ist der Hit in jeder Tresenrunde. Meistens hat er links und rechts eine Frau, die an ihm herumzupft. Ja, ein Womanizer müsste man sein. Auch Ihr Kerl wäre gerne einer. Hundertprozentig.

4. Was findet er attraktiv?

Pralle Brüste und lange Beine. Falls Sie die Kurzfassung möchten. (Dieses uralte, total abgegriffene Klischee entspricht tatsächlich absolut der Wahrheit.) Wir können auch gerne ins Detail gehen. Das liest sich dann etwas differenzierter und klingt vor allem nicht so platt.

Zu Ihrer Beruhigung: Es gibt durchaus Männer, die intelligente Frauen attraktiv finden. Vorausgesetzt, sie haben pralle Brüste und lange Beine. Das sind aber nur wenige Männer. Es sind diejenigen, die sich selbst für noch intelligenter halten, als die Frau zu sein scheint. Kein Mann weiß eine Frau zu schätzen, die intelligenter ist als er selbst. Es wäre auch unklug, sich für eine solche zu interessieren. Die Frau ist dem Mann sowieso überlegen. Sie kann Informationen schneller miteinander verknüpfen, sie kann Gefühle zeigen, sie kann kochen, ja sie ist die eigentliche, wenn auch heimliche Chefin der Sippe. Welchen Sinn hat ein Mann auf dieser Welt, wenn er seiner Liebsten nicht mehr das Leben erklären kann, sondern sich das Leben von ihr erklären lassen muss? Tja, und dann finden Männer noch attraktiv, wenn eine Frau eine tiefe, verrauchte Stimme hat. Piepse-Stimmen sind Abturner. Übrigens ist das offenbar eine Geschichte mit Wechselwirkung: US-Forscher fanden heraus, dass Frauen mit viel Sex tief und verraucht klingen – und wegen ihrer sexy Stimme haben sie dann eben noch mehr Chancen auf guten Sex. So ungerecht ist das Leben manchmal.

In manchen Umfragen lügen Männer übrigens wie gedruckt. Eine sehenswerte Oberweite finden nach einer neueren Illustrierten-Befragung angeblich nur 33 % der Männer wichtig. 97 % kreuzten stattdessen den inneren Wert »Natürlichkeit«, 95 % »Fröhlichkeit« und 86 % »Intelligenz« an! Und jeder dritte Mann behauptete in dieser Umfrage, dass sich die Partnerin in seiner Gegenwart »ruhig mal gehen lassen« könne. In derselben Untersuchung zeigten sich aber auch die Frauen von einer ganz erstaunlich realitätsfernen Seite: Nur jede Fünfte hielt das Einkommen des Mannes für ein wichtiges Kriterium, ha-ha-ha. Das glauben wir doch nicht wirklich.

5. Wie oft sollte ich mit ihm schlafen?

So oft wie möglich natürlich. Es hat noch kein Mann eine Frau verlassen, weil sie zu viel Sex wollte. Allerdings gibt es eine Menge Männer, die ihre Frau wegen zu wenig Sex verlassen haben. Wenn es soeben hieß: »Sie als feste Partnerin können das Selbstwertgefühl des Mannes nicht steigern, weil er Sie ja sowieso hat«, so gilt das mit dieser Einschränkung: Jedes Mal, wenn Sie mit ihm schlafen wollen, fühlt er sich gut. Sogar dann, wenn er keine Lust hat.

Es soll ja immer häufiger vorkommen, dass Männer die Sex-Verweigerer in der Beziehung sind. Lassen Sie sich davon nicht bremsen. Sie erhöhen sein Wohlgefühl nicht unbedingt durch Sex – sondern allein schon dadurch, dass Sie Sex-Lust signalisieren. Wenn er am nächsten Morgen in den Rasierspiegel schaut, wird er sich fröhlich zuzwinkern: »Sie wollte Sex, also bin ich ein toller Kerl.«

Selbst wenn er mal wieder zu müde war oder gar unter einer gewissen temporären und selbstverständlich stressbedingten Erektionsschwäche gelitten hat, tut das seinem Ego keinen Abbruch. Wenn eine Frau, andersherum, morgens in den Schminkspiegel schaut und sich sagen muss: »O shit, er hatte gestern endlich mal wieder Lust auf Sex, und ich war zu müde« – dann sorgt sie sich womöglich: »Hoffentlich geht er nicht fremd, wenn das zu oft passiert?« Ein Mann kommt überhaupt nicht auf so eine Idee. Er zwinkert sich fröhlich zu. Und wenn Sie sich jetzt fragen: »Wie blöd sind Männer eigentlich?«, dann haben Sie vollkommen Recht mit der Antwort: »Sehr, sehr blöd.«

Kann man, um nun auf die Frage nach der optimalen Sex-Frequenz zurückzukommen, denn eine konkrete Zahl nennen? Wie oft hätten's die Männer gern? Die Antwort lautet: Die Woche hat sieben Tage. Also möchten Männer in sieben Nächten pro Woche wissen, dass sie tolle Typen sind. Dass es never-ever siebenmal die Woche zum Äußersten kommen wird, ist aber ebenso sicher: Dafür steht der Mann von heute unter einem viel zu hohen Erfolgsdruck im Job. Übrigens: Sex ist gesund. Die Zahl der virentötenden Killerzellen steigt nach einem Orgasmus um das Doppelte. Selbst wer nur zweimal wöchentlich Sex hat, senkt das Infarktrisiko um die Hälfte. »Schatz, ich hab Kopfschmerzen« zählt nicht mehr – denn Sex wirkt wie Aspirin, da ausgeschüttete Glückshormone die Schmerzrezeptoren besetzen. Sex aktiviert obendrein ein Hormon, das das Bindegewebe strafft, die Haut jung hält und das Gedächtnis schärft. Sex macht auch schlank: 30 Minuten Liebe verbrennen 300 Kalorien.

Sollte ein Mann im gesetzten Alter sich damit rausreden wollen, Sex sei eher was für Jüngere, so knallen Sie ihm diese Zahlen vor den Kopf: Von 27.500 befragten Männern und Frauen zwischen 40 und 80 Jahren hatten 80 % der Männer und 65 % der Frauen im Verlauf des abgelaufenen Jahres Sex. Lediglich jeder vierte Mann gestand, hier und da mal Probleme zu haben. Allerdings halfen über 60 % der Befragten hin und wieder mit Potenzmitteln nach.[5]

6. Wie kann ich ihm sagen, was ich im Bett mag?

Wenn Männer und Frauen sich wenigstens im Bett verstehen würden, hätten wir deutlich niedrigere Scheidungsquoten. Denn die Pauschalregel »Sex gut, alles gut« trifft in den meisten Beziehungen genau den Kern. Aber nicht mal im Bett klappt's. Sie denkt: »Jetzt ist er bestimmt total begeistert.« Er denkt: »Blasen kann sie auch nicht.« Sie denkt: »Oh Gott, er lernt es nie.« Er denkt: »Wow, das hab ich dieses Mal aber toll gemacht.« Verbal kommt dabei Folgendes raus: »Geht's dir gut?« – »Ja, es war wunderbar... Einfach toll... Ich schlafe so unheimlich gern mit dir...«

Nun ist es ja ganz schön, wenn sich zwei Menschen gegenseitig nicht wehtun wollen und deshalb hin und wieder zu Notlügen greifen. Aber hier geht's ja um wesentliche Dinge. Schlechter Sex lässt die Liebe erlahmen, erhöht die Trennungslust, treibt die Menschen auseinander und lässt ganze Horden von Scheidungsopfern zurück.

Was also tun? Sie kann nicht wissen, was ihm gefällt. Es sei denn, sie landet Zufallstreffer, ist ein Sex-Genie oder kann Gedanken lesen. Er kann umgekehrt auch nicht wissen, was ihr gefällt.

Hinzu kommt: Als Mann ist man ein ganz besonders armes Schwein. Denn es liegt im Trend der Zeit, den Mann als solchen zum sexuellen Trottel zu degradieren. Da kommt seine Unfähigkeit, ihre geheimen Wünsche zielsicher vorauszuahnen, genau richtig!

---

5 Quelle: Prof. Edward Laumann, University of Chicago

Es gibt zwei Möglichkeiten, wie Sie ihm Ihre sexuellen Wünsche nahe bringen können. 1.) Sie können es ihm sagen. 2.) Sie können es ihm zeigen (»ohne Worte«). Wofür Sie sich entscheiden, ist aber total unwichtig. Entscheidend ist: Achten Sie sorgfältig darauf, dass er glaubt, von allein draufgekommen zu sein. Männer sind im Bett unglaublich empfindlich! Sobald er das Gefühl hat, dass Sie ihm erotischen Nachhilfeunterricht geben wollen, ist für ihn der Spaß am Sex vorbei! So was kann zu monatelanger Erektionsschwäche führen, weil Sie ihn so sehr verunsichert haben! Es kann für ihn sogar ein Schock fürs Leben sein. Immer wieder werden seine Gedanken um dieselben Fragen kreisen: Habe ich denn bisher alles falsch gemacht? Bin ich ein sexueller Idiot? Hat sie einen anderen, der es besser kann? Hätte sie gern einen anderen? Von wem träumt sie eigentlich, wenn sie mit mir schläft?

In so was können Männer sich derart hineinsteigern, dass Sie sich am Ende wünschen, Sie hätten niemals einen einzigen sexuellen Wunsch geäußert, sondern lieber alles so mittelmäßig gelassen, wie es schon immer war. Also, noch einmal: Reden Sie mit ihm oder zeigen Sie's ihm, aber seien Sie äußerst vorsichtig mit seiner empfindsamen Seele. Ein kleines, blödes Beispiel. Sie möchten, dass er Ihre Brustwarzen kräftig knetet. Sie mögen das eben. Er hingegen hat Angst, dass Ihnen genau das wehtun könnte, und deshalb tut er's nicht. »Kannst du nicht mal fester kneten? Nein, noch fester!« ist falsch. Obwohl Sie Ihren kleinen erotischen Wunsch ja relativ deutlich und unmissverständlich geäußert haben. Wenn Sie beide aber nach dem Sex ermattet in die Kissen sinken und Sie ihn genießerisch darauf hinweisen, dass er vorhin so wunderbar kräftig Ihre Brustwarzen geknetet hat (auch wenn das gar nicht der Fall war), und wenn Sie dann noch mit einem Küsschen hinzufügen, dass er genau das beim nächsten Mal ruhig noch ein bisschen kräftiger tun könnte, dann hält er sich selbst für sehr, sehr gut und Sie für eine ausgezeichnete Liebhaberin.

Verpacken Sie Ihre erotische Anregung also immer in ein Kompliment für ihn. Denken Sie beim nächsten Mal daran: Das Würstchen im Hot Dog gibt's nur mit Brötchen, und die sexuelle Nachhilfe für ihn gibt's nur mit einem Kompliment. So mögen das die Männer. Sie sagen ihm sowieso viel zu selten, dass er ein toller Liebhaber und im Übrigen sexuell einfach unersättlich ist. Dabei stimmt Männer nichts so heiter wie ebendies! Noch ein Tipp: Wenn er was begriffen hat von dem, was

Sie ihm geschickt verpackt gesagt haben, dann geben Sie ihm hinterher unbedingt ein »Zuckerl«, ein »Leckerli«. So wie einem braven Hund (die Ähnlichkeit zwischen Mann und Hund haben wir bereits erörtert). Machen Sie was, das ihm gefällt. Zum Beispiel: »Heute darfst du ausnahmsweise im Bett rauchen, weil du so ein toller Liebhaber bist.« Oder Sie stehen auf und holen ihm als Sex-Dessert einen Obstler aus dem Tiefkühlfach, obwohl Sie so ungern neben einer Williams-Christ-Fahne einschlafen. Na, Ihnen wird schon was Nettes einfallen.

Erotisch betrachtet, haben Männer übrigens tatsächlich Ähnlichkeit mit einigermaßen klugen Hunden. Am Anfang einer Beziehung haben sie von nix eine Ahnung, aber sie lernen gern und schnell, nur wollen sie möglichst immer ein Erfolgserlebnis dabei haben. Kluge Hundetrainer schleudern ihrem Schüler auch nur selten ein hartes »Nein« an den Kopf, sondern sie setzen eher auf wohlschmeckende Belohnungen bei anfänglichen Zufallstreffern. Der Trainingserfolg ist deutlich höher. Beim Hund – und beim Mann. So richtig ungewöhnliche Dinge im Bett mögen Sie ja wahrscheinlich sowieso nicht. Zumindest kann man das aus den neuesten Untersuchungen schließen. 96 % aller Frauen finden es total scharf, einen Zungenkuss zu kriegen. Na, wer hätte das denn gedacht? Das ist ja richtig verrucht! 81 % lassen sich gern an der Innenseite der Oberschenkel streicheln, wow, das ist ja fast schon Sex im Grenzbereich. Und 28 % stehen auf Sektschlürfen aus dem Bauchnabel à la »9 ½ Wochen«, was ja nun die Höhe der sexuellen Finesse ist.[6] Aber jetzt kommt der Hammer: 54 % aller Frauen finden es extrem erotisch, wenn ihnen ein Mann Vanilleeis oder Nutella vom Körper schleckt![7] Vanilleeis!!! Nutella!!! Jetzt wissen Sie endlich, wie Sie IHM Ihre erotischen Vorlieben nahe bringen können: An der Kasse vom Supermarkt! »Scha-hatz??? Wozu, meinst du, hab ich die Nutella im Einkaufswagen …???«

---

6 Umfrage der »Laura«
7 Umfrage der »Jolie«

7. Woran merke ich, was er im Bett mag?

Fragen Sie ihn doch einfach. Sehen Sie – genau das ist der Unterschied zu einem Mann. Wenn Sie ihm sagen, wie Sie's gern hätten, wird er zickig. Wenn Sie ihn fragen, wie er's gern hätte, findet er's toll. Vielleicht stottert er anfangs ein bisschen herum und weiß nicht so genau, was er sagen soll. Aber das wird schon. Vermutlich fragt er am Ende dann sogar von sich aus, was Ihnen denn mal beim Sex gefallen würde. Wenn ER SIE fragt, ist es okay für ihn. Wenn SIE es IHM sagen, ohne dass er Sie fragt, dann ist es nicht so ohne weiteres okay. Ist es nicht immer wieder schön, wie einfach zu berechnen Männer sind?

8. Tut er vielleicht nur so, als wenn ihm Sex mit mir gefällt?

Kann durchaus sein und ist nach einer Weile sogar wahrscheinlich. Weil Männer meistens von dem träumen, was sie gerade nicht haben – im Bett und auf dem Parkplatz vor der Tür. Aber zunächst mal sollten Sie froh sein, wenn er überhaupt so tut, als wenn er Spaß am Sex mit Ihnen hätte: Das ist nämlich für ihn ein Beweis der ehrlichen Zuneigung. Und es gibt genug Männer, die nicht einmal so tun.

Ob er wirklich gern mit Ihnen schläft, das können Sie mit einem simplen Test feststellen. Beantworten Sie diese drei Fragen.

1.) Ergreift er häufiger als Sie die Initiative zum Sex?
2.) Will er auch nüchtern mit Ihnen schlafen, also nicht nur dann, wenn er reichlich Alkohol intus hat?
3.) Macht er sich Gedanken, was Sie beim Sex gern hätten?

Hier die Auswertung:
– 3x mit Ja geantwortet: Keine Sorge, er schläft gern mit Ihnen.
– 2x Ja: Na ja.
– 1x Ja: Sie stellen die Frage mit gutem Grund.
– Keinmal Ja: Die Antwort auf die Frage ist Ja, aber das Wort »vielleicht« können Sie aus der Frage streichen.

Wenn Sie sich nun überlegen, warum er denn dann überhaupt noch mit Ihnen schläft, sollten Sie die typisch männlichen Faktoren »simple Triebbefriedigung«, »Sex aus Gewohnheit« und »Vermeidung von misslichen Diskussionen« mit ins Kalkül ziehen.

9. Ist Sex für ihn wichtiger als für mich?

Gegenfrage: Wie wichtig ist denn Sex für Sie? Halten Sie Sex zum Beispiel für wichtiger als miteinander reden? Wäre es für Sie nicht nur eine physische, sondern auch eine psychische Katastrophe, wenn Sie keinen Sex mehr haben könnten? Denken Sie ständig an Sex? Haben Sie eine Heidenangst vor dem Tag, an dem Sie beim Sex erstmals versagen? Fühlen Sie sich nur als vollwertige Frau, wenn Sie regelmäßig guten Sex haben? Ist sexuelle Erfüllung für Sie wichtiger als Ihre berufliche Karriere?

Wenn Sie all das mit einem ehrlichen »So ist es« beantworten, dann ist Sex für ihn nicht wichtiger als für Sie. Sie wären dann jedoch die Ausnahme von der Regel. Also gehen Sie mal davon aus, dass Sie die Frage aus der Überschrift getrost mit Ja beantworten können.

10. Warum hat er plötzlich weniger Lust auf Sex als früher?

Dafür kann er nichts, denn er ist so programmiert. Ein bis zwei Jahre nach dem ersten Sex sinkt sein Verlangen tatsächlich erkennbar ab. Vorteil: Er hat auch keine Lust mehr zum Fremdgehen. So stellte die Natur sicher, dass die Urmänner bei ihrer Sippe blieben. Er schläft zwar nicht mehr so oft mit Ihnen, aber dafür geht er auch weniger fremd: Das ist für Sie natürlich ein eher schwacher Trost, denn Sie als Frau sind nicht so programmiert.

Es gibt natürlich auch Gründe, die nicht so weit hergeholt sind. Wahrscheinlich findet er Sex mit Ihnen nicht mehr so spannend wie am Anfang, weil er Sie ja schon ganz genau kennt. Was Sie machen können, steht auch in diesem Kapitel.

11. Wie kriege ich so viel Sex, wie ich gern hätte?

Das wird schwer. Einen Mann, der keine Lust hat, kriegen Sie auch nicht dazu. Vielleicht hin und wieder, aber nicht auf Dauer. Vermutlich hat er keinen Bock mehr auf Sie, so einfach ist das. Aber bevor Sie sich jetzt erschießen: Das liegt nicht zwangsläufig an Ihnen. Nach ungefähr zwei Jahren einer festen Beziehung stellt sich der Körper des Mannes um. Er produziert dann weniger Sexualhormone als in den ersten 24 Monaten (siehe Frage 10). Die Natur hat sich dabei etwas gedacht: Sie senkt den Sexualtrieb des Mannes automatisch ab, damit er nicht ständig fremdgeht und so den Fortbestand des Rudels gefährdet. Jetzt soll er zu Hause angekommen sein und gefälligst keinem fremden Rock mehr hinterhergucken. Dass SIE unter seiner mangelnden Sexlust nun ebenfalls zu leiden haben, hat die Natur wohl irgendwie nicht bedacht. Dumm gelaufen für Sie.

Und Tricks wie »mal wieder Reizwäsche kaufen«, »mal ein Wochenende ohne die Kinder einlegen«, »Kerzenlicht und sanfte Musik«? 56 % der Deutschen versuchen eine »Verführung nach allen Regeln der Kunst«, 45 % legen tatsächlich ein Liebes-Wochenende ein, 23 % schwören auf eine neue, bisher nicht so oft ausprobierte Liebesstellung. Und 11 % legen eine totale Sexpause ein, um dadurch die Lust neu erwachen zu lassen. Was übrigens riskant ist: Ihr Partner könnte erleichtert aufatmen und sich an diesen Zustand derart gewöhnen, dass danach überhaupt nie mehr was läuft zwischen Ihnen.

Im Übrigen muss man sagen: Das sind ganz sicher alles keine von Grund auf schlechten Tipps, aber sie helfen so gut wie Kaffee gegen Müdigkeit: Es klappt allenfalls für kurze Zeit. Danach ist man dann umso kaputter. Einzige Ausnahme könnte das mit den Kerzen und der Musik sein. Wussten Sie, dass mehr Leute einen Fernseher am Bett haben als eine anständige CD-Sammlung? Verwunderlich sind diese Zahlen: 82 % aller Deutschen halten Musik zwar für sehr entspannend. 66 % sind der Meinung, dass mit Musik alles leichter funktioniert. Aber nur 18 % sorgen dafür, dass leise Musik beim Sex erklingt.[8]

Daraus könnte man schließen, dass in deutschen Schlafzimmern eine gewisse desinteressierte Lustlosigkeit herrscht! TV raus aus dem Schlafzimmer, Stereoanlage rein?

Keine schlechte Idee, versuchen Sie das mal. Künftig müssen Sie übrigens nicht einmal mehr die Lautstärke selbst regeln: Das erste musikalische Kondom ist marktreif und kommt demnächst in die Läden. Im Gummi integrierte Sensoren registrieren, was im Bett passiert, und geben die Signale an die Stereoanlage per Funk weiter. Je wilder es im

---

8 Umfrage des Musikkanals »Music Choice«

Bett zugeht, desto lauter dröhnt es aus den Lautsprechern. Erfunden hat das übrigens ein Mann.[9]

Jetzt gibt's aber doch noch ein paar Binsenweisheiten. Achten Sie doch mal darauf, wie das bei Ihnen zu Hause im Bett abläuft. Gehen Sie immer als Erste schlafen? Haben Sie feste Rituale, zum Beispiel noch schnell vorm Einschlafen ein paar Seiten lesen, schnell noch etwas zappen? Ziehen Sie sich immer zur gleichen Zeit aus und gehen ins Bett? Brauchen Sie immer genauso lange im Bad? Tragen Sie im Bett immer das Gleiche? Fängt Sex bei Ihnen beiden immer mit denselben eingefahrenen Signalen an? Findet Sex immer im Bett statt? Immer in derselben Stellung, na gut, maximal in den beiden selben Stellungen (das kommt aufs Gleiche raus)? Äußern Sie Ihr Wohlgefallen beim Sex immer mit denselben Worten bzw. Lauten?

Ehrlich gesagt aus Männersicht: Es ist ein Wunder, dass er überhaupt noch mit Ihnen schläft. Manch einer hätte längst aufgegeben.

Solange Sie Ihre Gewohnheiten nicht ändern, müssen Sie sich nicht wundern. Abwechslung im Bett ist der Freund, und feste Rituale im Bett sind der Feind der Liebe. Ja klar, das sind Binsenweisheiten – aber was meinen Sie, wie viele Männer nur wegen dieser blöden festen Rituale keine Lust mehr auf Sex haben.

Und noch eine »Binse«. Interessieren Sie sich für ihn. Fragen Sie ihn nach seinen Wünschen. Halten Sie seine Anwesenheit nicht für selbstverständlich. Pflegen Sie die Beziehung, so wie Sie Ihre Topfpflanzen pflegen. Mindestens.[10]

»Wer wirklich etwas ändern will am erotischen Vakuum, sollte beginnen, den Partner überhaupt wieder wahrzunehmen. Ihn nicht mit Sex-Toys überraschen, sondern mit der Frage, wovon er träumt. Klingt simpel, ist aber höchst wirkungsvoll. Denn gemeint zu sein, nicht nur geduldet, geschätzt zu werden, statt im Säurebad der Alltagsnörgelei zu verdampfen, das erzeugt eine Nähe, die auch wieder Berührungen zulässt, und nicht zuletzt Lust. Das Knistern des ersten Mals ist unwiederbringlich – der lustvoll vertraute Paarlauf aber beschert uns den ultimativen Endorphinkick, beteuern Glücksforscher«.[11]

9 Grigoryi Chausovskiy, russischer Ingenieur, Quelle: Die britische »Sun«
10 Was ist Ihnen wichtiger: Ihr Mann oder Ihre Topfpflanze?
11 Dr. Christine Eichler, Autorin des Erotik-Thrillers »Im Netz« (Hoffmann & Campe)

Wie wahr, wie wahr. Bleiben wir noch einen Moment beim Thema Entspannung, denn sie ist die Voraussetzung für genussvollen Sex. Interessante Zahlen: 54 % der Männer entspannen sich am besten beim Plaudern! Sie reden also doch ganz gern! (Nicht bekannt ist jedoch, ob mit anderen Männern oder mit Frauen.) Und nur 50 % der Frauen fühlen sich bei etwas Klatsch und Tratsch entspannt! Musikhören und Essen ist die klassische männliche Entspannung. Frauen hingegen lieben es, in der Badewanne zu liegen und einfach mal nichts zu tun. Beide Geschlechter sind sich aber in einem einig: Wahrer Genuss entsteht nur ohne Zeitdruck.[12]

Wobei angemerkt sei, dass der Mann als solcher die Badewanne auch langsam entdeckt. »Seit man als Mann nicht einmal mehr ungestört ins Stadion gehen kann, weil nun auch die Mädchen Fußball für sich entdeckt haben, bleiben nur noch wenige Freiräume. Die Möglichkeit des Rückzugs hat ja schon den Hobbykeller und das Klo zu den letzten Enklaven ungebremster Männlichkeit gemacht... Längst wissen Männer, dass ein bisschen Wellness in den eigenen Wannenwänden eine feine Sache ist. Im Schaumbad lässt sich ebenfalls prächtig lesen und die Fliesen anstarren. Die Badewanne ist sozusagen das Klo für Fortgeschrittene... Den Schaum mit einer Frau zu teilen, sei nur Zeitgenossen empfohlen, die sich entweder komplett selbst verleugnen oder an die Erotiktipps in der ›Praline‹ glauben... In der Wanne müssen wir (Männer) auch nicht reden. Zumindest nicht mit anderen... Nein, echte Kerle wollen keine Frauen im Bad. In der Wanne suchen Männer höchstens einen sehr klugen Gedanken.«[13]

In den letzten Jahren ist übrigens ein hochinteressantes Phänomen zu beobachten. Immer mehr Männer verweigern die körperliche Liebe, weil sie sich als Sexualobjekt missbraucht fühlen. Sozusagen als zweibeiniger Vibrator. Das irritiert sie ungemein und kann dramatische Konsequenzen für die Potenz haben. Es ist die schwachsinnige »Sex and the City«-Generation, die diesen Eindruck bei Männern hinterlässt und verstärkt. Männer? Sind zu nichts gut außer... für Sex. Alleine als Single? Wäre auf jeden Fall besser, wenn da nicht... der Sex wäre. Natürlich ist diese heute recht weit verbreitete weibliche Sichtweise der

12 Aus: »Große Deutsche Genuss-Studie 2004« im Auftrag des Tabakunternehmens JTI Germany
13 Partnerschafts-Autor Michael Witt (»Einmal willst du dir selbst gehören«) in der »WamS«

Existenzberechtigung eines Mannes nichts als verlogene Koketterie: Im Grunde ihres Herzens sehnt SIE sich nach nichts so sehr wie nach »Mr. Right«, mit dem sie außer Sex auch sonst noch was machen kann, aber die trostlose Vergeblichkeit ihrer Suche kompensiert sie mit solchen von Männern abgeguckten Machosprüchen.

Sie und er fahren endlich mal gemeinsam ein paar Tage weg; man kennt sich erst einige Wochen. Er freut sich: »Da haben wir dann ja richtig Zeit für jede Menge entspannten Sex.« Sie: »Stimmt. Was meinst du denn, warum ich dich sonst mitnehme?« Tja, da kommt ein Mann ins Grübeln. Ist er eher schlicht gestrickt, reagiert er so: »Aha. Interessant. Ich bin für sie also nichts als ein Sexualobjekt, soso.« Und es könnte sein, dass diese Erkenntnis wie ein Damoklesschwert überm Hotelbett schwebt und selbst der geringsten Erektion im Wege steht.

Handelt es sich bei ihm um einen klugen, weisen und lebenserfahrenen Mann, so denkt er sich: »Ach je, schon wieder so ein Spruch aus der weiblichen Klischeekiste.« Und vielleicht malt er sich leicht amüsiert aus, wie sie wohl reagieren würde, wenn er so was gesagt hätte. Was würden Sie denn sagen, wenn ein Mann Sie derart kaltschnäuzig zu einem Sex-Wochenende bittet? »Kauf dir 'ne Puppe bei Beate Uhse«, würden Sie sagen und zu Hause bleiben. Stimmt's?

Tage später. Man ist nun im Hotel angekommen, hat sich häuslich eingerichtet und genießt (zumindest nach SEINEM Eindruck) die schöne Zeit. Sie (düster): »Ich mache mir Sorgen um uns.« Er (ratlos): »Wieso machst du dir Sorgen?« Sie: »Du schläfst ja kaum mit mir.« Er (sehr ratlos): »Wir sind jetzt zwei Tage hier und hatten 7x Sex. Wenn ich richtig mitgezählt habe, bist du dabei 8x gekommen. Und du sagst, ich schlafe kaum mit dir???« Sie (zickig): »Stimmt, aber wir kennen uns doch kaum. Da ist es doch normal, wenn man gar nicht mehr aus dem Bett rauskommt, oder? Ich glaube, du findest mich nicht sehr attraktiv.« Er (eingeschnappt): »Ich bin hier, um mich zu erholen.« Sie (sehr zickig): »Ach, ist Sex mit mir vielleicht ARBEIT für dich???« – Dieser kleine (wahre!) Dialog zwischen Mann und Frau ist erstens ein schönes Beispiel dafür, dass zwei miteinander dasselbe tun können und es deswegen noch lange nicht dasselbe sein muss. Zum anderen zeigt er uns, warum Männer beim Thema Frauen manchmal einfach nicht mehr weiterwissen. Drittens wird klar, warum Männer so oft schlichtweg keine Lust mehr haben, sich um IHR Wohl zu kümmern, nach dem

Motto: »Ist ja egal, was ich mache – ich werde doch nur angezickt ...«
Kurz nach diesem Dialog hieß es übrigens Koffer packen. Und das war
auch gut so.

Der Mann als solcher denkt sich: Es ist ja schön, dass die Frau als
solche heutzutage selbstbewusst ist, stark auftritt, sich nicht mehr
als Sexobjekt fühlt, sich auch nicht so benimmt und tatsächlich eine
ebenbürtige, erwachsene Partnerin zu werden scheint. Ist doch toll,
oder? Aber weil die Frau das richtige Maß nicht findet, pendelt sie wie
Omas alte Wanduhr voll in die Gegenrichtung aus und findet es schick,
die Kalte, Gefühllose und Egozentrische zu geben. »Ich bin stark, ich
brauche keine Beziehung«, das steht unsichtbar auf ihrem T-Shirt, und
genau das strahlt sie hemmungslos aus. Manche Männer resignieren.
Andere winseln wie getretene Hunde und kneifen den Schwanz ein.
Nur ganz wenige weise Männer durchschauen die psychologischen
Hintergründe, lächeln milde und seufzen gelangweilt. Einig sind sich
Männer aber in dieser These, übrigens dem meistgesagten Satz in jeder
Männerrunde: »Alle Frauen sind scheiße drauf.« Ja, so ist das. Echt!

12. Warum kann er nicht mal
ohne Hintergedanken kuscheln?

Kuscheln + Streicheln + Zärtlichkeit = Vorspiel. Das ist eine typisch
männliche Formel, gegen die Sie nicht ankommen werden. Männer
mögen diese stundenlange Kuschelei eigentlich überhaupt nicht. Sie
nehmen sie allenfalls in Kauf, weil es sonst nix wird mit dem Sex.

Nein, er mag Ihnen nicht stundenlang den Nacken massieren. Nein,
er mag nicht an Ihren Zehen herumkneten. Nein, er mag Ihre Füße
nicht anwärmen. Nein, er mag Sie nicht mit Weintrauben füttern. Er
will nichts anderes, als mit Ihnen schlafen. Nebenbei: Es gehen unter
anderem auch deshalb so erschreckend viele Männer zu Prostituierten,
weil es da einfach schneller zur Sache geht. Die leidige Kuschelei und
das ganze Drumherum entfällt, was den Sex für Männer erheblich
stressfreier und entspannter macht.

Sie möchten wissen, wie Männer ticken? ER fragt sich, warum Sie
eigentlich so viel Wert auf Kuscheln ohne Sex legen. Er fragt sich: Ist sie
vielleicht zu faul, sich zu bewegen? Zu müde und kaputt? Mal wieder

nicht in Stimmung? Ist noch nicht wieder Samstag? Geht ihr die Bügelwäsche nicht aus dem Kopf, oder was ist sonst mit ihr los? Ihr Mann denkt: Sie sollte aufhören, mich für ein Sexmonster zu halten, und die Frage lieber mal andersrum stellen. Denn die könnte ja auch so lauten: Warum, zum Teufel, kriegt sie beim Kuscheln keine Lust auf Sex?

Hier haben wir übrigens eines der größten Missverständnisse zwischen Mann und Frau. Denn SIE ist meistens nicht in der Lage, IHM die Sache zu erklären, sie hat dazu auch gar keine Lust – woraus man schließen könnte, dass SEINE Befindlichkeit ihr ziemlich egal ist. Sie will stundenlang massiert werden, seine Erektion interessiert sie weiter nicht, und wenn er einen Krampf in den Fingern kriegt, dann hört er eben auf, und sie schaltet den Fernseher ein. Jungs, das war's mal wieder für heute Nacht! Das ist ätzend, das ist schlimm, das macht den Mann verbittert. Aber – es ist Alltag in Millionen Wohnzimmern, wo ja entspannter Sex meistens beginnt (bzw. dann eben doch nicht).

13. Warum machen Männer immer »kss, kss« und pfeifen hinterher?

Expedition ins Tierreich gefällig? Es gibt eine Heuschreckenart, wo die Männchen sich unter einem Blatt verstecken und auch immer »kss, kss« machen. Das soll die Weibchen anlocken. Die kommen auch neugierig herbei und gucken, wer da »kss, kss« macht. In dem Moment schießt das Männchen unterm Blatt hervor, packt das Weibchen und macht Sex. Ohne große Ansprache übrigens. Bei dieser Heuschreckenrasse klappt das alle 18 Sekunden, haben Forscher festgestellt. Beim Mann klappt es hingegen überhaupt nicht.

Interessant wird's nämlich, wenn Sie auf »kss, kss« und Pfiffe reagieren, also wenn Sie sich zum Beispiel umdrehen, freundlich lächeln, auf den Mann zugehen und sagen »Ja bitte, haben Sie gerade ›kss, kss‹ gemacht? Was möchten Sie denn von mir?« In dem Moment verhält sich ein Mann nicht mehr wie eine Heuschrecke, sondern wie eine Maus, die aus dem Loch guckt und der Katze hinterherpfeift: Sie ist schneller wieder im Bau verschwunden, als die Katze zugreifen kann. Probieren Sie's mal aus!

14. Von welchen Frauen träumt er nachts?

Von Ihnen, von wem sonst. Nein, im Ernst: Er träumt wahrscheinlich von sagenhaft attraktiven Frauen, die ihm sämtliche Wünsche erfüllen – auch die, von denen Sie nie erfahren werden. Auch sonst würden Sie in seinen Träumen sämtliche gängigen Klischees wiederfinden. Männer sind, wie Sie inzwischen schon wissen, relativ simpel und im Übrigen alle gleich. Sie sollten sich über seine erotischen Träume aber keine Sorgen machen.

»Eine große Variationsbreite von sexuellen Fantasien ist ein Zeichen psychischer Gesundheit und eine gute Inspirationsquelle für das reale Sexleben«, sagen Experten.[14] Übrigens haben Frauen erheblich mehr sexuelle Träume als Männer. Vermutlich, weil sie sowieso viel fantasievoller und kreativer sind. Je mehr Sie über seine sexuellen Träume herauskriegen, desto besser. Der Idealfall ist natürlich, dass Sie genau das mit ihm machen, wovon er träumt. Dann könnte er eines Nachts tatsächlich von der einzigen Frau träumen, die Sie akzeptieren würden: von Ihnen nämlich. Von wem sonst?

15. Befriedigt er sich heimlich selbst?

Ja klar – wenn Sie's nicht tun. Er wäre schön blöd, wenn er das nicht täte. Es geht ihm dabei genauso wie Ihnen: Man weiß doch selbst am allerbesten, was gut kommt. Zugeben wird er seine heimlichen Aktivitäten aber nie. Weil er viel zu viel Angst vor Ihnen hat. Er glaubt: Onanie ist eine Art Verrat an Ihnen. Allerdings muss Ihnen eines klar sein: Je öfter er es sich selber macht, desto schlechter (vermutlich langweiliger) ist der Sex mit Ihnen. Bestenfalls haben Sie so oft Sex mit ihm, dass er gar nicht auf die Idee kommt, es zwischendurch auch noch alleine zu probieren.

Es ist an dieser Stelle mal wieder an der Zeit, Klartext zu reden: Ihr Mann hält Sex vollkommen zu Recht für das Wichtigste, was Sie mit ihm machen können. Je öfter Sie mit ihm schlafen, desto länger bleibt

---

14 *Sexualtherapeut Reinhardt Kleber. Aus »Petra«*

er bei Ihnen. Sex ist für den Mann das, was Kaffee für Tchibo ist: das Kerngeschäft nämlich.

Tchibo verkauft ja inzwischen so ziemlich alles von der Eieruhr bis zur Wärmflasche, vom Reisewecker bis zur Schreibtischlampe. Und da hat auch niemand was gegen einzuwenden. Aber wenn Tchibo plötzlich keinen Kaffee mehr verkauft, weil Kaffee verkaufen langweilig geworden ist, dann nimmt die Marke Tchibo Schaden. Das Kerngeschäft von Tchibo ist Kaffee. Das Kerngeschäft von Liebe ist Sex. Sie und er können ganz so wie Tchibo auch eine Menge Sachen nebenbei machen: Kinder großziehen, ein Haus bauen, Autos kaufen, Bäume pflanzen ohne Ende und was man sonst noch so miteinander treibt im Leben. Aber vergessen Sie nie, was die Marke ausmacht. Vergessen Sie nie das Kerngeschäft. Es ist guter Sex und sonst gar nichts. Viel guter Sex.

Liebe als Produkt, Sex als Markenzeichen des Produkts. Das klingt vielleicht ein bisschen seelenlos, ist es aber nicht. Alles, was gut ist, hat ein »Markenzeichen«. Für bestimmte Vogelarten ist zum Beispiel die Sonnenblume ein Markenzeichen. Sie können sich darauf verlassen, dass überall dort, wo die braune Scheibe mit dem goldenen Blätterkranz auftaucht, was zu essen bereitsteht. »Das Markenzeichen wurde nicht erfunden. Es war schon da, lange bevor der Mensch diesen Planeten betrat«, sagen Experten.[15] »Das Produkt (in unserem Fall die Liebe, *der Autor*) ist nur der Gegenstand. Die Marke (in unserem Fall der Sex, *d. A.*) erst schafft das verlässliche Band.«

Wir wären sowieso alle viel weiter mit unseren Partnerschaften, wenn wir die einfachsten Erkenntnisse der Marktforschung auf uns selber beziehen und konsequent durchsetzen würden. Eine Partnerschaft, das weiß jeder Mann, und das sollte jedermann wissen, kann man nur wie eine Firma führen. Wir wollen ein erfolgreiches Produkt? Wir wollen Liebe? Dann brauchen wir eine gute, verlässliche Marke. Wir brauchen guten Sex. Dann klappt's auch mit der Liebe. Und dann – aber erst dann – macht es sich auch kein Mann mehr allein. Versprochen. Und auch Sie finden guten Sex zu zweit irgendwie spannender, darf man vermuten.

---

15 Rolf W. Schirm, Anthropologe. Weitere Zitate zum Thema »Liebe als Marke« in: T. Lobe, »BILD ist Marke«, Axel Springer AG 2002.

16. Gibt er mit meinen sexuellen Qualitäten an?

Das könnte sein, ist aber nicht zwingend. Hat er es denn nötig, mit Ihnen anzugeben? Männer ticken so: Entweder sind Sie eine Frau, bei der jeder Kumpel sagt »wow«. Dann wird er nicht mit Ihnen angeben. Sind Sie aber optisch eher ein fragwürdiges Exemplar, bei dem die Kumpels sagen: »Sach ma, wat willste denn mit der ...?«, könnte es durchaus sein, dass er mit Ihnen angibt. Nach dem Motto: Na ja. Aber im Bett ... Machen Sie sich eines klar: Männer betrachten Frauen so wie ihre Autos. Entweder müssen sie optisch was hermachen oder den Hammer unter der Motorhaube haben. Am besten natürlich beides, aber das Glück hat man nun mal nicht alle Tage.

Übrigens: Ein Freund war ein halbes Jahr mit einem Model verheiratet. Dann ging sie mit ihrem Chef ins Bett, und er warf sie raus. Es hat lange gedauert, bis seine Kumpels die Frage aller Fragen stellten. Aber irgendwann, nach etlichen Wodkas, kam die Frage dann doch. »Sach ma ... Was ich dich schon lange fragen wollte ... Wie war die Schlampe denn so im Bett?«

Es herrschte einen Moment Schweigen. Dann sagte der Mann: »Scheiße. Und kalt wie 'n Fisch.« Ein erleichtertes Aufatmen ging um den Biertisch. »Ja. Das haben wir uns genauso vorgestellt.« Die Männerwelt war in diesem Moment wieder im Lot. Denn eine wirklich gut aussehende Frau, sozusagen der Lottosechser, die sich danach als Schlampe herausstellt, die darf einfach nicht gut im Bett gewesen sein.

Huch, gibt er etwa mit meinen sexuellen Qualitäten an, das ist aber auch schon wieder so eine typisch weibliche Fragestellung. Ein Mann hätte damit nämlich überhaupt kein Problem. Im Gegenteil. Stellen Sie sich mal ein Kaffeekränzchen von lauter Frauen vor, na ja, Sie kennen das ja, und es werden die jeweiligen Männer durchgehechelt. Sie könnten Ihrem Kerl kein größeres Kompliment machen, als dass Sie sagen: »Na ja, ihr habt ja alle Recht. Er ist erfolglos. Er sieht nicht gut aus. Er hat keine Manieren. Aber im Bett ...« Ihr Kerl würde Sie dafür küssen und das mit der Erfolglosigkeit, mit dem Aussehen und den Manieren sofort wieder vergessen. Und Sie könnten beim Thema Sex ruhig ins Detail gehen, er hätte nichts dagegen. »Gibt sie mit meinen sexuellen Qualitäten an?«, wäre also in einem Buch für Männer (zum Beispiel »Wie Frauen ticken«) keine bange, sondern eine äußerst erwartungsfrohe Frage. Anders herum: Würden Sie in dieser geschwätzigen Frauenrunde seine sexuellen Qualitäten mit der leisesten Bemerkung in Frage stellen, und würde er das jemals erfahren, so wäre dies mit 120-prozentiger Sicherheit ein absolut ehrwürdiger Anlass für ihn, Sie sofort in den Wind zu schießen, und zwar für alle Zeit und ohne Rücknahmerecht. Er würde Sie sozusagen mit psychischen Gummihandschuhen auf der Sonderdeponie für hochbelasteten menschlichen Müll entsorgen, also hüten Sie Ihre Zunge.

17. Warum hat er was gegen meine Freundinnen?

Weil Sie garantiert alles mit Ihren Freundinnen besprechen. Dadurch verlassen Sie aus Männersicht das Terrain der Fairness. Sie begehen einen klaren Vertrauensbruch. Das Gemeine ist: Er weiß ja nie genau, was Sie nun wirklich ausplaudern. Fast alles oder wirklich alles? Was bedeutet der wissende Blick Ihrer Busenfreundin, den er in ihren Augen zu erkennen meint? Weiß sie vielleicht schon längst, dass er erst neulich... Natürlich nur ausnahmsweise und stressbedingt...

Hat sie vielleicht sogar sein intimes Maß im Kopf? So nach dem Motto: »Also meiner hat ja eher einen kleinen...«? Und neulich bei dem heftigen Streit: Waren das wirklich IHRE Argumente, oder steckte der fiese Clan der Busenfreundinnen dahinter? Werden Sie heimlich für den Kampf der Geschlechter von Ihren Genossinnen gecoacht? Aber all diese misstrauischen Gedanken, die ihm so durch den Kopf gehen, die sind ja nur ein Teil des Problems. Schauen Sie mal: Ihre Freundinnen kann er nie angraben.

Ganz einfach, weil Sie es sofort erfahren würden. Also kann er sich Ihren Freundinnen gegenüber auch nicht normal verhalten. Normal würde er hier ein bisschen abchecken, dort ein bisschen flirten, hier ein Lächeln verschenken und dort den dicken Max herauskehren. Also er wäre so wie immer. Aber bei Ihren Freundinnen? Da passt er höllisch auf, dass er ja nicht missverstanden wird. Etwas in ihm verklemmt sich. Er wirkt verklemmt. Und das sieht nach außen leider genauso aus, als wenn er was gegen die Mädels hätte. Unterm Strich fühlt ER sich der geballten Frauenpower Ihrer Freundinnen so hilflos ausgeliefert wie ein Ritter, der seine Rüstung verloren hat und nichts mehr besitzt als ein Feigenblatt, das auch noch viel zu klein ist, und dieser armselige Ritter steht nun splitternackt, nur mit dem Feigenblatt, allein auf dem weiten Feld vor der riesigen Burg, und alle Ihre Freundinnen sitzen oben auf der Zinne und grinsen sich eins.

Reicht das?

18. Woran merke ich, dass er fremdgeht?

Das gängige Klischee geht ja so: Er kommt dann mit Blumen, treibt Sport, hat plötzlich verdammt viele Überstunden abzuleisten, stylt sich auf jung, dynamisch, erfolgreich und hat so ein seltsam-irres Glitzern in den Augen.

Können Sie alles vergessen. Denn so blöd sind die Männer nun auch wieder nicht. Er kommt bestimmt nicht ausgerechnet dann mit Blumen nach Hause, wenn er fremdgegangen ist. Weil er genau weiß: Dann kommt sie drauf. Dann macht sie sich Gedanken. Dann fragt sie sich, ob ich ein schlechtes Gewissen habe. Dass er fremdgeht, merken Sie deshalb entweder, weil er es freiwillig beichtet. Oder weil er sich wie ein Trottel verhält. Nur Trottel riechen nach fremden Parfums, haben auf dem Handy entlarvende SMS und auf dem Jackett als allerletzten Beweis lange blonde Haare.

Apropos sein Handy, das kann Ihnen eventuell doch weiterhelfen: Wenn die Speicher für angenommene Anrufe, abgehende Gespräche und SMS-Ein- und Ausgang, ferner der Mail-Papierkorb in seinem Computer plötzlich regelmäßig gelöscht werden, obwohl er das sonst nie oder allenfalls sporadisch macht, haben Sie einen echten Verdachtsmoment. Mehr allerdings nicht.

Und noch etwas. Wo kann ein Mann etwas verstecken, was Sie nicht entdecken sollen? Viele Möglichkeiten hat er nicht. Sie gehen an seinen Kleiderschrank, an seine Jacken, Sie fahren sein Auto, Sie benutzen dieselbe Garage. In Frage kommt also nur ein Plätzchen, wo Sie niemals nachgucken. Wenn er jetzt, sagen wir mal, ein Foto von der anderen Frau hat und möchte das irgendwo verstecken, oder einen kleinen Liebesbrief, dann schauen Sie mal dort nach, wo Sie niemals nachschauen. Und wenn's der Karton mit den eingepackten Loks seiner Märklin-Bahn im Keller ist.

Natürlich lohnt sich auch das gelegentliche Filzen seines Büro-Schreibtisches, falls Sie da unauffällig rankommen. Ein guter Freund verkehrte mit seiner Geliebten per Kassette, beide hatten das gleiche Mini-Diktiergerät, und die Kassette mit ihren Liebesschwüren lag in seinem Büro-Schreibtisch. Da war sie sicher. Bis sich der Mann eines Tages ans Herz griff und ebenso plötzlich wie unerwartet das Zeitliche segnete. Woraufhin die Firma irgendwann pietätvoll an die Witwe herantrat: Ob sie vielleicht bei Gelegenheit die privaten Hinterlassenschaften des lieben Verstorbenen aus der Firma abholen wolle ...

Da war dann eben auch diese Kassette, und da war dieses kleine Diktiergerät, und trotz ihrer Trauer (25 Jahre glückliche Ehe!!) fühlte sich die Witwe doch schon stark genug, noch einmal seine geliebte Stimme zu hören. Was mochte er da nur diktiert haben? Eingelegt, eingeschaltet, blass geworden. Das war nicht der Gatte. Das war eine Fremde. »Mein Geliebter! Zehn Jahre bin ich nun schon deine heimliche Frau! Zehn Jahre versprichst du mir, dass du dich endlich scheiden lässt! Wie lange willst du damit noch warten?« Dieser missliche Vorfall hat ... Sagen wir's mal so: Er hat die Trauer der Gattin über den unersetzlichen Verlust ein wenig reduzieren können.

Männer, die fremdgehen, sind wie Eichhörnchen. Ist der Herbst gekommen, legen die kleinen langschwänzigen Nager überall im Garten Depots mit Nüssen an und hoffen, dass sie deren genaue Lage bis zum Winter nicht vergessen haben. Der fremdgehende Mann hat mit Sicherheit auch solche Depots im Herbst der Beziehung. Es gibt sogar Männer, die führen ganz niedlich und romantisch Tagebuch über ihre Seitensprünge. Andere sind so blöd, ihre Geliebte ständig mit dem Handy zu knipsen – als wären Frauen zu blöd, den Fotospeicher zu filzen. Ich sehe das Foto nicht mehr, also ist es nicht mehr da: Wir kennen technisch hochbegabte Männer, die tatsächlich so ticken, und wenn man sie fragt, sag mal, spinnst du, mach das Foto weg, völlig konsterniert sind: Echt? Meinst du, da kommt sie drauf? Es gibt auch Männer, die jedes heimliche Date in ihren Terminkalender schreiben und sich unheimlich schlau fühlen, wenn sie statt »Katja, 20 Uhr« nur »K., 20 Uhr« schreiben. Hihi, superintelligent. Wohlgemerkt, das sind keine Schwachköpfe. Sie sind nur einfach gewohnt, jeden Termin in den Kalender zu schreiben; der Mann liebt seine Ordnung.

19. Warum ruft er nie zurück?

Die einfachste Antwort ist natürlich, dass er kein Interesse an Ihnen hat. Eine zweite könnte sein, dass er anderes im Kopf hat als Frauen. Eine dritte ist: Er will Sie zappeln lassen. Eine vierte: Er braucht Abstand. Die Frage allerdings ist verräterisch.

Wenn ER SIE nicht zurückruft, dann haben SIE IHN doch vorher angerufen, richtig? Und zwar mehrmals? Aus Sehnsucht, oder um ihn zu kontrollieren? Das sollten Sie schleunigst lassen. Männer mögen das Gleichgewicht der Kräfte. Wenn Sie öfter anrufen als er, kommt die aufkeimende Beziehung ins Ungleichgewicht, noch bevor sie richtig gefestigt ist. Also: Hände weg vom Telefon. Und zwar sofort.

20. Warum akzeptiert er meinen platonischen Freund nicht?

Erzählen Sie doch nichts. Platonische Freunde gibt es gar nicht. Jedenfalls kann sich das kein Mann im Ernst vorstellen. Ihr angeblicher platonischer Freund lauert doch nur darauf, dass Sie Liebeskummer haben, um Sie dann blitzschnell unter. Ausnutzung Ihrer Trauer ins Bett zu kriegen. So denkt ER jedenfalls. Das Argument, Ihr platonischer Freund lebe doch selbst in einer glücklichen dauerhaften Beziehung, sticht nicht.

Ha! So ist das also! Er will meine Freundin als Geliebte! Glückliche dauerhafte Beziehung, dass ich nicht lache. Diese Beziehung hält bestimmt nicht mehr lange, und dann geht er auf Sie los. Aber selbst, wenn Sie ihn davon überzeugen können, dass diese Freundschaft wirklich platonisch ist (zum Beispiel weil Ihr platonischer Freund derart stockschwul ist, dass es sich nun wirklich nicht verheimlichen lässt), wird er nicht akzeptiert. Warum? Weil Sie mit diesem platonischen Freund wahrscheinlich all das besprechen, was Sie auch mit Ihren Freundinnen besprechen würden, und das kann Ihr Partner nun wirklich nicht akzeptieren.

21. Kann er eine platonische Freundschaft zu einer Frau aufbauen?

Nein. Einer von den beiden will bestimmt mehr vom anderen. Das muss nicht er sein; vielleicht ist sie ja tatsächlich gar nicht sein Typ, aber er kann sich eben wunderbar mit ihr über alles Mögliche unterhalten. Aber dann ist er bestimmt ihr Typ. Grundsätzlich sollten Sie seinen Beteuerungen, das sei doch wirklich nur eine platonische Freundin, zutiefst misstrauen. Es widerspräche jeder Lebenserfahrung, ergibt keinen Sinn und ist nicht logisch: Ein Mann trennt nicht zwischen Freundschaft und Sex. Andererseits hat diese angebliche platonische Freundin ganz sicher einige Fähigkeiten, die Sie nicht haben, und die setzt sie garantiert zielgenau ein.

22. Warum darf ich mich nicht mit meinem Ex treffen?

Natürlich ist das ein Zeichen von Schwäche und mangelndem Selbstwertgefühl. Aber man muss den armen Kerl doch verstehen. Ihr Ex ist nicht schwul, Rückfälle soll es ja immer mal wieder geben, der kennt Sie möglicherweise besser als Ihr Partner Sie kennt, der weiß schon genau, wie man Sie rumkriegt, der soll ja auch sonst so einige Qualitäten gehabt haben, der ist wahrscheinlich absolut gewissenlos, der lacht heimlich über ihn, der will Sie ja doch nur zurück, der bestärkt Sie listig in Ihren latenten Trennungsvisionen, und der hat natürlich kein Interesse daran, Ihre derzeitige Partnerschaft argumentativ zu stärken. Nein, der Ex ist grundsätzlich ein fieser Hund, von dem Sie gefälligst die Finger zu lassen haben.

Aus Männersicht. Das muss ja alles nicht stimmen.

23. Soll ich ihn fremd-flirten lassen?

Die Frage ist nicht richtig gestellt. Wir kommen gleich drauf zurück. Zunächst mal: Ein Mann, mit dem Sie liiert sind und der in Ihrer Gegenwart mit einer anderen flirtet, hat vor Ihnen keine Achtung. Er weiß übrigens genau, dass er sich danebenbenimmt. Aber er wird es nicht zugeben und stattdessen versuchen, Sie ruhig zu stellen. Er wird Ihnen vorhalten, dass Sie grundlos eifersüchtig sind. Er wird Ihnen sagen, dass er doch nur Sie liebt. Und dass Sie sich nicht so anstellen sollen. Und dass er doch nur ein paar harmlose Komplimente verteilt hat.

Machen Sie ihm unmissverständlich klar, dass Sie etwas dagegen haben. Aus, Ende. Wenn Sie jedoch zu den Frauen gehören, die ihre Männer nicht mal mit anderen Frauen reden lassen, ohne auszuticken, dann hat nicht Ihr Partner ein Problem, sondern Sie. Aber besser wäre die Frage so gestellt: WARUM flirtet er in Ihrer Gegenwart? Haben Sie darüber mal nachgedacht? Vermutlich nicht, denn die Antwort wäre niederschmetternd: Wahrscheinlich ist Ihre Beziehung längst im Koma; Sie wissen es nur noch nicht. Da ist für ihn kein Prickeln mehr. Kein Herzklopfen. Keine Spannung. Wenn er nun mit anderen Frauen flirtet und weiß, dass Sie das mitkriegen, dann zeigt er Ihnen: Schau mal, ich bin doch noch ein interessanter Mann. Auch wenn du das längst vergessen hast. Du zeigst mir jedenfalls nie, dass ich interessant für dich bin. Denn Flirten heißt ja immer auch: »Mit mir wird geflirtet.«

Das bringt ihn in Stimmung, das baut ihn auf. Plötzlich kann er geistreich sein und lustig, der alte Muffelkopf – stimmt's? Zu Hause ist die Fernbedienung sein bestes Stück, aber hier übertrifft er sich selbst, zeigt Geist und Charme, die Augen blitzen, und Sie erkennen ihn kaum wieder. DAS ist Ihr Puschen-und-Feinripp-Typ vom Sofa? Schau mal eine an. Was der noch alles drauf hat, wenn ihn ein fremder Rock bezirzt. Und damit wären wir wieder bei Ihnen: Zeigen Sie ihm denn wirklich deutlich genug, dass er in Ihren Augen ein hochinteressanter, begehrenswerter Mann ist?

24. Muss ich für ihn hungern?

Blöde Frage, natürlich. Oder? Na ja, ganz so einfach ist die Antwort dann doch wieder nicht. Es gibt nämlich erheblich mehr Männer, die auf Pfunde stehen, als Schlankheitswahn-Fanatiker. Das jedenfalls behaupten exakt 86 % der Männer, die Christine Neubauers Figur so in etwa für ideal halten[16]. Nur 14 % (!) halten Kate Moss für attraktiv.

---

16 Umfrage der »REVUE«

Das Umfrageergebnis scheint tatsächlich die herrschende Männermeinung wiederzugeben, also beim Antworten stand nicht etwa die übergewichtige Ehefrau mit dem Nudelholz in der Hand hinter ihrem Gatten. Nein – hört man sich unter Männern um, sagen sie tatsächlich über ihre Frauen: »So wie sie ist, finde ich sie okay, und anders möchte ich sie gar nicht.« Oder sie sagen gar nichts und machen ein Gesicht, als hätten sie sich mit diesem Thema überhaupt noch nicht auseinander gesetzt.

Fraglich ist allerdings, ob die Umfrage tatsächlich das Schönheitsideal des Mannes wiedergibt, oder ob er nicht vielmehr grundsätzlich immer den Status quo seiner Beziehung in jeder Hinsicht erhalten möchte, weil er faul ist und viel zu bequem, um über mögliche Veränderungen auch nur nachzudenken. Hinzu kommt, dass Männer keinen Stress wollen. Eine Frau, die attraktiv wie ein Model ist, könnte durchaus Stress verursachen. Andere Männer pfeifen ihr hinterher, sie könnte auf dumme Gedanken kommen usw. Man müsste viel mehr auf sie aufpassen. Doch, ehrlich: Männer denken so! Und vor allem: Sie sind unglaublich träge. Hat SIE ein paar Pfunde zuviel, wird sie MEINE nicht kritisieren können, das ist auch ein Argument, das man ziemlich häufig hört. Frauen denken bei diesem Thema auch so wie Männer. Nur 23 % finden sehr schlank hübsch. Interessanter Widerspruch: Annähernd 100 % aller Frauen über 13 Jahre wollen dringend ein paar Kilo abnehmen. Warum denn eigentlich, wenn dick so schick und mollig so drollig ist?

Wenn Männer lieben, ist es ihnen sowieso egal. In einer richtig harmonischen Beziehung spielt es für sie überhaupt keine Rolle, ob die Waage schon zu ächzen beginnt, wenn ihre Liebste auch nur das Badezimmer betritt. Oftmals ist es ja so: Man verliebte sich in jungen Jahren, als beide noch gertenschlank und echte Hingucker waren. Man machte schlechte Zeiten durch und gute, man futterte gemeinsam Schweinsbraten mit Knödeln (übrigens das Wohlfühl-Geheimnis von Christine Neubauer), und jeder Wulst auf den einstmals so schmalen Hüften erzählt eine Geschichte, an die man sich gern erinnert. Man wird nicht nur gemeinsam älter, man wird auch gemeinsam dicker. Man gehört zusammen und passt auch irgendwie zusammen.

Speckfalten und Hängebauch haben nun symbolischen Charakter, denn sie sind ein Synonym für beziehungsfördernde Weisheiten wie

»Ich lass dich so, wie du bist und umgekehrt« oder »Kleine Schwächen sehe ich dir nach und du siehst mir dafür meine großen nach«. Letztendlich kommt noch hinzu, dass Männer gern in Ruhe gelassen werden wollen. Würde ihre Partnerin nun dringend 10 Kilo abspecken wollen, so wäre es unter Umständen mit der Ruhe vorbei: Sie müssten auf ihr Lieblingsessen verzichten, joggen oder Nordic Walking gehen, eventuell sogar ins Fitnessstudio mitlatschen und am Ende noch aufs Bier verzichten. Nein – da fangen sie doch lieber gar nicht erst an, das Wohlfühl-Gewicht ihrer Liebsten zu kritisieren.

25. Wie kann ich ihn halten, wenn ich nicht mehr so attraktiv bin?

Sie können einen Mann überhaupt nicht halten. Sie können ihm nur das Gefühl geben, dass es nirgendwo besser ist als bei Ihnen. Wie ist das bei Ihnen in der Firma? Wie können Sie Ihren Arbeitsplatz behalten, wenn Sie nicht mehr zu den jüngsten Kolleginnen gehören? Da fällt Ihnen die Antwort leicht: Die Kollegen schätzen Sie. Für den Laden sind Sie unentbehrlich. Sie sind ein Segen für die Firma. Sie sorgen dafür, dass die Bosse das erfahren. Ohne Sie läuft nichts. Und »wenn ich Sie nicht hätte« ist der Standard-Seufzer Ihres Chefs.

Sehen Sie: Genauso läuft es in Ihrer Beziehung. Er muss Sie außerordentlich schätzen. Sie müssen für ihn unentbehrlich sein. Sie müssen ein Segen für ihn sein. Sie müssen dafür sorgen, dass ihm das klar ist. Ohne Sie darf bei ihm nichts laufen. Er braucht tatsächlich das Gefühl »Wenn ich sie nicht hätte…«.

In Ihren Arbeitsplatz investieren Sie viel. Sie ziehen sich zum Beispiel was Nettes an, wenn Sie hingehen. Nie würden Sie mit Lockenwicklern und Schlabberlook in der Firma erscheinen. Sie sind pünktlich und zuverlässig und zeigen damit, dass Sie den Laden ernst nehmen. Sie überlegen sich ständig, wie Sie die Abläufe besser gestalten könnten. Vermutlich investieren Sie eine Menge kreative Energie.

Es gibt viele Männer, die ihrer Frau ein Leben lang treu bleiben. Auch, wenn in der Beziehung nicht mehr so viel läuft wie früher, wenn die Kinder längst aus dem Haus sind und statt ihrer die Langeweile mit am Frühstückstisch sitzt. Das sind Beziehungen, in denen aus Liebe Freundschaft geworden ist. Und wenn das passiert – dann haben Sie einen echten Glücksgriff getan.

Die Wissenschaft ist dem Thema übrigens hart auf den Fersen, und es gibt neue Erkenntnisse. Sicher scheint neuerdings zu sein: Es gibt ein Treue-Hormon namens Vasopressin. Es macht Männer kuschelig, anhänglich und treu. Wenn es nun gelingt, das Vorderhirn eines Mannes so zu präparieren, dass dieses Hormon besser aufgenommen wird, also besser anschlägt, dann werden Sie einen treuen Schmusetyp zu Hause haben. Leider funktionierte das Experiment mit Vasopressin bisher nur bei Mäusen und Affen. Aber man muss ja die Hoffnung nicht aufgeben.[17] Übrigens machen Sie sich Ihre Sorgen offensichtlich ganz umsonst. Hören wir einen Experten: »Waren es in der Vergangenheit vor allem die weiblichen Sexualpartner, die mit zunehmendem Lebensalter Abstand von der körperlichen Liebe nahmen, wird sich dieses Missverhältnis in Zukunft umkehren. Frauen haben viel weniger als Männer mit einer körperlichen Dysfunktionalität[18] beim Sex zu kämpfen. Gleichzeitig legen sie enorm an Selbstbewusstsein und Selbstbestimmtheit zu. So werden es in Zukunft die Männer sein, die für die Probleme beim Sex im Alter verantwortlich sind…«[19]

»Alter minus 15« heißt die neue Formel. Sie bedeutet: Wenn Ihr Partner mit anderen Männern mithalten will, sollte er sich mit 50 fühlen wie ein 35-Jähriger, entsprechend viel für seine Fitness tun und entsprechend freudig im Bett sein. Das neue Lebensgefühl der reiferen Frau heißt »Silver Sex« – und nicht nur an Udo Jürgens ist da irgendetwas gründlich vorbeigegangen.[20]

26. Wann macht er mir Komplimente, und was steckt dahinter?

Nicht gleich so misstrauisch sein! Vielleicht hat er gerade mal eine kuschelige Phase oder einen Anflug von Sentimentalität? Das geht vorbei. Die naheliegendste Möglichkeit ist tatsächlich, dass er Sie gerade ganz besonders lieb hat. Eine weitere Möglichkeit ist natürlich, dass

---

17 Über das neu entdeckte Hormon berichtete die »WamS« im Oktober 2004.
18 Fehlfunktion
19 Prof. Peter Wippermann, Gründer des Hamburger »Trendbüros«
20 »Ab 40 ist bei Frauen Schluss mit Sex«, Diskussionsthema im Frühling 2005

er ein schlechtes Gewissen hat. Und die dritte Möglichkeit ist, dass er etwas von Ihnen will. Oftmals ist es eine Kombination von diesen Möglichkeiten. Ein Mann wird Ihnen ungern sagen: »Schatz, trag bitte keine so kurzen Röcke mehr, denn leider hast du dafür seit einigen Jahren einen viel zu dicken Arsch.« Er fürchtet das Echo, darum sagt er's nicht. Ziehen Sie nun aber etwas an, das Ihnen in seinen Augen viel besser steht, wird er Ihnen listig ein Kompliment machen – in der Hoffnung, dass Sie's schon begreifen werden.

Es gibt mehr Männer mit Artikulations- als mit Erektionsproblemen, das sollten Sie nie vergessen. Männer schweigen nicht aus Desinteresse. Sondern weil sie reden hassen. Frauen sind da ganz anders. Wie oft haben Sie ihm schon gesagt: Die Krawatte steht dir nicht. Schmeiß die olle Jacke weg. Du bist schlecht rasiert. Du riechst nach Knoblauch. Du schnarchst. Und was für Liebenswürdigkeiten aus weiblichem Munde es noch so gibt. Sagen Sie mal: Finden Sie das eigentlich in Ordnung?[21]

Die meisten Männer kämpfen ja gar nicht mehr um die Qualität ihrer Beziehung, sondern sie haben derartige sinnlose Bemühungen längst aufgegeben und ziehen sich lieber in irgendwelche frauenbefreite Reservate zurück (Kneipe, Bastelkeller, TV-Konsum usw.). Würden sie sich die Mühe trotzdem machen, so kämen sie zu einer traurigen Bilanz. Man könnte zum Beispiel eine Strichliste machen mit fiesen, verletzenden Bemerkungen einer Frau in Richtung Mann und eine zweite Strichliste mit lieben, netten Komplimenten einer Frau. Da wäre die erste Liste ziemlich schnell vollgestrichelt, und die andere bliebe ziemlich leer. Würde sich ihr Chef in der Firma so verhalten, hätten die meisten Männer schon entnervt gekündigt. Machen Sie als Frau doch mal so eine Strichliste: Wie oft haben Sie an Ihrem Mann was auszusetzen, und wie oft sagen Sie ihm was Nettes?

---

21 *Marianne Rosenberg in einem Interview: »Jede Frau, die ihren Standpunkt behauptet (…), ist eine Zicke und eine Diva. Wenn das so ist, bin ich gern eine Diva.« Okay, aber geht's denn nicht ein bisschen netter…?*

27. Warum ist er zu anderen Frauen netter als zu mir?

Weil die nichts von alledem tun, was Sie gerade gelesen haben. Wäre ein Grund. Ein zweiter: Männer wollen sich ständig beweisen. Sie testen mit allem, was sie tun, ihren Marktwert. Sie gehen nicht angeln, weil sie Appetit auf Fisch haben, sondern weil sie mit ihrem Fang angeben können. Wenn seine Nettigkeiten bei einer anderen Frau offensichtlich auf liebenswürdiges Interesse stoßen, dann weiß er: Aha, ich bin noch wer. Es ist für ihn ganz etwas anderes, wenn Sie liebenswürdiges Interesse an seinen Nettigkeiten zeigen. Von Ihnen erwartet er es. Sie sind ein Fisch, der schon geangelt ist.

Widersprüchlich? Ja, denn der Mann, wenn auch schlicht und eher simpel, besteht aus vielen Facetten. Man kann eine Plastiktüte ja schließlich auch von beiden Seiten unterschiedlich bedrucken. Er sehnt sich nach Ihren lieben Worten, ist aber zu anderen Frauen netter als zu Ihnen. Er möchte eine Frau, der er treu sein kann, aber er schaut jedem Rock hinterher. Er kann sich vorstellen, fremdzugehen, aber er würde Ihnen nie das gleiche Recht einräumen. Er schwankt zwischen Pascha und Pantoffeln, ist mal Macho und mal Marionette. So ist der Mann.

28. Ist er stolz oder sauer, wenn sich andere für mich interessieren?

Stolz. Und sauer, wenn Sie falsch darauf reagieren. Stellen Sie sich vor, Sie beide sitzen in einer Bar, er (nennen wir ihn Michael) geht mal kurz auf die Toilette, und in dem Moment macht sich jemand an Sie heran. Sagt, dass er Andreas heißt und dass Sie wunderschöne Augen haben. Oder irgend so was. Michael kommt von der Toilette zurück und erfasst die kritische Situation mit einem Blick. Innerlich knurrt er wie ein Polizeihund kurz vorm Zugriff. Äußerlich lächelt er souverän. Wenn Sie jetzt sagen: »Das ist Michael, das ist Andreas« und sich mit Letzterem weiter unterhalten, haben Sie verloren. Wenn Sie aber sagen, »Das ist Andreas, das ist Michael – mein Mann«, Letzteren stolz und liebevoll in den Arm nehmen und Andreas den Rücken zukehren, haben Sie einen dicken, fetten Treffer gelandet. So mag er das.

Er ist in einer schwierigen Lage. Entweder hat er eine Frau an seiner Seite, der kein Idiot jemals hinterherschauen würde. Dann wäre er ein Loser. Oder er hat eine echte Perle an seiner Seite, die jeder gern hätte. Dann kämpft er mit harter Konkurrenz. Das ist zwar ehrenvoll, aber nervig. Was soll er machen, sich mit jedem Trottel wegen Ihnen prügeln? Tatsächlich müssen SIE das für ihn regeln. Wenn Sie Wert auf die Beziehung legen, müssen Sie jedem fremden Kerl eindeutig signalisieren: Äußerst nett, dass du dich für mich interessierst, aber ich bin schon vergeben. Ihr Mann muss ganz sicher sein, dass Sie diese Balance stets zu halten wissen. Dann ist er stolz. Verlassen Sie diese Balance und kokettieren mit Ihrer Wirkung auf andere Männer, dann wünscht er sich schon bald, er hätte nie was mit Ihnen angefangen, und beneidet seinen Kumpel, der ein hässliches Entlein an seiner Seite hat. Denn der hat wenigstens keinen Stress.

Apropos Entlein. Jedes Jahr im Frühling haben die Erpel ein Riesenproblem. Es gibt nämlich mindestens drei Erpel, die es auf ihre Ente abgesehen haben. Dreiviertel ihrer Energie geben verliebte Erpel deshalb dafür aus, die anderen Erpel zu vertreiben. Sie kommen in diesen Wochen kaum zum Fressen und zum Relaxen, so nervig ist das. Ständig müssen sie ihr Revier abgrenzen und irgendeinen Kerl wegbeißen. Gelingt das nicht, geben sie der Ente ein Signal, und beide fliegen ein paar hundert Meter weit weg – in der Hoffnung, dass die anderen Erpel keine Lust zum Hinterherfliegen haben. Was sich meistens als Irrtum herausstellt, der Schauplatz der Balzerei verlagert sich nur.

Man kann nun beim Zugucken feststellen, dass es zwei Sorten von Enten gibt: Die einen wissen, wen sie wollen – und die anderen sind sich noch nicht so sicher. Die einen schwimmen immer so durch den Teich, dass ihr Kerl zwischen ihnen und dem begehrlichen Nebenbuhler schwimmt. Die machen es ihrem Partner leicht. Die anderen brechen ständig aus und schleimen sich bei dem anderen ein. Die machen es ihrem Partner schwer. Am Ende ist er total geschafft und wahrscheinlich zu schlapp, um noch anständige Eier zu zeugen. Machen Sie es genauso wie die entschiedenen Enten, dann ist Ihr Partner stolz auf Sie – und auf die Tatsache, dass es noch andere Erpel in Ihrem Umfeld gibt, ist er dann auch ziemlich stolz.

Bei Ente und Erpel geht es übrigens so weit, dass der eine Erpel am Ende mit seiner Ente Sex macht, und der andere Erpel schwimmt immer noch wie blöd hinterher, ziemlich indiskret im Abstand von einigen Metern. Also der dreht nicht schamvoll ab oder so, sondern schwimmt stur hinterher und quakt auch noch beleidigt vor sich hin. Da kann man doch mal wieder sehen, dass es noch idiotischere Männer gibt als die auf zwei Beinen an Land.

29. Welche weiblichen Flirtversuche vergraulen ihn?

Im Prinzip keine. Das läuft bei Männern ganz anders ab als bei Frauen. Während Sie wahrscheinlich sofort zehn ausgesprochen dämliche männliche Anmachsprüche im Kopf haben und auf keinen einzigen davon reagieren würden, kann der Flirtversuch einer Frau gar nicht dämlich genug sein. Der Mann ist nämlich garantiert noch dämlicher als der Spruch.

»Der ist aber süß! Wächst der noch?« ist natürlich eine platte Anmache aus der Standardkiste, aber bei Männern wirkt sie garantiert.[22] Man kommt gut ins Gespräch, und genau das fällt Männern doch so tierisch schwer.

Das Problem ist nicht, dass ein Mann Ihre Anmache für zu plump halten könnte. Sondern das Problem ist, dass er vermutlich gar nicht kapiert, was Sie eigentlich von ihm wollen. Männer sind nicht darauf vorbereitet, angeflirtet zu werden. Und darum können Sie einen Kerl gar nicht platt genug anflirten.

Wie gesagt: Im Prinzip. Aber... Männer sind längst zu scheuen Fluchttieren mutiert, deren große Klappe in seltsamem Widerspruch zu ihrer Schüchternheit steht. Sie sollten sich deshalb davor hüten, einem Mann gleich ganz deutlich zu sagen, dass Sie noch heute Nacht mit ihm ins Bett möchten und notfalls auch nichts gegen einen Quickie auf der Toilette einzuwenden haben. Er würde sich nämlich derart erschrecken, dass garantiert aus beidem nichts wird.

Wie kann das sein? Die größten Anmacher aller Zeiten ziehen den Schwanz ein, wenn man sie unverhofft zu Spontansex auffordert? Es ist so. Und es ist auch gar kein Wunder. Statt den Mann einfach so zu lassen, wie er ist, haben Frauen auf der Suche nach einer neuen, bes-

---

22 *Die Frage bezieht sich auf den Hund des Mannes. Nicht, was Sie jetzt dachten.*

seren und partnerschaftlicheren Welt jahrzehntelang an ihm herum-
gedoktert und ihm nachhaltig sein Machogehabe ausgetrieben. Gleichzeitig haben sie eine männliche Domäne nach der anderen erobert,
von der Mode über die Rollenverteilung im Haushalt bis hin zum Job.
Theoretisch betrachtet war das sicher keine schlechte Idee. Aber sie
hatte ungeahnte Folgen, denn sie hinterließ beim Mann ein ratloses Vakuum. Er weiß seitdem nicht mehr, wie er sich verhalten soll. Sensibel?
Ritterlich? Einfühlsam? Oder doch wieder machomäßig?

Der Mann hat deshalb Angst vor der Frau. Er fürchtet sich ständig
davor, irgendetwas falsch zu machen. Er verkrampft sich. Und beim
leisesten Gefühl von Unsicherheit zieht er sich ins schützende Dickicht
zurück. Er ist, wie gesagt, ein »Fluchttier« geworden, das man keinesfalls erschrecken darf. Woher soll er denn wissen, was ihn erwartet?
Vielleicht sind Sie ja eine heimtückische Männerhasserin, die durchaus
nicht »nur spielen« will, sondern auf der hastig und erregt aufgesuch-
ten Toilette ein Messer zieht und ihm sein bestes Stück absäbelt! Nur
so, um der Sache der Frau einen Dienst zu erweisen und um ihm eine
Lehre zu erteilen: Gehe nie wieder mit einer Frau zum Spontansex aufs
Klo, du alter Macho. Aber das mit der Wiederholungsgefahr hätte sich
ja sowieso erledigt, wenn das Messer scharf genug ist.

Abzuraten ist auch davon, dem Typen ungebeten die eigene Handynummer zu geben. Männer können selbst dabei erschrecken. Sie fühlen sich in Zugzwang gesetzt und beinahe schon vergewaltigt. Jetzt
ist es ja an ihnen, von der Handynummer Gebrauch zu machen. Aber
leider kennen sie viele, viele ähnliche Situationen, in denen sie guten
Mutes genau das getan haben und (weil die Dame ihres Herzens inzwischen wieder nüchtern war) eiskalt abgeblitzt sind.

30. Warum behält er beim Sex so gern die Socken an?

Natürlich geht das überhaupt nicht, und wenn Sie dreimal selber Hand
anlegen und ihm die Strümpfchen abstreifen, wird er's wahrscheinlich
beim vierten Mal selber machen. Aber die Frage ist ja nicht, OB dieser
Fauxpas akzeptabel ist, sondern WARUM er das macht. Nun – an und
für sich würde er beim Sex am liebsten gar nichts ausziehen außer dem,
was er zum Sex halt freilegen muss. Der gute alte Quickie ist immer

noch des Mannes liebstes Ding, darum gehen ja auch so viele ins Bordell. Keine Debatte, kein Rumgeschmuse, keine Socken aus, rein und raus und tschüs: Diese unromantische, gefühlsarme und nur auf den eigenen Orgasmus ausgerichtete Sexualpraktik ist absolut Männersache.

Trennen Sie sich grundsätzlich von dem Irrglauben, dass Sex für Männer auch nur im Entferntesten etwas mit Gefühlen zu tun hat. Es ist nicht wahr, außer am Anfang einer Beziehung. Danach wollen sie nur noch eins: den Orgasmus erleben und schlafen. Eine weitere, bei den Recherchen zu diesem Buch von vielen Frauen gestellte Frage muss deshalb hier gar nicht mehr weiter erörtert werden. Sie heißt, warum er sich nach dem Sex immer so schnell umdreht und einschläft. Natürlich kennen Sie die unterschiedlichen Kurven von Mann und Frau: SIE will halt nach dem Sex noch eine ganze Weile kuscheln, und bei IHM erlischt das körperliche Interesse nach dem Höhepunkt erst einmal für eine ganze Weile, sackt sozusagen ab wie die Steigernordwand und flammt dann vielleicht noch mal für ein zweites oder drittes Mal auf, je nachdem, ob er morgen früh Schicht hat oder nicht. Das also ist hinlänglich bekannt.

Die Wahrheit ist aber noch viel niederschmetternder: ER hat nach dem Sex absolut keine Lust mehr, zu reden, zu schmusen, zu knutschen oder sonst was zu machen. Vielleicht raucht er noch eine, aber das darf man als Mann heutzutage im Bett ja meistens auch nicht mehr. ER möchte nach dem Sex mit sich alleine sein, seinen Gedanken nachhängen, schon mal die Augen zumachen und die soeben erlebte Gemeinsamkeit erst einmal wieder beenden.

Darum dreht er sich um und schläft ein. Er dreht sich ja im wahrsten Sinne des Wortes von Ihnen weg. Wissen Sie was? Lassen Sie ihn einfach. Er ist ein Mann, und Männer sind so.

31. Wann wird er mich garantiert verlassen?

Wenn Sie seine Liebe zu selbstverständlich hinnehmen. Wenn er sich mit anderen Frauen besser unterhalten kann als mit Ihnen. Wenn Sie sich gehen lassen. Wenn Sie langfristig keine Lust mehr auf Sex haben. Wenn Sie ihn so bevormunden, dass er es merkt. Wenn Sie ihn in Gegenwart von anderen lächerlich machen. Wenn Sie ständig über sein

Hobby maulen. Wenn Sie seine Kumpels nicht mögen. Wenn Sie nicht mit Geld umgehen können. Wenn Sie Ihren Seitensprung beichten. Wenn Sie sich nicht mehr für ihn schick machen. Und wenn er eine echte Alternative zu Ihnen hat. Achten Sie immer darauf, dass die Geheimformel *RELAX* nicht zu kurz kommt. *RELAX* steht für das, was Männer gern mit Frauen machen: *RE*den, *LA*chen und Se*X*. Halten Sie sich daran, verlässt er Sie vielleicht nie.

Grundsätzlich hat kein Mann Bock darauf, seine Partnerin zu verlassen. Trennung bedeutet Stress und Debatte, abends alleine sein, keinen warmen Essensgeruch aus der Küche wittern, wieder mal auf der Piste unterwegs sein müssen, wenn vorhanden, auch noch Kinderverlust, selber abwaschen müssen, womöglich auch noch Sexentzugserscheinungen, niemals frische Blumen in der Vase, zu viel saufen, Unterhalt zahlen, nicht wissen, wohin im Urlaub, also alles ist blöd ohne Frau. Sonst würde er ja nach der Trennung nicht sofort wieder versuchen, sich eine Neue zu angeln, aber genau das wird er tun.

32. Darf ich ihn nach dem ersten Kennenlernen anrufen?

Nein. Obwohl ja eigentlich nichts dagegen spricht, dass Sie die Initiative übernehmen. Männer wollen erobern. Nicht erobert werden. Wenn Sie sich als Erste melden, denkt er: Dieser Bonbon ist schon gelutscht. Die will mich. Und schon sind Sie für ihn ein kleines bisschen uninteressant. Ebenso falsch ist es jedoch, wenn Sie ihm Ihre Telefonnummer geben. Das würde bei ihm nämlich genau dieselbe Reaktion auslösen. Nun fragen Sie natürlich völlig zu Recht, wie es denn dann funktionieren soll: Sie dürfen ihn nicht anrufen, und Ihre Nummer dürfen Sie ihm auch nicht geben?

In der Tat ist das ein Problem. Der Königsweg ist, dass Sie sich »zufällig« wiedertreffen. Vielleicht kann ein gemeinsamer Bekannter das geschickt einfädeln? Oder Sie wissen, wo er abends oft anzutreffen ist, bzw. er weiß, wo Sie sich herumtreiben? Oder Sie erwähnen nebenbei, wo Sie arbeiten? Er wird Sie schon irgendwo auftreiben, wenn er Interesse an einem Wiedersehen hat. Bleiben Sie cool, warten Sie ab. Und tun Sie niemals den ersten Schritt. Das ist altmodisch, das ist ja wohl total von gestern, aber es ist wahr. Wenn sich die psychische Grundstruktur des Mannes in den letzten 3000 Jahren nicht wesentlich verändert hat, warum sollte sie es dann in den letzten 100 Jahren getan haben? Es gelten immer noch die alten Regeln, so wie sie zwischen Oma und Opa galten. Auch wenn das so museumsreif klingt wie der Ruf nach einem deutschen Kaiser. Und um gleich mal ein mögliches Missverständnis auszuräumen: Der Autor dieses Buches beschreibt die lustig-bunte Beziehungswelt zwischen Mann und Frau nicht aus eigener Sicht oder so, wie er sie gerne hätte! Hören Sie also auf, ihn zu beschimpfen. Sondern der Autor malt nur die Wirklichkeit ab, wie sie ist und wie Sie sie auch kennen würden, wenn Sie die Männer kennen würden. Wir sprechen hier ja nicht davon, wie Männer ticken könnten oder wie Männer ticken sollten. Sondern davon, wie Männer ticken.

33. Woran merke ich, dass er an mir interessiert ist?

Ganz einfach: Er wird versuchen, Sie wiederzusehen. Aber woran merken Sie, ob er WIRKLICH an Ihnen interessiert ist? Dass er also nicht nur mit Ihnen ins Bett will? Auch das ist so einfach zu durchschauen wie eine Männerseele: Wenn er ernsthaft was von Ihnen will, wird er nicht gleich mit Ihnen ins Bett wollen. Sondern er wird all das tun, was er hasst: Nächtelang mit Ihnen reden, viel kuscheln, Füßchen wärmen usw., wir hatten das Thema ja schon.

Sie sollten deshalb nur dann in der ersten Nacht mit ihm ins Bett gehen, wenn Sie Ihrerseits auf einen One-Night-Stand aus sind. Es wird dann wohl auch dabei bleiben. Wobei ja nichts gegen einen ONS einzuwenden ist. Ein Drama erleben Sie nur dann, wenn Sie mehr Emotion investieren als er und wenn Sie den verdammten Fehler machen, das zu zeigen. Dummerweise mögen 62 % aller Frauen Liebe und Sex nicht voneinander trennen, das erschwert die notwendige Coolness ungemein. Allein an der verhängnisvollen Frage »Bleibst du heute Nacht hier?« sind schon Millionen Beziehungen gescheitert, bevor sie begonnen hatten. Mit solchen Fragen treibt man Männer erst in die Unterhose und dann in die Flucht.

Ein wunderschönes Plädoyer für den ONS ohne schlechtes Gewissen stammt von der Partnerschafts-Autorin Inka Steyn. »Stellen Sie sich vor, Sie haben Heißhunger auf Pommes mit Ketchup. Also begeben Sie sich zu einem Imbiss und bestellen das. Knusprig und dampfend lacht Sie der Inhalt der Pappschale an. Sie wollen gerade mit der Plastikgabel in die erste Fritte stechen, da ertönt eine Stimme, die sagt: Du bist aber leicht zu haben! Sie drehen sich um, da ist keiner. Dann merken Sie's: Die Pommes haben sich beschwert!«

So würden Männer auch reagieren, wenn eine Frau zum ONS bereit ist, meint die Autorin in der Zeitschrift »Allegra« und beklagt: »Alle Welt empört sich plötzlich, uiuiuiui, das darf man aber nicht! Und das nur, weil ich noch nicht eine Anstandsfrist von zwei, drei Wochen Überraschungseier-Schenken und Kaffeetrinken und SMS-Botschaften hin- und herschreiben hinter mich gebracht habe... Pommes bestelle ich ja auch nicht drei Wochen im Voraus und gehe dann jeden Tag am Imbiss vorbei, um ein bisschen mit der Imbiss-Frau zu plauschen, damit das auch wirklich was wird in drei Wochen mit den Pommes und mir...« Ob ein Mann an Ihnen interessiert ist, das sagt Ihnen auch seine Körpersprache. Es ist eigentlich ganz einfach. Und es ist egal, was er sagt: Sein Körper lügt nicht. Wendet er sich Ihnen vollständig zu? Mit dem Oberkörper, im Sitzen auch mit den Beinen? Gehen Sie davon aus, dass er was von Ihnen will. Unterhält er sich quasi »über die Schulter« mit Ihnen? Sorry: Das Ziel seiner Sehnsucht finden Sie in der Richtung, in die sein Körper weist.

Legt er den Kopf schräg, wenn er Sie anschaut? Dann denkt er genau in diesem Moment an Sex. Und zwar mit Ihnen. Er verhält sich ganz genauso wie ein kleiner Kater, der am Bauch gestreichelt werden möchte: Erst legt er das Köpfchen schief und schaut Sie sehnsüchtig an, dann legt er sich hin und streckt alle viere von sich. Letzteres verbietet sich auf Partys in der Regel von selbst, aber er würde schon ganz gern. Und zwar jetzt und hier.

Fährt er sich ständig mit den Händen durch die Haare? Schnipst er imaginäre Staubkörnchen vom Jackett? Klarer Fall von erotisch motivierter Putzhaltung (EMP): Er »putzt« sich für Sie, so wie das Vogelmännchen vorm Begatten auch tun. Eindeutig positives Signal.

Presst er nach einem Satz ganz kurz die Lippen zusammen und stülpt sie leicht nach innen? Dieses buchstäbliche »Sich auf die Zunge (bzw. die Lippen) beißen« ist ein untrügliches Signal dafür, dass er eben nicht ganz die Wahrheit gesagt hat. Männer tun das oft nach Bemerkungen wie: »Ich bin glücklicher Single« oder »In einer Beziehung bin ich absolut treu«.[23] Machen Sie den Gegentest mit einer Zwischenfrage zum Thema! Zeigt er dann das gleiche Symptom, können Sie sogar Gift drauf nehmen. Lässt er beim Sprechen die Schultern nach vorn hängen? Das ist kein Anzeichen für mangelndes Rückgrat, sondern ein Signal für äußerste Sympathie. Er würde Sie jetzt gern in den Arm nehmen, aber die Höflichkeit oder sonst was hindern ihn daran. Nur seine Schultern, die hat er nicht unter Kontrolle. Glückwunsch! Oder rasch auf Abstand gehen, je nachdem. Schaut er mitten im Gespräch plötzlich woanders hin, und das sogar auffallend? Männer tun das immer dann, wenn sie an einer Frau absolut desinteressiert sind. Sie tarnen das aber gern. Zum Beispiel schauen sie angestrengt zur Decke, so als wenn sie ihre nächsten Worte genauestens abwägen möchten. Nee, nee: Die schauen von Ihnen weg. Ein Mann, der sich für Sie interessiert, der sucht den Augenkontakt. Das gilt allerdings mit einer winzigen Einschränkung: Beim Gespräch hin und wieder mal kurz den Raum checken, wer gerade wo mit wem steht, das ist okay. Das tun Sie ja schließlich auch ganz gern.

Verschränkt er die Arme vor der Brust? Diese so genannte »Türsteherhaltung« signalisiert deutliche Distanz, die auch künftig gewahrt bleiben soll. Machen Sie sich keine Hoffnung. Der will nix von Ihnen. Stützt er sich mit ausgebreiteten Armen am Tresen auf oder noch deutlicher: Verschränkt er die Hände hinterm Kopf? Er will Sie beeindrucken und gleichzeitig andere Bewerber auf Distanz halten. Wissenschaftlich nennt man das die »Axilla-Präsentation«, eine im Tierreich weit verbreitete Maßnahme zum Abgrenzen des männlichen Territoriums gegen unerwünschte Eindringlinge. Unter den Armen befinden sich bekanntlich die Schweiß- und Pheromondrüsen. Deren Ausdünstungen (finden Sie eklig? Ist aber so!) sollen Sie willig und anderen Männern Angst machen.

Nun stellen Sie sich mal einen Mann vor, der Oberkörper und Beine direkt auf Sie zielen lässt, dabei den Kopf schräg legt, sich abwechselnd durch die Haare fährt und Staubfussel pflückt, wenn er nicht gerade die Hände hinterm Kopf verschränkt: Wenn der Sie nun auch noch mit großen Augen anstarrt und dazu die Schultern nach vorne hängen

23 Quelle: Experten der Zeitschrift »Allegra« (»Read his lips«)

lässt, gibt's nur noch eine Frage: »Zu mir oder zu dir?« Wollen Sie das nicht, sollten Sie unbedingt bei Drei auf dem nächsten Baum sein.

Wir wollen das Beispiel mit Erpel und Ente noch ein wenig vertiefen. Derjenige Erpel, der die Sympathie der Ente gewonnen hat oder gerade dabei ist, sie zu gewinnen, der nickt ständig ruckartig mit dem Kopf auf und ab. Und was macht die Ente? Sie macht es ihm nach. Ruckauf, ruckab: So zeigen sie sich und dem anderen Erpel, wer hier zu wem gehört und wer mit wem was anfangen möchte. Sie tun also gut daran, die positiven Körpersignale des Mannes genau zu imitieren, wenn Sie mit ihm mitgehen möchten. Er realisiert das vielleicht nicht bewusst, weil er ein Mann und deshalb blöd ist, aber sein Unterbewusstsein wird es realisieren. So wird dann letztendlich doch noch alles gut.

Schon mal was von Körpersprache gehört? Klar. Die haben Sie mit der Muttermilch eingesogen, denn Ihre Mutter war auch eine Frau. Schade ist nur, dass es keine wirklich neuen Tipps zu diesem Thema gibt. Machen Sie es also getrost so wie Ihre Urgroßmutter, denn der Mann als solcher hat sich in den letzten 100 Jahren, wenn überhaupt, nur unwesentlich weiterentwickelt. Er fällt immer noch auf dieselben kleinen Tricks rein. Schauen Sie woanders hin, wenn er Sie anstarrt. Fahren Sie sich mit den Händen durch die Haare. Lächeln Sie auch ohne Grund. Schlagen Sie die Beine übereinander. Schauen Sie kurz zu ihm hinüber und dann wieder weg. Lassen Sie die Zunge zwischen den Lippen spielen. Usw., usw., usw. Sie kennen das Spiel doch. Das sind immer noch die Signale, auf die Männer abfahren.

Übrigens sollten Sie überlegen, was Sie beim ersten Date anziehen. 80 % aller Männer finden luftige Sommerkleider, die viel Haut zeigen, fürs erste Rendezvous okay. 83 % haben nichts dagegen, wenn Sie bei diesem wichtigen Termin Jeans tragen. Sie sollten aber hauteng sein und einen sexy Po betonen. Netzstrümpfe und »sackartige Kleider« (was immer ER darunter verstehen mag) fallen durch. Interessant: Nur jeder vierte Mann findet High Heels beim ersten Treffen okay.[24] Das ist ja vielleicht komisch: Genau die finden Männer doch an und für sich äußerst sexy! Aber Sie können die High Heels ja dann beim zweiten Date anziehen, sozusagen als Steigerung.

---

24 *Umfrage des Cora Verlages*

34. Darf ich vorm ersten Date sagen, dass ich mit ihm schlafen will?

Im Prinzip können Sie das gerne machen: Abgesagt hat deshalb noch kein Mann. Und wenn, dann können Sie ihn sowieso in die Tonne treten. Aber warum wollen Sie schon vorher alles verraten? Was bringt es Ihnen? Nichts. Wenn Sie zu einem Mann aus heiterem Himmel sagen: »Übrigens, ich möchte eine Affäre mit dir haben«, dann wird er das durchschauen (es sei denn, er hat nichts in der Birne). Er wird es gedanklich ablegen in dem Ordner »Was Frauen so veranstalten, wenn sie besonders cool wirken wollen«. Ändern wird es nichts: Entweder will er was von Ihnen, oder er will nichts von Ihnen. Warten Sie's doch einfach ab.

Natürlich können Sie Ihre Strategie auch um 180 Grad drehen und ihm vor dem ersten Date sagen, dass Sie keinesfalls mit ihm ins Bett wollen, und zwar weder an diesem Abend noch überhaupt. Uiuiui, wie schlau Sie doch sind! Sie werden seinen Kampfgeist wecken, und er wird alles daransetzen, Sie ins Bett zu kriegen! Glauben Sie das? Dann kennen Sie die Männer nicht. Das Gegenteil ist der Fall. ER wird eine schlichte Kosten-Nutzen-Rechnung aufmachen: Taxi, essen gehen, Getränke, noch was in der Bar nebenan, Taxi zu ihr, Taxi zu mir, macht 150 Euro und das für ein bisschen Gequatsche? Nee, da sag ich doch lieber gleich wieder ab, gucke fern und treffe mich vorher auf ein Bierchen mit meinem Kumpel in der Kneipe nebenan. Bringt mir mehr und spart bares Geld. Also klammern Sie das Thema vorm ersten Date einfach grundsätzlich aus.

35. Könnte er sich für ein reines Sex-Verhältnis erwärmen?

Es gibt ja tatsächlich Frauen, die keine Lust auf eine Beziehung haben. Aber auf Sex schon. Also wünschen sie sich eine rein sexuell motivierte Beziehung, was natürlich keine Beziehung in dem Sinne ist, sondern eben nur ein Sex-Verhältnis. Die Antwort heißt: Ja, das kann funktionieren. Kein Mann wird sagen, nö, auf ein reines Sex-Verhältnis habe ich keine Lust. Entweder kriege ich dich ganz oder gar nicht. Ja super, wird der Mann sagen. Dann machen wir entspannten Sex, ich kann danach wieder heim zu Frau und Kind oder zurück in meine Single-

Höhle, ich bin zu nichts verpflichtet, und alles wird gut. Außerdem fällt ja der ganze blöde Beziehungsstress weg, denn wie soll Stress entstehen, wenn man gar keine Beziehung hat?

Die Lebenserfahrung lehrt uns allerdings, dass dieses schöne heitere Modell so in der Regel nicht funktioniert. Das ist ungefähr so wie bei der platonischen Beziehung. Sie funktioniert meistens auch nicht. Und warum? Weil es nur zwei Möglichkeiten gibt: Entweder ist der Mann ein Depp, der außer sexuellen Qualitäten nichts mitbringt. Dann wird Sex mit ihm sehr schnell langweilig. Oder er ist kein Depp, sondern ein richtig guter Typ, der auch noch sexuelle Qualitäten hat. Dann kann man sicher sein, dass die Frau ihre guten Vorsätze binnen weniger Wochen vergisst und spätestens dann Alarm schlägt, wenn der Mann noch weitere Kontakte zu anderen Frauen pflegt, obwohl doch genau das in einem lockeren Deal wie diesem erlaubt sein müsste.

Andersherum gilt das natürlich auch: Mit einem nichtssagenden Dummchen wird der Mann ein paar Mal schlafen und sich dann verziehen. Von einer tollen Frau, die Persönlichkeit und Charisma mitbringt, wird er über kurz oder lang mehr wollen als »immer nur das eine«. Man kann also getrost die Prognose wagen: Das rein sexuell motivierte Verhältnis ohne Beziehungscharakter ist eine nur auf den ersten Blick verlockende Idee, die in der Praxis über kurz oder lang zum Scheitern verurteilt ist.

36. Darf ich beim ersten Sex die Initiative ergreifen?

Auf jeden Fall. Früher war das ausschließlich die Aufgabe des Mannes. ER rückte näher an die Dame seines Herzens ran. ER legte den Arm um sie. ER fing an zu fummeln. ER öffnete den ersten Blusenknopf. Alles war SEIN Job. Das ist zum Glück vorbei, es hat sich sogar umgedreht in den letzten Jahren: Heute weiß ein Mann, dass er bei diesem Thema sowieso nichts zu sagen hat. Die Frau bestimmt, ob, wann und wo. Allenfalls das »Wie« kann er noch mitbestimmen. Männer, die sich auskennen, geben sich betont gelassen und entspannt, auch wenn sie nur zu gern an- bzw. zugreifen würden.

Männer warten einfach, bis die entscheidenden nonverbalen Signale ausgestrahlt werden. Sie wissen ganz einfach: Wenn's so weit ist,

lässt sie es mich schon wissen. Es hat schon manch einer zu früh ge-
knutscht. Aber noch nie hat jemand zu spät damit angefangen.

37. Warum müssen wir überhaupt so viele Spielchen spielen?

Das ist eines der Mysterien zwischen Mann und Frau, die wahrscheinlich niemals ganz aufgeklärt werden. Fragen Sie, wen Sie wollen: Kein
Mensch, ob Mann oder Frau, hat Bock auf diese seltsamen Spielchen,
bevor man dann endlich zusammenkommt oder auch nicht. Ein Drama,
ein Hin und Her, »eigentlich will ich ja gar nicht«, »eigentlich will ich
doch, aber nur ein bisschen«, ein falsches Wort kann alles zerstören,
keiner weiß Bescheid, ein Anruf zu früh und es ist aus, ein Wort zu spät
und es ist auch aus, ja keine SMS zur falschen Zeit, ja nicht zu früh
melden, ja nicht zu spät melden, ja nicht zu früh miteinander ins Bett,
ja nix verpassen, ja nicht zu viel Interesse zeigen, kurzum: Alle wollen
dasselbe, aber alle machen es sich sooo schwer. Aber das gilt doch nicht
nur für Männer. Das gilt für Frauen genauso. Es ist das ganz normale,
natürliche, bescheuerte menschliche Balzverhalten. ER geht in die Offen-
sive – SIE zieht sich zurück. ER ruft nicht an – SIE kommt angekrabbelt.
ER will mit ihr ins Bett – SIE wollte eigentlich auch, aber jetzt nicht
mehr. ER zeigt Desinteresse – SIE nimmt die Sache in die Hand. Völlig
beknackt? Ja! Und dürfen Sie IHM sagen: »Pass mal auf, ich hab keine
Lust auf diese Spielchen«? Sorry: Nein. Da müssen Sie durch.

Wie unsicher Männer bei diesen Anfangsspielchen sind, zeigt eine
Umfrage: 60 % würden sich vorm ersten Rendezvous gern von einem Dating-Berater gute Ratschläge mitgeben lassen![25] 40 % davon
möchten endlich lernen, lockerer aufzutreten. 8 % sind eher wortkarg; sie erhoffen sich vom Berater eine Liste mit Gesprächsthemen.
Und immerhin 10 % haben offenbar geradezu panische Angst davor,
was falsch zu machen: Sie könnten sich eine Live-Beratung während
des Dates per Knopf im Ohr durchaus vorstellen. »Hitch – Der Date-
Doctor« mit Will Smith war im Frühling 2005 also mit gutem Grund
in Deutschland gut besucht. Und wer ihn sich angeschaut hat, sah
ziemlich viele Männer im Kino sitzen.

---

25 Umfrage der Online-Dating-Plattform »match.com«

Diese verdammten Psycho-Spielchen haben aber auch ihr Gutes. Sie als Frau können beim Spielen ziemlich genau feststellen, was für einen Fisch Sie da an der Angel haben. Gerade in der Baggerphase können Männer sich nämlich ganz schlecht verstellen, weil sie schwanzgesteuert sind und ihr Gehirn in dieser Zeit definitiv nicht korrekt funktioniert. Wird zwischen Ihnen beiden auch später ein gesundes »Fifty-fifty-Verhältnis« bestehen, wo sich Geben und Nehmen, Nähe und Ferne einigermaßen die Waage halten? Kann er loslassen, oder neigt er zum Klammern? Wird er Sie respektieren oder als seinen Besitz betrachten? Werden Sie Achtung vor ihm haben können, oder macht er sich schon anfangs zum Affen? Ist er überhaupt in der Lage, sich gegen Sie durchzusetzen? Ist er eher stark oder eher schwach? Hat er das typisch männliche Gen der Strategieplanung, das ihn – wenn auch auf Umwegen – letztlich doch zum Ziel führt? Hat er Geduld mit Ihnen? Kann er mit Frauen umgehen? Ist doch besser, Sie kriegen all das frühzeitig heraus!

Sie sollten die Spielchen aber aufs notwendige Mindestmaß beschränken. Gehen Sie davon aus, dass der Mann, so wie wir ihn heute haben, ohnehin mit dem Thema Frauen durch ist. Sein leuchtendes Vorbild ist der Kumpel, der sich überhaupt nicht mehr binden mag und nur noch mitnimmt, was sich ihm in den Weg stellt. Der seit Jahren keine Beziehung mehr hatte, die länger dauerte als bis zu dem Moment, in dem er sich ihren Vornamen gemerkt hatte. Der schon deshalb keinen Beziehungsstress kennt, weil er ihn gar nicht erst anfängt. Der über diese Blümchen-Zupf-Spiele (»sie will mich, sie will mich nicht«) echt nur lachen kann. Der Mann hat schlichtweg keinen Bock mehr, und deshalb sollten Sie seine zarte geschundene Seele nicht mit zu viel Hin und Her belasten. Halten Sie ihn ein wenig hin, checken Sie ihn ab, aber dann gehen Sie mit ihm ins Bett oder lassen es eben. Machen Sie keinen Stress, das Leben ist schwer genug und keinesfalls ein Mädchenpensionat.

38. Sind große Brüste wirklich so wichtig für ihn?

Natürlich findet er es gut, wenn was in der Bluse ist. Trotzdem kommt es auf den Gesamteindruck an. Schauen Sie: Ein Auto muss auch nicht unbedingt dicke Puschen haben, um geil auszusehen. Es kommt auch hier aufs Ganze an. Eine S-Klasse zum Beispiel, also an sich ein schönes Auto, ist tiefergelegt und mit mega-dicken Reifen eine oberpeinliche Karre, mit der nicht mal ein Hinterhof-Lude losfahren möchte. Vorausgesetzt, er achtet auf seinen Ruf. Also, es kommt nicht auf die Größe der Brüste an, obwohl kaum ein Mann etwas gegen eine stattliche Oberweite hat. Eine wunderbare Ausstrahlung, schöne Augen, eine sehr, sehr gute Figur und eine gut gestylte Frisur können kleine Brüste ohne weiteres wettmachen.

Unterm Strich kann man sagen, dass große Brüste für einen Mann ziemlich unerheblich sind: Ungefähr so wichtig wie ein Riesenglied für Sie.

39. Warum starren uns die Männer immer so an?

Im Gegensatz zu Chinesen starren sie überhaupt nicht. In China gilt es nämlich nicht als unhöflich, Frauen anzustarren. Deshalb versuchen die Chinesen erst gar nicht, heimlich zu glotzen. Frau K., die erst kürzlich durch China reiste (ohne Reisegruppe, ganz auf eigene Faust), erzählt: »Das war unglaublich! Zwei Tage und zwei Nächte saß ich mit vier Chinesen in einem Zugabteil, und die haben die ganze Zeit geglotzt, als wenn ich ein fremdes Tier wäre. Das wurde aber noch übertroffen, als ich mich in der drangvollen Enge des Abteils umgezogen habe. So was habe ich noch nie erlebt.«

Nun ist natürlich fraglich, ob man sich als Frau in einem chinesischen Zug vor vier mitreisenden einheimischen Männern umziehen sollte, oder ob das nicht auf eine gewisse Verkennung der ortsüblichen Gepflogenheiten schließen lässt, aber davon mal abgesehen und um auf die hiesigen Männer zurückzukommen: Frauen glotzen auch. Und zwar täglich im Schnitt auf zwei fremde Männer, wobei sie für jeden der zwei 90 Sekunden brauchen.[26] Hochgerechnet verbringen sie vier Wochen ihres Lebens nur mit dem Anstarren von Männern.

Männer starren allerdings mehr, das stimmt schon: Täglich circa 16 Minuten, die sich auf durchschnittlich acht verschiedene Frauen

26 Quelle: »BILD am SONNTAG«, 29.10.2006

verteilen. Aufs Männerleben hochgerechnet kommen dabei immerhin sechs Monate zusammen. Also: Warum tun sie das?

Männer haben ihre Körpersprache eindeutig schlechter unter Kontrolle als Frauen. Sie kennen diesen scheinbar unbeteiligten Blick unter halb geschlossenen Wimpern nicht, mit dem eine Frau blitzschnell einen Mann abscannt.

Wenn sie gucken, dann gucken sie richtig. Das macht Männer einerseits liebenswert berechenbar; man sieht ihnen alles gleich an. Aber andererseits kann es natürlich auch ein bisschen nerven. Interessant ist übrigens dieser Unterschied: Männer gucken Frauen nicht zu allererst in die Augen, dazu sind sie wahrscheinlich viel zu schüchtern, sondern sie glotzen auf Busen, Po und Beine. Frauen hingegen schauen erst in die Augen und dann auf den Po.

Aber wenn es Sie nervt, dass Sie ständig von Männern angestarrt werden, dann überlegen Sie doch mal, wie genervt Sie erst wären, wenn kein Mann Sie mehr anstarren würde.

40. Sollte ich ihm einen Seitensprung gestehen?

Ja klar, wenn Sie die Beziehung ohnehin beenden möchten. Das wäre sogar eine elegante Lösung, die ihm den Abschied extrem erleichtert. Er kann Sie nun für eine Schlampe halten, der nachzutrauern nicht lohnt. Wahre Kennerinnen der Männerseele sollen sogar schon Seitensprünge gebeichtet haben, die niemals stattgefunden haben. Sozusagen als psychisches Schmerzmittel. Wenn Sie die Beziehung aber aufrechterhalten möchten: Nein. Gestehen Sie nicht. Er kann Ihnen erzählen, was er will. Von wegen Verständnis und kann ja mal passieren und ich komm schon drüber weg und bla bla bla. Er hat kein Verständnis, es darf in seinen Augen keinesfalls passieren, und er kommt nicht drüber weg. Die Qualität der Beziehung, wenn es noch eine Qualität gibt, wird leiden. Und zwar so dramatisch, dass Sie sich noch oft wünschen werden, Sie hätten nie, nie, nie gebeichtet.

Trauen Sie auch seinem verständnisvollen Schweigen nicht. Nach einer Weile gerät das Thema scheinbar in Vergessenheit, Sie haben wieder Sex miteinander, alles ist gut? Nichts ist gut für ihn. Sondern: Er hat beschlossen, sein schmerzhaft nagendes Leid, seine existenziellen Selbstzweifel, seine gesamte schwer depressive Seelenlage künftig vor Ihnen zu verstecken. Die meisten Männer kennen zwei Arten von Seitensprüngen! Die eine ist verzeihlich. Das sind ihre eigenen Seitensprünge. Die andere ist nicht verzeihlich. Das sind die Seitensprünge ihrer Partnerin. Und wenn Sie das für unlogisch halten: Es ist unlogisch. Aber es ist wahr.

So ganz unlogisch aber vielleicht doch nicht. Bei Seitensprüngen sind Männer immer noch von der menschlichen Frühgeschichte geprägt, haben Forscher jetzt festgestellt.[27] Für das Überleben des Rudels war es früher notwendig, dass die Männchen ihre Kinder selbst zeugten, um kein (möglicherweise schlechteres) Erbgut in die Sippschaft eindringen zu lassen. Deshalb reagieren sie aggressiver als Frauen auf einen Seitensprung. Die hingegen legen mehr Wert auf emotionale als auf körperliche Treue, weil die emotionale Abkehr des Mannes in der Frühzeit den Tod der Frau und ihres Kindes bedeuten konnte. So erklären die Forscher, warum Frauen auf Seitensprünge »deutlich gelassener« als Männer reagieren.

Aber es bedarf gar nicht solcher wissenschaftlicher Erkenntnisse, um den Mann und seine aggressive Reaktion auf Ihren Seitensprung zu erklären. Sehen wir die Lage doch mal praktisch: Er ist echt die arme Sau, die kaum mal etwas richtig hinkriegt. Was er auch macht, Sie finden es falsch. Wie er auch ist, es ist daneben. Er hat seine Wurzeln verloren. Er schlingert durchs Leben wie ein Korken auf dem Wasser, als Spielball der gesellschaftlichen Wellen und weiblich geprägter wechselhafter Windrichtungen. Er darf kein Macho mehr sein, er wird als Softie verlacht, er schiebt den Kinderwagen, und wenn nicht, wird er schief angeglotzt, er ist natürlich für die Gleichberechtigung der Frau, aber die hat längst die Macht übernommen, also müsste er eigentlich für die Gleichberechtigung des Mannes kämpfen, seine Frau redet am liebsten mit Schwulen, eigentlich braucht sie überhaupt keinen Mann mehr, er versteht die Frauen nicht, er hat keine männliche gesellschaftlich akzeptierte Identität, als Verkäufer bei Wal-Mart darf er nicht mal mehr die Kassiererin anbaggern, und eigentlich ist er ein Fall fürs Antidiskriminierungsgesetz. Dass Sie ihm treu sind, gibt ihm vielleicht noch einen gewissen Halt. Und dann wundern Sie sich, wenn er angesichts Ihrer Affäre ausrastet??

---

27 *Universität Bielefeld, 2005*

41. Warum spricht mich kein Mann an?

»Ich sehe einfach zu gut aus. Kein Mann traut sich, mich anzusprechen. Und wenn, dann schreckt ihn mein Job ab. Ich bin zu erfolgreich. Damit können Männer nicht umgehen.«[28] Die Frau, die das beklagt, liegt gar nicht so falsch. Der Durchschnittsmann ist aus gutem Grund ängstlich, verbittert und unsicher. Er hasst diesen abschätzenden kalten Blick der Karrierefrau, mit dem er umgehend katalogisiert und gescannt wird. Er weiß: Herzenswärme, Treue und Liebenswürdigkeit sind keine gefragten männlichen Eigenschaften. Die Frau von heute sucht vielmehr jemanden, der haargenau zu ihr passt. Alter, Aussehen, Status und Einkommen sind Kriterien, die zählen. Und genau diesen Eindruck erweckt die schöne, erfolgreiche Frau, die da allein mit ihrem Drink in der Bar sitzt. Da kann er doch gleich aufgeben!

Es liegt daran, dass man heute alles exakt im Voraus zu planen versucht. Über fünf Millionen Singles füllen auf den rund 2500 Partnerschaftsbörsen im Internet lange Fragebögen aus, bevor ihnen auch nur ein einziger möglicher Kontakt angeboten wird. Partnerschafts-Experte Harald Braun in der »Welt am Sonntag«: »Wer sich dann später offline auf der Basis möglichst übereinstimmender Daten in einer Bar trifft, um sich dort beim ersten gemeinsamen Erfrischungsgetränk näher zu kommen, nimmt sich zwangsläufig als Handelsware wahr, die es an den Mann oder die Frau zu bringen gilt.«[29]

»Männerbeschaffungsmarketing« heißt der neue Top-Titel in der amerikanischen Partnerschafts-Literatur.[30] Die Autorin stellt eine These auf, die viele Frauen auch hierzulande für die einzig wahre halten: Suche dir den passenden Mann so, wie du dir ein Auto oder die richtige Kosmetiklinie suchst. Nach festgelegten Kriterien. Ein weiterer Renner in Amerika ist wohl auch nicht ganz zufällig der »CQ-Test« der Psychologen Glenn D. Wilson und Jon Cousins: Mit ihm kann man praktischerweise den »Kompatibilitäts-Quotienten« ermitteln, lange bevor es zum ersten Herzklopfen kommt. »Der moderne Single hat die allgemeinen Geschäftsbedingungen der Partnersuche längst

---

28 *Hamburger Marketing-Expertin (33), tatsächlich äußerst attraktiv*
29 *»Vom Suchen und Finden der Liebe«*
30 *von Rachel Greenwald, www.FindAHusbandAfter35.com*

verinnerlicht«, stellt Harald Braun fest. Und genauso wirkt die Frau mit dem Drink. Sie muss sich wirklich nicht wundern, wenn sie allein an der Bar sitzen bleibt. Übrigens: Nur noch jeder zweite Mann glaubt, dass bei der Liebe unter anderem auch Schicksal im Spiel ist.[31]

Es kann natürlich auch sein, dass Sie einfach nicht gut aussehen und Sie deshalb kein Mann anspricht! Sie sind ungepflegt! Sie haben vielleicht fettige Haare! Oder Sie ziehen sich unmöglich an! Oder Ihre Lache ist zu schrill! Oder die Freundin in Ihrer Begleitung schreckt alle Kerle ab! Oder Sie gucken arrogant! Tatsächlich kann es tausend Gründe geben, warum Sie allein an der Bar sitzen bleiben. Aber vielleicht gehen Sie ja überhaupt nicht in eine Bar. Dann müssen Sie sich natürlich auch nicht wundern, wenn keiner anbeißt. Es wird ja wohl kaum einer bei Ihnen zu Hause klingeln und sagen, »Hallo, hier bin ich, und wie man hört in der Stadt, gehen Sie nur selten aus, also dachte ich mir, ich komme mal vorbei.«

Was dachten Sie denn, wie man heute einen Klasse-Mann kennen lernt? Wo versteckt er sich, wo läuft er rum? Dass es keine mehr gibt, ist dummes Zeug. Natürlich gibt es sie – genauso wie es sie vor 100 oder 1000 Jahren gab. Nur war das Auftreiben früher leichter (und die Auswahl geringer: In der Regel passierte das im eigenen oder höchstens im Nachbardorf; heute sucht man global und findet – weniger). Ganz leicht haben es ja offenbar die Halterinnen von Hunden; also wer einen Kerl sucht, sollte sich unbedingt einen Hund anschaffen: Auf Freilauf-Hundespielwiesen kommt man, das sagen viele Untersuchungen, ganz leicht ins Gespräch und zu mehr. Es gibt sogar Internet-Foren für innige Beziehungen zwischen Hundehaltern.[32] Aber das Problem ist nicht das »Wo«, sondern das Problem ist das »Wie«.

42. Warum macht er plötzlich Sport?

Kein gutes Zeichen. Kann gut sein (muss natürlich nicht), dass er eine andere Frau im Auge hat. Auf jeden Fall sollten Sie wachsam bleiben. Es ist nämlich so: Wenn Sie ihm sagen, dass er langsam zu dick wird,

---

31 Umfrage der »Freundin«
32 zum Beispiel www.date-a-dog.de

geht das bei ihm wahrscheinlich zur einen Seite rein und zur anderen wieder raus. Sie hat er ja sowieso. Doch Schöne gibt's auch anderswo. Nur eine einzige Bemerkung von der hübschen kleinen Praktikantin in der Firma, die nun so gar nicht auf Dicke steht, kann ihn zum Abschluss eines Jahres-Abos im Fitness-Center verleiten.

Und wenn er was mit ihr hat und beim doch recht anstrengenden Sex eine gewisse Atemlosigkeit feststellt, wird er umgehend und gegen alle orthopädische Vernunft mit den Vorbereitungen zum nächsten Marathon beginnen. Aber auch wenn er gar nicht fremdgeht, sollten seine sportlichen Ambitionen Sie beunruhigen. Denkbar und gar nicht so selten ist nämlich, dass er gerade einen neuen Lebensabschnitt vorbereitet. In dem Sie eine eher untergeordnete Rolle spielen. Männer, so viel ist sicher, haben auch ihr Klimakterium. Es prickelt und juckt. Physisch und psychisch. Soll das denn wirklich schon alles gewesen sein?, so fragen sie sich, schauen missmutig im Spiegel an sich herunter und finden sich gar nicht mehr so toll wie früher. Genau das ist der Moment, in dem sie beschließen, »alles neu« zu machen. Und was »alles« heißt, das weiß man nicht so genau: Neues Outfit, neue Figur, neue Frisur, alles auf jünger, alles sehr stylig und durchtrainiert, aber letztlich heißt das meistens auch: Alles für eine andere Frau. Auch wenn sie noch nicht einmal wissen, wer das denn sein könnte!

Aber natürlich und ganz ohne Frage gibt es auch Männer, die ohne jeden Gedanken an eine Affäre und ohne den dringenden Wunsch nach Selbstbestätigung mit Sport anfangen, weil sie den desolaten Zustand ihrer persönlichen Fitness nicht mehr ertragen mögen. Solche Männer kann man doch eigentlich nur bei ihren Plänen unterstützen. Und trotzdem die Augen offen halten.

43. Wenn er fremdgeht, hat er dann ein schlechtes Gewissen?

Es kommt natürlich darauf an, wie die Qualität Ihrer Beziehung ist, wie ernst er es mit Ihnen meint und wie sein Charakter ist. Der Fremdgeher als solcher, also der Durchschnitts-Schlawiner, hat beim aushäusigen Sex tatsächlich ein schlechtes Gewissen. Aber nicht lange. Weil er es ganz gut zu beruhigen weiß. Er sucht (und findet) die Gründe für sein Fremdgehen nämlich stets bei Ihnen. Sex mit Ihnen ist langweilig, oder Sie haben ja meistens doch keine Lust, oder Sie sind eine nörgelnde Zicke, oder Sie sind immer so kompliziert, oder Sie sind total passiv im Bett, oder Sie lassen sich gehen, oder Sie sind irgendwie aseptisch, oder – na, irgendwas wird ihm schon einfallen. Trotzdem möchte er Sie keinesfalls missen!

Er wird sich aber nicht auf Dauer schuldig fühlen und seine mentale Kraft lieber auf die Frage konzentrieren, wie er den Seitensprung (und die künftigen natürlich) geheim halten kann. Diesen Typ nennt man den »An sich«-Typ. Weil er »an sich« mit Ihnen sehr glücklich ist und weil er Sie »an sich« wirklich liebt. Nur manchmal vergisst er eben, dass es Sie gibt. Dann denkt er nur – »an sich«. Für ihn ist fremdgehen so wie Sauna. Oder ein Besuch beim Masseur: hingehen, entspannen, rauskommen, wohl fühlen. Was hat das mit Ihnen zu tun? Genau: Nichts.

Mit diesem Typ Mann werden Sie kaum über seinen Seitensprung und die bohrende Frage nach dem »Warum« reden können. Sie werden auf eine Mauer des Schweigens stoßen.

Und das ist auch gut so. Denn Sie würden ihn sowieso nicht verstehen, und er versteht Ihre Fragen nicht. Gehen Sie lieber auf einen Marktplatz in Shanghai und fragen Sie den ersten Fischhändler, dem Sie begegnen, ob er Matjes für Ihren Labskaus hat. Der versteht mehr von Ihrem Problem als Ihr beim Seitensprung ertappter Partner. Der kann seinen Seitensprung nicht erklären, so viel Mühe Sie sich auch geben. Und warum kann er das nicht? Warum umgeben sich Männer mit einem Panzer der Schweigsamkeit, wenn sie einer Frau etwas »erklären« sollen? Weil die Wahrheit alles zerstören würde. Die Wahrheit ist nämlich, und Männer spüren das in solchen Momenten instinktiv: Dass Männer und Frauen miteinander harmonieren, ist eine der größten gesellschaftlichen Lügen der letzten beiden Jahrtausende. Männer und Frauen KÖNNEN nicht miteinander harmonieren. Also was soll er Ihnen jetzt sagen. »Ich liebe dich, aber du bist nun mal eine Frau, und ich bin ein Mann, deshalb wird das nie was?«

Er kann nichts sagen. Deshalb flüchtet er in Schweigsamkeit. Schweigen ist der Regenschirm des Mannes, wenn der Wolkenbruch weiblicher Fragen flutähnlich auf ihn einprasselt. Er wird den Schirm des Schweigens erst dann zuklappen, wenn der Regen nachlässt und keine Fragezeichen mehr auf ihn eintropfen. Reden wird er dann allerdings auch nicht. Geben Sie sich da keinen Illusionen hin.

Sie halten das vielleicht für bedauernswert. Aber es ist sehr fraglich, ob die Wahrheit Sie wirklich weiterbringen würde. Männer gehen aus den blödesten Gründen fremd. Es könnte also sein, dass eine wirklich ehrliche Antwort Sie erst recht auf die Palme bringen würde. Oder wie reagieren Sie, wenn er sagt: »Sie ist halt mitgegangen.« – »Sie war eben da und du nicht.« – »Ich war eben scharf auf sie.« – »Ich hatte zu viel getrunken.« Na toll: Das soll's gewesen sein? Ja, das ist es meistens. Bei Männern.

44. Warum finden Männer Frauen geil, die Zigarre rauchen?

Weil das so schön nach Oralverkehr aussieht, ist doch klar. Wenn Sie auf einer Party lasziv an einer Zigarre nuckeln, bleiben Sie garantiert nicht lange allein.

Für Nichtraucherinnen: Eine Banane essen oder ein Eis am Stiel lutschen erzeugt bei Männern denselben Effekt.

45. Warum sagt er nicht mehr, dass er mich liebt?

Vielleicht ganz einfach deshalb, weil es nicht die Wahrheit wäre? Schon mal drüber nachgedacht? Na gut, er liebt Sie, und das wissen Sie auch ganz genau (behaupten Sie jedenfalls), aber er SAGT es nicht mehr. Und das wurmt Sie. Sie wollen es HÖREN. Frauen sammeln kleine und große Komplimente wie süße Beeren im Körbchen ihres Ego. Mal hier ein Kompliment, mal da ein Kompliment, so haben sie es gern. Frauen sind emsige Sammler. Männer hingegen sind Jäger. Sie pflücken keine Brombeeren, wenn sie die Sau jagen. Sie beschränken sich aufs Wesentliche.

Aber könnte der Kerl nicht wenigstens hin und wieder mal was Nettes sagen? Erstens: Wenn ihm danach ist, wird er es schon tun. So lange gibt es keinen Grund zur Besorgnis, denn er liebt Sie ja (behaupten Sie jedenfalls). Zweitens: Sie müssen den Mann in seiner Beziehung immer so betrachten wie den Mann in seiner Firma. Morgens geht er hin, krempelt die Ärmel hoch und macht seinen Job. Vorher geht er aber nicht etwa zu seinem Chef und sagt: »Hey Boss, du bist ein so toller Chef, es macht so einen Spaß, hier zu arbeiten, und was ich schon lange mal sagen wollte, danke für alles.«

Das wäre doch auch blöd, oder? Der Chef würde ihn für etwas überspannt halten und die Kollegen für einen Schleimer. Nein: Ein Mann zeigt mit seiner exzellenten Arbeit, dass er seine Firma liebt. Ihr Mann zeigt nonverbal, dass er Sie liebt. Zum Beispiel, indem er gerne mit Ihnen Sex hat oder indem er die kaputte Steckdose repariert. Das ist Liebe. Er braucht dazu keine Worte. Also lassen Sie ihn einfach endlich mal in Ruhe.

46. Kann er ganz ohne Hintergedanken mit mir ausgehen?

Nein, das ist unwahrscheinlich. Es sei denn, Sie haben sich bei ihm um einen Job beworben und er möchte Sie nur etwas näher kennen lernen, um Ihre Eignung zu testen. Aber macht man das nicht sowieso in der Firma?

Fragen Sie doch mal anders herum. Männer denken zielgerichtet und praktisch, außerdem sind die meisten ziemlich geizig und haben einen Igel in der Tasche. Warum sollte er richtig Geld ausgeben und Sie zum Essen einladen, wenn er sich nicht irgendetwas davon erhofft? Das macht doch wirklich keinen Sinn. Männer sind immer an Sex interessiert, wenn sie eine Frau so ganz nebenbei und scheinbar unbeteiligt fragen, ob man »nicht mal einen Wein zusammen trinken« möchte. Natürlich gibt es Ausnahmen, aber das wissen Sie ja sowieso.

Sie sollten nie mit einem Mann ausgehen, mit dem Sie sich kein Verhältnis vorstellen können. Die Welt ist voll mit Frauen, die es trotzdem tun. Diese Frauen müssten sich eigentlich schon an der Vorspeise den Magen verderben, der Hauptgang müsste Gammelfleisch sein und der Nachtisch irgendwie verdorben. Das wäre gerecht. Denn diese Frauen verscheißern den Typ, der von ganz anderen Voraussetzungen ausgeht als sie. Das jedoch ist fies und gemein.

Damit wir uns nicht missverstehen: Es ist durchaus legitim, mit einem Mann essen zu gehen und dabei festzustellen, dass man es besser gelassen hätte. Es ist ebenso legitim, wenn der Mann sagt: Okay, das war ein ehrenwerter Versuch, aber sie ist es doch nicht, weil, sie quatscht mir zu viel dummes Zeug (oder ähnliches). Es ist ebenfalls legitim, wenn er sagt (oder Sie sagen): Alles klar, spannende Geschichte, aber bitte nicht heute Nacht. Morgen vielleicht, oder nächste Woche, man wird sehen. Nur: Sich von einem Kerl einladen lassen, mit dem man never-ever etwas anfangen würde: Das geht nicht.

Zweites Kapitel

DER MANN UND
SEINE FIRMA

47. Warum interessiert ihn sein Job mehr als ich?

Ist es bei Ihnen zu Hause so wie in dem Schlager: »Dann heirate doch dein Büro, du liebst es doch sowieso«? Das wäre der Normalfall. Männer lieben ihre Firma auf jeden Fall mehr als die eigene Frau. Die Firma ist ein verlässlicher Hort. Dort weiß ein Mann, was er zu tun hat. Bei der eigenen Frau weiß ein Mann nie, was er zu tun hat. Und meistens macht er alles falsch.

Die Firma honoriert ehrliche Arbeit. Die Frau honoriert ehrliche Arbeit nicht (jeden Heiligabend dasselbe Theater: »Der Baum steht schief!«). Die Firma bleibt einem treu. Bei der Frau kann man da nicht so sicher sein. Die Firma ist ein Refugium: Da hat man seinen Schrank bzw. Schreibtisch, wo alles seit Jahren an derselben Stelle liegt. Zu Hause wühlt die Frau in den Klamotten rum, was sich nicht gehört, aber sie räumt nun mal ständig auf, das ist »typisch Frau«.

Ginge es in einer normalen deutschen Firma so zu wie in einer normalen deutschen Ehe, hätten wir noch ein paar Millionen Arbeitslose mehr. Wir hätten nämlich Millionen Arbeitnehmer, die freiwillig kündigen würden. Die Ehe ist Schauplatz des realen Wahnsinns und der systematischen Vernichtung von Persönlichkeiten, ferner das Schlachtfeld eines immerwährenden Kleinkrieges, der nur mit dem Ziel geführt wird, dass einer über den anderen die Oberhand hat. Jede Firma, die wie eine normale deutsche Ehe geführt würde, ginge blitzschnell Pleite. Die Firma ist aber zum Glück keine Ehe. Sie ist der Ort, wo sich ein Mann bewähren kann. Da kennt er sich aus. Mit Frauen kennt er sich nicht aus.

Brauchen Sie noch mehr Antworten? Na gut, hier kommen noch welche. Vermutlich verdient Ihr Mann in der Firma das Geld, das Sie gemeinsam (oder Sie allein) ausgeben. Schon aus dieser Perspektive ist klar, dass die Firma für Ihren Mann einen höheren Stellenwert haben muss als Sie. Wären Sie denn auch mit ihm zusammen, wenn er damals absolut ohne berufliche Perspektive oder arbeitslos gewesen wäre? Wären Sie heute noch mit ihm zusammen, wenn er Ihnen nichts, rein gar nichts bieten könnte?

Selbst wenn Sie soeben zweimal mit einem freudigen JA geantwortet haben: Ihr Mann sieht das anders. Für ihn ist die Firma und damit sein Einkommen »die« Basis für alles andere: Familie, Beziehung, Eigenheim,

Auto, Hobby, Anerkennung, Selbstwert. Und er hat ja auch Recht damit. Vollkommen Recht! Ohne Job ist der Rudelführer Ihrer Beziehung wie ein Leitwolf ohne Zähne oder wie ein Rentner ohne Kukident.

Wenn Sie einen Mann verstehen wollen, dürfen Sie sich nie in Konkurrenz zu seiner Firma sehen. Erst kommt der Job. Dann kommen Sie und die Kinder. So ist das. Natürlich gibt es Ausnahmen! Männer, die sich einen Tag freinehmen, wenn ihre Frau niederkommt. Die im Kreißsaal dabei sind, auch wenn in der Firma alles liegen bleibt.

Eine ganz andere Frage ist jedoch, ob Sie die Leidenschaft Ihres Mannes für seine Firma nicht auch noch ständig anheizen. »Warum ist der Herr Meier Abteilungsleiter und du nicht?«, »Kannst du nicht auch mal Karriere machen?«, »Geh doch mal hin und sag dem Chef deine Meinung!« Lesen Sie sich diese drei Sätze mal in einer sehr hohen und sehr zickigen Tonlage laut vor. Dann wissen Sie, was gemeint ist. Gleichzeitig nörgeln Sie aber rum, wenn ER nicht zum Geburtstag von Ihrer Mutter pünktlich um 17 Uhr am Kaffeetisch sitzt. »Nie bist du da, wenn du mal gebraucht wirst!« (Wieder in einer sehr hohen und sehr zickigen Tonlage laut vorlesen, bitte.) Hallo: Ihr Mann wird in der Firma gebraucht und sonst nirgendwo. DAS ist seine Welt. DAS ist sein Leben. Wissen Sie, wann Ihr Mann Sie liebt? Wenn Sie ihn seinen Job machen lassen und nicht reinreden.

Ein Arbeiterviertel in Hamburg, abends gegen 22 Uhr, vier Männer an einem Stammtisch. Darunter ein Familienvater. Zwei Söhne. Irgendjemand sagt: »Nölt deine Frau nicht rum, wenn du hier noch ein Bierchen trinkst?«[33] Der Mann, er ist Heizungsinstallateur und heißt Lars, glaub ich, hat richtig strahlende Augen. Er sagt: »Nein. Die lässt mich. Schließlich hab ich heute ja auch vier Überstunden gekloppt. Das ist 'ne Super-Perle, die ich da zu Hause habe.« Die anderen schweigen ergriffen, nicken weise, und irgendwer bestellt noch eine Runde.

Sehen Sie – das ist Liebe aus Männersicht. Schöner kann das ein Mann nicht sagen: »Das ist 'ne Super-Perle.« Wenn Ihr Mann das von Ihnen sagt, können Sie wirklich glücklich sein. Aber was tun Sie dafür? Lassen Sie ihn wirklich seinen Job machen, ohne zu murren? Gönnen Sie ihm auch den notwendigen Auslauf? Haben Sie genug

---

33 *Nölen, hamburgisch für Meckerei*

71

Gelassenheit seinen Vorlieben gegenüber? Oder lassen Sie Ihren Frust, wenn Sie welchen haben, an ihm aus? Wann haben Sie das letzte Mal mit ihm darüber geredet? Wissen Sie wirklich, wie er darüber denkt? Wundern Sie sich immer noch darüber, dass ihn sein Job mehr interessiert als Sie?

48. Warum kriecht er seinem Chef in den Arsch?

Allein bei der Frage zuckt ein Mann schon zusammen, so als hätte man ihm in den Bauch geboxt. Männer kriechen ihren Chefs nicht in den Arsch. Sie verhalten sich allenfalls strategisch klug, um bestimmte Ziele zu erreichen. Also: Hoffentlich haben Sie ihn darauf nie angesprochen. Es ist so ungefähr die größte Beleidigung, die Sie ihm zufügen können. Und – es geht Sie absolut nichts an! Seine Firma ist sein Revier. Er will alleine entscheiden, was er dort macht. Sie sollten Ihren Mann unterstützen, bewundern und so oft wie möglich loben. Kritisieren dürfen Sie ihn beim Thema Job nie. Der einzige Effekt, den Sie erreichen würden, ist der, dass er Ihnen nichts mehr erzählt.

Das heißt nun natürlich nicht, dass Sie immer nur schweigen und nicken sollen, so nach dem Motto: »Ja, mein Gebieter, wie toll bist du doch, du wirst das schon machen, ich schaue zu dir auf« usw. Im Gegenteil. Starke und kluge Frauen sind gefragt! Starke Frauen wissen immer genau, was in der Firma von ihrem Mann läuft. Kluge Frauen geben ihm das Gefühl, dass sie ihn gedanklich begleiten und an seiner Seite stehen, wenn sie gebraucht werden.

Wenn er Sie nach Ihrer Meinung fragt – bitte schön: Dann können Sie die natürlich sagen. Aber bitte diplomatisch klug und ganz vorsichtig. Sie dürfen auch mal fragen, wie der Tag gelaufen ist. Haben es aber zu akzeptieren, wenn er darüber nicht reden möchte. Ihr Mann und seine Firma, das ist ein ganz sensibles Beziehungsgeflecht.

Wenn Sie das Gefühl haben, Ihr Mann kriecht seinem Chef in den Arsch, muss das übrigens noch lange nicht der Wahrheit entsprechen. Vielleicht macht er sich unentbehrlich, indem er alle ungeliebten Aufträge übernimmt, unbezahlte Überstunden macht und sich sogar am Wochenende im Betrieb nützlich macht? Vielleicht ist das seine gar nicht so unkluge Art der Arbeitsplatzsicherung? Vielleicht bewundert er tatsächlich die höhere Kompetenz und die Führungsqualität seines Chefs und ordnet sich ihm deshalb unter, also aus rein fachlichen Gründen? Vielleicht ist er ein konservativer Typ, mit dem Erreichten zufrieden und hat überhaupt keine Lust, sich mit dem Chef anzulegen und woanders neu durchzustarten? Alles legitime Beweggründe für ein Verhalten, das Sie vielleicht nur als Arschkriecherei missverstehen. Also Vorsicht mit solchen Unterstellungen.

Ehrlich ist Ihr Mann nur anderen Männern gegenüber. Sie haben damit nicht viel zu tun. Wären Sie ein Kerl, ja, dann könnten Sie miteinander reden. So nicht. Er wird Ihnen auch nicht die Wahrheit sagen. »10 Leute fliegen bei uns raus, und ich hoffe nicht, dass ich dabei bin«: So was sagt ein Mann nicht zu seiner Frau. Das bespricht er mit seinem Kumpel. »Ich renoviere am Wochenende die Wohnung von meinem Boss, das ist zwar Shit, aber es sichert meinen Arbeitsplatz« – kein Thema für Sie beide, nun wirklich nicht. Das ist ein Thema unter Männern. Sie sollten ein bisschen mehr Vertrauen in ihn investieren. Er weiß schon, was er macht. Und wenn es so weit ist, dann wird er schon mit Ihnen reden.

49. Darf ich mich für seinen Job interessieren?

Ja, aber Sie dürfen nicht aufdringlich sein. Ein Mann will natürlich mit seiner Frau über die Firma reden können. Kann er das nicht, sucht er sich eine Geliebte, die ihm zuhört und ihn versteht. Die auch mal auf SATC[34] verzichtet, wenn er Ärger mit dem Chef hat. Ein Mann will aber selbst bestimmen, wann geredet wird, worüber und in welchem Umfang. Und er will die Debatte jederzeit selbst beenden können. Schließlich ist es sein Job und nicht Ihrer.

Wenn er aber mal sein Herz ausschüttet: Konzentration! Merken Sie sich Zwischentöne, Namen, Fakten! Wer spielt in seiner Firma welche Rolle? Wer scheint verlässlich zu sein, wer ist gefährlich? Wer hat was zu wem gesagt und warum? Wenn Sie dann am nächsten Abend andeuten, Sie hätten sich das alles noch mal in Ruhe überlegt und ob er Ihre Meinung dazu hören möchte, und wenn Sie dann mit erstaunli-

---

34 SATC = *Sex and the City*

cher Kenntnis der Zusammenhänge und einem guten Gedächtnis aufwarten, dann haben Sie ihm offenbar wirklich gut zugehört. Das mag er. Dann hält er Sie schon wieder für eine »echte Perle«.

50. Gehört er im Job zu den Guten oder zu den Luschen?

Vertrauen Sie nicht seinen Erzählungen. Die können gnadenlos gefälscht sein. Anglerlatein. Vielleicht stellt er sich zu Hause als unentbehrlich und des Chefs größte Stütze dar. Aber sein Chef verdreht nur die Augen und ist froh, wenn Ihr Liebster möglichst wenig Unheil anrichtet. Nein – beobachten Sie einfach, wie Chefs und Kollegen mit ihm umgehen. Achten Sie auf Körpersprache, wer redet wie viel, wer hört zu und nickt, wer geht auf wen zu, wer berät sich mit wem. Auch wenn sich alle anscheinend gut verstehen: Die Firma Ihres Mannes ist ein Rudel kannibalischer Haie. Jeder belauert jeden. Jeder wartet darauf, dass der andere einen Fehler macht. Jeder fragt sich, welchen Standpunkt der Chef wohl vertritt, um ihn dann möglichst eine Sekunde vor ihm selbst zu vertreten und sich somit einen Pluspunkt einzuhandeln.

Die Firma Ihres Mannes ist voll mit Jein-Sagern, die gleichzeitig den Kopf schütteln und nicken können – um sich in dem Moment für eines von beiden zu entscheiden, in dem der Chef seine eigene Meinung sagt. Wissen Sie, wie das geht? Herr Meier hat einen Vorschlag, den er mutig und wortreich präsentiert. Einen Moment herrscht Schweigen. Die Jein-Sager schütteln gleichzeitig den Kopf und nicken, was eine seltsame Diagonaldrehung des Kopfes zur Folge hat. Der Chef sagt: »Meier, das war die schwachsinnigste Idee, die ich heute gehört habe«, und alle schütteln jetzt nur noch den Kopf. Der Chef sagt: »Meier, Klasse.« Und alle nicken. Sie haben es nämlich auch gerade sagen wollen und sowieso neulich schon in anderem Zusammenhang genauso angeregt, nur vielleicht noch etwas konsequenter, als Meier das eben völlig zu Recht ... (usw.).

Kotz-würg! Wenn Ihr Mann der Meier war, sollten Sie stolz auf ihn sein. Er traut sich wenigstens was. Wenn Ihr Mann anderer Meinung als der Chef ist und das jetzt sagt, sollten Sie ebenfalls stolz auf ihn sein. Zu den Luschen gehört er jedenfalls nicht. Wenn Ihr Mann aber diese leicht drehende Kopfbewegung macht, verlassen Sie ihn: Er ist eine Lusche.

Oder Sie haben diesen Typ zu Hause: An sich ist er ja der Größte im Job, aber es gibt da ein kleines Problem, denn der Chef erkennt seine Qualitäten einfach nicht an, und die Kollegen kapieren es auch nicht. Das ist ungerecht, das erzeugt Frust. Und wo lässt der Mann seinen Frust ab? Bei Ihnen. In diesem Fall haben Sie es schwer. Solche Männer sind nämlich die reinsten Mimosen, wenn Sie ihnen gut zureden wollen. Was sollen Sie denn auch sagen: »Hör mal, alle halten dich für eine Flasche, nur du selber nicht, das müsste dir doch mal zu denken geben!« So vielleicht? Nein danke, falscher Spruch. »Du musst ihnen halt immer wieder zeigen, was du wirklich kannst!« Schon besser, so kann er sein Gesicht wahren. »Die paar Jahre reißt du noch auf der linken Arschbacke ab, und dann machen wir uns ein schönes Leben« zeugt von Ihrer tief empfundenen Solidarität. »Wie viele Bewerbungen hast du heute geschrieben?«, hat schon wieder so einen versteckten weiblichen Vorwurf in sich, davon ist abzuraten. »Schau mal, ich hab hier eine Stellenanzeige für dich ausgeschnitten« ist absolut legitim. Und »Was hältst du davon, wenn ich mal ein paar Jahre arbeiten gehe, und du kümmerst dich um den Rest« ist der beste Vorschlag, der Ihnen einfallen kann – auch wenn er wahrscheinlich niemals Gebrauch davon machen würde.

Workaholics sind meistens keine Luschen. Sie hätten sonst nicht so viel zu tun. Das gilt allerdings mit einer Ausnahme. Männer, die auf ihre Frau keinen Bock mehr haben, flüchten sich auch gern in die Firma. Je später sie nach Hause kommen, desto weniger müssen sie ihre Frau ertragen. Am besten, die schläft schon vorm Fernseher. Dann hat man seine Ruhe und muss sich diese endlose Litanei nicht mehr anhören. Sex muss man auch nicht mehr machen, noch ein, zwei Bierchen und ab ins Bett: Das ist schön. Wenn ein Mann also ständig bis in die Puppen in der Firma bleibt, gibt es drei Möglichkeiten: Entweder ist er ein richtig guter Spitzenmann, oder er flüchtet vor Ihnen, oder – na, lesen Sie in den Kapiteln übers Fremdgehen nach.

51. Wie nett darf ich zu seinem Chef sein?

Gehen Sie davon aus, dass jeder Mann bei diesem Thema extrem reizbar und empfindlich ist. Auch Ihrer. In Gegenwart seines Chefs ist er nämlich nicht mehr das Alphatier, als das er sich zu Hause so gerne sieht, sondern nur noch ein Rudelmitglied. Sitzt man nun in gemütlicher Runde zusammen, vielleicht ist auch noch Alkohol im Spiel, und sein Chef macht Ihnen Komplimente, so werden bei ihm alle Alarmglocken klingeln. Nicht weil er glaubt, Sie fangen mit dem Chef was an. Sondern weil er fürchtet, Ihnen gegenüber sein Image zu verlieren. Sie hingegen glauben vielleicht, dass es seiner Karriere dienlich ist, wenn Sie den Chef umgarnen? Schwerster Fehler! Dem Chef des Mannes gegenüber geben Sie sich distanziert, freundlich und stets unverbindlich. Aus Gesprächen, die die Firma betreffen, halten Sie sich dezent heraus. Über Witze, die der Chef auf Kosten Ihres Mannes macht, lächeln Sie so eiskalt, dass kein zweiter Witz folgen wird. Hin und wieder flüstern Sie Ihrem Mann etwas ins Ohr oder berühren ihn kaum merklich, sodass beim Chef der Eindruck tiefster Harmonie entsteht. Widersprechen Sie Ihrem Mann nie. Je weniger Sie überhaupt sagen, desto besser. Halten Sie sich nicht an diese Regeln, so steht Ihnen noch am selben Abend eine Szene ohnegleichen bevor, darauf können Sie Gift nehmen. Und das mit vollem Recht.

Finden Sie diesen Standpunkt reaktionär und absolut von gestern? Fühlen Sie sich (wie so oft bei der Lektüre dieses Buches) auf die Rolle des Heimchens am Herd reduziert? Kinder und Küche, da fehlt doch nur noch das dritte K (das war übrigens die Kirche, falls es Ihnen entfallen ist). Sehen Sie es mal so: Im täglichen Leben haben Sie alle Freiheiten und Ihren Mann sowieso voll im Griff. Sie bestimmen doch, wo's lang geht. Sie haben das Sagen in der Familie. Halten Sie sich doch wenigstens da zurück, wo die letzten Domänen Ihres Mannes sind. Sie sind doch stark genug, um auch mal zurückstecken zu können! Sie müssen sich doch nichts mehr beweisen! Wer wirklich souverän ist, kann auch mal die Klappe halten und einfach nur nett lächeln. Mehr verlangt er nicht von Ihnen.

Wenn der Chef Ihres Mannes Sie ausfragt, wie der liebenswerte Mitarbeiter denn so privat ist und was er so treibt, ist äußerstes Fingerspitzengefühl gefragt. Da Sie vermutlich nicht wissen, was den Mann wirklich interessiert, sollten Sie mit wenigen Worten nichts sagen. Starten Sie keine eigene Strategie nach dem Motto »Ich wollte dir doch nur helfen, Schatz«. Die Strategie geht nach hinten los. Und sprechen Sie Ihren Mann in Gegenwart seines Chefs niemals, niemals, niemals mit seinem Kosenamen an. Männer hassen das. »Hase, wel-

ches Mittel nimmst du noch mal gleich gegen deine Blasenschwäche?«
Na, super. Da liegen Sie ganz, ganz vorn!

52. Wie ist das für ihn, wenn er arbeitslos wird?

Ungefähr so, als wenn einer Frau beide Brüste amputiert werden. Ein
Teil seiner Identität ist weg. Der Ast, auf dem er saß, wurde abge-
sägt. Männer definieren sich über ihren Job. Kein Mann fühlt sich
deswegen minderwertig, weil er statt fünf nur zwei Kinder hat oder
weil er immer nur Mädchen und keine Jungs zustande bringt oder weil
er mal keinen hochkriegt. Aber ohne seinen Job ist der Mann nichts.
Wenn Männer in der Kneipe von ihrem Job erzählen, dann leuchten
ihre Augen mehr, als wenn sie von ihrer neuen Braut erzählen. Und
das Schlimmste ist: Trost von der Frau hilft überhaupt nicht. Denn
trösten heißt, ihn zusätzlich erniedrigen.

Kaum ein Mann verlässt seinen Job wegen einer Frau. Aber viele
Männer verlassen ihre Frauen für ihren Job. Natürlich nicht so, dass
sie sagen: Schatz, mein Chef braucht mich, ich reiche jetzt die Scheidung ein. Sondern indem sie so viel Kraft in den Job investieren, dass
das Scheitern ihrer Ehe für sie absolut voraussehbar und unbewusst
auch einkalkuliert ist. Erst kommt der Job, dann kommt die Ehe. Und
wenn das scheitert mit dem Job, dann sind sie ganz schlecht dran.
»Ich war bei der Geburt von meinem Sohn nicht dabei, weil ich gearbeitet habe«, sagt der Tourenplaner einer großen Spedition (43).
»Ich war auch bei seiner Einschulung nicht dabei. Die Ehe ist schlecht
geworden. Hab ja auch nichts investiert, also keine Zeit, keine Kraft
und so. Jetzt ist der Junge 14, ich komme kaum an ihn heran, meine
Frau redet nicht mehr so wie früher mit mir, und in der Firma haben
sie mir gekündigt. Was habe ich jetzt noch? Nichts.«

Männer, die plötzlich arbeitslos werden, verfallen leicht in eine
echte Depression. Man erkennt sie kaum wieder. Ihre Augen verlieren
den Glanz, weil sie keine Achtung mehr vor sich selbst haben. Allzu
sehr haben sie sich von ihrem Job abhängig gemacht. Aber natürlich
gibt es auch die anderen. Sie als Sozialschnorrer zu bezeichnen, geht
vielleicht ein bisschen weit. Aber sie haben im Grunde gar keine Lust
zu arbeiten und betrachten die Arbeitslosigkeit als eine Art willkom-

menen Dauerurlaub. Man muss sich nun etwas einschränken, aber nicht so sehr. Das soziale Netz ist ja dicht geknüpft. Vielleicht haben sie ihren Job verloren, weil sie »was mit dem Rücken« haben; mehr wissen die Nachbarn nicht. Aber die staunen, was der frischgebackene Arbeitslose alles im Garten schafft: Der gräbt um und renoviert seine Hütte, der baut sich einen Pool und packt an, wo immer körperliche Arbeit gefragt ist, der hat eine Frau, die arbeiten geht, und der liegt schon vormittags entspannt in der Sonne. Um diese Arbeitslosen muss man sich nicht sorgen. Sie verfallen in keine Depression und vermissen eigentlich nichts. Sorgen machen muss man sich allerdings um den Staat, der hier nicht durchgreift.

Auch solche Männer standen für Interviews zur Verfügung. Ihre Arbeitslosen-Bilanz: Mehr Freizeit, mehr für die Kinder da, besserer und vor allem auch mehr Sex, entspannteres Leben, höhere Lebenserwartung, endlich wieder ein richtiger Freundeskreis, schöne Grillpartys im Garten auch mitten in der Woche, kaum verringerter Lebensstandard und im Grunde unterm Strich eine Verbesserung der Lebensqualität.

Die Regel sind solche vermeintlichen Glückspilze aber nicht. Was kann eine Frau aber tun, wenn sie einen Plötzlich-Arbeitslosen zu Hause hat und ihn nicht einmal trösten darf, weil er sich sonst zusätzlich erniedrigt fühlt?

Die Antwort ist einfach: Aufbauen. Alle seine Stärken aufzählen, immer wieder, gebetsmühlenartig wiederholt. Sein Selbstbewusstsein aufpolieren, als wäre es eine blind gewordene Silbergabel aus der hintersten Ecke der Besteckschublade. Arbeitslose brauchen nichts so sehr wie die ständige Bestätigung ihrer Qualitäten. Wenn eine Frau das macht, dann sagen die Männer in der Kneipe bei ihren Kumpels auch noch nach dem sechsten Korn (den sie natürlich besser nicht trinken sollten): »Aber meine Frau. Die steht zu mir. Wie 'ne Eins. Verstehst du? Wie 'ne Eins.« Tja, und das – ist doch schon mal was.

Drittes Kapitel

DER MANN UND
DIE FREIZEIT

53. Warum zieht es ihn immer in den Bastelkeller?

Ist das der Fall? Dann sollten Sie sich einige Gedanken machen. Er lebt wahrscheinlich deshalb noch mit Ihnen zusammen, weil es so herrlich bequem ist. Er hat aber schon lange keine Lust mehr, jeden Abend Ihr liebes Gesicht zu sehen. Deshalb flüchtet er dorthin, wo Sie nicht so oft sind. In den Keller. Wenn er alleine in die Kneipe ginge, wo er jetzt noch lieber wäre als im Bastelkeller, dann hätten Sie Grund zur Klage, und er hätte Stress. Er hat aber keinen Bock auf Ihre Klagen, und schon mal gar nicht auf Stress. Den hat er tagsüber genug. Also geht er runter in den Keller. Dagegen können Sie ja nicht viel sagen, denn wahrscheinlich bastelt er sogar etwas für Sie beide, ein Regal fürs Schlafzimmer oder so.

Aber nun ist natürlich nicht jeder Mann, der abends im Bastelkeller verschwindet, seiner Frau überdrüssig. So einfach ist das ja nun alles auch wieder nicht. Der Bastelkeller (es kann auch was anderes sein! Sie wissen schon: Bastelkeller ist ein Synonym für andere männliche Fluchtburgen), der Bastelkeller also ist – genau – seine Fluchtburg. Da Sie als Frau die Gestaltung der gemeinsamen Räume fest im Griff und genauso hingekriegt haben, wie Ihnen das gefällt, ist der Mann als solcher eigentlich nur Gast in seiner eigenen Wohnung. Er hat sie nicht eingerichtet. Sein Geschmack hat sich nicht durchgesetzt. Seine Farben sind das nicht an der Wand. Seine Bilder hängen dort auch nicht. Im Kühlschrank steht vielleicht sein Bier, aber Männer leben nicht im Kühlschrank. Sie greifen nur hinein. Warum sollte sich der Mann also in einer Wohnung wohl fühlen, an die er sich allenfalls gewöhnt hat – die aber keineswegs seinen Bedürfnissen und Geschmacksvorstellungen entspricht?

Sicher: Er kommt abends dorthin zurück, er nimmt Sie in den Arm, er sagt, Schatz, wie schön hast du wieder den Tisch gedeckt, und die schönen Kerzen, und alles gut. Nix gut. Er würde das alles ganz anders machen.

Vielleicht hasst er dieses schummerige Licht, das Sie so gern verbreiten. Vielleicht wird er impotent von den Räucherstäbchen, die Sie für erotisch anregend halten. Vielleicht findet er Ihr Lieblingsbild an der Wand total kitschig. Vielleicht fragt er sich, was wohl seine Kumpels von ihm denken würden, wenn sie ihn in dieser gruseligen

Umgebung sehen würden. Wo man eventuell sogar noch Hausschuhe anzieht, wenn man reinkommt, weil der weiße Teppich neu ist.

Oje! Ihr Haustier, falls Sie eins haben, fühlt sich in Ihrer Wohnung wohler als Ihr Mann. Aber er würde das niemals zugeben. Denn Sie würden ihn nicht einmal ansatzweise verstehen und schon gar nicht sagen: Schatz, ab sofort leben wir mal so, wie du das willst. Ich geh jetzt zwei Wochen zu meiner Mutter, du räumst inzwischen alles raus und wieder rein, so wie du das willst, und in der Umgebung, die du dann geschaffen hast, werde ich mich wohl fühlen. Ha! Never-ever! Und Sie wissen warum! Weil ER keinen Geschmack hat! Weil ER das totale Chaos anrichten würde! Schauen Sie mal, da haben wir es: Sie als Frau halten ihn irgendwie für einen partiellen Idioten, stimmt's?

Und weil das ein Mann nicht mag, geht er eben in den Bastelkeller. »Zufrieden bastelt Groß und Klein. Hier ist er Mann, hier darf er's sein.«[35] Weitere Gründe für den Bastelkeller: Er teilt Ihren Fernseh-geschmack nicht, aber Sie haben die Macht über die Fernbedienung. Er hat keine Lust, mit Ihnen zu schlafen, und bastelt, bis Sie eingedämmert sind. Er darf in der Wohnung nicht rauchen, dort unten schon. Er bastelt wirklich gern wäre natürlich auch ein akzeptabler Grund.

Der Mann braucht mal seine Ruhe. Er muss mal nachdenken über alles. (Fragen Sie nicht, worüber. Das zerstört den Reiz.) Er muss mal mit sich ins Reine kommen. Er muss den Tag für sich Revue passieren lassen und sich auf den kommenden vorbereiten. Pläne entwickeln und verwerfen, Strategien andenken und verbessern. Er muss mal in Selbstgesprächen all das sagen, was er sich am Tage zu sagen nicht getraut hat. Er muss sich mal selber auf die Schulter klopfen. Er muss mal mit seinen Gegnern abrechnen, ohne dass die sich wehren können. Er muss mal einen trinken, ohne dass Sie mürrisch die Augenbrauen heben. Er muss einfach mal Mann sein dürfen. »Schatz, woran denkst du gerade?«, wäre jetzt die unpassendste Bemerkung der Welt. Sein normaler Tag sieht doch so aus: Er wacht auf und soll ganz lieb sein, am besten Sie mit Küsschen begrüßen, okay? Dann soll er frühstücken und dabei voll auf Sie eingehen, obwohl er morgens am liebsten über-haupt nicht spricht. Das ist Stress für ihn. Ab in die Firma, und der Stress geht weiter. Acht Stunden oder mehr funktioniert er, aber er lebt

---

35 *frei nach Goethe, »Faust I«*

doch nicht. Dann nach Hause. Und jetzt sind Sie da. Blablabla, was so alles passiert ist, endlich kommt der Mann nach Hause, und die Kinder, und die Nachbarn, und was nicht alles. So geht das nonstop bis zum Einschlafen. Vorher stellt sich noch die Frage nach Sex, aber entweder haben Sie keine Lust, oder er pennt vorzeitig ein, entweder verpasst er den richtigen Moment, oder er sagt das falsche Wort, kurz und gut: Das Leben des Mannes ist NICHT beneidenswert. Aber da ist dieser Bastelkeller. Seine Ruhe jedenfalls hat er dort, und das ist doch auch schon was, und diese gottverdammt notwendige Ruhe sollten Sie ihm nun wirklich gönnen. Es ist doch nicht viel, was er von Ihnen verlangt.

54. Warum kann man mit ihm nicht shoppen gehen?

Man kann mit ihm shoppen gehen! Nur etwas anders, als Sie das gewohnt sind. Für Sie ist Shoppen ein kommunikatives, sinnliches Ereignis. Für Männer ist Shoppen kaufen, bezahlen und gehen.

Es gibt Männer mit wenig Geld, die gehen in einen Discounter-Laden, probieren eine Jeans an, zahlen und gehen. Es gibt Männer mit viel Geld, die gehen in eine Nobel-Boutique, probieren fünf sündhaft teure Anzüge an, zahlen und gehen. Aber warum ist das so?

Es ist ein Relikt aus der Caveman-Zeit. Als wir alle noch in Höhlen hausten. Damals war es nämlich so: Der Mann ging zur Jagd. Er spürte das Wild auf, erlegte es und schleppte es nach Hause. Das war anstrengend genug. Alles andere wäre Zeitverschwendung und hätte den Rest der Herde nur verscheucht.

Sie aber haben in der Zeit, wo er nicht da war, was anderes gemacht. Mit Ihren Nachbarinnen und Freundinnen sind Sie in schützender Nähe der äußerst geschmackvoll dekorierten Höhle durch die sonnendurchfluteten Büsche gestreift, haben gekichert und gescherzt, die Kinder geherzt, Beeren gesammelt, hier mal geguckt, da mal geluschert, ein bisschen Wäsche in den Fluss gehalten, wieder rausgenommen, wieder ein bisschen gequatscht, den neuesten Tratsch aus der Nachbarhöhle erfahren, über Ihren Mann geschimpft, noch ein paar Beeren gesammelt, und schließlich sind Sie glücklich mit dem vollen Körbchen nach Hause gehüpft. An sich haben Sie nichts gemacht, außer einige Beeren zu sammeln. Aber der Tag war wunderbar. Und was Sie dem Alten alles zu erzählen hatten, als er mit dem Hirsch über der Schulter nach Schweiß und Blut stinkend nach Hause kam! Für ihn war das alles unwichtiger Weiberkram, und zugehört hat er damals so widerwillig wie heute.

Sehen Sie: So, wie Sie früher kichernd durch die Büsche gehüpft sind, hier ein Beerchen, dort ein Schwätzchen, so gehen Sie heute shoppen. Nur: Früher hat er abends gesagt »Ruhe, ich bin müde«, und Sie haben sich daran gehalten, weil er sonst ungehalten wurde. Heute quatschen Sie einfach weiter, weil Sie keinen Respekt mehr vor ihm haben. Bis er im Bastelkeller verschwindet oder in der Kneipe. Das exakt ist der Unterschied zwischen dem Neandertaler und uns: Frauen durften früher weniger quatschen. Deshalb wäre Ihr Mann manchmal ganz gern ein Neandertaler. Und genau deshalb benimmt er sich auch manchmal so. Zumindest im Bastelkeller (oben traut er sich nicht).

Wenn Sie also mit ihm shoppen wollen, dann gehen Sie am besten zweimal shoppen. Beim ersten Mal allein oder mit Ihrer Freundin. Da probieren Sie alles an, lassen sich unendlich Zeit, quatschen und sammeln und verwerfen und quatschen und begrabschen und lassen sich beraten und beraten sich gegenseitig, also Sie treffen Ihre konkrete Auswahl. Beim zweiten Mal nehmen Sie Ihren Kerl mit und sagen: Das will ich, wie findest du es? Und das, okay? Und das noch, und das war's, und jetzt gehen wir was Feines für dich aussuchen, Hasilein. Und da sagst du, was dir gefällt. So mögen die Männer das. Es ist doch alles im Grunde ganz einfach.

55. Wie kriege ich ihn zum Sport?

Besorgen Sie ihm eine Geliebte, und lassen Sie die dafür sorgen, dass er was für seinen Körper tut. Das ist mehr als ein blöder Scherz, denn es ist so: SIE kriegen ihn nicht dazu, wenn er das nicht von sich aus will. Sagen Sie ihm tausendmal, dass er zu dick wird, dass er mal um den Teich joggen soll und dass Sie seine Wampe nicht attraktiv finden. Es wird ihn einfach nicht interessieren. Er findet es allenfalls nervig, dass Sie ständig an ihm herumkritisieren. Warum soll er für Sie irgendwelche Action machen, die nichts als nur anstrengend ist? Sie hat er doch! Sie sind doch seine Frau!

Es gibt zwei Menschen, die ihn zum Sport animieren können: Das sind sein Arzt und seine Geliebte. Okay. Dass er eine Geliebte hat, wollen Sie nicht, also scheidet das aus. Bleibt der Arzt. Im Optimalfall haben Sie einen guten Draht zu dem Mediziner. Ein bisschen Show? Irgendwas mit Fettspiegel im Blut und einer daraus resultierenden recht geringen Lebenserwartung? Männer hängen am Leben, aber wie. Wenn der Arzt sagt: »Mach noch ein Jahr so weiter, und ich komme gern zu deiner Beerdigung« – dann hören sie umgehend auf zu rauchen und zu saufen, laufen wie die Wiesel um den Dorfteich und melden sich auch ohne Training sofort zum nächsten Marathon an.

Viele Männer warten sogar nur drauf, dass der Arzt ihnen so etwas irgendwann sagt. Weil sie dann einen Grund haben, was für die Gesundheit zu tun. Und weil sie in jeder Männerrunde mit ihrer Arztgeschichte sofort ungeteilte Aufmerksamkeit und grenzenlose Sympathie erzielen. »Also, mein Arzt hat gesagt… Noch ein Jahr so weiter… Es ist absolut Ultimo… Einfach zu gut gelebt… Die vielen Frauen, die Sauferei all die Jahre, ihr wisst schon…« Das sind medizinische Highlights wie Schusswunden. Das sind Momente, wo jeder am Stammtisch sinnend nickt und schamvoll ins Bierglas glotzt. Im Hintergrund fehlt jetzt nur noch die Titelmelodie von »High Noon«. Hier sitzen lauter Helden am Tresen. Aber einer von ihnen hat's echt geschafft. Der trinkt Wasser, joggt um den Feuerwehrteich und hat soeben mit der letzten Packung Zigaretten das Kneipenklo verstopft. »Ich brauch das nicht mehr.«

Ha! So macht gesund leben Spaß! Dann steht er auch noch als Erster vom Tresen auf und fährt ohne Promille mit dem Auto nach Hause! Der hat heute Nacht wahrscheinlich sogar noch Sex!!! Jaja, man müsste auch mal was tun.

Also: Der Arzt hat die Kompetenz, Ihren Mann auf die Aschenbahn zu jagen und ihn trotzdem Mann bleiben zu lassen. »Meine Frau findet, dass ich zu dick bin«, kommt an keinem Tresen gut. Außer dem Arzt gibt es dann natürlich noch die sehr viel jüngere Partnerin, die einen Mann zum Abnehmen animieren kann. Der »Joschka-Fischer-Effekt«. Als erheblich jüngere Frau mit einem älteren Partner werden Sie ihn vermutlich gar nicht zum Sport tragen müssen. Allein die Vorstellung, dass Sie ihn wegen eines Jüngeren mit Waschbrettbauch verlassen könnten, zwingt ihn auf die Aschenbahn.

Eine weitere Möglichkeit, wie man Männer zum Sport kriegt: Man geht selber hin. Dann erzählt man ganz nebenbei von den durchaus sympathischen Männern, die man dort trifft. »Würdest du mögen, echt!« Aber die haben allesamt eine erheblich versautere Figur als er, der über alles geliebte Mann. Nun soll er mal mitkommen, nur damit sie so richtig stolz auf ihn sein und ihn als den bestgebauten Kerl on earth vorstellen kann! So ticken Männer. Da gehen sie mit.

Sie können natürlich auch die ganze Ernährung umkrempeln, kein Bier mehr im Haus haben und Möhrchen statt Kekse anbieten. Hiervon ist jedoch wegen erheblicher Risiken und Nebenwirkungen abzuraten. Wenn ein Mann nicht mehr essen darf, wonach ihm ist, wird er sauer. Er fühlt sich bevormundet und gegängelt. Er wird das nicht deutlich äußern. Vielleicht lobt er Ihre Fürsorge sogar. Aber Sie kratzen mit jeder Möhre an seinem Ego, und jedes Müsli nimmt ihm einen Teil seiner Männlichkeit. Kann sein, dass er Sie eines Tages wortlos verlässt – wegen einer Frau, die ihn Currywurst mit Pommes essen lässt, wann immer ihm danach ist.

56. Soll ich ihn alleine ausgehen lassen?

Entschuldigung: Ein Mann ist kein Hund, auch wenn er sich manchmal so benimmt. Wenn Sie die Alternative haben, Ihrem Mann das alleine Ausgehen zu ermöglichen oder es zu unterbinden, haben Sie gar keinen Mann mehr zu Hause. Sondern ein enteiertes, geschlechtsloses Wesen. Ein Mann, der alleine ausgehen will, tut das. So, und nun kommen wir zum Thema, denn es gibt ja noch Zwischentöne. Also: Sie können sein alleine Ausgehen unterstützen, Sie können es schweigend tolerieren, Sie können es aber auch maulend hinnehmen. »Schon wieder deine Kumpels...?« Wählen Sie Alternative Nr. 1. Unterstützen Sie seine Kneipengänge. Aus mehreren Gründen.

1.) Sie steigen in seiner Achtung, weil Sie ihm seine Freiheit lassen. Und er steht vor seinen Kumpels gut da. Viele von denen kriegen tatsächlich Theater, wenn sie mal alleine wegwollen. Er kann behaupten: Ich hab meine Frau im Griff. Ich mache, was ich will.

2.) Auf die freie Wildbahn losgelassene Männer machen viel harmlosere Dinge, als die daheim gebliebenen Frauen glauben. Sie saufen meistens nur. Die meisten Männer sind nämlich selbst für den Puff zu geizig und zu müde, außerdem haben sie darauf gar keinen Bock. Worüber die Jungs so reden, wenn sie mal losgelassen sind, das lesen Sie gleich.

3.) Der Mann als solcher braucht tatsächlich mal seinen Freiraum. Er hat ein Recht darauf, sich auch mal mit seinesgleichen zu treffen. Das geht nur in einer »frauenbefreiten Zone«.

4.) Sie haben mal wieder einen Abend ganz für sich, das ist doch auch nicht schlecht. Sie könnten die Zeit nutzen, um mal über Ihre Beziehung nachzudenken!

5.) Sie haben einen Mädels-Abend gut bei ihm. Denn erst neulich war er doch ohne Sie auf der Piste.

Übrigens: So ungefähr alle zwei Wochen mal alleine weggehen ist ein gutes, gesundes Mittelmaß – öfter will er gar nicht.

57. Worüber redet er mit seinen Kumpels?

Vorwiegend über die Firma. Das wird Sie überraschen, aber Frauen stehen für Männer wirklich nicht an erster Stelle. Die Kernfrage zwischen zwei Kumpels heißt: »Und – wie läuft's bei dir?« Jeder Mann weiß, dass damit nicht die Ehe gemeint ist. Sondern der Job. Wenn ein Mann einen anderen Mann fragt »Und – wie läuft's bei dir?«, wird der nicht von seiner Beziehungskrise zu reden anfangen, sondern sagen: »Gut!« Und dann kommt als allererstes eine Geschichte aus dem Job. Ein Dachdecker wird erzählen, wie er sich heute fast die Finger auf dem First abgefroren hat. Und was er für Schwarzarbeits-Aufträge reingekriegt hat. Ein Versicherungsagent (»Und – wie läuft's bei dir?« – »Gut!«) wird erzählen, dass er jetzt schon fast dran ist an dem Riesenpaket, dieser Mega-Versicherung, na ihr wisst schon, eine für alles, und halb so billig wie die Konkurrenz, nur die Leute kapieren das nicht, aber vielleicht schon nächste Woche … Das erzählt er immer so. Dann sitzt da noch ein Taxifahrer am Tisch. »Und – wie läuft's bei dir?« – »Schlecht.«

Das ist auch immer so. Alle Taxifahrer erzählen immer, dass alles scheiße läuft. Fünf Euro die Stunde ist schon viel. Die Stunden, wo sie 30 Euro machen, fallen irgendwie in ein schwarzes Loch des

Vergessens. Taxifahrer sind ständig schlecht drauf. Deshalb fragt sie meistens keiner mehr, wie's bei ihnen läuft. ER – also der, an den Sie jetzt gerade denken und wegen dem Sie dieses Buch überhaupt nur lesen – setzt sich nicht an den Tresen und sagt: Leute, gestern haben meine Perle und ich SO eine geile Nummer geschoben, das muss ich euch unbedingt sofort erzählen. Das ist Quatsch, da hört keiner zu. Die Firma ist es, was die Männer eint. Sie ist wichtiger als jede Frau, wie Sie aus dem vorigen Kapitel wissen.

Dann reden Männer, das gehört auf Platz zwei, gern über Maschinen. Bei den meisten ist es natürlich die im Auto. Kleingärtner interessieren sich brennend für die Motoren von Rasenmähern. In Hafenkneipen drehen sich die Gespräche unter Männern um Schiffsmotoren. Um Schiffsfarben und ihre unterschiedliche Qualität. Um Tiefgang und hydraulisch zu klappende Masten. Um die beste Werft, um den besten Schwarzarbeiter-Trupp (»die nehmen 10 % von der Werft und sind doppelt so gut, ich schwör's dir«).

Platz drei für das gemeinsame Hobby! Kommt einer in besagter Hafenkneipe gerade von einer Schiffsreise zurück und sitzt mit am Tisch, wird diese Reise in allen Einzelheiten diskutiert. Welche Schleuse wie und wann passiert wurde, wie viel Wind querab von welchem Hafen geblasen hat, welche Tonne von wo nach wo verlegt wurde. Darüber können Männer länger reden als Sie mit Ihren Freundinnen über die neue Herbstmode.

Tja, und Platz vier gehört der Polizei. Da muss nur mal einer erzählen, dass er letzte Nacht volltrunken in eine Kontrolle geraten ist, aber das Pustegerät war wohl kaputt, und er wurde mit höflichen Empfehlungen in die Nacht entlassen. Schon sind die nächsten zwei Stunden thematisch ausgebucht mit Geschichten, wo irgendjemandem auch mal so was passiert ist. Und überhaupt, neulich. Was ich da mit den Bullen erlebt habe! Ich sag es euch. Muss ich unbedingt mal eben erzählen. Sabbel-Sabbel-Sabbel.

Platz fünf gehört der Politik. Ein eher unerfreuliches Thema in diesen Zeiten. Aber irgendwann kommt jede Männer-Gesprächsrunde auf Politik, schließlich sitzt ja an jedem Dorfstammtisch mehr politische Kompetenz als im gesamten Plenum des Bundestages. Stammtische im Westen sagen, die Ossis sind Scheiße. Stammtische im Osten sagen, die Wessis sind Scheiße. Einzelne Themen, wie zum Beispiel der Irakkrieg oder die Karstadt-Krise im Herbst 2004, werden en detail diskutiert, wobei eigentlich keiner dem anderen richtig zuhört, sondern alle reden möglichst laut und möglichst lange. Ganz so wie im Fernsehen. Nur lustiger. Denn im Fernsehen trinken ja alle immer nur Wasser. Und ER trinkt mit seinen Kumpels alles. Nur kein Wasser.

Am Ende, wenn jeder außer dem stammtischtypischen Geizhals (den gibt's in jeder Runde) einen ausgegeben hat und alle eigentlich schon nach Hause wollen, geht es (Platz sechs der Hitliste) dann auch mal um Sie. Aber nicht um Sie persönlich. Nein – um die Frau schlechthin, um die Frau als solche. »Alle Frauen sind scheiße« ist der meistgehörte Satz an dieser Stelle, auch »als Schwule wären wir längst Millionär« wird immer wieder gern in den Raum geworfen, gefolgt von dem klassischen Stoßseufzer: »Wenn ich all das Geld hätte, das ich schon in Frauen gesteckt habe!«

Zwischendurch erzählen sich Männer auch gern mal ein paar Witze, reden über den Arsch der Kellnerin, erörtern die Wirkung von Rotwein mit Wodka und belästigen sich gegenseitig mit ausführlichsten Schilderungen ihres letzten Arztbesuches. Sie sehen, das ist alles absolut harmlos.

58. Darf ich ihn anrufen, wenn er nicht aus der Kneipe findet?

Wenn Sie ihn nach wie vor für einen Hund halten, ja. Die Beaufsichtigung bis an den Tresen (»wo steckst du eigentlich?«) ist dem Pfiff vergleichbar, mit dem man einen Hund bei Fuß ruft. Und nichts ist peinlicher, als wenn er wenig später tatsächlich hastig zahlt und die Runde verlässt. Die Blicke der anderen Jungs werden ihm halb mitleidig, halb belustigt folgen. Einerseits lässt er sich zum Affen machen. Andererseits hatten sie alle schon mal mit solchen Frauen zu tun oder haben es noch. Mal sehen, wessen Handy als nächstes klingelt. Darauf noch eine Runde. Und jetzt sagt garantiert irgendjemand: »Alle Frauen sind scheiße.«

Sind die Herren noch nüchtern genug, lösen Sie mit Ihrem Kneipenanruf vielleicht eine Grundsatzdebatte aus: Sollte man als Mann nicht sowieso lieber alleine leben? Auch eins der Lieblingsthemen an jedem Tresen. Die Vorteile liegen ja auf der Hand. Erstens spart man langfristig eine Menge Geld, wenn man die Scheidung überlebt. Zweitens kann man tun und lassen, was man will. Zum Beispiel hat man die Fernbedienung, kann die Füße auf den Esstisch legen und rülpsen. Man muss auch nicht mehr auf die Linie achten und kann saufen, was reingeht. Es wäre plötzlich auch absolut scheißegal, wo die getragenen Socken von gestern liegen. Man würde sie halt dann wegräumen, wenn sie einen stören. Vorher nicht.

Die Tresenrunde wird sich schnell darüber einig, dass das alles allein schon wegen der Kinder nicht geht. Auf die möchte man ja keinesfalls verzichten. Alle Männer lieben ihre Kinder. Auch wenn sie nicht immer so viel Zeit mit ihnen verbringen, wie das vielleicht angemessen wäre. Aber wenn es keine Kinder gäbe? Wäre man dann nicht tatsächlich alleine besser dran? An dieser Stelle meldet sich meistens jemand zu Wort, der etwas wirklich Rührendes sagt. »Ach nee. Lieber doch nicht. Dann wäre ja keiner da, wenn man abends nach Hause kommt.«

Das ist es also, was Männer bei ihren Frauen hält? Das ganz alltägliche »Hallo Schatz«, wenn sich der Schlüssel im Schloss dreht? Das Begrüßungsküsschen? Die frischen Blumen im Wohnzimmer? Das Heimelige, Gewohnte, Vertraute, Liebgewordene? Sie als Frau muss das doch freuen.

Rufen Sie ihn nicht an. Lassen Sie ihn in Ruhe. Der Kater von morgen ist Strafe genug. Am Tresen ist jetzt sowieso nicht mehr viel los. Der Kellner stellt die Stühle hoch und bläst die Kerzen aus. Der Kumpel, dessen Handy vorhin klingelte, ist auch schon längst zu Haus. Eine Runde noch auf unsere Frauen. So scheiße sind sie ja nun auch wieder nicht.

59. Wie wichtig ist sein Hobby für ihn?

Sehr wichtig. Das Leben eines Mannes besteht aus einem Korsett von Pflichten. Er ist fremdbestimmt. Ständig MUSS er irgendetwas tun. Er MUSS gut sein im Job. Er MUSS für die Familie sorgen. Er MUSS die Raten zahlen. Er MUSS sich zu Hause anständig benehmen. Er MUSS Ihnen zuhören. Er muss dies, er muss das. Die einzige Entspannung findet er in seinem Hobby. Dem KANN er nachgehen. Sein Hobby ist deshalb sogar lebenswichtig für ihn.

Sollten Sie sein Hobby teilen? Zwei Möglichkeiten: Entweder er möchte das gern – oder Sie lassen es besser. Gut denkbar und gar nicht so selten ist nämlich, dass er sein Hobby deshalb so liebt, weil es ihn mal für ein paar Stunden von Ihrer Gegenwart befreit. Weil er endlich mal mit sich allein sein kann. Deswegen liebt er Sie aber trotzdem! Denkbar ist aber auch, dass er Sie unheimlich gern dabei hätte und sehr darunter leidet, dass Sie so gar nicht an seinem Hobby interessiert sind.

Freizeit-Skipper zum Beispiel haben in aller Regel Frauen, die leicht seekrank werden und Boote grässlich finden. Also die falschen Frauen. Die wenigen Männer in den zahllosen Yachtclubs, die eine schiffsbegeisterte Frau haben, werden von den anderen glühend beneidet. Und wenn Sie dann noch bei einer Bootsbesichtigung als Erstes in den Maschinenraum klettern und erst danach die Pantry[36] sehen möchten, gelten Sie in jedem Hafen unter Männern als Lottosechser.

Manchmal ergeben sich aus einem gemeinsamen Hobby wahrhaft skurrile Geschichten. Bei den Recherchen zu diesem Buch erzählte ein Familienvater folgende Geschichte: »Meine Frau und ich besuchten meinen Freund auf seinem Boot. Von da an war meine Frau infiziert, ja schiffsverrückt. Kurz danach kauften wir uns auch ein Boot, das allerdings stark reparaturbedürftig war. Um es bezahlen zu können, haben wir sogar die Sparschweine der Kinder geplündert! Die nächsten Monate verbrachte ich ziemlich viel Zeit an Bord und habe alles in Ordnung gebracht. Dabei haben wir uns wohl irgendwie auseinander gelebt. Und jetzt sind wir geschieden.«

Ist das nicht mal wieder typisch Frau? Erst redet sie ihn in den Kauf hinein. »Au ja, das wollen wir auch haben!« So ein Boot ist ja wirklich was Schickes. Kosten darf's natürlich nicht die Welt, also einigt man sich auf eine schwimmende Schrottlaube. Er (Handwerker) freut sich, dass es nun die Möglichkeit einer gemeinsamen Freizeitgestaltung gibt, krempelt die Ärmel hoch und fängt an, ein Schmuckstück aus dem alten Kahn zu machen. Für wen? Für sich? Nicht nur! Für sie, für die Kinder, für die ganze Familie. Als er fast fertig ist, zieht sie ein langes Gesicht: So hat sie sich das ja nun nicht vorgestellt, dass er jedes Wochenende an Bord herumbastelt. Und überhaupt, wozu

---

36 *Schiffsküche*

braucht man eigentlich einen Ehemann? Tschüs! Mach doch mit dem Boot, was du willst! So sind Frauen. Und darum können Männer sie meistens überhaupt nicht verstehen.

Diese hübsche Geschichte wird sogar noch getoppt, denn wir haben es hier mit einem männlichen Unglücksraben zu tun. Also: Bevor das mit dem Boot anfing, wurde die weitere Familienplanung diskutiert. Noch ein Kind, nein danke, da war man sich einig. Aber wie nun verhüten? Pille verträgt sie nicht, Präservative sind irgendwie blöd, und sonst fiel den beiden auch nix ein. Der Mann, ein wahrer Gentleman, schlug nun vor, sich die Samenstränge kappen zu lassen. Ja, super! Nun kann er keine Kinder mehr zeugen, die Frau ist weg, und zum Trost bleibt ihm nichts als ein halbfertiges Boot. Männer greifen manchmal wirklich auf voller Länge in die Scheiße.

60. Darf ich ihn ins Theater schleppen?

Ja! Obwohl die meisten Männer Theater hassen. Schließlich haben sie zu Hause genug davon. Das Einzige, was ihnen am Theater gefällt, ist das Bierchen in der Pause. Ein bisschen Bildung schadet einem Mann aber keinesfalls, und da dürfen Sie durchaus sanften Druck ausüben. Wenn Sie schlau sind, bereiten Sie das ein bisschen vor: Man könnte zum Beispiel vor dem Besuch eines Musicals (extrem unbeliebt bei den meisten Männern) ein bisschen was über die Geschichte lernen, die da gesungen und getanzt wird. Sie könnten ihm vorher erzählen, wer die Story komponiert hat und warum. Schließlich haben Sie ja Internet, um sich schlau zu machen. Sie dürfen ihm sogar ein Theater-Abo zu Weihnachten schenken. Auch wenn er innerlich so säuerlich guckt, als hätten Sie sich für ein Paar Socken entschieden.

Sie müssen es irgendwie schaffen, sein Interesse an Kultur zu wecken. Dahin führen viele Wege, nicht alle führen zum Ziel, und manche sind ziemlich blöd. Vielleicht gibt es im Stadttheater mal einen Tag der Offenen Tür, wo die ganze Backstage-Technik zu besichtigen ist? Das könnte ein spannender Ansatz sein, das könnte ihn auch mal interessieren. Danach kriegen Sie ihn leichter in eine Aufführung. Oder Sie stecken sich hinter die Frau von seinem besten Kumpel und kaufen Karten für alle vier, da sagt er bestimmt nicht nein. Eine ganz andere Frage ist, warum Sie ihn denn unbedingt zum Kulturgenuss vergewaltigen wollen, wenn er sich dafür überhaupt nicht interessiert. Möglicherweise, weil sie beide kaum etwas gemeinsam haben und Sie endlich mal wieder mit ihm über irgendwas reden möchten? Dann brauchen Sie vielleicht gar keine Theaterkarte, sondern einen guten Scheidungsanwalt.

Machen Sie sich keine Illusionen: Die Zwangsverpflichtung zum gemeinsamen Theaterbesuch wird ihn keinesfalls automatisch zu einem anderen Menschen machen, selbst wenn er mitgeht. Sondern er ist hinterher genau derselbe Typ, der er vorher war. Sie können einen Mann nicht ändern. Der Mann ist grundsätzlich kein anpassungsfähiges Wesen. Er ist, wie er ist. So akzeptieren Sie ihn, oder Sie verlassen ihn.

61. Warum guckt er so viel fern?

Weil er sonst mit Ihnen reden müsste. Fernsehen ist die bewährteste männliche Methode, sich um weiblichen Redefluss herumzudrücken. Männer reden nicht gern. Viel fernsehen ist aber nicht nur ein Zeichen für männliche Sprachlosigkeit. Sondern auf jeden Fall auch ein ernst zu nehmendes Warnsignal. Es bedeutet nämlich ein nicht unerhebliches grundsätzliches Desinteresse an der Beziehung. Lieber in die Glotze gucken als sich anschauen, lieber sich berieseln lassen als einander zuhören – da kann doch was nicht stimmen. Machen Sie den Härtetest: Einen Monat ohne TV. Danach sind Sie entweder getrennt – oder wieder frisch verliebt. Das ist sowieso eine spannende Überlegung: Wenn heute Abend jemand Ihr Kabel durchschneidet oder die Schüssel vom Dach klaut, oder wenn sämtliche Sender ad hoc ihr Programm einstellen würden, wenn also auf dem Bildschirm ab sofort nur noch grieseliger Schnee zu sehen wäre: Was würden Sie beide dann den ganzen Abend machen? Nicht nur heute, sondern auch in den nächsten Monaten? Sex? Reden? Lesen? Irgendwas spielen? Oder sich anschweigen? Wüssten Sie überhaupt noch etwas miteinander anzufangen? TV-Verzicht ist die beste Kläranlage für menschlichen Beziehungs-Unrat. TV-Verzicht »klärt« so manches.

Gehen Sie abends mit offenen Augen durch die Stadt: Hinter fast jedem Fenster blitzt es bläulich. Hinter diesen Fenstern hat niemand was Besseres zu tun. Das sind keine Pärchen, die sich gezielt für eine bestimme Sendung interessieren, sich schon drauf gefreut haben, die Sendung gucken und dann ausschalten. Das sind vermutlich zu 90 % Allesgucker, die nichts miteinander anzufangen wissen. Traurig? Ja.

62. Wohin möchte er wirklich in Urlaub?

Hoffentlich dorthin, wo Sie Urlaub machen, aber dann würde sich die Frage ja nicht stellen. Haben Sie das Gefühl, er will woanders hin? Die meisten Männer träumen von einem Abenteuerurlaub, verbunden mit einer Menge Komfort. Aber sie wissen, dass es zwecklos wäre, mit den Frauen darüber zu reden. Darum fügen sie sich lieber und fliegen zum neunten Mal nach Mallorca, immer in dieselbe Pension, immer an denselben Strand. Ist doch auch so schön für die Kinder. Und man kennt die Nachbarn doch schon. Die kommen auch immer wieder. Oder der Campingwagen an der Ostsee. Wäre doch schade, wenn er den Sommer über leer steht. Schließlich hat man ihn ja mal bezahlt, nicht wahr?

»Ich war noch niemals in New York, ich war noch niemals richtig frei …« Kein Mensch außer ihm selbst weiß, wo Ihr Mann wirklich gerne Urlaub machen möchte. Es gibt nur Hinweise: Bei welcher Art von Urlaub hören alle Männer sofort gierig hin und wollen unbedingt mehr wissen? Das sind:

1.) Wohnmobil-Urlaub. Am liebsten das größte und schönste Wohnmobil mieten, das auf dem Markt ist. Noch lieber so ein Riesenteil, mit dem die Schausteller unterwegs sind: vorn ein Sattelschlepper und als Auflieger die reinste Komfortwohnung mit Badewanne, Mikrowelle, elektrischem Bierdosen-Plattmacher und allem Pipapo. Zur Not tut es aber auch ein kleines Wohnmobil, und es muss auch nicht die Route 66 sein. Im Hochsauerland kann man auch Abenteuer erleben.

2.) Motorradurlaub. Dann aber bitte schon die Route 66, und natürlich geht das nicht mit den Kindern.

3.) Bootsurlaub. Es gibt viele zauberhafte Strecken, die man mit geräumigen Schiffen (glatt sechs Kojen!) und ohne Bootsführerschein befahren kann. In Deutschland zum Beispiel die Müritz in Meck-

Pomm. In Holland und Irland die ganzen Kanäle. Man wird kurz eingewiesen und schippert los, immer mit der Ruhe. Das ist Urlaub, von dem Männer träumen. Mit Angel und deutschem Bier.

Aber Ihr Mann ist so wie alle anderen auch: bequem, konfliktscheu und traditionsverhaftet. Also buchen Sie ruhig schon mal Mallorca, zum neunten Mal dieselbe Pension.

Wissen Sie, was Ihren Mann freuen würde? Wenn er mal selber und alleine entscheiden dürfte, was Sie im Urlaub machen. Von der Idee bis zum Buchen. Wenn Sie einfach nur mal mitkommen würden und sich im Übrigen raushalten. Sie könnten das ja umschichtig machen: Dieses Jahr entscheidet er, im nächsten Jahr sind Sie dran usw. Aber »die schönsten Wochen des Jahres« überlassen Sie ihm natürlich nicht so gern. Da möchten Sie schon ein Wörtchen mitreden, stimmt's? Am Ende kommt ein Kompromiss raus zwischen dem, was Sie möchten, und dem, was er möchte. Bestenfalls. Noch wahrscheinlicher ist, dass Sie sich mal wieder durchsetzen. Und feige, wie er ist, lässt er es mit sich machen.

63. Warum geht er lieber mit seinen Kumpels aus als mit mir?

Männer lieben Rituale. Die Treffen mit den Kumpels sind Rituale und deshalb für jeden Mann absolut heilig. Irgendwann muss er ja auch mal von Ihnen ausspannen und unter seinesgleichen sein. Zweimal die Woche ausgehen, also einmal mit den Kumpels und einmal mit Ihnen, wäre ihm wahrscheinlich zu teuer. Und da es mit Ihnen doch so herrlich gemütlich zu Hause ist, kriegen Sie ihn eben schwer mit dem Hintern vom Sofa. Außerdem muss er morgens früh raus, da ist mehr als einmal pro Woche sumpfen ohnehin nicht drin. Schritt eins für Sie: Gehen Sie genauso oft mit Ihren Freundinnen aus wie er mit seinen Kumpels. Machen Sie auch ein Ritual daraus. Den »Mädchenabend«. Schritt zwei: Lassen Sie IHN einen Abend in der Woche fürs Essen sorgen. Da gibt's einfach nix. Schritt drei: Verabreden Sie mit einem befreundeten Pärchen Treffen zu viert, und stellen Sie IHN vor vollendete Tatsachen. Er wird schon mitkommen.

Männerfreundschaften sind etwas ganz Besonderes und nicht vergleichbar mit der Qualität einer Beziehung zwischen Mann und Frau. Frauen kann man verlassen. Freunde nie. Wenn Sie etwas über Männerfreundschaften lernen wollen, schauen Sie sich »Bandits« mit Bruce Willis an.[37] Die Message: Frauen kommen, Frauen gehen. Freunde bleiben. Wenn's sein muss, sogar bis in den Tod. Die beiden Freunde in dem Film erschießen sich am Ende gegenseitig (oder nicht?). Einer der schönsten Filme über Männer, die es gibt.

Dennoch: Machen Sie sich Sorgen, wenn er Ihnen seine Kumpels vorzieht. Ein gutes Zeichen ist das keinesfalls. Sie können die Messlatte Ihrer Beziehung natürlich niedrig hängen und sich damit abfinden. Aber schön ist das nicht. Gebetsmühlenähnlich kann man immer nur wiederholen, was sich die meisten Frauen einfach nicht eingestehen wollen: Wenn Männer sich abwenden und keinen Bock mehr haben, dann ist die Beziehung in der Krise. Auch wenn sie nach außen noch haltbar erscheint: Sie gleicht einem Baum, der zwar noch steht, aber innerlich hat ihn schon längst der Wurm zerfressen und ausgehöhlt. Keine Substanz mehr. Im Wald macht der Förster ein Kreuz auf die Rinde, und demnächst kommt die Kettensäge. Die wenigsten Männer haben den Mut, die Kettensäge an ihre Beziehung zu setzen. Sie lassen einfach alles so, wie es ist, und gehen halt mit ihren Kumpels aus.

64. Warum will er meinen Freundeskreis nicht kennen lernen?

Wie gesagt sind die Freundinnen der eigenen Partnerin für viele Männer etwas Bedrohliches. Zugegeben: Das sind Männer mit einem eher schwachen Ego. Aber von denen gibt es eine Menge! Er weiß nicht, was Ihre Freundinnen über ihn wissen. Das macht ihn unsicher. »Worüber redet ihr Frauen eigentlich so?« Er fürchtet sich auch vor dem Urteil, dass Ihre Freundinnen über ihn abgeben könnten. Außerdem findet er sie alle zickig und doof. Er weiß, dass Sie sich mit den Mädels blind verstehen, was er von sich ja nicht gerade behaupten kann: Er versteht Sie ja nur in den seltensten Fällen. Deshalb ist er, so verrückt das klingt, eifersüchtig.

Nun gibt es in Ihrem Freundeskreis ja vielleicht noch ein paar Männer. Da wären als Erstes Ihre Ex-Freunde zu nennen, mit denen Sie

---

37 USA 2001, mit Cate Blanchett in der weiblichen Hauptrolle. Die deutsche Fassung heißt »Banditen«. Regie führte Barry Levinson.

sich natürlich immer noch super verstehen. Okay: Dass Ihr Typ mit denen nicht unbedingt Freundschaft schließen möchte, das können Sie noch so gerade eben nachvollziehen. Obwohl Sie es toll fänden, wenn's so wäre. Aber gut. Die möchte er aus gutem Grund nicht näher kennen lernen.

Als Zweites gibt es diejenigen Ihrer Freunde, die zwar hetero sind, aber mit Ihnen nie etwas hatten. Wieso kommen Sie auf die Idee, dass Ihr Typ die gerne kennen lernen oder sogar nett zu ihnen sein möchte? Ein Mann denkt so: Entweder sind sie scharf auf meine Frau und warten gerissenerweise ab, bis ich einen schweren Fehler mache. Oder sie hatten was mit meiner Frau, und sie gibt es nicht zu. Dass ein Hetero-Mann mit einer Frau befreundet sein kann, ohne mit ihr Sex zu haben bzw. haben zu wollen, geht einem Mann nicht in den Kopf (siehe Fragen 20/21).

Wobei man jetzt mal fragen muss, ob er nicht Recht hat mit seinem düsteren Verdacht. SIE haben einen Hetero-Freund, mit dem Sie nie was anfangen würden? Und der auch mit Ihnen nie was anfangen würde? Platonische Freundschaft zwischen Mann und Frau also, ganz ohne Hintergedanken? Leider gibt es so etwas nicht. Ihr Mann hat absolut Recht, wenn er diesen Männern in Ihrem Freundeskreis nicht über den Weg traut. Als Drittes gibt es noch Schwule in Ihrem Freundeskreis. Jede Frau hat einen schwulen Freund, und mit dem versteht sie sich immer besonders gut. Er hört so wunderbar zu, man kann mit ihm shoppen gehen, er will keinen Sex (na toll), und er ist ja SO verständnisvoll. Also ist er so ungefähr das Gegenteil von dem Typen, mit dem Sie das Lager teilen. Warum, bitte schön, sollte Ihr Mann dieses leuchtende Gegenbeispiel seiner eigenen Unvollkommenheit kennen lernen wollen? Gibt es dafür irgendeinen Grund? Aus Männersicht: Nein.

Wir können an dieser Stelle gleich die Familie mit einbeziehen. Obwohl sie eigentlich nicht zum »Freundeskreis« einer Frau gehört. Machen Sie ja nicht den Fehler, den neuen Mann an Ihrer Seite umgehend zu Ihrer Mutter zu schleppen. Der Besuch bei der Mutter der neuen Freundin ist für einen Mann so wie der Moment, in dem der Pfarrer sagt: Sie dürfen die Braut jetzt küssen. Etwas Endgültiges. Ein Versprechen auf lebenslang. Männer sind schon schreiend weggelaufen in dem Moment, in dem sie zum Kaffeetrinken bei der Mutter einer Freundin eingeladen waren. Also vereinbaren Sie erst dann einen Termin, wenn er von sich aus darum bettelt, endlich mal Ihre Sippschaft kennen lernen zu dürfen. Vorher nicht.

Zurück zu Ihrem Freundeskreis. Es ist ja in der Regel nicht so, dass er ihn total meidet. Also auf Partys kommt er ja wohl mit. Sonst können Sie ihn eh knicken. Nein: Er hat nur Angst vor zu viel Nähe. Er würde sich in diesem Kreis niemals öffnen. Er wird immer äußerst misstrauisch bleiben. Und das ist doch auch gar nicht so schlimm: Pflegen Sie Ihren Freundeskreis, lassen Sie ihm den seinen, und wo sich beide überschneiden, da ist es besonders schön. Schließlich ist Ihr Typ ja ein eigenständiges Individuum und wird durch die Partnerschaft nicht automatisch ein Teil von Ihnen.

65. Warum macht er mich auf Partys immer klein?

Weil er ein Arschloch ist. Ganz ehrlich: Dies ist ein Buch, das um Verständnis für Männer wirbt. Aber es ist kein Plädoyer für das Arschloch im Mann. Wenn er Sie in Gegenwart von anderen niedermacht, schießen Sie ihn in den Wind.

Aber die Frage hieß ja, WARUM er das tut. Wollen wir uns wirklich mit dieser Frage befassen? Na gut, ganz kurz. Er hat Komplexe, fühlt sich nicht ausreichend bestätigt, markiert deshalb den dicken Max und zeigt der Welt, dass er wenigstens zu Hause die Hosen anhat. Weil er seine Liebste in Gegenwart von Dritten niedermachen kann. Ein armer Wicht, den Sie sich da geangelt haben.

66. Wie viel Freizeit braucht er für sich allein?

Das Geheimnis einer guten Partnerschaft besteht nicht im Festhaltenmüssen, sondern im Loslassenkönnen. Entspannen Sie sich. Lassen Sie ihn in Ruhe. Geben Sie ihm Freiraum. Lassen Sie los. Lassen Sie ihn. Lassen Sie ihn seinen Job machen (allein), lassen Sie ihm seine Freizeitvergnügungen (allein), lassen Sie ihm seine Freunde und Kumpels (allein). Genießen Sie die Zeit, die er mit Ihnen verbringen möchte. Und fordern Sie niemals mehr von ihm. Dann könnte es sein, dass er bei Ihnen bleibt. Wohlgemerkt: Es könnte sein. Sicher ist das aber nicht.

Viertes Kapitel

DER MANN UND
DAS GELD

67. Wie kann ich ihm Kohle aus der Tasche locken?

Oho, oho! Wollen Sie das denn? Na gut: Das wollen viele Frauen. Aber es ist schwierig. Von Natur aus hat er nämlich den Igel in der Tasche. Er gibt sein Geld also keinesfalls freiwillig her. Da müssen Sie sich schon was einfallen lassen! Grundsätzlich gilt folgende Regel: Je besser der Sex, desto großzügiger der Mann. Sorgen Sie für seine hormonelle Ausgeglichenheit. Lassen Sie ihn allein einschlafen, und er wird knauserig.

Für einen Mann besteht das Leben aus Geben und Nehmen. Geld ist für ihn dabei ein gleichwertiger Faktor im Vergleich zu anderen Zuwendungen, auch im Vergleich zu Sex. Mal gibt er Liebe, mal gibt er Zärtlichkeit, mal gibt er Geld, mal macht er Komplimente, mal bringt er Blumen mit, mal bringt er den Müll runter, was ist der Unterschied? Ein Mann unterscheidet da nicht. Ist alles für dich, Schatz.

Er gibt sogar gerne Geld, wenn er in Geberlaune ist. Lieber als den ganzen anderen Kram. Beim Blumenkaufen lauert die Politesse vor dem Laden und schreibt schon das Ticket, während er noch zahlt. Zärtlichkeit ist ziemlich stressig und zeitraubend, und er hasst es sowieso, Ihre Füße massieren zu müssen.

Seine gut gemeinten Komplimente gehen oft nach hinten los, weil er sie zwar gut meint, aber doch meistens irgendwie falsch formuliert. Im Müllkeller riecht es unangenehm, außerdem hat er weiß Gott was anderes zu tun, als volle Tüten runterzuschleppen. Was lernen wir daraus? Einmal die Amexco ritsche-ratsche ist eine sehr viel angenehmere Art, Ihnen seine Liebe zu zeigen. Denn dabei kann nicht so wahnsinnig viel schief gehen, und Sie haben dann ja auch immer so leuchtende Augen.

Aber er will was dafür zurück. Erst Zuwendung, dann Erotik, dann Sex. Wenn Sie mit ihm aber guten Sex haben und er ist immer noch knauserig, dann ist er wahrscheinlich geizig, und Sie werden Schwierigkeiten haben mit seinem Geld.

Es wird Sie vielleicht schockieren, aber es ist Tatsache: Die meisten Männer zahlen eigentlich ganz gerne, wenn sie guten Sex dafür kriegen. Das gilt für die Lady an der Straßenecke, aber es gilt auch für Sie, seine über alles geliebte Partnerin. Männer glauben tatsächlich, dass sie mit Geld so ziemlich alles kriegen können.

Aber dann ist Liebe für einen Mann doch fast dasselbe wie Prostitution!? Tja, das haben Sie jetzt gesagt. Gegenfrage: Kennen Sie nicht auch einige Frauen, bei denen die Grenze zwischen dem einen und dem anderen nicht so ganz klar zu ziehen ist? Kennen sie wirklich keine einzige Frau, die für großzügige Geschenke zu einigem bereit ist? Und was ist mit Ihnen?

Männer und Frauen passen vielleicht doch ganz gut zusammen. Denn die meisten Männer versorgen gern. Und die meisten Frauen lassen sich ganz gern versorgen. Eigentlich schade, dass man so was heutzutage nicht mehr laut sagen darf. Aber wir, also Sie und der Autor, wir sind ja unter uns, und Sie behalten das alles schön für sich. Okay?

68. Wie kriege ich die Macht über sein Geld?

Gegenfrage: Warum möchten Sie das? Eigentlich kann es doch nur zwei Gründe geben.

1.) Er kann nicht mit Geld umgehen, weil er im Grunde seines Herzens noch ein kleiner Junge ist.
2.) Sie haben ein finanzielles Ziel, das von seinem erheblich und grundsätzlich abweicht.

Trifft 1.) zu? Dann haben Sie den falschen Mann, aber damit sind Sie nicht allein: Im vorigen Jahrhundert zum Beispiel mussten die Frauen ihre Männer freitags am Werkstor abholen, damit sie den bar ausgezahlten Wochenlohn nicht in die Kneipe, sondern nach Hause trugen. Lohntüte her, hier haste 'ne Mark, aber trink nicht so viel durcheinander. Das war die krasseste Form von weiblicher finanzieller Macht. Und sie war notwendig. Weil die Kinder sonst hätten hungern müssen, und weil sich die Männer in der Kneipe eben wie kleine Jungs benahmen. Unsere Omas hatten alle den falschen Mann, könnte man daraus schließen.

Trifft 2.) zu? Dann haben Sie auch den falschen Mann. Warum haben Sie beide denn so unterschiedliche Ziele? Sind das wirklich nur unterschiedliche finanzielle Ziele, oder haben Sie beide ganz unterschiedliche Lebensziele? Passen Sie denn überhaupt zusammen? Darüber sollten Sie auch mal nachdenken. Im Übrigen werden Sie die Macht über sein Geld dann sehr leicht kriegen, wenn Sie ihm immer wieder sagen, dass er der Größte und Beste ist, und wenn Sie stets guten Sex mit ihm haben.

Aber das hatten wir ja schon. Männer sind schlichte Gemüter, man kann es nicht oft genug wiederholen. Also, die Macht über sein Geld. Die »Verfügungsgewalt«. Sie möchten bestimmen, wofür es ausgegeben wird. Stellen wir uns mal vor, Sie möchten gern ein Reihenhaus. Er aber gibt das ganze Geld immer für irgendwelchen technischen Kram aus, den kein Schwein braucht. So wird das nie was mit dem Reihenhaus, stimmt's? (Sie können das Beispiel ja abwandeln, sodass es zu Ihrer Situation passt.) Schon 200 Euro im Monat sind 2400 Euro im Jahr und 24 000 Euro in 10 Jahren, was plus Zinsen bereits eine anständige Anzahlung ergeben könnte. Aber diese 200 Euro im Monat gehen eben für irgendwas drauf. Nur nicht fürs Reihenhaus. Das ist in der Tat blöd.

Erste Möglichkeit: Stellen Sie ihm eine Falle. Machen Sie ein Spiel mit ihm. Es heißt: »Wer mehr spart, gewinnt.« Und es geht so: Die nächsten drei Monate bestimmt Ihr Mann alleine, was mit dem Geld gemacht wird. Sie fragen ihn wirklich wegen jedem Scheiß. Und Sie führen genau Buch. Mal sehen, was am Ende übrig bleibt. Die darauf folgenden drei Monate bestimmen Sie, was mit dem Geld gemacht wird. Er fragt Sie wirklich wegen jedem Scheiß. Und Sie führen wiederum genau Buch. Nur: In den letzten drei Monaten haben Sie natürlich jede Menge Möglichkeiten, die Kosten der Haushaltsführung so dramatisch zu senken, dass Sie am Ende mit mindestens drei 100-Euro-Scheinen mehr wedeln können als er in seiner Zeit. Ab sofort, so war die Abmachung, sind Sie fürs Geld verantwortlich. Übrigens ist »Wer mehr spart, gewinnt« ein Spiel, das in etwas abgewandelter Form zum Standardprogramm jedes Managerseminars für effektive Betriebs- und Personalführung gehört. Es ist ein schlichtes Rollenspiel, das man wunderbar manipulieren kann. Nicht fair, aber ungerecht.

Zweite Möglichkeit: Finden Sie Verbündete. Haben Sie sich schon einmal gefragt, auf wen Ihr Mann eigentlich hört? (Wenn schon nicht auf Sie.) Jeder Rudelführer hat einen Oberrudelführer. Jeder männliche Idiot vertraut einem noch größeren männlichen Idioten. Jedes Genie hat einen Mentor. Jeder Sohn hat eine Mutter. Also: Ihr Partner hat irgendeinen Flüsterer, gegen den Sie schlecht ankommen. Genau der oder die soll Ihr Verbündeter sein. Greifen Sie Ihren Partner auf der Jagd nach seiner Kohle von außen an, über Dritte. Wetten, dass er nichts davon mitkriegt, wenn Sie es schlau genug anstellen? Und wenn Sie genau diesen Flüsterer überhaupt nicht leiden können, was normal wäre: Ändern Sie das. Schließen Sie falsche Freundschaften. Es lohnt sich, denn schließlich geht es ja um SEIN GELD, an das Sie heranwollen. Überzeugen Sie den Flüsterer von Ihrer Idee, dann haben Sie Ihren Partner sehr schnell auf Ihrer Seite.

Dritte Möglichkeit: Lassen Sie sich scheiden! Natürlich nicht einfach so, sondern geschickt eingefädelt. Spielen Sie einige Jahre die liebende Ehefrau, nehmen Sie sich dann einen guten Anwalt, machen Sie sich schlau, rechnen Sie alles exakt durch und eröffnen Sie erst dann Ihrem vollkommen überraschten Mann die traurige Tatsache, dass es aus ist. Auch so können Sie die Macht über sein Geld bekommen. Und vielleicht werden Sie ohne ihn ja tatsächlich viel glücklicher. Und reicher obendrein.

Vierte Möglichkeit: Eröffnen Sie doch einfach die offene Schlacht! Sagen Sie ihm, dass und warum er nicht mit Geld umgehen kann, aber dass und warum Sie das sehr wohl können. Und dass es deshalb besser für ihn ist, wenn Sie die Macht über sein Geld übernehmen. Ein spannendes Spiel mit unsicherem Ausgang. Entweder ist er ein enteierter Weichling, dann lässt er sich darauf ein. Oder Sie haben einen echten Kerl an Ihrer Seite, dann haben Sie verzockt.

Fünfte Möglichkeit: Schleichen Sie sich wie ein Virus in seine finanziellen Planungen ein, immer ein Stückchen mehr. Schneiden Sie den Ausgabenkuchen in einzelne Tortenstücke und übernehmen Sie nach und nach eins nach dem anderen. Aber egal, für welche Möglichkeit Sie sich entscheiden: Wichtig ist auf jeden Fall, dass Sie mehr Sachkunde haben als er. Männer sind echt guten Argumenten durchaus zugänglich. Sie lieben sogar Frauen, die sachlich argumentieren können und Fachkenntnis beweisen. Machen Sie ihn aber bitte niemals klein, wenn Sie mit ihm diskutieren. Seien Sie äußerst diplomatisch. Fahren Sie ihm nie über den Mund. Erwecken Sie niemals den Eindruck, dass Sie besser informiert sind als er. Schweigen Sie ergriffen, wenn er seine Argumente vorbringt. Lassen Sie sich alles erklären. Und kontern Sie dann umso geschliffener, ebenso messerscharf wie butterweich. Das ist nicht leicht? Stimmt! Aber so kriegt man Männer an die finanzielle Leine. Nur so.

69. Wie kriege ich ihn zum Sparen?

Ganz einfach: Indem Sie sich erst mal fragen, worauf er denn gern sparen möchte. Machen Sie sich sein Ziel zu Eigen, auch wenn es nicht das Ihre ist. Er hätte gern ein neues Auto? Okay, dann wollen Sie auch ein neues Auto, und zwar genau das, was er gern hätte. Mit allen Extras, mit Spoiler, Leder und Klima. Dass man dafür etwas zurücklegen muss, wird selbst einem Lebewesen der Gattung Mann klarzumachen sein. Nehmen Sie ein in möglichst weiter Ferne liegendes, ein möglichst unerreichbares Ziel. Sie haben gleich den Vorteil, dass er Sie für eine ganz tolle Frau hält, denn Sie sparen ja mit ihm auf genau das, was er gern hätte. Gekauft wird das Teil natürlich nie. Überlegen Sie sich später, wie Sie seine Begehrlichkeit von diesem Ziel auf ein anderes lenken können, wenn das Geld erst mal da ist. Da fällt Ihnen zu gegebener Zeit schon was ein!

70. Muss er mir sagen, was er verdient?

Natürlich, schließlich leben wir nicht mehr im vor-vorigen Jahrhundert. Ihr Mann weiß übrigens genau, dass Sie ein natürliches Anrecht auf dieses Wissen haben. Und er hat ein verdammt schlechtes Gewissen, falls er einer dieser Dinosaurier ist, die ihr Gehalt vor ihren Frauen verschweigen.

Jede Wette: Alle Frauen seiner Freunde wissen, was die verdienen. Also: Wenn Sie tatsächlich nicht wissen, was Ihr Mann verdient, haben Sie irgendwas Grundsätzliches falsch gemacht. Allein schon die Frage ist ein Witz. Gestatten Sie eine Gegenfrage: Wie blöd sind Sie eigentlich? In welcher Zeit leben Sie? Fragen Sie Ihren Mann noch heute, was er verdient. Und wenn die Antwort ausbleibt, brauchen Sie einen Anwalt. Man nennt das heute »Fachanwalt für Familienrecht«. Es sind Anwälte, die Scheidungen einreichen. So einfach ist das.

71. Soll ich mich in die Finanzen einmischen?

Entweder immer – oder nie. Es ist eine Frage der Aufgabenverteilung: Es gibt Männer, die können besser mit Geld umgehen als ihre Frauen; dann ist es gut, wenn sie die Finanzen verwalten. Es gibt auch Frauen, die das besser können als Männer. Was Ihr Mann jedoch abgrundtief hasst, ist folgendes typisch weibliche Verhalten: Er ist zuständig fürs Geld. Aber wenn er dann mal Nein sagt, weil Ihre saisonbedingten Wünsche nach einem neuen Paar Schuhe (übrigens Paar Nr. 72) nicht in seiner momentanen Planung vorkommen, ziehen Sie eine beleidigte Schnute, maulen rum oder verweigern gar sonst irgendwas. Entweder er verwaltet die Kohle. Oder Sie. Oder Sie machen das gemeinsam; dann haben Sie eine 50:50 gleichberechtigte Finanzverwaltung, und die ist ideal.

Wenn Sie sich also gerne raushalten, dann bitte ganz! Im Fußballverein Ihres Mannes läuft das übrigens problemlos: Einer im Verein hat die Hoheit übers Geld, und ohne dessen Zustimmung wird kein Cent ausgegeben. Und wissen Sie, warum das funktioniert? Weil Ihr Mann es dort nur mit Männern zu tun hat.

72. Warum gibt er lieber Geld für sein Hobby aus als für die Familie?

Möglicherweise tut er das gar nicht, sondern die Kosten für sein Hobby zählen für Sie doppelt. Das ist oft nur eine Frage der subjektiven Wahrnehmung. Wenn's aber so ist, bedenken Sie Folgendes. Ein Mann tickt so im Kopf: Das ganze Leben ackere ich für die Familie. Für mich fällt nichts dabei ab. Und das ist ungerecht. Ein Mann trennt klar zwischen »Familie« und »Ich«. Die Miete zum Beispiel ist für die »Familie«, nicht fürs »Ich«.

Das ist vielleicht nicht besonders logisch. Aber es ist männlich. Und wenn dann diese unheimlich starke neue Bohrmaschine vor ihm liegt und ihn anlächelt, dann denkt er eben: »Endlich mal was für MICH. Wie lange habe ICH mir nichts mehr gegönnt.«

Und dann kauft er sie. Auch wenn er schon zwei fast so gute im Keller liegen hat. Möchten Sie eine grobe Richtung, was noch normal ist und wo Schluss sein sollte? 5 % vom Nettoeinkommen fürs Hobby sollten Sie akzeptieren. Bedenken Sie außerdem, dass mit der neuen Bohrmaschine ja auch Ihr Lieblingsbild an die Wand gedübelt wird.

73. Was kann ich tun, damit er mehr verdient?

Nehmen Sie ihm auch noch die wenigen Pflichten ab, die bisher an ihm hängen geblieben sind. Das wäre doch schon mal eine gute Idee aus Männersicht.

Ein Mann kann sich nicht auf seine Karriere konzentrieren, wenn er abends auch noch den Müll wegbringen und die Kinder ins Bett bringen soll. Er tut ohnehin schon nichts von alledem? Schade, dann passt dieser Tipp nicht auf Sie. Lesen Sie doch bitte noch mal das Kapitel »Der Mann und seine Firma«: Da steht drin, was Sie keinesfalls tun sollten.

74. Warum will er nicht, dass ich arbeiten gehe?

Er könnte dafür gute Gründe haben. Nicht jeder Mann, der die Frau lieber zu Hause sieht als im Karrierestress, entspricht dem gängigen Klischee des tumben Paschas, der die drei K's für der Frau einzige Erfüllung hält. Obwohl es solche Deppen natürlich auch heute noch gibt. Vielleicht spürt er, dass es in einer Familie eine sinnvolle Aufgabenteilung geben muss.

So wie in einer Firma. Kommen Sie UND er abends ausgelaugt und mit leerer Batterie nach Hause, wer lädt dann wen wieder auf? Wer stellt sich auf wen ein? Soll er in seinem Job weniger leisten, damit er abends noch genügend Kraft für Sie und Ihre beruflichen Sorgen aufbringt? Es gibt nur ganz wenige Jobs, in denen man die Leistung einfach so etwas zurückschrauben kann, ohne gleich die ganze Existenz zu gefährden. Einen guten Job macht man ganz oder gar nicht. Und man ist froh, wenn man überhaupt einen hat. Vielleicht hat er ganz einfach Angst, dass dieses empfindliche Gleichgewicht im Familienverbund verloren geht. Dass Ihre Ansprüche an ihn steigen, wenn Sie sich künftig weniger um Haushalt und Familie kümmern können. Wenn

Sie bisher zu Hause waren und er Alleinverdiener war, so bedeutet Ihr Wiedereinstieg in die Berufstätigkeit eine grundlegende Veränderung des gesamten sozialen Konzeptes, auf dem Ihr Zusammenleben bisher beruhte. Sie müssen also, wieder ganz genau so wie in einer Firma, zunächst einmal ein tragbares Konzept ausarbeiten, wie das denn nun funktionieren soll.

Die meisten Männer stört diese unbekümmerte Naivität, mit der Frauen so etwas planen: »wird schon irgendwie gehen«, »du bist ja auch noch da«, »du kannst dich ja auch mal kümmern« usw.: Das sind doch alles keine schlüssigen Argumente! Vermutlich kriegen Sie sein Okay viel schneller, wenn Sie erst nachdenken und ihm dann einen Vorschlag machen. Ist er allerdings vernünftigen Argumenten nicht zugänglich, haben Sie möglicherweise tatsächlich einen tumben Pascha als Partner.

Fünftes Kapitel

DER MANN UND SEIN
STATUSSYMBOL

75. Warum ist ein großes Auto so wichtig für ihn?

Der stärkste Hirsch hat das größte Geweih, der Löwenkönig hat die längste Mähne, der Hahn auf dem Mist hat das prachtvollste Gefieder. Und ausgerechnet Ihr Rudelführer soll sich mit zweitklassigen Autos zufrieden geben? In unserer gleichgeschalteten Gesellschaft hat ein Mann überhaupt keine Möglichkeit mehr, sich in der Außenwirkung von anderen zu unterscheiden. Kein Mann trägt ein Geweih, wenigstens kein sichtbares. Kaum ein Mann trägt eine Mähne, und wenn doch, dann jagen Sie ihn zum Friseur. Farblich unterscheiden sich Männer nur noch bei der Auswahl ihrer Krawatte. Und auch da sind sie nicht frei (wie viele haben Sie ihm schon verboten?). Es gibt nur ein Revier, wo ein Mann nach außen sichtbar Klasse zeigen kann. Das ist die Straße. Darum will er ein möglichst großes Auto. Sie als Frau können zum Beispiel Ihre Außenwirkung durch besonders elegante Klamotten, eine schicke Frisur, gefärbte Haare und Lippenstift verbessern. Ihr Mann kann das alles nicht. Er hat nur sein Auto. Das sollte natürlich nicht bedeuten, dass Sie im Frühling mit ihm über die Grundsatzfrage »Mercedes oder Mallorca« diskutieren. Männer diskutieren nicht gern. Lassen Sie einfach den Mercedes gewinnen.

Frauen wollen immer alles Mögliche ausdiskutieren. Ein Mann versteht nicht, was sich dadurch ändern könnte. Er kennt Ihre Argumente, Sie kennen seine. Er will ein größeres Auto, Sie wollen ein kleineres. Was bringt's, wenn Sie ihm die hohen Spritpreise vorhalten und er dadurch nichts kriegt außer ein schlechtes Gewissen? Wie sollte er Ihnen eindrucksvoll und frauenkompatibel verdeutlichen, dass es um mehr geht als nur um ein paar PS? Sie würden ihn nicht verstehen, und er will im Grunde gar nichts von Ihnen zu dem Thema hören. Da sich am Ende sowieso einer durchsetzen wird, ohne dass sich an der Sachlage durch dieses blöde Ausdiskutieren irgendetwas geändert hätte, können Sie das Ergebnis doch gleich vorwegnehmen: Einer macht, was er will, und der andere dackelt hinterher. So läuft das mit Ausdiskutieren, und so läuft das ohne Ausdiskutieren.

76. Würde er gern Cowboystiefel tragen?

Sagen wir mal so: Er wäre gern der Typ, der Cowboystiefel trägt. Er wäre sowieso gern ein ganz anderer als der, der er geworden ist. Frei möchte er sein. In seinen Träumen sieht er sich am Marlboro-Feuer sitzen und nicht am Küchentisch.

Die Zwänge, die ein Familienleben mit sich bringt, sind gegen seine Natur. Er ist ein gegen seinen Willen domestizierter Wilder. Er ist kein Wolf mehr, sondern ein bemitleidenswertes behäbiges Haustier, das auch noch Ihren weiblichen Launen ausgesetzt ist. Das ist tatsächlich ein trauriges Schicksal. Cowboystiefel alleine machen's natürlich nicht. Aber sie sind ein Symbol für alles, was er vermisst. Klar ist aber auch: Wenn er seine Träume verwirklichen könnte, würde er all das vermissen, was er jetzt hat, und wäre keinesfalls glücklicher damit. Wirklich kluge Frauen entlassen ihre Männer deshalb so oft wie möglich in deren Traumwelt. Und sie nörgeln niemals an ihnen herum. Ein einziger Tag mit der Angel am See kann einem Mann genug Cowboystiefel-Feeling für die nächsten vier Wochen geben. Wenn er dann noch eins der Kinder mitnimmt, ist es doch ideal. Ihm fehlt dann nur noch eins zum vollkommenen, frauenfreien Glück: dass ein Fisch anbeißt.

Auch wenn Sie alles wegschmeißen, woran er hängt (siehe nächste Frage): Lassen Sie bitte die Cowboystiefel im Regal. Und wenn er wirklich einen Fisch mitbringt: Übersehen Sie bitte das Packpapier vom Fischgeschäft.

77. Wie krieg ich seine ollen Lieblingsklamotten in den Müll?

»Beim Thema Mode wird der kleine Unterschied zur existenziellen Differenz«, meint die Partnerschafts-Autorin Christine Eichel in ihrem Essay »Du Tarzan, ich Jil Sander«:[38] »Ein Mann trennt sich leichter von seiner Partnerin als von der geliebten Cordhose mit dem hängenden Hosenboden… Kein Wunder, dass diese dramatischen Wahrnehmungsunterschiede zuweilen in handfestem Streit eskalieren. Modemuffel kollidiert mit Fashion Victim, das ist die Kurzformel für den

---

38 »WamS«, 24. 4. 2005

geschlechtsspezifischen Dissens. Sie wirft ihm vor, dass er sich gehen lasse, er beschimpft sie als verschwendungssüchtiges Modepüppchen, und am Ende sitzt der Mann schmollend im eingelaufenen Jogging-anzug vor dem Fernseher, während sie türenschlagend das Schlacht-feld verlässt, um ihren Kummer mit einer neuen Gucci-Röhrenjeans zu bekämpfen.« Männer sammeln ihre abgelegten Klamotten tatsächlich so liebevoll, als handele es sich um die letzten Erinnerungen an jene glorreiche Phase, in der sie noch tolle Hechte waren oder es zu sein meinten. Da es jedoch verschiedene männliche Klamottensammler-typen gibt, brauchen Sie auch verschiedene Ratschläge.

Der erste Sammlertyp ist harmlos. Er zählt zur Gattung des Homo ignorantis. Was den Kleiderschrank verstopft und ob er es überhaupt noch mal anzieht, interessiert ihn überhaupt nicht. Für ihn besteht die Existenzberechtigung eines Kleidungsstückes in der Tatsache, dass es im Schrank liegt. Also bleibt es da. Bis Sie es entsorgen. Sprechen Sie keinesfalls mit ihm darüber. Er wird es vermutlich nicht einmal merken. Übrigens glaubt dieser Typ Mann auch, dass Ihre Existenz-berechtigung allein in Ihrer bloßen Gegenwart besteht. Sie sind da, also ist alles gut. Wären Sie nicht da, würde er es auch kaum merken.

Der zweite Sammlertyp ist schwieriger von seinen Klamotten zu befreien. Er zählt nämlich zur Gattung des Homo romanticus. Mit der alten Lederjacke verbindet er das erste Rendezvous mit seiner Verflos-senen, mit der löchrigen Jeans jenen herrlichen Tag beim Angeln, mit den filzigen Wollsocken den ersten Skiurlaub und mit dem Holzfäl-lerhemd natürlich jene güldenen Zeiten, als Sie noch nicht in sein Le-ben getreten waren und als Erstes alles wegzuschmeißen beschlossen, an dem er hing und hängt. Hier hilft nur sanfte Überzeugungsarbeit. Er soll seine geliebten Sachen ja behalten dürfen. Aber doch nicht im Kleiderschrank, wo man nur das aktuell Wichtige aufbewahrt! Er wird maulen, sich letztendlich aber doch für ein vorübergehendes Zwischenlager im Keller oder bei Oma auf dem Speicher erwärmen können. Hauptsache, die Sachen bleiben ihm erhalten. Als Mann wird Sie dieser Typ zeitlebens auf Händen tragen, jedenfalls mit seinen Au-gen betrachtet. Auch Sie sind ein Stück von ihm.

Nun kommen wir zum dritten Klamottensammlertyp. Dieser zählt zur Gattung Homo messiensis. Er ist ein Klamotten-Messie. Schwer zu beeinflussen, ganz schwer. Der Messie empfindet jedes Wegschmeißen eines geliebten Kleidungsstückes als eine Art hinterhältige Enteierung. Er bezieht seinen Selbstwert aus Besitz. Ich hab was, also bin ich was. Und mein belegter Teil im Kleiderschrank ist mindestens so groß wie ihrer. So denkt der Messie. Das macht ihn froh. Er ist bereit, wegen einer alten Jacke einen existenziellen Ehekrach vom Zaun zu brechen. Mit ihm sollten Sie nicht reden. Schmeißen Sie jeden Monat heimlich ein Teil weg, öfter nicht. In einem Jahr ist er um 12 Teile ärmer und hat es mit Glück nicht bemerkt. Der Messie-Mann ist übrigens als Partner vielleicht ganz anders, also hier gibt es keine Parallelen. Könnte aber sein, dass er noch mehr schwere Macken hat außer dieser.

Einen Tipp gibt es für alle drei Typen: nackte Erpressung. Entweder er lässt Sie ausmisten oder Sie brauchen einen neuen Kleiderschrank. Diesmal einen mit acht statt mit sechs Türen. Da die Wand aber zu schmal ist für acht, brauchen Sie eine neue Wand. Da die Wand zum Schlafzimmer gehört, brauchen Sie ein neues Schlafzimmer. Da kein anderes Schlafzimmer zur Verfügung steht, brauchen Sie eine neue Wohnung. Samt neuer Einrichtung. Vermutlich werden Sie nach dieser Debatte einige seiner alten Klamotten wegschmeißen dürfen.

78. Will er ein eigenes Haus, oder sagt er das nur wegen mir?

Das finden Sie leicht heraus, wenn Sie den »Advocatus Diaboli«[39] spielen. Sammeln Sie alle Argumente, die gegen das Eigenheim sprechen, und fragen Sie ihn, was er davon hält. Wenn er sie alle entkräftet, will er es. Gibt er Ihnen dankbar Recht, wollte er es noch nie.

Es gibt aber weitere Hinweise. Denken Sie mal zurück: Wer hatte die Idee, dass eine Mietwohnung nicht das Wahre ist? Wer war die treibende Kraft? Wer wollte »unbedingt« ein eigenes Haus? Sagen Sie jetzt nicht, »wir beide«. Fragen Sie sich, wer die »treibendere« Kraft war. Wer »unbedingter« wollte als der andere.

Es gibt Männer, die finden tatsächlich nichts so toll, als für ihre Liebsten eine Burg zu bauen und sie von der Zinne aus gegen Unbill

---

39 »Advocatus Diaboli« (lat.) = Anwalt des Teufels. So nennt man jemanden, der aus Kalkül und um etwas zu erreichen bzw. herauszufinden das Gegenteil von der Meinung vertritt, die der Gesprächspartner hat – auch, wenn er vielleicht heimlich derselben Meinung ist.

jeglicher Art zu verteidigen. Es gibt aber auch Männer, und das sind nicht wenige, die teilen zwar in der ersten Verliebtheit den ebenso typisch weiblichen wie bisweilen bescheuerten Wunsch, »was Eigenes« zu haben. So ein Haus stellt doch was dar, nicht wahr? Aber halt: Reicht dann das Geld, und ist es so weit, kommen Sie leider aus der Nummer nicht mehr raus. Viele bauen nur, weil sie vor 30 Jahren mal glaubten, dass Bauen gut für sie wäre. Das geben sie natürlich niemals zu, und so sichern sie Tausende Arbeitsplätze im heimischen Handwerk. Sozial, aber schwachsinnig.

Es gibt auch Männer, die glauben, sie machen alles mit links. Sie will ein Haus, na gut, also bauen wir ihr eins. Dann ist wenigstens Ruhe im Karton. Das bedeutet aber nicht, dass der Mann wirklich ein Haus will! Merke: Nicht jeder Mann neigt zur Sesshaftigkeit. In einem Haus bleibt man ja wohl wenigstens einige Jahre oder Jahrzehnte. Vielleicht ist gerade Ihr Mann ein Typ für die Mietwohnung: Weil er sich auf diese Weise immer einen kleinen Fluchtweg offen hält für den Fall, dass es mal nicht mehr klappt mit der Beziehung. Eine Wohnung kann man halt leichter kündigen, als ein Haus zu verkaufen.

Es ist deshalb dringend davon abzuraten, einen Mann in ein Haus hineinzuquatschen. Eventuell fühlt er sich, kaum eingezogen, eingeengt. Dann haut er ab.

Es gibt auch Männer (das könnte für Sie als Frau durchaus eine weitere Überlegung wert sein), die betrachten das Eigenheim als so eine Art Fußfessel: Wenn wir erst was Eigenes haben, dann gibt es in unserem Leben bestimmt keine Veränderungen mehr. Dann bauen wir was zusammen auf, und keiner von uns kommt mehr auf die Idee, das ganze Leben noch mal grundlegend zu ändern. Da atmet der Mann auf. Das hat er eigentlich immer gewollt, weil er konfliktscheu und diskussionsfaul ist. Nun braucht er sich nicht mehr ständig anzustrengen. Nun geht ja alles seinen Gang. Haus und Hypothek, Garten und Garage, Nebenkosten und Nachbarschaftspflege werden künftig die Themen in der Beziehung sein, und um die Beziehung an sich geht es eigentlich gar nicht mehr. Das ist eine Falle, die Sie garantiert zu spät erkennen werden und aus der Sie auch nicht mehr rauskommen.

Sechstes Kapitel

DER MANN UND
DIE FAMILIE

79. Wie wird er ein guter Vater?

Definitionsalarm! Erst einmal müssen wir uns nämlich darauf verständigen, was ein guter Vater überhaupt ist. »Ein guter Vater hat viel Zeit für seine Kinder« ist eine ebenso gängige wie zweifelhafte Definition. Denn der Mann als solcher hat, was Sie vielleicht gerade vergessen hatten, auch noch einen Job zu machen. Und gleichzeitig einen guten Job zu machen und viel Zeit für die Kinder zu haben funktioniert in der Regel nicht. Außerdem wären dann alle Kapitäne von Containerfrachtern sauschlechte Väter.

Versuchen wir doch mal, uns auf eine andere Definition zu einigen.

1.) Ein guter Vater interessiert sich für seine Kinder? Ja. Wenn er da ist.
2.) Ein guter Vater spricht mit seinen Kindern? Ja. Ohne ständig den Oberlehrer rauszukehren.
3.) Ein guter Vater ist ein Vorbild für seine Kinder? Ja. Wenigstens in den wichtigen sozialen Verhaltensweisen.
4.) Ein guter Vater bringt seine Kinder voran? Ja. Er fördert sie sanft, aber nachhaltig.
5.) Ein guter Vater ist ein liebevoller Vater? Auf jeden Fall.

Aber: Ein guter Vater ist manchmal auch ziemlich streng und vielleicht unerbittlicher, als Sie es sind.

Können wir uns nun auf diese fünfteilige Definition einigen, sollten wir uns dem eigentlichen Thema nähern. Die Frage in der Überschrift hinter der Zahl 79 beinhaltet ja bereits, dass er es zur Zeit nicht ist. Nun halten wir uns einfach an die fünfteilige Definition, auf die wir uns gerade geeinigt haben, und arbeiten die einzelnen Kriterien ab.

»Ein guter Vater interessiert sich für seine Kinder...« Das tut er also zumindest nicht ausreichend? Es ist nicht zwingend, dass die Ursache dafür bei Ihnen zu suchen ist. Aber es ist auch nicht ausgeschlossen. Wenn Sie zum Beispiel »alles« im Griff haben: die Schulprobleme, den ersten Liebeskummer, die Pubertät, das Zimmer-Aufräumen, den Ärger mit dem Mathelehrer und dem Pastor im Konfirmandenunterricht, den Streit ums Taschengeld und die Hausaufgaben: Welche Rolle spielt der Vater dann eigentlich noch in der Familie? Wozu haben Sie ihn bisher gebraucht, außer dass er mal auf den Tisch haut (»das erzähl ich deinem Vater«)? Männer, die nicht in die Erziehung eingebunden sind bzw. werden, dürften sehr schnell eine gewisse Interesse-losigkeit entwickeln, und das ist vollkommen normal. Wenn ein Mann ein Auto hat, aber die Polizei verbietet ihm das Fahren, wird er das Auto in die Garage stellen und sich nicht viel drum kümmern. Ist er aber ständig mit dem Auto unterwegs, wird er es pflegen. Wenn Sie glauben, dass Sie für die Kinder zuständig sind, müssen Sie sich über seine Interesselosigkeit nicht weiter wundern. Sie ist die Folge davon.

Nun wollen wir aber natürlich nicht ständig die Frauen beschimp-fen. Denkbar ist auch, dass Ihr Mann das Interesse an den Kindern aus Gründen verloren hat, die bei ihm zu suchen sind. Dann gibt es nur einen Weg: Sie müssen sein Interesse wieder wecken. Lassen Sie Vater und Kinder so oft wie möglich allein. Machen Sie sich einfach aus dem Staub. Besuchen Sie Ihre Freundin am anderen Ende der Republik, gehen Sie allein ins Theater, machen Sie ihn zum Kinder-Experten. Und warten Sie gespannt, ob sein Interesse neu erwacht. Es ist zu vermuten.

Nächstes Kriterium. »Ein guter Vater spricht mit seinen Kin-dern...« Er würde das ja vielleicht sogar tun, wenn Sie nicht ständig dazwischenreden würden. Viele Frauen quatschen immer dazwischen. Wissen immer alles besser. Müssen zu allem ihren Senf dazugeben. Halten Sie einfach mal den Mund, auch wenn es Konflikte zwischen Vater und Kind gibt! Aber Sie reden gar nicht ständig dazwischen? Dann muss man natürlich fragen, WAS Ihren Mann am Reden hin-dert. Ist es vielleicht das Fernsehen? Dann schmeißen Sie die Glotze raus. Man kann nicht miteinander reden, wenn der Fernseher läuft. Und wenn er ohne TV nicht leben mag, dann schmeißen Sie ihn raus. So einfach ist das Leben.

»Ein guter Vater ist ein Vorbild für seine Kinder...« Das heißt nun nicht, dass er sich das Rauchen abgewöhnen muss. Aber wenn er zum Beispiel ständig zu viel trinkt und dann ausfallend wird, haben Sie den falschen Mann und auch kaum Alternativen: Ein Zuhause mit Kindern eignet sich nicht wirklich als Entziehungsklinik. Ein gutes Vorbild ist er dann für die Kinder, wenn er gut mit Ihnen umgeht, also mit seiner Partnerin. Daran sehen die Kinder, wie man sich zu ver-halten hat, und sie werden es wahrscheinlich für ihr späteres Leben übernehmen. Es kann deswegen passive Kindesmisshandlung sein, wenn Sie sich von Ihrem Mann zu viel gefallen lassen.

»Ein guter Vater bringt seine Kinder voran...« Es könnte sein, dass Sie alles blöd finden, was Ihr Mann den Kindern beibringen will, und dass er deshalb schon lange resigniert hat. Vielleicht sollten Sie da mehr Toleranz entwickeln. Es ist sowieso ziemlich egal, ob er die Kinder beim Thema »Wie angele ich einen Dorsch« oder beim Thema »Wie lerne ich Schönschrift« voranbringt. Wichtig ist nur, dass es überhaupt geschieht. Entwickelt er jedoch uberhaupt keinen Ehrgeiz, was die Kinder angeht, und hält sich einfach nur raus, gilt auch hier wieder: Lassen Sie Vater und Kinder so oft wie möglich allein. Männer empfinden Frauen in der Kindererziehung oft ganz schlicht als störend. Sind sie auf sich gestellt, entwickeln sie ungeahnte Fähigkeiten, die sie in Ihrer Gegenwart vermutlich einfach verschweigen. Sie müssten mal Mäuschen spielen, wenn Sie weg sind und er mit den Kindern alleine ist! In der Regel wird dann erst mal aufgeatmet. Dann gelten zunächst gar keine Regeln, und jeder macht, was er will. Die Regeln stellen sich dann aber von ganz alleine ein. Vielleicht sieht die Küche hinterher aus wie Sau, aber es wird schon irgendwas Essbares auf dem Tisch stehen. Vielleicht sind die Zähne nicht so geputzt wie sonst, aber die Kinder werden es genießen. Weitergebracht hat sie, dass es Ausnahmen von der Regel gibt. Und – dass Mama ersetzbar ist. Das stört Sie doch hoffentlich nicht?

»Ein guter Vater ist ein liebevoller Vater...« Der nicht ständig genervt ist und immer nur seine Ruhe haben will. Der die Kinder nicht ständig herumkommandiert. Der nicht glaubt, dass immer alles nach seiner Pfeife tanzen muss. Ein Vater, der den Wert seiner Kinder nicht anhand von Schulnoten misst.

Einen Mann zu so einem Vater zu machen geht nur mit geduldiger Überzeugungsarbeit. Es geht keinesfalls im Streit. Wie's gehen könnte, zeigt Ihnen jeder Tennislehrer, der einen Anfänger trainiert: Er schickt ruhig und gelassen und mit unerschöpflicher Geduld lange, leicht zu kriegende Bälle übers Netz. Egal, wie hektisch und daneben die Bälle zurückkommen und ob überhaupt: Der Tennislehrer schickt neue Bälle rüber, einen nach dem anderen. Er regt sich nicht auf, er streitet nicht. Er ist die Ruhe selbst. Sie sind die Tennislehrerin, Ihr Mann ist der Anfänger, und die Bälle sind Ihre Argumente. Niemals scharf schießen, niemals verletzen, niemals die eigene Überlegenheit herauskehren. Nur lange Bälle. Alles klar?

80. Wie gehe ich mit seiner Mutter um?

Ist sie eine Nette oder eine Zimtzicke? Wäre Ersteres der Fall, würde Sie diese Frage nicht interessieren. Sie könnten dann zur nächsten Frage weiterblättern. Ist aber Letzteres der Fall, gibt's nur eins: Machen Sie sich die Dame zur Verbündeten.

Egal, wie ätzend sie ist. Mama ist vielleicht die einzige Frau, auf die Ihr Mann hört. Wer die Mutter im Sack hat, hat den Mann. Es ist ja nicht nur so, dass Söhne für Mütter immer Söhne bleiben, egal, wie alt sie werden. Es ist auch anders herum so, dass Söhne in der Mutter immer die Respektsperson sehen. Egal, wie alt sie werden.

Bei Ihnen spielt er vielleicht den trotzigen Macher, den ganz harten Macho. Bei Ihnen hat er die Hosen an. Bei Mama funktioniert das nicht so gut. Die kennt ihn schließlich noch aus der Zeit, als er in dieselben gemacht hat. Ein schnippisches »Junge, so geht das nicht« von Mama kann so viel verbessern wie siebenmal Ehestreit zum selben Thema. Schleimen Sie um die Dame herum, bis es Ihnen zu den Ohren rauskommt. Wenn das aber nicht geht, weil die Lage einfach zu verfahren ist: Halten Sie Abstand zu ihr. Und halten Sie sich mit Kritik zurück. Ihr Mann gibt Ihnen vielleicht sogar Recht; ändern wird es nichts. Die Mutter ist seine Nummer eins. Und das wird auch so bleiben.

81. Sollte er bei der Geburt dabei sein?

Anders gefragt: Wollen Sie hinterher noch Sex mit ihm? Noch anders gefragt: Finden Sie eine Geburt erotisch? Natürlich sind diese Männer toll, die mit der Liebsten zur Schwangerschaftsgymnastik gehen, auf der Gymnastikmatte sogar ihre geliebten Birkenstock-Sandalen ausziehen und aus lauter Liebe gleich mit Pressen lernen. Wun-der-bar. Solche Männer braucht das Land! Und das ist überhaupt nicht ironisch gemeint. Andererseits: Es ist kein einziger Fall bekannt, wo ein Mann sagt: »Erst seit ich bei der Geburt dabei war, habe ich mit meiner Frau so richtig guten Sex.«

Hingegen gibt es eine ganze Reihe von Männern, die sich bei der Geburt nicht wirklich wohl fühlen und hinterher erst recht nicht. Man hört sogar von Männern, denen die Teilnahme an der Geburt einen echten Schock versetzt, von dem sie sich lange oder gar nicht erholen mögen. Natürlich ist das ein vollkommen antiquierter und idiotischer Standpunkt. Aber Sie wollten wissen, wie Männer ticken. Jetzt wissen Sie's, was das angeht. Okay. Vielleicht WILL er ja unbedingt dabei sein? Und SIE wollen das auch. Na gut, dann mal los.

82. Soll ich ihn in die Erziehung reinreden lassen?

Männer sind komische Vögel. Sie kennen das von Ihrem: Wenn Sie als Frau sich in seinen Job einmischen, regt er sich auf. Aber er findet es ganz normal, abends nach Hause zu kommen und Ihnen kluge Erziehungsratschläge zu geben.

Das kann natürlich nicht funktionieren. Wenn die Kindererziehung Ihr Job ist, darf er mitreden. Aber nicht reinreden. Sie haben Ihre ganz persönliche, in Jahren getestete und stets verbesserte Erziehungslinie. Die gilt, solange Sie für die Kinder verantwortlich sind. Er wird das verstehen, denn in seiner Firma geht es genauso. Und genau damit können Sie die Fronten ein für allemal klären: Benutzen Sie seinen Betrieb als Beispiel. Eine Familie ist auch eine Firma. Sie funktioniert nach denselben Regeln. Entscheiden tut der, der die Verantwortung hat. Jede Wette: Diesen Vergleich wird er verstehen und akzeptieren. Weil er ein Mann ist.

83. Warum glaubt er, ich sei für die Kindererziehung zuständig?

Vielleicht glaubt er das gar nicht. Aber er ist faul. Jeder Mann ist faul. Und es ist bequem, sich rauszuhalten. Sie haben wahrscheinlich selber auch ein bisschen Schuld, weil Sie ihn nicht von Anfang an genug in die Kindererziehung mit eingebunden haben. Der entscheidende Fehler kann sogar ganz früh passiert sein. Als das Kind zur Welt kam: Welches Wesen war da für Sie das absolut wichtigste? Das Kind natürlich. Und wer war bis dahin das absolut wichtigste Wesen für Sie? Ihr Mann. Als Sie Mutter wurden, haben Sie Ihre Priorität verlagert und mit dem Baby eine Front gegen Ihren Mann aufgebaut.

Das haben Sie natürlich nicht bewusst gemacht, aber er hat es so empfunden. Gegen diese Front würde er niemals ankommen, das war ihm irgendwie dumpf klar. Und nach dem Motto »Dann mach doch deinen Scheiß alleine« hat er sich irgendwann innerlich verabschiedet. Darum glaubt er heute noch, dass Sie für die Kindererziehung zuständig sind.

Natürlich gibt es noch mehr denkbare Gründe, und nicht alle sind so irrational. Es gibt auch ganz vernünftige. Worüber beschweren Sie sich eigentlich? Ihr Mann geht arbeiten und schafft die Kohle ran. Das lastet einen Kerl schon aus. Kommt er abends müde nach Hause, können Sie ja wohl kaum erwarten, dass er auch noch Erziehungsprobleme regelt. Er macht seinen Job. Machen Sie doch einfach Ihren und kriegen Sie die Kinder groß, ohne ihn zu belästigen.

Vielleicht stellen Sie sich einen Mann vor, der so eine Art Multitalent ist. Erfolgreich im Job, sensationell als Vater, standhaft und stets bereit im Bett und auch noch so ein Typ zum Anlehnen. Die berühmte Sau, die gleichzeitig Wolle, Milch und Schnitzel liefert. Gibt's leider nicht. Vielleicht meint Ihr Mann ja nicht ganz zu Unrecht, dass Sie ihm wenigstens die Kinder abnehmen könnten?

84. Wie kriegen die Kinder Respekt vor ihm?

Wenn Kinder keinen Respekt vor dem Vater haben, liegt es leider meistens an der Mutter. Vermutlich können Sie den Kindern gegenüber die Klappe nicht halten. Manchmal reicht schon eine einzige abfällige Bemerkung, um das ganze schöne hierarchische System in der Familie zusammenbrechen zu lassen. Haben Sie was gegen Ihren Mann? Vermutlich ja. Aber warum behalten Sie das nicht für sich, wenn die Kinder dabei sind? Wenn Sie wirklich wollen, dass die Kinder wieder Respekt vor ihm kriegen, dann ändern Sie Ihr Verhalten. Und auch hier gilt: Lassen Sie Ihren Mann möglichst viel mit den Kindern gemeinsam machen. Halten Sie sich raus.

Natürlich kann es auch andere Gründe dafür geben, dass die Kinder keinen Respekt mehr vor dem Vater haben. Zum Beispiel, wenn er ständig betrunken ist. Dann wäre es vielleicht besser, wenn Sie mit den Kindern woanders wohnen würden.

85. Warum wollen so viele Männer keine Familie?

Es wird tatsächlich immer schwieriger, zeugungswillige Männer zu finden. Vor allem in der gut ausgebildeten Schicht um die 30 sind sie selten zu finden. Also genau diejenigen, die eigentlich Kinder machen sollten, wollen keine mehr. In dieser Bevölkerungsgruppe stieg der Anteil der Kinder-Unwilligen um 10 % allein in den letzten drei Jahren![40]

Wenn man mit Männern darüber redet, werden zunächst einmal finanzielle Gründe genannt. Klar. Jeder weiß, dass ein Kind bis zum Ende der Ausbildung so viel kostet wie ein Haus. Das zweite ist die Angst um den Arbeitsplatz. Sie ist bei Männern heute erheblich ausgeprägter als in der Generation ihrer Väter. Flexibilität ist gefordert. Blitzschnell wird ein Werk ins Ausland verlagert und man steht auf der Straße. Vielleicht gibt es einen neuen Job woanders, aber bestimmt nicht in derselben Stadt wie bisher. Kinder machen den Wechsel natürlich schwieriger.

Der dritte Grund verwundert. Offenbar haben die Männer ein merkwürdiges Wertesystem im Kopf. Dass Kinder das schönste Geschenk im Leben sind und durch nichts aufzuwiegen, sehen sie überhaupt nicht so. »Ich möchte mein Leben genießen«, sagen sie. Das Wort »Kinderglück« ist ein Wort von gestern. Für viele zählt es nicht mehr.

Männer mit guter Ausbildung sagen häufig, dass sie im Haifischbecken der Karriere mitmischen müssen (nicht wollen, sondern müssen!), und dass Kinder dabei hinderlich sind. Verfügbarkeit rund um die Uhr, Meetings bis spät in die Nacht und ja nicht den Anschluss verlieren: Der ganze Mann ist gefragt, und nur die besten kommen weiter. »Ich hab doch nicht acht Semester studiert und sieben Auslandspraktika gemacht, um die nächsten Jahre um 5 nach Hause zu fahren und mit meinem Kind zu spielen.«

Der Mann ist ein scheues Fluchttier geworden. Das kommt letztlich auch noch dazu. Immer weniger können sich vorstellen, dass ihre Beziehung tatsächlich ein ganzes Leben lang hält. Die Scheidungsquoten sprechen ja schließlich auch dafür. Also, sagt sich der Mann, werde ich mir doch nicht auch noch »ein Kind ans Bein binden lassen«. Beziehungen kann man schließlich beenden. Ehen kann man schei-

40 BAT-Freizeitforschungsinstitut, 2006

den lassen. Aber Vater – und das schreckt ab – ist man nun mal fürs ganze Leben. Die Kinderverweigerung der Männer hat inzwischen so dramatisch zugenommen, dass sie in nicht allzu ferner Zeit den Bestand unserer Gesellschaft oder zumindest unser relativ sorgenfreies Leben im dicht geknüpften sozialen Netz gefährden könnte. Und das nicht nur, weil uns die Einzahler für die Rentenkasse abhanden kommen. Ein Argument, das selbst den zeugungsunwilligsten Jungakademiker nachdenklich stimmen dürfte: In einem Land, dessen Elite sich nicht mehr fortpflanzt, sinkt die intellektuelle Leistungsfähigkeit der Gesamtbevölkerung automatisch ab, und zwar innerhalb weniger Jahrzehnte. Das Land stirbt vielleicht nicht aus, aber es kommen prozentual immer mehr Kinder zu Welt, die schlechte Startqualitäten und geringe Aussichten auf eine gute Ausbildung haben. Denn die sogenannte »Unterschicht« (ein Schlagwort, das uns im Herbst 2006 beschäftigte) plagt sich mit Skrupeln wie den oben genannten nicht herum und pflanzt sich munter weiter fort.

Sollte dieses einleuchtende Argument Ihren Liebsten nicht überzeugen, kaufen Sie ihm zwei mutmachende Bücher: »Wie Frauen ticken«[41] mit einigen Anmerkungen zum Thema Kinderkriegen und das neue Buch von »FAZ«-Herausgeber Frank Schirrmacher[42], in dem er die tragische Zukunft einer Gesellschaft mit null Bock auf Familie beschreibt. Mit am eindrucksvollsten ist seine Schilderung einer Gruppe Einwanderer, die im 19. Jahrhundert den Wilden Westen erreichen wollen. Eine Passüberquerung wird zu ihrem persönlichen Golgatha. Hier entscheidet sich, wem mit welchen Strategien das Überleben gelingt. Erfolgreich sind die Familienverbände und nicht – wie man vermuten könnte – die starken, jungen, männlichen Einzelkämpfer.

Er führt uns vor Augen, dass wir schlichtweg vergessen haben, dass Familien eine existenziell wichtige Funktion erfüllen und dass die gefahrlose und in allem versorgte Welt ein kurzfristiger Ausnahmetatbestand der Geschichte war. Das fast altmodische Wort Altruismus[43] ist einer der Schlüsselbegriffe in Schirrmachers Buch; der Altruismus, den man nur in der Familie lernen kann.

---

41 Untertitel: »Über 100 Fakten, die aus jedem Mann einen Frauenversteher machen«
42 »Minimum. Vom Vergehen und Neuentstehen unserer Gemeinschaft«
43 Altruismus = das Gegenteil von Egoismus, also die gelebte Grundüberzeugung, dass einer für den anderen da zu sein hat

Siebentes Kapitel

DER MANN UND
DER ALLTAG

86. Warum hören Männer nie zu?

Das kommt Ihnen nur so vor. Männer können hervorragend zuhören, zum Beispiel dem TV-Reporter beim Bundesligaspiel ihres Lieblingsclubs oder ihrem Chef in der Konferenz. Ihnen hört der Mann nicht zu, weil das, was Sie erzählen, ihn schlichtweg nicht interessiert. Männer haben so einen automatischen Filter im Kopf, der uninteressante Geschichten gar nicht erst in den Gedächtnisspeicher hineinlässt. Das kann man als Vorteil sehen: Männer müssen sich dank dieser Eigenschaft mit erheblich weniger auseinander setzen als Frauen. Oder als Nachteil: Es handelt sich hier um einen der wichtigsten Gründe, warum Männer und Frauen im Grunde überhaupt nicht zusammenpassen. Übrigens ist auch dies mal wieder der richtige Moment, um auf die frühgeschichtlichen Notwendigkeiten aus der Zeit der Jäger und Sammler hinzuweisen.

Damals auf der Jagd war es für den Mann unerlässlich, im finsteren Wald wesentliche Geräusche (zum Beispiel das Tappen des Wolfes auf moosigem Boden) von unwesentlichen Geräuschen (zum Beispiel das Zirpen der Grille im Morgenrot) zu unterscheiden. Die Frau hingegen in ihrer Höhle vertrieb sich die Zeit mit allerlei Geräuschen: Sie sang vor sich hin und plapperte Unfug, sie ratschte und lamentierte in einem fort und schuf auf diese Weise einen zwar vollkommen nutzlosen, aber doch äußerst heimeligen verbalen Klangteppich. Hören Sie beim Bügeln auch so gern Ihren Lieblingssender? Lassen Sie beim Kochen immer den Fernseher laufen? Hahaha, Sie leben halt immer noch in Ihrer Höhle. Früher wurde gezirpt, heute wird gezappt.

87. Warum vergessen Männer alles, was man ihnen erzählt?

Einerseits aus dem gleichen Grund wie bei der Frage davor. Sie haben nämlich erst gar nicht zugehört, können also auch nichts behalten. Andererseits sind sie in der Lage, den Kurzzeitspeicher des Gedächtnisses schneller und intensiver zu löschen, als Frauen das können. Wie viele unwichtige Details haben Sie im Kopf, an die ER sich überhaupt nicht mehr erinnert!

Zum Beispiel spielt es doch nun wirklich keine Rolle, welche abscheuliche Farbe das Kleid Ihrer zweitbesten Lieblingsfeindin auf jener unsäglichen Party vor, warte mal, fast genau zweieinhalb Jahren hatte. Das ist doch keinesfalls eine Sache, die man sich merken muss! Zumal Sie diese Tussi sowieso nicht leiden können! ER merkt sich nicht mal Dinge, die ihn eigentlich interessieren, zum Beispiel die Farbe dieses geilen Autos beim letzten Oldtimertreffen, um das er immer herumgeschlichen ist. Frauen gelten bei der Polizei übrigens als ergiebigere Tatzeugen als Männer, aber auch als unzuverlässigere: So viele weibliche Zeugen, so viele verschiedene Täterbeschreibungen. Aber jede Menge Details, vorgetragen mit absolut tödlicher Sicherheit.

88. Warum sehen Männer die Butter im Kühlschrank nicht?

SIE: »Bringst du mir die Butter aus'm Kühli mit, Schatz?« Zwei Sekunden Stille. Dann ER: »Wo iss'n die?« SIE: »Zweites von oben, hinterm Frühlingsquark, vor den Eiern.« ER: »Ach ja, jetzt seh ich sie auch.«

Klassisch, nicht wahr? Ja, klassisch. Das mit der Butter liegt an seiner Mutter. Er hat als Kind nie gelernt, mal selbst was in die Hand zu nehmen. Dafür hatte er sie. Sie hat ihm die Butter geholt, und wo sie die herhatte, das ging ihm am Arsch vorbei. Sie hat ihm die Schuhe hingestellt und womöglich auch noch zugebunden, als er schon die erste Akne hatte.

Andererseits weiß er genau, wo der doppelt-gefriemelte 5er-Bohrer in seiner Werkzeugkiste ist und unter welchem Stapel alter Zeitungen er vor fünf Jahren seine letzten Pornohefte versteckt hat, damit hat er kein Problem. Aber die Butter im Kühlschrank, die sieht er nicht – aus instinktiver Sehnsucht nach einer Frau, die alles für ihn tut. So wie Mutter es damals tat.

89. Warum ist er immer so kurz angebunden?

Wenn SMS nach Länge bezahlt würden, könnten die Anbieter von Männern allein gar nicht leben. Ausgesprochen lange SMS sind für einen Mann zum Beispiel solche: »ok«, »ja«, »nein«, »thxs«[44]. Die

---

44 *thanks*

SMS »fahre jetzt los« wäre bereits sinnloses Geschwätz, denn »jetzt los« reicht doch auch! Hauen Frauen in die Handytasten, lesen sich dieselben Messages so: »damit bin ich absolut einverstanden, freu mich schon auf dich, mein schatz, küsschen, schmatz«, »aber natürlich, mein engel, was dachtest du denn? bin gerade im bad und mach mich schön für dich«, »das halte ich für keine gute Idee, denn du weißt doch, dass wir heute abend bei meinen eltern eingeladen sind, aber wenn du keine lust hast, kann ich natürlich auch absagen...«, »du bist sooo süß! danke, 1000 x danke!« und »hallo schatz, ich fahre jetzt gleich los, also ungefähr so in 10 minuten, und ich freu mich auf dich! Kannst du bitte schon mal die waschmaschine anschmeißen und den tisch decken? 1000 küsschen, dein mäuschen« (usw.).

Am Telefon sind Männer genauso kurz angebunden, und Frauen finden das manchmal sogar etwas beleidigend. Da flötet sie »Hallo mein Schatz, ich bin's« in die Muschel, und was sagt er? »Kann grad nicht, ruf zurück« und legt auf. Das tut man doch nicht! Kann er nicht wenigstens sagen: »Du, ich hab gerade Kundschaft, kann ich gleich zurückrufen?« oder so ähnlich.

Nein, kann er nicht. Denn wissen Sie, was Sie sagen, wenn er fragt, ob er gleich zurückrufen kann? Sie sagen: »Klar, ich wollte dir auch nur ganz kurz sagen, dass...« Und jetzt erzählen Sie genau die Geschichte, die er soeben abwürgen wollte, was aus einem kurzen Dialog mindestens einen mittellangen macht, wenn sich der Rückruf nicht sogar erledigt. Auch deshalb sind Männer manchmal so kurz angebunden. Es ist eine Schutzfunktion.

Noch etwas. Für Männer hat der Dialog als solcher keinen kulturellen, künstlerischen oder gar lustvollen Wert. Der Dialog hat nichts mit dem Ausdruck von Gefühlen oder der Übermittlung von Botschaften zu tun außer einer: Nämlich der Nachricht, die der Dialog zum Thema hat. Eine Frau sagt mit der Ankündigung, dass sie jetzt losfährt, gleichzeitig, dass sie sich auf ihn freut, dass sie ihn vermisst und dass es bestimmt ein schöner Abend wird. Ein Mann sagt und will auch weiter gar nichts anderes sagen als nur, dass er jetzt losfährt. Es ist genauso wie bei der leidigen Frage: »Liebst du mich noch?«. Keine Frau ist damit zufrieden, dass der Mann antwortet: »Ja, warum?«. Aber kein Mann wird jemals begreifen, warum er eine klare Frage nicht mit einer ebenso klaren Antwort abschließen soll.

Die männlichsten aller Dialoge gibt es im gewerblichen Funkverkehr, zum Beispiel im Taxi- oder Polizeifunk, im Hafen- oder Luftverkehr. Reduziert aufs Wesentliche, kein Wort zuviel, jeder weiß Bescheid, und je nach Sitte und Gewohnheit wird sogar das »Ja, danke schön, hab alles verstanden, einen schönen Tag noch« ersetzt durch – gar nichts, sondern durch zweimaliges wortloses Anticken der Sprechtaste. So haben Männer das gern! Und wenn Sie einen zufriedenen Mann haben wollen, dann lassen sie ihn so wortkarg und aufs Wesentliche reduziert, wie er das gerne mag.

Sie werden aber auch schon festgestellt haben, dass Männer manchmal ganz unverhofft ihre mangelnde Sprachfähigkeit durchbrechen und drauflos plappern, als hätte man einen Schalter umgelegt. Das ist regelmäßig dann der Fall, wenn a) eine schöne fremde Frau in Hörweite ist (oho, da blüht er auf!), wenn er b) mit seinem Chef spricht und dabei wieder einmal seine eigene Unersetzlichkeit in der Firma geschickt unter Beweis stellen kann oder c), wenn er Ihnen irgendeinen komplizierten Sachverhalt aus Fußball, Politik oder allgemeiner Weltlage erklären darf. Bei a) sollten Sie milde lächeln, bei b) sollten Sie ihn nur bewundernd anschauen und schweigen und bei c) sollten Sie ihn wiederholt mit entzückten Zwischenrufen wie »echt?«, »ist das so?«, »wie schön du das erklärst!« oder auch »was du alles weißt!« unterbrechen.

90. Warum pinkeln Männer am liebsten im Freien?

Stimmt, das tun sie wirklich. Es kann sogar eine anständige Toilette in der Nähe sein. Nein, selbst bei der Gartenparty gehen sie zum Pinkeln nicht ins Haus, sondern am liebsten in den Garten vom Nachbarn. Was der wiederum ebenso wenig witzig findet wie Sie, aber wenn er selbst auf einer Party ist, macht er's auch.

Nun – es handelt sich hier um uralte Riten, die Sie als Frau nie richtig begreifen werden. Das Pinkeln im Freien erinnert ihn an die so viel besseren Zeiten, als es überhaupt noch keine Häuser mit Toiletten gab und der Mann als solcher noch frei war. Er verließ das Lagerfeuer (heute ist es wohl eher der Gartengrill), sicherte die Umgebung (die Straße), schlich mit federndem Schritt zum nächsten Mammutbaum (Nachbars Zaun) und entleerte seine Blase, so wie das Männer eben machen. Selbst an Bord eines Schiffes überkommt Männer der unstillbare Drang, direkt ins Wasser zu pinkeln. Auch wenn sie nachweislich nicht mehr stehen können und man vor diesem Versuch eigentlich erst die Rettungsboote runterlassen müsste: Nichts ist schöner als dieser direkte, unverfälschte, urtümliche Naturkontakt.

Übrigens sind auch ansonsten untadelige Männer vor derlei Unfug nicht gefeit: Unlängst überkam den Pfarrer der einzigen deutschen schwimmenden Kirche zu später Stunde das allzu menschliche Verlangen, seine Blase zu entleeren. Anstatt die Toilette des leicht schwankenden Gotteshauses aufzusuchen, trat er hinaus in Gottes nachtschlafende Natur, warf einen ehrfürchtigen Blick in die Richtung seines Vorgesetzten, sah dort einige Sterne glitzern, öffnete behände den mit einigen Knöpfen abgesicherten Verschluss seiner Pastorenhose, holte seinen den weltlichen Versuchungen aller Art dauerhaft widerstehenden kleinen Freund raus, pisste ins Wasser, fiel nach vorne über und segnete das Zeitliche. Man fand ihn erst zwei Tage später.

91. Warum schlingen Männer so?

Die Nachkriegsgeneration, also die etwas Gereifteren, haben dafür einen guten Grund: Als sie klein waren, gab's nicht so viel. Und wer am schnellsten aufaß, kriegte noch am ehesten Nachschlag. So was vergisst ein Mann nicht. So was merkt er sich fürs Leben. Da lag eben nur eine Steckrübe auf dem Tisch, und sieben hungrige Mäuler haben sie sich geteilt. Wer da am schnellsten kauen konnte, kriegte als Erster Nachschlag. Natürliche Auslese. Bei jüngeren Männern kommt diese leidvolle frühkindliche Erfahrung natürlich nicht in Frage, denn sie wuchsen verglichen damit in Saus und Braus auf. Bei ihnen ist es reines Desinteresse an Ihrer Arbeit als Köchin. Essen hat für sie nur den Sinn, satt zu machen und ist im Übrigen Zeitverschwendung. Für solche Männer liebevoll zu kochen ist vertane Zeit. Schenken Sie ihm zum nächsten Geburtstag 365 McDo-Gutscheine, dann haben Sie mehr Zeit für sich.

Allerdings bietet sich auch hier wieder ein Ausflug in die Frühgeschichte der Menschheit an. Am Lagerfeuer war es sinnvoll, die Nahrungsaufnahme möglichst zeitsparend zu gestalten. Aus dichtem Blätterwerk glotzten in der Dämmerung schon die grünen Augen von allerlei vierbeinigen Ungeheuern auf Feuer, Mensch und Keule, und man wusste nie so genau, ob sie nun Mensch oder Keule oder beides klauen wollten. So schlang der listige Jäger schnell herunter, was man ihm gebraten hatte, und ging dann wieder auf Streife rund ums Revier, stets den Tod im Nacken. Ihr Partner wird nach vollbrachtem Mahl auch wieder durchs Revier streifen: Vielleicht muss er den Rasen mähen, oder das Auto will gewaschen sein.

92. Warum können Männer nicht den Geschirrspüler einräumen?

Sie können das durchaus, aber wenn sie es perfekt tun würden, dann könnte man sie dazu verpflichten. Männer sind dumm, aber nicht blöd. Natürlich sind sie in der Lage, Geschirr zu stapeln. Das kriegen sie ja auch mit ihrem Werkzeug im Schuppen hin, und die Modellautos im Regal werden ja auch immer schön nach Größe und Typ ausgerichtet.

Aber den Geschirrspüler einräumen ist eine Tätigkeit, die der Mann als nicht angemessen empfindet. Er ist für die wesentlichen Dinge zuständig. Das Einräumen eines Geschirrspülers ist seiner nicht würdig. Jedenfalls nicht, solange es eine Frau im Haus gibt. Ist der Mann hingegen unverhofft ein Single, so entwickelt er sich blitzschnell zum ober-peniblen Super-Geschirrspüler-Einräumer, und wehe, Sie wagen es dann, zwischen die parallel ausgerichtete Parade der benutzen Messerchen ein benutztes Gäbelchen zu stecken.

Da geht hier noch ein Tässchen rein und da noch ein Töpfchen, man muss das strategisch alles nur richtig planen und entsprechend stapeln und nicht so hirnlos alles durcheinander hineinschmeißen, wie Sie das als Frau tun. Und was das Abräumen angeht: Da haben Sie wahrscheinlich ziemlich konkrete Vorstellungen, was Tisch-Abräumen überhaupt ist, und wahrscheinlich haben Sie ihm mit Ihren Kommentaren über seine männliche Dämlichkeit längst die Lust dazu genommen, Ihnen bei dieser Hilfsarbeit zur Hand zu gehen. Also stellt er sich noch dümmer an, als Sie ohnehin schon glauben, dass er ist, und dann machen Sie es am Ende selbst und er hat seine Ruhe.

Männer können dies nicht, Männer können das nicht: Das sind doch sowieso alles nur Vorurteile. Natürlich können sie dies und das. Sie machen es nur nicht, weil sie keine Lust dazu haben. Genauso, wie Sie natürlich den Müll runtertragen könnten oder die Bierkisten hinauf, aber Sie haben dazu auch keine Lust, und deshalb tun Sie so, als wenn es zu schwer für Sie wäre. So achtet ein jeder auf seinen persönlichen Vorteil, und meistens kommt man damit ja auch ganz gut durchs Leben. Haben Sie noch niemals Ihre weiblichen Reize für irgendwas eingesetzt? Na sehen Sie. Am Geschirrspüler hat der Mann zwei linke Hände, und er weiß genau, warum.

93. Warum will er nicht von meinem Tellerchen essen?

Ein Mann schottet seine Intimsphäre, wo immer es gefahrlos möglich ist, so weit wie möglich gegen weibliche Einflüsse ab. Viel zu nahe hat er die Frau schon an sich heran- und in seine Domänen hineingelassen. Sie darf im Grunde alles, sie kann vieles tatsächlich besser, sie hat den natürlichen Respekt vor ihm sowieso verloren (jedenfalls in seiner Wahrnehmung) und eigentlich mischt sie sich doch in alles ein, was sie nichts angeht. Der Mann wird es einerseits genießen. Zum Beispiel gibt es welche, die lassen sich morgens die passenden Klamotten von der Frau heraussuchen und haben überhaupt nichts dagegen, obwohl das doch schon eine ziemliche Enteigung ist. Dann gibt es welche, die teilen ihre Hobbys gern mit ihrer Frau, haben also auch da kein echtes Eigenleben mehr. Oder sie geben ihren eigenen Freundeskreis im Laufe der Jahre auf (wie furchtbar!) und haben stattdessen einen gemeinsamen Freundeskreis mit ihrer Frau zusammen.

In der Wohnung dominiert der weibliche Geschmack. Autohändler wissen, dass die Entscheidung über Automarke, Farbe und Ausstattung überwiegend von der Frau gefällt wird, und haben sich längst darauf eingestellt. Selbst im »Tatort« sieht man Kommissare, die nur ihrem Kumpel gegenüber eine große Klappe haben und zum säuselnden Mäuschen werden, wenn mitten in der Verfolgungsjagd die Gattin anruft und herummosert, warum er immer noch nicht zu Hause ist (schon mal auf Ballaufs Kollegen Schenk geachtet?).

Damit kein falscher Eindruck entsteht: Diese schleichende Entmännlichung kann ja sehr angenehm sein und soll gar nicht kritisiert oder verächtlich gemacht werden! Im Gegenteil. Nur: Was hat der Mann eigentlich noch so richtig »echt« für sich? Von Generation zu Generation immer weniger, seit die alten Rollen und Klischees aufgeweicht und vermischt wurden. Der Mann reagiert darauf etwas seltsam. Er verlagert seinen schleichenden Unmut, der ihm womöglich gar nicht bewusst ist, auf Nebenkriegsschauplätze. Konfliktscheu und zum Auseinandersetzen viel zu faul, zum Auf-den-Tisch-Hauen sowieso schon viel zu stark domestiziert, zickt er bei kleineren Einbrüchen in seine vermeintliche Intimsphäre herum. Nun ist es eine typisch weibliche Eigenschaft, dem Mann ständig was vom eigenen Teller auf die Gabel zu packen und vor die Nase zu halten, auf dass er mal probiere. Nein! Nein! Nein! Er reagiert wie ein Kind. Er will das nicht, weil er es eben nicht will. Außerdem hat es was von Füttern, das kommt noch dazu.

Ebenso reagiert der Mann, wenn die Frau seinen Wagen fahren will, oder wenn sie seinen Nassrasierer benutzt. So richtig logisch erklärbar ist das ja auch nicht. Schließlich hat man ja auch mal Sex oder sogar Oralverkehr, also kann eigentlich kein hygienischer Grund vorliegen. Es ist … das unbestimmte Gefühl beim Mann, dass er sich wenigstens »irgendetwas« bewahren muss.

Das seltsame »Füttern bei Tisch« ist aber auch symptomatisch für die weibliche Marotte, den Mann als solchen ständig klein halten und irgendwie verächtlich machen zu wollen. Auch deshalb reagiert er darauf so allergisch. Es geht ja nicht nur darum, dass sie ihm eine Gabel voll Sahnegeschnetzeltem aufzwingen will, obwohl er gerade eine Scholle isst. Nein: Sie nennt ihn »Mäuschen«, wenn andere dabei sind (wie grottig!). Sie fegt ihm eine Schuppe vom Jackett, als sei er eine Nippesfigur (wie peinlich!). Sie rückt seine Krawatte zurecht, als sei er zum Binden viel zu blöd (wie lächerlich!). Sie guckt ihm seinen Aquavit in den Hals, als wäre er ein Alki und sie seine Guttempler-Bewährungshelferin (wie unangenehm!). Kurzum: Männer haben ihre guten Gründe, warum sie wenigstens das gut gefüllte Gäbelchen von Ihrem Teller ablehnen.

94. Mag er meine Küche, oder sagt er es nur?

Wir zitieren eine Frau: »Ethnologen und Kulturhistoriker sind sich einig: Die gemeinsame Nahrungsaufnahme ist mehr als pure Notwendigkeit, sie ist ein uraltes, friedvolles Ritual, das Menschen verbindet und

Gemüter besänftigt. Vor allem gilt die umsichtig servierte und euphorisch gelobte Leibspeise als gegenseitiger Liebesbeweis – so manches Bratkartoffelverhältnis früherer Generationen führte zu lebenslanger Zweisamkeit. Das wussten unsere Vorfahren, die den Auserwählten mit allem betörten, was Küche und Keller hergaben. Auch noch heute, trotz der angemahnten Revision alter Rollenklischees, ist es vor allem der weibliche Beziehungspart, der an das Glück aus dem Kochtopf glaubt...«[45]

Hübsch formuliert, nicht? Machen Sie einen Test. Kochen Sie all das für Ihren Mann, was er von seiner Mutter kennt. »Alles, was einst bei Muttern auf den Tisch kam, weckt bis ins hohe Alter sein Entzücken. Die doppelt gebutterte Wurststulle, der quietschsüße Vanillepudding seliger Sonntage, der Sandkuchen mit Wasserstreifen und natürlich alle Spielarten handfester Hausmannskost begeistern ihn.

Ist er von Mutters Küche aus Ihrer Hand begeistert, haben Sie bisher falsch gekocht. Fragt er schüchtern, wann es denn mal wieder die von Ihnen so liebevoll zubereiteten Müslis gibt, lagen Sie mit Ihrer Küche bisher goldrichtig.

Tja, Mutters Küche. Zum Beispiel Rinderroulade. Mit Schwarzbrot, Gurke und Speck drin, mit einem Bindfaden drumherum und einer dicken braunen Soße drauf. Aber sie muss zergehen, die Roulade. Auf der Zunge. Und es muss dazu Salzkartoffeln geben. Die man zermatschen kann in der Soße. Und es könnte als Gemüse Blumenkohl in Frage kommen. Schön kross. Auf dem Blumenkohl aber muss braune sämige Butter sein. Wissen Sie, das kriegen Frauen heute gar nicht mehr hin. Flüssige Butter, okay. Aber diese Butter mit irgendwas, die ein bisschen krümelt. Wer kann das heute noch. Über die Salzkartoffeln kann man noch diskutieren. Kartoffelbrei wäre auch eine Alternative. Aber nicht aus der Tüte. Sondern selbst gestampft. Immer ein bisschen Milch drauf beim Stampfen. In die Mitte vom Kartoffelbreiberg kann man eine Kuhle machen, und da kommt die Soße rein. Eine Frau, die das kann, würde jeder Mann vom Fleck weg heiraten. Also besorgen Sie sich schon mal das Rezept.[46]

45 Christine Eichel, Buchautorin und Ressortleiterin bei »Cicero«, in der »WamS«
46 Sie merken schon: Auch der Autor dieses Buches hatte eine Mutter.

95. Ist es ihm wichtig, was ich anziehe?

Natürlich. Sehr sogar. Auch wenn er gar nicht registriert, dass Sie was Neues anhaben. Woran das liegt? Es ist so wie mit seinem Auto! Solange es fährt, wird er nicht viel darüber reden. Zum wichtigen Thema wird es erst dann, wenn es kaputt ist. Ignoriert er Ihr Outfit, gefällt es ihm also. Erst, wenn er sich dazu äußert, ist irgendwas im Argen. Wie hätte er Sie denn gern? So sexy, dass alle Männer auf ihn neidisch werden. Aber nicht so sexy, dass Sie von anderen Männern angebaggert werden. Denn das macht ihm nur Stress. Fragen Sie übrigens nie: »Steht mir das?« Er kann dazu nichts sagen, was Sie zufrieden stellen würde. Weil er nicht Ihre Sprache spricht.

Genauso werden Männer niemals merken, dass Sie beim Friseur waren. Es sei denn, Ihre Haarfarbe hat plötzlich von tiefschwarz auf superblond gewechselt, oder von grau auf lila, dann schon, weil irgendwas in der Wohnung doch plötzlich so ganz anders ist als sonst. Ein Frisurwechsel fällt einem Mann nicht auf. Er guckt Sie doch gar nicht mehr richtig an! Das macht er nicht aus Desinteresse, sondern weil er ja auch nicht jeden Morgen wie angestochen um sein Auto herumrennt. Er setzt sich rein und fährt los, trotzdem liebt er die Kiste. Frauen scheinen jedes graue Haar zu registrieren, vielleicht haben sie ja sonst auch nicht so viel zu tun. Männer schauen sich ihre Frau maximal einmal im Monat richtig an. Am liebsten haben sie die Frau morgens auf der anderen Seite der Tageszeitung und abends neben sich auf dem Fernseh-Sofa; beide Positionen sind dem direkten Austausch von Blicken eher hinderlich.

96. Warum werden Männer so fett?

Weil sie zuviel saufen. Männer wären wahrscheinlich bis ins hohe Alter noch gertenschlank, wenn es kein Bier gäbe. Bei manchen schlägt übrigens auch Wein voll auf die Wampe durch. Männer, die durch Alkohol immer schlanker werden, gibt es zwar auch. Aber die sind in der Minderheit. Bei den meisten wird aus jedem Tropfen Alkohol das reinste Hüftgold. Man müsste die Frage deshalb umformulieren und sich fragen, warum Männer eigentlich so viel saufen.

Das ist ganz einfach zu beantworten. Männer saufen erstens so viel, weil sie ständig Stress haben. Wenn sie saufen, dann merken sie den Stress nicht so. Männer saufen zweitens so viel, weil ihre Kumpels auch viel saufen und weil sie glauben, dass viel saufen dazugehört. Drittens saufen Männer so viel, weil sie mit ihren Frauen oder mit ihrem Chef unglücklich sind und Frust schieben, man nennt das »frustsaufen«. Viertens saufen Männer so viel, weil sie das männlich finden. Fünftens gibt es eine ganze Menge Männer, die ohne Alkohol einfach unwitzig sind. Und sechstens welche, die sagen: »Ich kann auch saufen, ohne lustig zu sein.«

Es gibt aber auch Männer, die saufen gar nicht viel. Die halten sich an einer Apfelschorle fest und sind trotzdem witzig. Das sind natürlich die besten Männer, aus Frauensicht betrachtet. Aber komisch: Die werden auch immer fetter, irgendwie.

Die Männer und der Alkohol, das ist ein großes Thema. Man kann lange darüber diskutieren. Van Gogh war ein sensationelles Genie und hat gesoffen bis zum Abwinken, woraufhin er sich ein Ohr abschnitt. Was wollen wir, rückblickend betrachtet: Einen genialen versoffenen einohrigen Maler oder eine nüchterne Null mit zwei Ohren? Wahrscheinlich konnte van Gogh nur besoffen malen, und die Welt ist ihm unglaublich dankbar für seine Werke. Hätte er kein einziges Bild gemalt, aber beide Ohren behalten, würde heute doch kein Mensch mehr von ihm reden. Daraus lernen wir: Es gibt auch Männer, die wären ohne ihre Drinks uninteressant. Nur, leider, sie werden fett davon.

97. Warum hört er den tropfenden Wasserhahn in der Küche nicht?

Die Prinzessin auf der Erbse war ja auch eine Frau. Riechen, schmecken, fühlen, hören, das alles können Hunde besser als Menschen und Frauen besser als Männer. Besagte Prinzessin galt als äußerst zickig: Sie hatte nun schon das weicheste Bett im ganzen Schloss, aber dass unter den zwölf Matratzen eine Erbse drückte, das regte sie trotzdem maßlos auf und ließ sie nicht in den Schlaf finden.

Dem Wasserhahn das Tropfen abzugewöhnen ist natürlich kein Grund, nach Mitternacht die Rohrzange klar zu machen. Aber Sie können bei diesem ewigen Tropfen einfach nicht einschlafen, Sie Prinzessin auf der Erbse. Übrigens könnte man jetzt irrtümlich glauben, dass Frauen für die Jagd geeigneter seien als Männer, schließlich hören sie ja mehr und intensiver. Aber das stimmt so nicht, denn Frauen hören eben alles, das lenkt ab und kann tödlich sein – während Männer sich stumpf, aber äußerst ergebnisorientiert aufs Wesentliche beschränken.

98. Soll ich ihm im Streit widersprechen?

Das können Sie gerne tun, wenn es Sie erleichtert. Nützen wird es nichts. Der Mann als solcher ist weiblichen Argumenten nicht wirklich zugänglich. Und es gibt kaum ein Problem zwischen Mann und Frau, das in einer strittigen Auseinandersetzung geregelt werden könnte.

Ein Mann ist nur gewohnt, sich mit Männern auseinander zu setzen. Da funktioniert das. Er schreit, der Gegner schreit, und wer lauter schreit, der gewinnt. Oder, anderes Modell: Der eine ist der Chef, der andere ist nicht der Chef, und der Chef gewinnt. Das kann jeder Idiot nachvollziehen, oder? So funktioniert männliche Streitkultur. Mit Frauen funktioniert sie nicht. Frauen haben im Streit ja vielleicht die besseren Argumente. Die zu akzeptieren kommt für einen Mann der Spontan-Enteierung gleich. Er wird sie deshalb ignorieren.

Stattdessen flüchtet sich der Mann als solcher gern in fiesen Zynismus. Natürlich weiß er, was die Frau als solche garantiert auf die Palme bringt und unsachlich werden lässt. Schließlich kennt er Sie ja. Er wird leise, die Stimme messerscharf, ein leises Lächeln umspielt seine Lippen, und er sagt genau das, was Sie noch nie hören mochten. Sie explodieren, und genau das hat er gewollt. Weil er jetzt nämlich sagen kann: Mit dir kann man einfach nicht diskutieren. Deshalb ist die Frage, ob Sie ihm im Streit widersprechen sollten, generell mit Nein zu beantworten. Sie sollten eine bessere Gelegenheit abwarten als einen Streit. Denn ein Streit ist von allen Gelegenheiten die schlechteste.

Nun stellt sich natürlich sofort die Frage, wie Sie ihn denn nun konkret dahin kriegen, wo Sie ihn haben wollen. Wenn schon nicht im Streit. Nun: Das ist von Fall zu Fall unterschiedlich und wird immer an der jeweiligen Stelle in diesem Männer-Verstehe-Buch erklärt. Falls Sie also selektiv lesen und zu dieser Frage vorgeblättert haben, sollten Sie sich schämen und das Buch noch einmal anfangen. Diesmal von vorn, bitte. Und nicht mittendrin.

Männer hören immer dann auf Frauen, wenn sie Lust auf Sex haben. Diese Erkenntnis ist so alt wie die Menschheit. Vorm Sex kriegen Sie von ihm alles, was Sie wollen. Alle Versprechungen, dass er sich bessern will, Ihr Urlaubsziel, mehr Haushaltsgeld, das neue Kleid, schicke Schuhe und den Zweitwagen. Vorm Sex ist der Mann in Ihren Händen Wachs. Beim Sex ist es etwas blöd, von solchen Sachen anzufangen, und nach dem Sex kriegen Sie sowieso nichts mehr außer seinem Schnarchen. Regeln Sie alles, alles vor dem Sex. Seine Sinne sind geschärft, die Ohren gut durchblutet, er kann Sie also hören. Die Debatte wird nicht zu lange dauern, denn er hat ja noch was anderes mit Ihnen vor. Seine Laune ist auf dem Höhepunkt, denn er ist ein Testosteron-Junkie und setzt sich gerade einen Schuss. Er kann Ihnen faktisch nichts abschlagen, denn er ist dazu weder geistig noch körperlich in der Lage. Er kann im Moment auch nicht rechnen, sondern er hat seinen Kontostand vergessen. Das ist doch wunderbar. Es ist IHRE Chance.

99. Warum macht er nie das Klo zu?

Da muss man natürlich fein zwischen dem Deckel und der Brille unterscheiden. Den Deckel lässt er gern oben, wenn er sein großes Geschäft gemacht hat, weil er den zusätzlichen Griff zum Deckel für überflüssig hält und den Sinn nicht einsieht. Schließlich ist das Klo ja sauber und so ein Deckel ohnehin kein echter Schutz vor Rest-Gerüchen, denn er schließt ja nicht luftdicht ab.

Der Nächste, der aufs Klo will, wird den Deckel auf jeden Fall wieder hochmachen, also was soll die ganze Debatte? Ganz anders verhält es sich mit seiner Flasche Flens, also der mit dem Plopp-Verschluss: Sie werden nur selten einen Mann antreffen, der nicht nach jedem (!) Schluck Flensburger Pils den Verschluss zuploppen lässt.

Darauf angesprochen, wird er Ihnen einen Fachvortrag über Kohlensäuregehalt und Frischegrad so eines gepflegten Flaschenbieres halten und natürlich behaupten, dass sein Bier mit zwischendurch geschlossenem Plopp-Verschluss einfach länger schmeckt. Aber das ist

Quatsch, denn 99 % aller Biere haben überhaupt keinen Plopp-Verschluss und schmecken ihm trotzdem. Nein – beim Flens ist es das männliche Plopp-Geräusch, das ihn zum Schließen animiert. Männer würden am liebsten nach jedem Schluck Bier rülpsen, weil sie das an Zeiten erinnert, als Männer noch echte Männer waren und halt rülpsen durften, so viel sie wollten. Das Rülpsen haben Sie ihm abgewöhnt, also lässt er jetzt das Flens ploppen. Ein Klodeckel macht nicht plopp. Deshalb lässt er ihn offen.

Aber nun kommen wir zur eigentlichen Klobrille. Als den Frauen gar nichts Neues mehr einfiel, wie sie ihre Männer versklaven konnten, haben sie ihnen ja das Pinkeln im Stehen abgewöhnen wollen. Das Thema ist zu abgegrast, um hier noch einmal ausführlich erörtert zu werden, aber wenn der Ihre beim Pinkeln die Brille hochmacht, tut er es ja im Stehen.

Damit, so glaubt er, zeigt er sich als richtiger Kerl. Als einer der letzten Im-Stehen-Pinkler. Aber leider sind Sie ja nicht dabei und können das nicht sehen. Er lässt die Klobrille also offen, um Ihnen ein maskulines Zeichen zu geben: Sieh her, mein Schatz, du hast mich nicht versklavt, ich habe im Stehen gepinkelt, und die hochgeklappte Klobrille, die ist der Beweis. Alles klar? Man müsste eine Klobrille erfinden, die 30 Sekunden nach dem Hochklappen sagt: »Ey Alda, klapp mich runter, sonst gibt's was an die Backen!« Das ist ein Tonfall, den Männer verstehen.

100. Was verschweigt er mir?

Seinen One-Night-Stand (verschweigt er hoffentlich). Seine geheimen sexuellen Wünsche (verschweigt er leider). Seine Themen mit den Kumpels (verschweigt er zum Glück, das wollen Sie gar nicht wissen). Dass er Ihre Figur nicht mehr toll findet (verschweigt er, weil es nicht wirklich beziehungsförderlich wäre). Dass Sex mit Ihnen früher geiler war (verschweigt er, wenn er schlau ist). Dass er schon lange wieder anderen Frauen hinterherschaut (verschweigt er ohne Grund; das wussten Sie doch sowieso). Dass er der These »Allein lebt sich's glücklicher« vorbehaltlos zustimmen würde (verschweigt er, weil er Sie und vor allem die Kinder trotzdem nicht verlieren möchte).

Seine Geliebte (verschweigt er, solange die mit ihrer Rolle zufrieden ist, dann vermutlich nicht mehr. Denn Männer spielen gern den Helden). Seine Angst, beim Sex zu versagen (verschweigt er, weil er sich schämt). Dass er in der Firma out ist (verschweigt er, weil er um sein Image in der Familie fürchtet). Was ihm der Arzt gesagt hat (verschweigt er, weil er Sie nicht beunruhigen will und weil Sie ihn sonst zum Gesundheitskasper machen würden). Dass er wirklich große Angst vor der Zukunft hat (verschweigt er, weil er es lieber mit sich alleine ausmachen möchte). Dass er gar nicht der tolle Typ ist, der er immer zu sein versucht (verschweigt er auch, weil er sich schämt).

101. Warum muss man ihm ständig hinterherräumen?

Weil seine Mutter das früher für ihn gemacht hat. Weil er in Gedanken schon wieder Kriege führt. Weil jede schmutzige Socke im Wohnzimmer seine Duftmarke ist, mit der er sein Revier markiert. Weil er Sie damit ärgern will. Weil er schusselig ist. Weil seine Ex sich darüber nie beklagt hat. Weil er schon beim Anziehen geistig in der Firma ist. Weil er es einfach gemütlich findet, wenn die Sachen so herumliegen. Das waren doch schon mal acht gute Gründe.

Aber wussten Sie, dass der Streit ums Zimmeraufräumen auf der Hitliste von Auseinandersetzungen zwischen Eltern und Kindern auf Platz eins steht? Warum räumen Kinder ihre Zimmer so ungern auf? Weil sie sich am wohlsten fühlen in einer kuscheligen Oase des Chaos. Alles liegt durcheinander, und du legst dich mitten hinein. Das ist der unausgesprochene Wunsch der Kinder. Der mit dem Wunsch von Eltern nach einem »anständig« aufgeräumten Kinderzimmer allerdings nur selten kompatibel ist. ER ist nun als Kind ständig dazu gezwungen worden, sein Zimmer aufzuräumen. Jetzt ist er zwar den Jahren nach erwachsen, aber im Grunde seines Herzens immer noch ein Kind.

Endlich kann er seine Traumvorstellungen wahr machen. Endlich kann er alles da liegen lassen, wo es ohnehin schon liegt. Darum macht er das. Jetzt stellt sich aber natürlich sofort die Frage, warum das Chaos ihn nicht stört und Sie durchaus. Die Antwort darauf ist ganz einfach: Sie haben die Rolle seiner Mutter übernommen, das wissen

Sie nur nicht. Genauso wie seine Mutter früher, so quengeln Sie jetzt rum: Räum dies weg! Mach das sauber! Und er hat dafür genauso wenig Verständnis wie früher, als er noch ein kleiner Junge war.

Abhilfe? Klar. Räumen Sie ihm nichts mehr hinterher, lassen Sie alles, wie es ist, und warten Sie ab, was passiert. Merke: Wenn man Kinder lange genug im Chaos versinken lässt, kriegen sie auch irgendwann den Rappel und ihre Ordnungsphase. Nur haben die meisten Mütter dafür nicht genug Geduld.

102. Warum sind viele Männer so unreinlich?

Tatsächlich klagen viele Frauen, dass ihre Männer einfach unreinlich sind. Also sie wischen sich nicht mal den Hintern richtig ab. Na gut, das müssen wir wohl mal so hinnehmen. Es gibt auch Männer, die entfernen weder Nasen- noch Ohrenhaare und müssen auch sonst in den Mindeststandard persönlicher Körperpflege hineingeprügelt werden. Nun leuchtet es wahrscheinlich jedem ein, dass Frauen mehr Wert als Männer auf Äußerlichkeiten legen: Sie pflegen und putzen sich halt gern. Aber warum hält ER sich nicht mal an die Selbstverständlichkeiten? Schlecht erzogen wahrscheinlich. Was Hänschen nicht lernt… Sie als Frau haben eigentlich nur die Möglichkeit, eine Packung Hakle Feucht ins Bad zu stellen oder Krach mit ihm anzufangen oder beides. Sie können sich auch weigern, seine Unterhosen auch nur anzufassen. Sie könnten mal ein ernstes Wort mit seiner Mutter wechseln. Oder Sie sehen schweigend und lächelnd darüber weg, aber das kann's ja wohl auch nicht sein.

Viele Männer haben tatsächlich nie gelernt, sich korrekt zu pflegen. Vom Hotel Mama sind sie gleich in die erste feste Beziehung hineingeschliddert und danach in die zweite, und irgendwann tauchten Sie als Mutterersatz am Horizont des Lebens auf. Diese Männer haben sich definitiv niemals wirklich um sich selbst kümmern müssen. Da war immer jemand, der ihnen alles abgenommen und ihre schlechten Angewohnheiten klaglos ertragen bzw. rausgewaschen hat. Wenn Sie jetzt anfangen, alles zu ändern, haben Sie einen schweren Weg vor sich: Männer, das wissen wir inzwischen, kann man nicht so einfach ändern.

103. Warum macht er ständig Flachwitze?

Weil er flach ist! Männer mit Tiefgang machen keine flachen Witze und wenn, dann nicht in Ihrer Gegenwart. In reinen Männerrunden ist es allerdings bisweilen ein Sport, sich gegenseitig an Niveau zu unterbieten. Männer machen dann seltsame Dinge. Sie stellen zum Beispiel Tische in der Kneipe zu einer Pyramide zusammen, sodass eine Art Podium entsteht, klettern rauf, setzen sich an den obersten Tisch und fangen an zu saufen. Wer zuerst runterfällt, muss die Rechnung zahlen. Das sind Männer, die zum Teil am nächsten Morgen mit Anzug im Büro erscheinen und den Damen erzählen, wie sie ihren Job zu machen haben.

Der Flachwitz als solcher kann aber natürlich auch eine reine Provokation sein. Dann nämlich, wenn er genau weiß, dass Sie solche Witze nicht mögen. Weil Sie ihn sowieso ständig unterdrücken und knechten, rächt er sich eben mit Flachwitzen. Im Prinzip hat der Mann als solcher auf jeden Fall einen ziemlich blöden Humor. Er lacht sozusagen über jeden Scheiß. Wenn sich aber zwei Männer in Ihrer Gegenwart über einen schwachsinnigen frauenfeindlichen Witz kugeln und gar nicht mehr aufhören mit Lachen, dann werden Sie von ihnen tatsächlich mit Absicht ausgegrenzt und provoziert.

Flachwitze werden aber auch gemacht, weil Männer stark wirken wollen. So nach dem Motto: Schaut mal her, ich mache in Gegenwart meiner Freundin oder Frau flache Witze, ich trau mich was, ich hab die Hosen an. Das gibt es öfter, als man denkt! So ganz sicher sind sich diese Männer nicht, ob sie wirklich die Hosen anhaben, darum probieren sie es einfach mal aus.

104. Warum wollen Männer technisch begabter als Frauen sein?

»Gib mal her, lass mich mal machen«: Meinen Sie das? Im klassischen Rollenverständnis unserer Großeltern war die technische Überlegenheit ein klares männliches Erkennungsmerkmal. Eines von vielen, die es damals noch gab. Im Laufe der Jahre wurden die männlichen Domänen dann eine nach der anderen zusammengestrichen. Viele Frauen verdienen mehr als ihre Männer, viele Frauen haben keine Lust mehr auf Kinder/Küche und auf Kirche sowieso nicht, einige fahren besser Auto als ihre Männer und können sogar fehlerfrei einparken, Frauen reden dazwischen und mit, Frauen machen nicht mehr freiwillig den Abwasch und holen die Flasch' Bier auch nur noch in der Werbung, und selbst da trinken sie sie vorher selber aus. Sogar in der Politik mischen sie mit.

Der Mann hat eigentlich gar keine richtige Funktion mehr. Selbst zum Kinderzeugen braucht man ihn nicht unbedingt, und für Sex schon mal gar nicht. Wundert es Sie da, dass er wenigstens mit Schraubenschlüssel und Wasserrohrzange besser umgehen können möchte als Sie? Es ist übrigens eine tödliche Beleidigung für einen Mann, wenn er sich mit hochrotem Kopf um die Lösung eines technischen Problems bemüht, und dann kommen Sie, nehmen ihm das Werkzeug aus der Hand und schaffen es im Nu. Sie sollten solche vermeintlichen kleinen Triumphe keinesfalls auskosten, denn sie können unerwartete und dauerhafte Spätfolgen haben. Beispiel: Er kriegt eine Flasche nicht auf, weil der Korken klemmt oder weil er mit dem Korkenzieher nicht umgehen kann. Lassen Sie ihn. Nehmen Sie ihm nicht die Flasche aus der Hand. Sagen Sie nicht, gib mal her. Und wenn, dann setzen Sie hinterher wenigstens Ihren bewundernden Unschuldsblick auf und machen eine versöhnliche Bemerkung nach dem Motto: »Du hattest es doch schon fast! Das war ganz leicht, mein Schatz«.

Wenn Sie sich technisch austoben wollen, dann sollten Sie das tun, wenn er bei der Arbeit ist. Keine Angst, trauen Sie sich. Seine Tricks sind einfach und leicht zu lernen. Zum Beispiel sollten Sie niemals irgendwas mit dem falschen Werkzeug anfangen. Ein Küchenmesser ersetzt keinen Schraubenzieher und der Hacken von Ihren Pumps keinen Hammer. Auch ist Schraubenzieher und Schraubenzieher keinesfalls das Gleiche. Es gibt mehr Größen als Nähnadeln in der Kurzwarenabteilung, und wenn man den falschen Schraubenzieher benutzt, dann geht die Schraube kaputt. Das ist doch der Grund, warum er so eifersüchtig über seinen Hobbykeller wacht und immer alles so schön sortiert da unten: Er muss auf einen Griff das passende Werkzeug finden; das ist das A und O.

Nö. Er hat ja selbst genug damit zu tun, was er tagsüber erlebt hat. Entweder sind Sie auch im Berufsstress. Dann gibt es vermutlich zwischen seiner und Ihrer Welt absolut keine Überschneidungen, und dementsprechend will er auch nichts davon hören. Oder Ihre Welt besteht aus Haushalt und Kindern, und dann will er schon mal gar nichts davon hören. Frauen wollen sich ständig mitteilen, Männer wollen ständig ihre Ruhe haben. So brutal einfach ist das.

Sie können natürlich versuchen, sich mal in Ihren Mann hineinzuversetzen. Stellen Sie sich einfach vor, Sie hätten einen ganz tollen Job. Also vielleicht sind Sie das einzige weibliche Vorstandsmitglied in einem Konzern. Oder Sie sind Pilotin eines Jumbo-Jets. Oder Chefärztin einer Chirurgie. Oder die Drei-Wetter-Taft-Tante (morgens Peine, mittags Pattensen, abends Paris).

Nun kommen Sie abends gestresst nach Hause, und Ihr Typ legt extra die Kittelschürze ab, um Ihnen – aufgeregt um Sie herumflatternd – die abscheulichsten Klatsch- und Tratsch-Nachrichten aus der vollkommen uninteressanten Nachbarschaft zu unterbreiten, ferner erstaunliche News nach dem Motto, das Jüngste hätte sich heute doch tatsächlich zum ersten Mal selbst den Hintern abgeputzt. Dabei macht Ihr Typ große Kulleraugen und erwartet nach jedem Satz von Ihnen ein hingerissenes »Ah« und »Oh« und »Tatsächlich« und »Erzähl mehr davon« und »Was du nicht sagst«. Schweigen Sie auch nur ein einziges Mal an der falschen Stelle, zieht Ihr Mann eine Schnute, mault »Nie hörst du mir zu« und bindet sich wieder die Kittelschürze um, mit der er grollend und geschirrklappernd in der Küche verschwindet. Jetzt haben Sie vielleicht einen vagen Eindruck davon, was Ihr Mann allabendlich über sich ergehen lässt.

»Wir ficken, und du verlierst die Fähigkeit zu sprechen«, schleudert Al Pacinos Frau ihm bei diesem wunderbaren Ehestreit in »Heat«[47] entgegen, und das gilt für Millionen Beziehungen. Wobei sie natürlich froh sein kann, dass der hitzige Kommissar überhaupt noch Spaß an Sex hat, bei so vielen Toten. Er wehrt sich dann sinngemäß so: »Was soll ich sagen, wenn du mich fragst, wie der Tag war? Ach, Schätz-

---

47 USA 1995, der andere tolle Kerl ist Robert De Niro, Regie: Michael Mann

chen, alles wie immer. Weißt du, da läuft so ein Irrer durch die Stadt, der schneidet 14-Jährigen die Kehle durch, also das sah wirklich nicht schön aus mit dem vielen Blut im Kinderzimmer, und dann war da der Nuttenmord, echt den Bauch aufgeschlitzt, von oben bis unten, und dann hab ich zwei Leuten den Kiefer brechen müssen, also ein ganz normaler Tag, Schatz, und wie war's bei dir? Willst du das? Ja? Und was bringt das?«

Mit ähnlich spannenden Geschichten könnte Ihr Liebster vermutlich nicht einmal aufwarten. Aber verarbeiten tut er den Tag auch am liebsten alleine. Denn auch in ihm steckt ein kleiner Al Pacino. Und Ihre Welt wird nie die seine sein.

106. Wann darf ich ihn auf Partys unterbrechen bzw. verbessern?

Gar nicht und niemals! Wenn andere dabei sind, haben Sie den Schein zu wahren. Was ein Mann sagt, stimmt immer. Zumindest nach außen hin. Unterbrechen oder verbessern Sie ihn selbst dann nicht, wenn er totalen Mist erzählt. Sie würden allen Anwesenden damit zeigen, was Sie von ihm halten. Nämlich wenig bzw. nichts. Wenn Sie den Wortmüll nicht mehr aushalten, den er so von sich gibt, dann wechseln Sie einfach den Standort. Einzige Ausnahme: Wenn er SIE verächtlich macht oder runterzieht mit seiner Story, dann dürfen Sie natürlich Kontra geben. Falls Sie das nötig haben.

Meistens geht es ja um Geschichten aus seiner Firma. Bei jedem Glas Bier rutscht er eine Position höher, stimmt's? Nach sechs Bier ist er wahrscheinlich Vorstandsmitglied oder duzt sich wenigstens mit einem. Das ist normales Anglerlatein, das braucht er für sein Ego. Nehmen Sie's gelassen hin, so richtig ernst nimmt das sowieso keiner. Es gibt tatsächlich kaum etwas Peinlicheres als eine Frau, die ihrem Mann ständig dazwischensabbelt. Womöglich sogar dann, wenn er nur einen harmlosen Witz erzählen will. Doch, etwas Peinlicheres gibt es: Wenn sie ihm in Gegenwart von anderen Menschen das Brotkrümelchen vom Mund abtupft oder die Schuppen vom Jackett abstaubt.

107. Darf ich ihm Kosenamen geben?

Wenn er sich nicht beschwert… Nein, nein: Der Satz geht anders weiter, als Sie wahrscheinlich dachten. Wenn er sich nicht beschwert, dann ist er schon so weichgekocht, dass er eigentlich nur noch langweilig ist. Also: Die meisten Männer finden Kosenamen mit vollem Recht insgeheim ziemlich lächerlich. Sie sagen nur nichts, weil sie Konflikte noch mehr scheuen als Kosenamen. »Schatz« geht ja noch. Gegen »Schatz« hat kaum ein Mann was einzuwenden. »Schatzi« ist schon strittig. »Dicker« ist grenzwertig. »Tiger« oder »Mausebärchen« geht gar nicht. Und wenn ein erwachsener Kerl im Format 2 mal 2 Meter von seiner Angetrauten ständig in der Öffentlichkeit mit »Hase« angeredet wird, dann verliert er dabei zumindest in den Augen anderer Kerle jedes Mal ein kleines Scheibchen seiner Männlichkeit. Okay: Es gibt Ausnahmen. Aber irgendeiner sagt hinterher bestimmt zu seinem »Schatz«: »Wenn du mich ein einziges Mal Hase nennst, bin ich weg. Schatz.« Und das – ist auch gut so. Also verzichten Sie lieber drauf: Er hat doch einen Vornamen, oder?

Diese ganzen Verniedlichungen haben ja eine gewisse Aussagekraft. Sie werden wahrscheinlich nicht zufällig gewählt von der Frau. Sie sind in der Regel dazu geeignet, den Mann zur Witzfigur zu machen. Meistens kommen diese Namen aus dem Tierreich. Es sind aber immer harmlose Tiere, vor denen sich keiner fürchtet, wie eben besagter Hase, das Hasilein oder das Häschen. Die Maus oder das Mausi oder noch schlimmer das Mausilein jagt einem auch keinen echten Schrecken ein. Selbst der an sich nicht ungefährliche Bär wirkt harmlos und nur noch tapsig, wenn man ein -chen dranhängt. Nennen Sie Ihren Kerl doch gleich »Loser« oder »Käsekasper«, das wäre wenigstens ehrlich.

108. Wie gewöhne ich ihm seine schlechten Manieren ab?

Gegenfrage: Warum hat er schlechte Manieren? Drei Möglichkeiten. Entweder hat seine Mama ihn schlecht erzogen. Oder er hat seine guten Manieren in Ihrer Beziehung verlernt. Oder er will Sie mit schlechten Manieren ärgern. Lesen Sie nun drei Antworten zum Mann als solchem.

Möglichkeit eins trifft zu, also Mama hat ihn schlecht erzogen und, er war schon immer so: Vergessen Sie's. Was Hänschen nicht lernt… Wenn es beispielsweise im Haushalt seiner Kindheit üblich war, dass der Hausherr im Unterhemd rülpsend vorm Fernseher sitzt, dann werden Sie Ihren Partner nicht umdrehen können. Entweder ist ihm die Erinnerung an die Zustände daheim derart unangenehm und peinlich, dass er sogar im Bett die Krawatte anlässt, oder er kopiert die Bilder seiner Jugend. Ändern können Sie daran nicht viel.

Möglichkeit zwei trifft zu? Also früher war er anders, und seine guten Manieren hat er innerhalb Ihrer Beziehung irgendwie abgelegt? Dann sollten Sie bei sich anfangen. Offenbar sind Sie nicht mehr die Partnerin, die er guter Manieren für würdig erachtet. Er lässt sich gehen. Lassen Sie sich auch gehen?

Hier ist nun eine Zwischenbemerkung angebracht. Sie als Frau könnten dieses Männer-Verstehe-Buch ohne weiteres und mit gutem Grund jetzt schon wieder (und nicht zum ersten Mal) in die Ecke pfeffern mit dem Argument: Immer, wenn ein Mann sich scheiße verhält, kriegt in diesem blöden Buch die Frau die Schuld. (Lesen Sie die folgenden Sätze mit hoher, zickiger Stimme laut, bitte:) »Fangen Sie doch mal bei sich an!« – »Fragen Sie sich doch mal, was Sie selber dazu beigetragen haben!« – »Dass er so ist, liegt doch nur an Ihnen!« (Stimme wieder runter, bitte.) Gröhlende Männer-Stammtische schlagen sich dazu auf die Schenkel und rufen: »So isses! So sind die Frauen! Wir haben's doch schon immer gewusst!«

Warum ist dieses Buch so? Ganz einfach: Sie als Frau kennen die Schwächen, Probleme und Macken Ihres Partners ganz genau. Sie wissen seit Jahren, wo sein Charakter Mängel hat und wo seine fiesen, miesen Eigenschaften sind. Die müssen wir Ihnen hier nicht noch einmal aufzählen. Die sind Standard. Die können Sie herunterbeten im Schlaf. Nein – dieses Buch will etwas anderes bewirken. Ungerecht, subjektiv, einseitig und sicher auch irgendwie fies zeigt es die vielfältige Welt der Partnerschaft aus der Sicht des Mannes.

Sie sollen die Standpunkte, die in diesem Buch vertreten werden, keinesfalls eins zu eins übernehmen. Aber: Diese Standpunkte und subjektiven Sichtweisen sollen in Ihre Urteilsfindung einfließen. Nur was man überspitzt formuliert, wird gehört. Hier werden keine Weisheiten verkündet. Hier werden Denkanstöße gegeben. Nicht umsonst und nicht zufällig sind die Schlagzeilen in der meistverkauften deutschen Zeitung ziemlich groß.

Wer gehört werden will, der muss schreien auf dem Markt. Der darf nicht flüstern. Also, noch einmal: Wenn er seine guten Manieren in und während der Beziehung verloren hat: Haben Sie vielleicht beide die guten Manieren verloren? Wie gehen Sie mit ihm um? Zeigen Sie ihm jeden Tag, was für ein kostbares Geschenk er für Sie ist? Sagen Sie ihm täglich, warum Sie ihn lieben? Was Ihnen an ihm gefällt? Weiß er das überhaupt noch? Hat er also einen Grund, sich für Sie auf seine guten Manieren zu besinnen? Oder regiert der Alltag Ihre Welt? Glauben Sie, dass eine Vogelscheuche mit Lockenwicklern und Badelatschen für einen Mann des Morgens attraktiv ist? Hat er einen Grund, auf sich zu achten – wenn Sie nicht auf sich achten?

Trifft also Alternative zwei zu, stimmt vielleicht die Balance in der Beziehung nicht mehr. Man hat sich arrangiert. Man achtet nicht mehr aufeinander. Vieles ist egal geworden. Man hat sich ja sowieso. Und was man hat, muss man nicht mehr pflegen. Glaubt man. Und dementsprechend verhält ER sich. Was also tun? Die Frage hieß ja, wie Sie ihm seine schlechten Gewohnheiten abgewöhnen können…

Trifft Alternative zwei zu, sollten Sie tatsächlich bei sich anfangen. Machen Sie ihm »nonverbal«[48] klar, dass Sie mehr in die Beziehung investieren als er. Lässt er sich gehen: Lassen Sie sich nicht gehen. Hat er schlechte Essgewohnheiten: Achten Sie auf besonders feine. Behandelt er Menschen Ihres Vertrauens mies: Behandeln Sie Menschen seines Vertrauens mit ausgesuchter Höflichkeit. Männer lernen, was man ihnen vorlebt, immer noch am leichtesten. Sie sind halt doch ein bisschen wie Hunde.

Alternative drei ist lustig. Und gar nicht einmal so selten. Männer haben keine Lust zum Streiten. Sie sind von Natur aus stinkefaul. Sehr viele Möglichkeiten hat ein Mann aber nicht, sich ohne energievergeudenden Streit an seiner Partnerin zu rächen. Rächen wofür? Nun, da fällt einem Mann eine Menge ein: für ständige Bevormundung, vorwitzige Besserwisserei, freche Missachtung seiner natürlichen Autorität, dreiste Untergrabung seiner Erziehungskompetenz, mangelnde Lust auf Sex und ungenehmigtes Wegschmeißen seiner Cowboystiefel zum

---

48 *Nonverbal = ohne Worte*

Beispiel. Ihr Partner könnte die Aufzählung jederzeit vervollständigen. Er rächt sich vielleicht mit voller Absicht durch das Zutagelegen schlechter Manieren. Weil er weiß, wie sehr Ihnen das auf den Keks geht, ohne dass Sie deswegen einen handfesten Grund zum Streiten hätten. Denn fangen Sie bloß wegen schlechter Manieren Streit an, kann er Sie kleinlich und streitsüchtig nennen. Wenn Alternative drei zutrifft, können Sie auch nicht viel machen – außer, die Qualität Ihrer Beziehung grundsätzlich zu überprüfen.

Viele Männer pflegen ihre schlechten Manieren bewusst, weil sie sich dann immer ein bisschen wie die Ur-Männer fühlen dürfen. Schließlich hat man am Lagerfeuer ja auch mit den Fingern gegessen und sich nicht nach jedem Fettbissen den Mund abgewischt. Schlechte Manieren vermitteln Freiheits-Feeling. Sie möchten sich am liebsten auch noch mit den Fäusten auf die Brust schlagen, aber so primitiv sind sie nun auch wieder nicht. In ihnen steckt nur ein Stück Neandertaler, aber kein ganzer, zum Glück.

109. Wie kriege ich ihn zum Abnehmen?

Wir hatten das Thema schon gestreift (»Wie kriege ich ihn zum Sport?«). Tun Sie doch mal etwas Ungewöhnliches: Versuchen Sie, sich in einen Mann hineinzuversetzen. Warum nimmt er zu? Weil er für Diät und Sport zu faul ist. Und weil das Bier so gut schmeckt. Ein Bauch ist der Ausdruck purer Lebensfreude. Bier streichen und Diät verordnen sind deshalb die schlechtesten Ideen. Denken Sie nur an die Ex von Gerhard Schröder und die berühmte Currywurst, die sie ihm abgewöhnen wollte! Es bleibt tatsächlich nur die Alternative Sport. Den Ernährungsplan sollten Sie erst dann umstellen, wenn er danach schreit. Keinesfalls sollten Sie ihm gesunde Ernährung verordnen wie ein Arzt! Er kommt schon dahin, wo Sie ihn gern hätten. Spätestens dann, wenn er merkt: Die anderen Jungs im Fitnessstudio sind alle sehr viel fitter als ich.

110. Muss ich seine Lieblingsstorys zum 100. Mal anhören?

Wenn Sie weise sind, tun Sie's. Jeder Mann hat ein recht überschaubares Repertoire von maximal 30 Geschichten, die für seinen Selbstwert extrem wichtig sind. Ist die Gegenwart vielleicht auch nicht so toll: Er hat ja noch seine heldenhafte Vergangenheit. »Hab ich dir eigentlich schon mal erzählt, wie ich damals…«, so fangen diese Storys meistens an.

Bei früheren Generationen waren es Geschichten aus dem Krieg, der sich rückblickend zu einem reinen Abenteuerurlaub verklärte. Heute sind es mangels kriegerischer Aktivitäten der Bundesregierung recht häufig relativ banale Bundeswehr-Erlebnisse. Oder damals in der Lehre. Oder damals an der Uni. Hab ich dir eigentlich schon mal erzählt? »Ja Schatz, du hast es mir schon 99 Mal erzählt« ist eine schlechte Antwort. Besser ist: »Ich glaube ja, aber ich weiß nicht genau.« Ganz prima ist: »Nee, erzähl mal!«

Irgendwann merkt selbst er, dass Sie das nicht so ganz ernst meinen. Dieses ständige sich Erinnern an vermeintlich echt starke Heldentaten der Vergangenheit kann aber auch ein Warnsignal sein: Hat er vielleicht bei Ihnen so gar nicht mehr das Gefühl, als echter Held wahrgenommen zu werden? Vielleicht flüchtet er ja deshalb ständig in Geschichten von früher.

Jeder Mann hatte mal eine bessere Zeit als die jetzige. Darum ziehen Männer ja auch immer so unmögliche Klamotten an: Die erinnern sie an die goldenen Zeiten, als die Sachen noch echt angesagt waren. Je mehr ein Mann in der Vergangenheit lebt, desto weniger fühlt er sich in der Gegenwart geachtet. Das gilt für Erotik (»heute klappt's ja nicht mehr sooo, aber früher konnte ich glatt siebenmal die Nacht«). Das gilt für den Job (»heute zählt Erfahrung ja nichts mehr, aber früher hatte ich echt das Sagen in der Firma«). Das gilt für die Figur (»heute hab ich ja einen ziemlichen Bauch. Aber früher, ganz klar die Waschbrettbauchlinie«). Das gilt auch für sein Bedürfnis nach Abenteuern, die er heute nicht mehr so erlebt, das gilt fürs Auto – heute fährt er wahrscheinlich was Vernünftiges, früher die »geilste Karre im ganzen Viertel« –, und das gilt auch für Beziehungen: Seien Sie sicher, dass er eine in Erinnerung hat, gegen die Sie niemals ankommen werden. Aber davon wird er Ihnen nichts erzählen: Nicht einmal, nicht zweimal und schon gar nicht 100 Mal.

111. Wie kriege ich ihn dazu, im Haushalt zu helfen?

Männer haben überhaupt nichts gegen Hausarbeit, und sie sind dafür auch keineswegs ungeeignet. Im Gegenteil. Wenn ein Mann putzt, geht das zack-zack. Zeitsparend und sinnvoll wird der Einsatz von Staubsauger, Feudel und Fegeblech strategisch geplant. Keine Bewegung zu viel, kein unnützer Griff. Grob geschätzt braucht ein Mann für dieselbe Arbeit halb so viel Zeit wie eine Frau. Sie ist es, die Hausarbeit mystisch überhöht, so als sei Abwaschen mindestens so anspruchsvoll wie eine Vorstandssitzung leiten. Alles dummes Zeug, und SIE wissen das. Es gibt tatsächlich Frauen, die stricken und ratschen den ganzen Nachmittag mit der Lieblingsnachbarin auf dem Kinderspielplatz und stecken dabei die Nase in die Sonne und behaupten hinterher trotzdem, dass sie viel zu geschafft sind, um die Kleinen jetzt auch noch ins Bett zu bringen. »Irgendwas« könne der Mann ja wohl auch mal machen, heißt es dann. Also: Eigentlich sollte Ihr Mann den Laden komplett übernehmen. Es gäbe weniger Stress.

Aber so ist das Leben nicht. Und es bleibt die Frage, warum er denn so wenig tut im Haushalt. Nun: Es liegt daran, dass Sie den Haushalt zu Ihrer Domäne erklärt haben und er doch eigentlich nur den Hilfsputzer spielen darf. Es ist ja nicht sein Ding. Männer haben gern einen klar eingegrenzten Aufgabenbereich. Zum Beispiel: »Ich bin zuständig für die Kohle.« – »Ich bin zuständig für Reparaturen.« – »Ich bin zuständig für den Garten.« – »Ich bin zuständig fürs Auto.« So können Männer arbeiten. Anders nicht. SIE möchten ja schließlich nur, dass Sie hin und wieder im Haushalt »entlastet« werden. Aber das ist keine Aufgabe für einen Mann! Das sind Sklavendienste. Müll wegbringen. Altglas entsorgen. Geschirrspüler einräumen. Eines Mannes nicht würdig, es sei denn – es ist seine Domäne.

Sie sollten sich also mit ihm grundsätzlich auf eine Aufgabenteilung einigen. Klappt das nicht, sollten Sie arbeiten gehen; dann muss der Haushalt ohnehin neu organisiert werden. Klappt oder geht das auch nicht, sollten Sie Ihre hausfraulichen Tätigkeiten einfach so drastisch einschränken, dass es ihm stinkt. Sie machen sich den Mann dadurch aber nicht unbedingt zum Freund.

Wenn Ihre Beziehung eines Tages scheitern sollte und Ihr faules Männerschwein endlich mal für sich selber sorgen muss, wird seine neue Wohnung übrigens keineswegs im Chaos versinken. Ihre diesbezügliche Schadenfreude wäre verfrüht. Jenes Wesen, das während Ihrer Ägide nicht mal dazu in der Lage war, die schmutzigen Socken auf den Wäschehaufen zu schmeißen, wird sich über Nacht in einen flinken Putzteufel verwandeln. Es gibt kaum sauberere Wohnungen als die von frisch geschiedenen Männern. Und staunend stellen sie alle fest, wie leicht Hausarbeit doch ist. Inklusive Bügeln. Lassen Sie die Kinder oder eins davon zu ihm ziehen, verwandelt er sich über Nacht auch noch in den idealen Vater. Und macht trotzdem seinen Job. Ohne zu jammern. Das sollte Ihnen zu denken geben.

Manchmal stellt sich Ihr Mann aber die bange Frage, ob Frauen überhaupt denken können. Nicht, dass er Ihnen die Fähigkeit dazu grundsätzlich abspricht. Der eine oder andere Gedanke schwirrt Ihnen ja tatsächlich durch den Kopf. Aber Denken aus männlicher Sicht ist mehr: Zum Beispiel das messerscharfe Erkennen einer Fehlentwicklung, das Entwickeln einer Gegenstrategie und die Durchführung derselben mit dem Ziel, das Ergebnis zu verbessern. Wären Sie dazu in der Lage, hätten Sie Haushalt und Kindererziehung stets spielend im Griff und würden die Hilfe des Mannes überhaupt nicht brauchen. Wie gesagt: Das geht ihm nicht ständig durch den Kopf, das ist vielleicht auch ganz falsch gedacht. Aber manchmal flackert diese Überlegung trotzdem dumpf in seinem Hirn auf.

Jeder Mann weiß: Was den Haushalt angeht, ist jede Frau beratungs-resistent. Zum Beispiel fällt ihm auf, dass die Tellerstapel im Schrank nicht optimal platziert sind. Was man oft braucht, steht ganz hinten. Und was man selten braucht, versperrt den Zugriff. Frauen lassen alles trotzdem so, wie es ist. Das war schon immer so, und das muss auch so bleiben. Und wehe, der Mann geht selbst an den Schrank und räumt alles um: Ja, spinnst du denn? Du kannst doch nicht einfach meine ganze Ordnung durcheinander bringen! Na gut, dann lässt er's eben. Aber weil er das System der weiblichen Ordnung nicht begreift, lässt er's dann eben ganz. In vielen Schränken, die von Frauen eingeräumt worden sind, stehen zum Beispiel die flachen Essteller auf den tiefen und die Frühstücksteller auf den flachen. Wenn man nun einen tiefen Suppenteller braucht, muss man erst die Frühstücksteller aus dem Schrank nehmen und dann die flachen, nur um sich einen Suppenteller zu greifen. Viel besser wäre es aus Männersicht, die daneben stehenden Töpfe ganz woanders hinzustellen und die drei Tellerstapel nebeneinander statt übereinander zu platzieren. Kriegt man nicht durch: Das bringt ihr ganzes schönes System durcheinander, da lässt sie nicht mit sich reden.

112. Wie kriege ich ihn dazu, dass ich auch mal fahren darf?

Sie könnten heimlich ein Schleudertraining beim ADAC absolvieren. Das imponiert jedem Mann und hebt seine Achtung vor Ihren fahrerischen Qualitäten ungemein. Sie könnten auf Alkohol verzichten, wenn Sie gemeinsam unterwegs sind; die Vorteile werden ihm einleuchten. Sie könnten einen Deal mit ihm machen (Männer lieben Deals, weil Deals fair und logisch nachvollziehbar sind): Einmal fährt er, einmal fahren Sie.

Haben Sie ihn aber endlich auf dem Beifahrersitz, so heißt das noch lange nicht, dass er auch gleich ein guter oder gar ein idealer Beifahrer ist. Wahrscheinlich tritt er jedes Mal mit voller Kraft in den Fußraum, wenn beim Vordermann die Bremslichter aufleuchten. Männer fühlen sich als Beifahrer so wie Piloten, die dem Flugschüler zu Ausbildungszwecken den Steuerknüppel überlassen müssen: Sie fliegen trotzdem selbst, wenn auch nur in Gedanken. Da hilft nur jahrelange behutsame Gewöhnung. Natürlich könnte man die Frage auch umgekehrt stellen: Wie kriege ich ihn dazu, dass ich nicht immer fahren muss? Aber da ist die Antwort leichter. Trinken Sie einfach so viel, dass Sie nicht mehr fahren dürfen.

113. Warum wollen Männer nie nach dem Weg fragen?

Der alte Fährtensucher weiß genau, wo es langgeht. Wahrscheinlich haben Sie ihm ganz einfach zu viel dazwischengeredet. Sonst wären Sie beide schon längst da. Aber jetzt, wo er Ihnen endlich die Landkarte abgenommen hat und selber guckt (Frauen können ja bekanntlich nicht mal rechts und links unterscheiden. Die zeigen mit dem Arm nach links und sagen: »Da rechts musst du lang«), ausgerechnet jetzt also, wo er die Führung übernimmt und die Lage schon so gut wie im Griff hat, da bestehen Sie darauf, einen vollkommen wildfremden Menschen, wahrscheinlich einen Touristen aus Usbekistan, anzuquatschen und sinnloserweise nach einem Weg zu fragen, den der überhaupt nicht kennt. Nein, das ist wirklich keine gute Idee.

Das Problem ist: Sie haben kein Vertrauen in den Mann an Ihrer Seite. Sie haben vergessen, dass er schon Fährten und Spuren gesucht hat, als Sie noch die von ihm erlegten Bärenfelle zum Trocknen vor die Höhle gehängt haben. Und Sie versuchen schon wieder einmal, ihn klein zu machen. »Lass uns doch mal fragen« ist nur die Umschreibung von »Karte lesen kannst du auch nicht«, und das beinhaltet die unausgesprochene Frage: »Gibt es eigentlich irgendwas, das du wirklich kannst?«.

Natürlich würde er gern jemanden nach dem Weg fragen, der sich auskennt. Er würde das auch garantiert tun, wenn er alleine im Auto wäre. Aber jetzt muss er voll auf Risiko setzen. Denn wenn er sich weigert, das Fenster runterzukurbeln und zu fragen, muss seine Fährtensucherei von unmittelbarem Erfolg gekrönt sein. Ohne den kleinsten Umweg muss die von ihm gewählte Route direkt zum Ziel führen. Bereits eine winzige heimtückische Umleitung, eine von ihm nicht zu verantwortende geänderte Verkehrsführung oder eine in der Karte keinesfalls eingezeichnete Sackgasse würde einen derart massiven Gesichtsverlust bedeuten, dass, wäre er japanischer Provenienz, ein sofortiges Harakiri als einzige angemessene Reaktion in Frage käme.

Aber auch Sie als Frau befinden sich in einer prekären Situation, wenn es erst einmal so weit gekommen ist, dass er sich nur noch viel schlimmer verfährt: Sie können jetzt nämlich sagen, was Sie wollen, oder Sie können schweigen, so laut Sie wollen, Sie werden ihn immer beleidigen. Sagen Sie zum Beispiel »Siehste, ich hab doch gesagt, lass uns fragen«, können Sie ihm ebenso gut gleich die Eier abschneiden. Sagen Sie »Macht doch nichts, mein Schatz, wir haben doch Zeit«, so hört er natürlich den triefenden Hohn in Ihrer Stimme heraus oder ist zumindest sicher, dass Sie ihn, der doch ohnehin schon am Boden liegt, noch mal kräftig in den Bauch treten wollten. Schweigen Sie aber, so ist dieses Schweigen ein ganz deutliches Signal dafür, dass Sie sich insgeheim über ihn kranklachen und denken, was ist der Kerl doch für ein nutzloser Idiot, aber ich sag jetzt nichts. Krach ist also vorprogrammiert in dem Moment, wo Sie die nur vermeintlich harmlosen Worte sprechen: »Lass uns doch mal jemanden fragen.«

Streichen Sie diese Worte aus Ihrem Sprachgebrauch. Sagen Sie einfach niemals »lass uns doch jemanden fragen«. Fragen Sie stattdessen ihn und schauen Sie ihn dabei mit dem berühmten Augenaufschlags-Du-Weißt-Doch-Sowieso-Alles-Besser-Blick an. Kommt gut, echt.

114. Warum trinkt er so viel?

Die Männer und der Alkohol: Ein Thema in fast jeder Beziehung und einer der häufigsten Scheidungsgründe. Aber die Antwort wird Ihnen nicht so gut gefallen. Wahrscheinlich ist er nämlich unglücklich und trinkt seinen Frust weg. Alkohol als Flucht vor dem partnerschaftlichen oder beruflichen Elend ist tatsächlich die häufigste Ursache. Männer scheuen das Austragen von Konflikten, weil sie gedankenfaul sind. Wir hatten das schon. Lieber saufen sie sich einen an als zu reden. Dann lässt sich das ganze Drama nämlich gleich viel leichter ertragen.

Andere Möglichkeit: Vielleicht finden Sie »viel«, was er »nicht viel« findet? Was ja nicht unbedingt heißen muss, dass er Alkoholiker ist. Möglicherweise hatten Sie einen zu viel trinkenden Vater und projizieren ihre Antipathie gegen Alkohol nun auf Ihren vollkommen »normal« trinkenden Partner? Vielleicht ist er aber tatsächlich Alkoholiker und weiß es gar nicht. Oder er ist es und weiß es.

»Viel« trinkt er dann, wenn er ständig »zu viel« trinkt.[49] Wenn er auf Partys stets der Betrunkenste ist oder gar im Sitzen einschläft. Wenn er erheblich mehr trinkt als seine Kumpels. Wenn er regelmäßig tagsüber trinkt. Und wenn er eigentlich niemals nüchtern ins Bett geht. Gehen Sie mal blind davon aus, dass er in diesem Fall ein anderes Problem wegzutrinken versucht.

Welches das sein könnte? Vermutlich lässt er nicht so gern mit sich darüber reden. Vermutlich gibt es sogar jedes Mal Streit, wenn Sie ihn darauf ansprechen. Sie werden bei der Suche nach der Ursache seines Problems also ziemlich alleine sein. Je nach Schwierigkeitsgrad dieses Problems haben Sie verschiedene Reaktionsmöglichkeiten: von Ignorieren bis Trennen. Zwischen diesen Möglichkeiten liegt natürlich

---

49 Dies ist keine ärztliche Definition!

auch was: ihn zum Lebertest schicken und den Arzt mit baldigem Ableben drohen lassen zum Beispiel, ihn zum Sport und somit zu grundsätzlich veränderter Lebensführung bewegen, Sexverweigerung und, und, und. Auch eine Party vorzeitig und allein zu verlassen, wenn er mal wieder zu viel getrunken hat, kann ein heilsamer Schock für ihn sein (muss aber nicht!!).

Die meisten Männer sind »social drinkers«. Sie trinken halt, weil's die Kumpels auch tun. Und wenn der Ihre hin und wieder mal mit denen einen trinken geht, ist das doch nicht schlimm.

Übrigens können Sie ziemlich leicht rauskriegen, ob er alk-gefährdet ist: Einigen Sie sich mit ihm auf vier vollkommen alkoholfreie Wochen. Lässt er sich darauf ein und hält er durch, können Sie einigermaßen beruhigt sein: Das hält sich noch in Grenzen. Vier alkoholfreie Wochen sind auch sehr gut fürs Sexualleben. Man hat nämlich plötzlich wieder eins.

Der typische deutsche Mann trinkt gerne Alkohol, und er lässt keine Gelegenheit aus. Wenn sein Kumpel zum Beispiel Magendrücken hat, weil er vorhin zu schnell zu viel gegessen hat, dann wird man kollektiv aus Solidarität sofort beschließen, dass man gemeinsam den Druck auf dem Magen wegtrinken muss. Ein willkommener, ernstzunehmender Anlass. Der eine gibt eine Runde Wodka aus, der andere lässt sich nicht lumpen, der dritte zieht nach, der vierte ist nun endlich auch mal an der Reihe, der fünfte gilt als Geizhals und muss seinem schlechten Image entgegenwirken, der sechste will nach Hause und bestellt deshalb noch 'ne Runde als Absacker, der siebte war noch gar nicht dran, und das sind dann schon mal sieben doppelte Wodka, plus die normalen Getränke. Jetzt kommt aber erst der mit dem verdorbenen Magen und möchte sich bedanken, was machen wir denn dann? Wodka geht ja nicht mehr rein, also wechseln wir mal zu Jägermeister. Zu Deutsch: Der normale Mann kann sich dem Alkohol überhaupt nicht widersetzen, sondern er ist ihm hilf- und haltlos ausgeliefert. Das wird jetzt natürlich wütende Proteste von den AAs bis zum BuMi für Verzicht und Gesundheit auslösen, aber wir liefern hier ja keine Anleitung zum Steinaltwerden, sondern einen Führer für Frauen durch die abstruse und leider manchmal auch promillehaltige Welt ihrer Männer. Wir sagen, wie's ist, und die anderen können dann völlig zu Recht feststellen, dass alles Mist ist.

115. Warum spricht er nicht mit mir?

a) Er ist nur noch aus Gewohnheit mit Ihnen zusammen.

b) Sie würden ihn doch nicht verstehen.

c) Sie interessieren ihn überhaupt nicht.

d) Er gibt halt nicht so gern etwas von sich preis.

e) Er ist total glücklich mit Ihnen und sieht deshalb keinerlei Gesprächsbedarf.

f) Er weiß überhaupt nicht, was Sie von ihm wollen.

g) Er hat längst eine andere.

h) Er lebt in einer derart anderen Welt, dass jedes Gespräch sowieso im Streit enden würde.

i) Er ist gedankenfaul.

j) Er findet, dass Sie meistens nur unwichtiges, dummes Zeug sabbeln.

k) Er ist nun mal nach seiner Morgenzeitung süchtig.

l) Er ist nun mal fernsehsüchtig.

m) Er findet, dass sein Job Sie nichts angeht.

n) Er findet, dass Ihr Job ihn nichts angeht.

o) Er hat nie gelernt, sich verbal auseinander zu setzen.

p) Er müsste Sie beim Sprechen ja anschauen und findet Sie überhaupt nicht mehr attraktiv.

q) Ihm sind einfach die Themen ausgegangen.

r) Er fürchtet, dass Sie irgendwas von ihm wollen.

s) Er fürchtet, dass Sie ihm intellektuell überlegen sind.

t) Er fürchtet, dass er beim Reden Geheimnisse ausplaudern könnte.

u) Er hat überhaupt kein Problem, ist aber ein wortkarger Mensch.

v) Sie vermitteln stets den Eindruck, sowieso alles besser zu wissen.

w) In dem bisschen Freizeit denkt er lieber nach, als sie zu verquasseln.

x) Es bringt ihn nicht weiter, mit Ihnen zu reden.

y) Sie verstehen nichts von Fußball.

z) Er mag Ihre kleine überschaubare Welt nicht, über die Sie mit ihm reden wollen.

Reicht das? Wollen Sie, das mal nebenbei gefragt, wirklich, dass ER mit IHNEN redet? Oder wollen Sie nur, dass er Ihnen zuhört? Das ist ein kleiner, aber möglicherweise wichtiger Unterschied. Die meisten Frauen interessieren sich für Männer, die NICHT viel reden. Das ergab eine Untersuchung der Uni Massachusetts. Wenn Sie also sagen: »Er spricht einfach nicht mit mir«, meinen Sie vielleicht in Wirklichkeit: »Ich kann ihn nicht zuquatschen!«

Die US-Wissenschaftler hatten sogenannte Speed-Dates gefilmt. Das sind Dates, zu denen weibliche und männliche Singles geladen werden, aber alle paar Minuten wird rotiert – dann setzt man sich zwangsweise um und muss mit dem Nächsten reden. Das Ergebnis war eindeutig: Männer, die wenig sagten und viel zuhörten, waren bei den Damen die absoluten Favoriten. Wenn er also Ihrer Meinung nach zu wenig mit Ihnen spricht, hat er wahrscheinlich keine Lust, Ihnen ständig zuhören zu müssen. Dagegen können Sie was tun: Reden Sie doch mal weniger, und hören Sie ihm mehr zu. Dann wird er schon gesprächig, wetten? Und wenn Sie jetzt noch Fragen zu dem Thema haben, blättern Sie einfach mal zur letzten Frage in diesem Buch. Da kommt eine Frau zu Wort, die ganz erstaunliche Weisheiten erzählt. Aber danach lesen Sie bitte weiter bei Frage Nummer 116.

116. Warum rast er mit dem Auto immer so?

Bestimmt nicht, weil er es eilig hat. Jeder Idiot weiß, dass einmal lang durch Deutschland zwischen Tempo 160 und Tempo 230 lediglich einige lächerliche Minuten Zeitersparnis liegen, Risiko und Spritverbrauch aber dramatisch in die Höhe gehen. Das kann's also nicht sein, da haben Sie Recht. Er rast und drängelt, weil er sich selbst und der Welt was beweisen will. Aber was?

Das ist doch nicht schwer: Rasen, überholen, der Schnellste sein heißt immer nur eins: Der Beste sein wollen. »King of the Koppel«, pflegt Dieter B. zu sagen. Man muss Dieter B. nun nicht unbedingt mögen, aber der Typ ist eben exakt so, wie der Mann von heute gerne wäre: immer auf der Überholspur, immer gut drauf, immer mit zwei Mädels im Arm, und Kohle spielt keine Geige. Jedenfalls erweckte Dieter B. diesen Eindruck, bevor er angeblich solide wurde. Außerdem hatte er stets die richtigen Machosprüche drauf, die Ihrem Mann auch gern eingefallen wären.[50]

---

50 *»Die einzige Frau, auf die ich höre, ist die in meinem Navigationssystem.«*

Wenn Ihr Mann mit dem Auto wie die wilde Sau durch die Gegend rast, dann hat er irgendwelche Defizite. Sogar erhebliche. Vielleicht im Job, das wäre denkbar, aber ganz sicher hat er Defizite in der Beziehung. Man könnte auch sagen: Er hat irgendwie seinen Selbstwert verloren.

Wie ist das nun wieder gemeint? Sind Sie nicht lieb zu ihm? Hat er nicht ein schönes Leben an Ihrer Seite? Kann er nicht froh sein, dass er Sie hat? Schauen Sie mal: Gerade haben Sie ihn wieder mal als kleines, aus dem Nichts gerettetes armes Waisenkind charakterisiert, das angesichts Ihrer gnädigen Zuwendung heilfroh sein muss. Sonst würde ja auch keiner seine Wäsche waschen. Und welche Frau würde schon mit ihm schlafen wollen, wenn nicht Sie. Stimmt ja vielleicht auch alles. Aber früher war das anders. Früher schaute die Frau zum Manne auf und war dankbar, dass es ihn gab. Er war der Chef und bestimmte die Regeln. Heute, und darüber freuen wir uns ja alle auch mächtig, haben wir die so genannte Gleichberechtigung, die aber längst zum anderen Ende des Pendels ausgeschlagen ist.

Heute bestimmt die Frau, was läuft, und der Mann zieht den Schwanz ein. Das ist bequem, kommt ihm also insoweit entgegen, aber es ist natürlich dennoch wider seine Natur. Eigentlich ist er nämlich immer noch der Rudelführer.

So. Und jetzt sitzt er am Steuer und hat endlich mal wieder die Macht. Endlich einmal kann er zeigen, was wirklich in ihm steckt. Das Auto der Stier, er der Cowboy. Er reitet den Stier. Er ist der Boss. Er gibt Gas. Er hat Spaß. Rasende Männer auf der Autobahn sind arme kastrierte Würstchen, die per Druck aufs Gaspedal eine Art Penisverlängerung auf Zeit versuchen: nämlich genau bis zur nächsten Radarkontrolle. Dann nehmen sie den Fuß vom Gas und auch alles andere wieder zurück, falls sie die Radarkontrolle rechtzeitig bemerken. Nun sind sie wieder die armen Würstchen des Alltags. Darum rast er immer so. Nur darum.

Machen Sie den Test! Geben Sie ihm die Chance! Es ist ganz einfach. Zeigen Sie Ihrem Mann, dass er für Sie der Größte ist. Nicht einmal, nicht eine Nacht, nicht zwei. Sondern auf Dauer. Und er wird ein so gelassener Autofahrer sein, dass Sie ihn nicht wiedererkennen. Er wird entspannt auf die rechte Spur wechseln und die Hand auf Ihr Knie legen. Er hat's dann nicht mehr nötig. Er ist glücklich. So einfach funktionieren Männer. Wieso kapieren Frauen das eigentlich nicht von selbst? Kurzfassung für den Fall, dass Sie blond sind. Mann rast mit Auto = Mann hat Problem. Problem ist: Mann glaubt, Mann nix wert. Mann gibt Gas = Mann ist was wert. Capito? So. Nun kommen Sie. Du = guter Mann. Du nix müssen Gas geben. Du auch so der Größte. Mann nimmt Fuß vom Gas. Alles gut. War doch selbst für eine Frau nicht schwer zu begreifen, oder?

117. Warum will er mich immer bevormunden?

Könnte ja sein, dass Sie tatsächlich zu blöd sind, um Alltagsprobleme alleine zu bewältigen. Könnte also sein, dass Sie ihn tatsächlich dazu brauchen. Dann sollten Sie doch eigentlich ganz froh sein, dass er Sie »bevormundet«. Vielleicht gibt er Ihnen ja lediglich hin und wieder einen guten Rat, den Sie dann auch tunlichst beherzigen sollten, den Sie aber als »Bevormundung« missverstehen?

Aber gehen wir mal davon aus, dass dies nicht der Fall ist. Sie haben alles ganz gut im Griff, aber er weiß immer alles besser? So nach dem Motto: »Kleines, lass mal, davon verstehst du nichts?« Nun, Sie haben Glück: Ihr Partner ist ein Dinosaurier, den Sie mit etwas Geschick an jedes zeitgeschichtliche Museum verkaufen könnten. Er ist ein Wurm, der nichts kapiert hat und seine eigenen Schwächen durch großspuriges Machogebaren zu kompensieren versucht. Ja, auch solche Männer gibt es – und sie sind gar nicht so selten. »Der alte Winter in seiner Schwäche zieht sich in rauhe Berge zurück…«[51]. Der alte Wolf in seiner Schwäche zieht sich auf schlichte Selbstüberschätzung und auf erstaunlich schlecht kaschierten Hochmut zurück. Er hat eigentlich nix zu sagen. Aber er versucht, die Boten des weiblichen Frühlings durch große Sprüche zu verdrängen. Er ist einfach nur peinlich. Schießen Sie den Mann, der Sie ständig klein macht, in den Wind. Es gibt keinen besseren Rat.

Erstaunlich viele Frauen kleben aber an Männern, die viel zu schlecht für sie sind. Deshalb ist es schwer, sie zu beraten. Dem Autor dieses Buches sind mindestens 13 Frauen bekannt, die immer wieder an absolute Idioten geraten. Ach, mit 13 kommt man noch nicht ein-

---

51 »Faust I«

mal aus, das sind garantiert noch mehr. Erst neulich wieder: Eine Dis-
kussionsrunde, bestehend aus dem Bücherschreiber und fünf jungen
Frauen. Thema: Welche Fragen sollten dringend in diesem Buch erörtert werden?

Da sitzt eine Frau, hübsch anzusehen und gar nicht dumm, die stellt
in aller Bescheidenheit die härtesten Fragen, die Sie in diesem Buch finden. Alle aus der Tagespraxis heraus. Alle bezogen auf ihre derzeitige
Liebe. Der Autor guckt schon eine Weile mit großen Augen und fragt
sich, wieso ist die denn mit diesem Arschloch überhaupt zusammen?
Die erzählt ja so gar nichts Nettes von dem. Irgendwann kommt dann
auch die Frage von den anderen Mädels. Sach ma… Äh… Was hast
du denn da gerade für einen Typen an der Angel… Tja, sagt die junge
Frau betreten, das überlege ich mir ja auch ständig, aber…

Es gibt ein weibliches »Aber«, das Männer nie verstehen werden.
Wenn die Beziehung im Eimer ist, dann trennt sich der Mann von
seiner Frau. So einfach ist das. Ein Mann hat eine klare Hitliste im
Kopf: Das ist gut an ihr, und das ist nicht so gut an ihr. Und er bleibt
genauso lange bei ihr, wie auf der Seite mit den Pluspunkten mehr
steht als auf der Seite mit den Minuspunkten. Frauen (nicht alle, ganz
klar, aber viele) haben manchmal nur noch Minuspunkte im Kopf und
bleiben trotzdem bei ihrem Typen kleben. Das liegt an diesem »Aber«.

Man(n) – und das ist die einzige Stelle in diesem Buch, wo dieser
neckische Klammer-auf-Klammer-zu-Gag abgedruckt wird, der immer so gern in Frauenzeitschriften benutzt wird – man(n) könnte also
auf die Idee kommen, dass viele Frauen eine eindeutig masochistische
Ader haben. Denn sie bleiben ja nicht nur bei ihrem verabscheuungs-
würdigen Typen, weil er nun einmal der Mann an ihrer Seite ist, weil
sie Angst vor dem Alleinsein haben oder weil es so hübsch bequem
ist, nichts zu verändern. Nein, sie suchen sich sogar zielgerecht immer
wieder genau die gleichen Idioten aus. Ist das nicht krank?

Nehmen wir als Beispiel mal das traurige Schicksal von Alexandra.
Alexandra ist schon fast Ende 20 und hat für ihr Alter ganz schön was
mitgemacht. Sie wurde schon mehrfach geschwängert, hat aber nur
eins gekriegt und die anderen abgetrieben, weil, es passte gerade nicht
so. Mit Männern hatte sie bisher nicht viel Glück. Also eigentlich waren es alles ziemliche Deppen. Der eine hat gesoffen wie ein Loch, der
andere war aggressiv, der dritte äußerst schlagkräftig eifersüchtig und

der vierte und aktuelle ist dumm wie Brot. Da waren natürlich noch einige dazwischen, die aber keine Rolle spielen. Also sagen wir mal, vier ernst zu nehmende Männer in der Vita von Alexandra, sozusagen vier Flops in ihrem partnerschaftlichen Vorstrafenregister. Nun lernt Alexandra einen Typen kennen, der ist echt der Hit. Er hat was in der Birne, er hat Kohle, er ist großzügig, zärtlich, lustig, verrückt nach ihr, und mit ihrem Kind kommt er auch sehr gut zurecht. Also doch eigentlich ein Lottosechser, oder? Sollte man das nicht meinen? Müsste Alexandra das nicht auch so sehen?

Nein, tut sie nicht. Und jeder Mann kennt mindestens eine Alexandra. Alexandra sagt, du, ich finde dich ja total super, total lieb, total nett, und was du alles für mich tust, und es tut mir ja so unendlich Leid, aber: Verpiss dich aus meinem Leben.

Sie bleibt bei dem Vogel, der dumm ist wie Brot und sie wahrscheinlich auch noch betrügt wie ein Weltmeister, aber wahrscheinlich steht sie genau darauf. Ihre persönliche Kompassnadel ist ausgerichtet auf Männer, die ihr nicht gut tun. Sie kann überhaupt nichts anfangen mit einem Mann, der sie wie eine echte Partnerin behandelt. Da steht sie nicht so drauf. Das findet sie langweilig, oder wie soll man das nennen?

Jede Frau hat in dem Kreis ihrer Freundinnen mehrere Frauen, die genauso gepolt sind, wie es hier steht. Davon wird in der Öffentlichkeit aber kaum geredet. Nur am Stammtisch der Männer, da wird es erörtert. Da heißt es dann, und das ist natürlich ein Fehlschluss: Du musst Frauen behandeln wie Scheiße, dann lieben sie dich! Du bist viel zu nett zu den Frauen! Schau mal, du kennst doch… Und wie ist das bei… Und denk mal an den… Und der… Folgerichtig wäre eigentlich, dass ein Mann nach einer so deprimierenden Stammtischrunde nach Hause geht und seiner Frau erst mal eine reinhaut.

Dann sagt er: Hol mir mal 'ne Flasche Bier. Dann setzt er sich vor den Fernseher und rülpst. Dann zieht er sich das Hemd aus und sitzt im Unterhemd da. Dann scheucht er sie noch mal hoch, weil er jetzt ganz gern einen Korn trinken würde. Dann darf sie sitzen bleiben, denn er geht noch mal kurz in den Puff. Aber morgen früh um 5 vor der Arbeit hätte er dann doch ganz gern noch ein leckeres Frühstück zubereitet. Achtung: Dieser Absatz war natürlich überspitzt.

Aber es ist doch so: Warum träumen Frauen von echt guten Männern und bleiben am Ende bei irgendwelchen Proleten? Dies ist eine der schwierigsten Fragen, die Männer unter sich zu erörtern haben, und es hat noch an keinem Stammtisch der Welt eine erschöpfende Antwort darauf gegeben. »Das bleibt für immer ein Geheimnis, das weiß niemand so ganz genau ...«[52]

118. Warum hat er niemals Lust zu irgendwas?

Es ist eine typische Szene: Sonntagmorgen, Frühstück. Er liest Zeitung, sie fragt: »Was machen wir denn heute?« Er murmelt: »Ich dachte, wir machen uns einen ruhigen Tag!?« Er hat sich vielleicht vorgestellt, ein bisschen zu gammeln, spät zu duschen, ein Mittagsschläfchen zu halten und im Internet zu surfen, als maximale Anstrengung. Sie hingegen hat tausend Sachen im Kopf, die dringend erledigt werden müssen und die man doch wunderbar gerade heute erledigen könnte. Ganz davon abgesehen, was es draußen alles zu sehen gibt! Man könnte spazieren oder essen oder in ein Museum gehen, eine Ausstellung oder Schaufenster gucken. Nichts tun zu zweit? Das ist nicht unbedingt Frauensache. Wenn Sie also wissen möchten, warum er so oft Lust auf gar nichts hat, müssen Sie zunächst einmal berücksichtigen, dass er ganz anders tickt als Sie. Männer mögen es eigentlich gar nicht, den freien Tag zu organisieren. Frauen werden meistens schon nervös, wenn er nur mal für 10 Minuten im Sessel die Augen zumacht.

Im Büro haben Männer Lust auf alles. Sie übernehmen jeden Scheiß-Job, haben alles im Griff, sind immer in action und schaffen richtig was weg. Zuhause hängen sie dafür gern schlapp herum und »entspannen«, wie sie das nennen. Aber warum ist das so?

Männer, um es einmal positiv zu sehen, haben den Tunnelblick. Sie konzentrieren sich aufs Wesentliche und können das Unwesentliche links liegen lassen. Frauen hingegen halten immer alles für gleich wichtig. Deshalb stehen sie ständig unter Strom und verzetteln sich. Sie haben selten die Zeit, sich wirklich einmal gehen zu lassen und gar nichts zu tun. Komischerweise fällt ihnen das besonders schwer, wenn ein Mann dabei ist (allein entspannen können sie besser). Das Zusammenleben ist schwierig, wenn man dieses Problem nicht löst. Und

52 Daliah Lavi

wie? Indem jeder macht, was er möchte. Warum lässt sie ihn nicht alleine im Sessel einschlafen und geht derweil spazieren? Muss er denn wirklich mitkommen, an seinem einzigen richtig freien Tag?

Schwierig wird es hingegen, wenn es sich um einen Mann handelt, der grundsätzlich niemals zu irgendetwas Lust hat. Auch solche Exemplare gibt es, und offenbar sind sie gar nicht so selten. Mit denen kann man weder ins Musical gehen noch zu Freunden. Zum Spaziergang um die Ecke kann sie allenfalls der dort vorhandene Zigarettenautomat verführen. Oder der Hund, weil er sonst ins Wohnzimmer pisst. »Einfach so« was zu unternehmen, halten sie für eine gottverdammte Zeitverschwendung. Das sind Männer, die man kaum umerziehen kann. Man sollte sie entweder so lassen, wie sie sind, und ein gewisses Eigenleben entwickeln, oder man sollte sie in den Wind schießen.

Männer kriegt man am besten aus dem Sofa heraus, indem man sie mit einem Leckerli lockt. Genau, da haben wir schon wieder die Parallelen zwischen Mann und Hund. Es ist aber wirklich was dran, und man könnte es ja mal versuchen. Erst ins Musical, dann in die Kneipe um die Ecke und richtig versacken? Ein Spaziergang zu dieser tollen Kneipe, wo es das beste Bierchen der Stadt geben soll? Mal essen gehen mit seinem besten Kumpel und seiner Frau, auch wenn man die blöde Kuh so gar nicht mag? Das gefällt den Jungs, da kommen sie dann schon mal aus ihrer Höhle heraus. Aber dann sollte man ihnen auch dringend wieder einen Tag gönnen, an dem sie »gar nichts« machen dürfen.

Achtes Kapitel

DER MANN UND
DAS GEFÜHL

119. Wie tröste ich ihn richtig?

Die Frage bedeutet ja zunächst einmal, dass er Kummer hat. Eigentlich haben Männer sehr oft Kummer wegen irgendwas. Kummer ist ganz schön. Wer Kummer hat, wird nämlich getröstet. Getröstet werden ist gut. Das hat Mami auch immer so fein gemacht, wenn man sich das Knie aufgeschlagen hatte früher. Die häufigsten Kummer eines Mannes sind: Liebeskummer (da könnten Sie als Auslöserin natürlich nicht wirklich trösten) oder Kummer im Job. Steigerung: Er hat gar keinen Job mehr. Dann könnte noch etwas fast so Schlimmes passiert sein, zum Beispiel seine Mutter ist gestorben oder so. Oder sein Kumpel hat ihm die Freundschaft aufgekündigt. Oder man hat ihn betrunken am Steuer erwischt, das gibt auch reichlich Kummer. Das Leben eines Mannes ist grundsätzlich kummervoll, das können Sie glauben. Aber meistens handelt es sich doch um Kummer im Job. Der Job ist das Wichtigste im Leben eines Mannes, und deshalb ist er ihm auch so ausgeliefert. Er definiert sich über seinen Job. Ohne den wäre er nix. Früher gab es ja viele Kriege, und die Männer konnten sich über ihre Erfolge auf dem Schlachtfeld definieren. Und wenn mal kein Krieg war, dann haben sie eben Tiere gejagt. Heute leben wir in einer eher friedlichen Zeit. Selbst das Wildbret muss man nicht mehr erlegen, sondern man kauft es halt im Sparmarkt aus der Tiefkühltruhe. Männer können nicht mehr gewinnen, nicht mehr verlieren, nicht mehr kämpfen und nix mehr töten. Sie haben nur noch ihre Firma. Also braucht er vor allem Trost, wenn es in der Firma mal nicht mehr so läuft, wie er das gerne hätte.

Zuhören können ist Ihre Stärke? Dann sind Sie schon mal eine richtig gute Trösterin. Tun Sie es einfach. Sagen Sie wenig. Konzentrieren Sie sich auf ihn. Lassen Sie ihn (aus)reden. Schlafen Sie dabei keinesfalls ein. Unterbrechen Sie ihn nicht. Wechseln Sie nie das Thema (»ach Schatz, ich will dich ja nicht unterbrechen, aber bevor ich's vergesse...«). Schauen Sie ihn mitleidsvoll an. Geben Sie ihm Recht. Nicken Sie mitfühlend. Berühren Sie ihn sanft. Nehmen Sie ihn nicht in den Arm. Er ist kein Kind. Er ist ein Mann. Geben Sie ihm Alkohol zu trinken.[53] Bedienen Sie ihn. Seien Sie Sklavin. Zuhör-Sklavin. Er will

---

53 Auch dies ist kein ärztlich abgesicherter Rat.

nur reden. Diskutieren Sie nicht. Sparen Sie sich Ihre Argumente für morgen auf. Sie sind jetzt erst einmal nur zwei große Ohren und zwei mitleidsvolle Augen.

Fragt er Sie tatsächlich nach Ihrer Meinung,[54] so können Sie die natürlich sagen. Es sei denn, Ihre Meinung ist: »Junge, du bist ein Arschloch, und dir widerfährt dies alles vollkommen zu Recht.«. In diesem Fall sollten Sie Ihre Meinung für sich behalten. Seien Sie so diplomatisch, wie Sie können. Und noch einmal: Hören Sie ihm zu. SO trösten Sie richtig.

Nur um es Ihnen noch mal zu verdeutlichen: Das ganze Leben ist eine Bühne, und auf dieser Bühne sind Sie beide Schauspieler, und irgendwo da unten im Dunkeln des Zuschauerraums sitzt der Regisseur und schaut jetzt genau zu, ob Sie die Rolle der Trösterin glaubwürdig spielen oder nicht. Dieses hübsche Bild sollten Sie vor Augen haben, wenn es Ihrem Kerl mal richtig mies geht. Gehen Sie davon aus, dass der Regisseur von ihm ohnehin schon begeistert ist: Die Rolle des leidenden Mannes hat er garantiert total gut drauf und spielt sie entsprechend. Aber jetzt geht es um Sie! Werden Sie das Engagement letztendlich kriegen? Oder werden Sie scheitern, weil Sie eine miese Trösterin sind?

Nein. Spielen Sie die Trösterin so perfekt, dass der Regisseur da unten im Dunkeln zu heulen anfängt. Dann wird auch Ihr Kerl weinend in Ihre Arme fallen und dem Herrgott danken, dass es Sie gibt. So einem harten Mann in seinen schwersten Zeiten ein bisschen Trost spenden ist für eine Frau darüber hinaus noch eine durchaus lohnende Investition, denn er vergisst ja nicht, wer ihn so nett getröstet hat. Und wie sich ein Mann für derlei emotionale Zuwendung bei einer liebenden Frau bedankt, das zieht sich ja wie ein roter Faden durch dieses Buch (diamonds are a girls...).

Also, warum zögern Sie? Trösten Sie auf Deubel komm raus. Und wenn Sie dabei insgeheim lachen müssen, dann wandeln Sie den Satz von oben ganz einfach etwas ab. Das ganze Leben ist dann keine Theaterbühne, sondern ein Kasperltheater, und das Kasperl heult gerade total hysterisch, und Sie sind das Krokodil mit der Lizenz zum Trösten oder die liebe Oma, die einfach nur ihre faltigen Arme um ihn schlingt, und schon wird alles wieder gut. Huhu, huhu.

---

54 *was unwahrscheinlich ist*

120. Wann würde er weinen?

Im Kino. Und natürlich, wenn Sie ihn verlassen. Ganz klar würde er weinen, wenn was Schlimmes mit den Kindern ist. Ferner aus tiefer alkoholbedingter Traurigkeit über das Leben als solches. In den Armen seines besten Freundes, wenn der unter Liebeskummer leidet. Er würde auch in Tränen ausbrechen, wenn der Arzt gerade seine reale Lebenserwartung auf einige Monate heruntergeschraubt hat, aber für wen gilt das nicht.

Vor den Trümmern seines geliebten Autos am Baum heult er auch. Wenn seine Mutter stirbt. Und an Ihrem Grab, wenn Sie das irgendwie weiterbringt. Aber vor allem würde er weinen, wenn sein Verein absteigt, da gibt es gar keine Frage, denn das ist so wie die anderen Gründe alle zusammen an einem einzigen gottverdammten Tag.

121. Fühlt er sich unmännlich, wenn ich ihn weinen sehe?

Nein. Das war vielleicht früher mal so. Es ist sogar gut möglich, dass er sich über seine Tränen insgeheim freut. Schließlich wird ihm als Mann heutzutage an jeder Straßenecke vorgeworfen, dass er keine Gefühle zeigen kann. So betrachtet, erleichtert gelegentliches haltloses Heulen oder auch nur ein dezent angedeutetes Schniefen sein chronisch schlechtes männliches Gewissen. Deuten Sie mit einer winzigen Geste an, dass Sie ihn verstehen und seine Tränen für großartig halten. Tun Sie das aber sehr vorsichtig und dosiert – zum Beispiel, indem sie kurz die Hand auf seinen Arm legen. Nehmen Sie ihn keinesfalls in den Arm. Es sei denn, er fällt von sich aus in Ihre Arme, aber dann ist er ein kleiner Hysteriker. Trocknen Sie seine Tränen nicht. Er kann das durchaus schon selbst. Reichen Sie ihm auch kein Tempo. Gewöhnen Sie sich an den Gedanken, dass er kein Kind mehr ist. Und Sie sind nachweislich nicht seine Mama.

Nun gibt es ja auch noch die Tränen der Freude. Wenn ein Mann nach dem ersten Sex mit Ihnen Freudentränen weint, dann sollte Ihnen das zu denken geben: Es war nicht etwa der sensationellste Sex seines Lebens, der ihn zum Heulen bringt. Sondern er freut sich, weil er endlich mal wieder einen hochgekriegt hat! Aber nächstes Mal ist das alte Elend garantiert wieder da. Wenn Sie seinen Heiratsantrag annehmen und er heult vor Freude, dann ist er ein peinliches Weichei. In dem Fall sollten Sie Ihre Zusage sofort wieder rückgängig machen. Ansonsten sind Freudentränen nur okay, wenn Sie ihm offenbaren, dass er demnächst Vater wird. Und natürlich, wenn der Lottobote an der Tür klingelt. Ach so: Wenn er so heftig lachen muss, dass die Tränen fließen, ist er wahrscheinlich ein lustiger Genussmensch, und Sie sollten ihn nie wieder gehen lassen.

122. Wie kann ich ihm eine Freude machen?

Sie brauchen dazu keinen Euro ausgeben und nicht einmal viel Kreativität investieren. Hören Sie ihm zu, unterstützen Sie seine Leidenschaften, haben Sie häufig Sex mit ihm, und kritisieren Sie ihn so selten wie möglich. Das macht ihm Freude. Sie müssen auch nicht immer alles mit ihm ausdiskutieren. Er mag das überhaupt nicht. »Du hast Recht, und ich hab meine Ruh« ist gar kein schlechtes Partnerschaftsrezept. Das macht einem Mann tatsächlich Freude. Nicht einmal 29 % aller Männer äußern ihren Unmut, wenn sie sich ärgern![55] Das heißt: Über 70 % schlucken ihn runter, weil sie keine Lust auf Stress haben. Und sie wissen, warum.

Sie können natürlich auch Geld ausgeben, um ihm eine Freude zu machen. Aber das ist selbst für ein Buch wie dieses fast zu banal. Sammelt er Modellautos? Gehen Sie nicht in den nächsten Laden und kaufen irgendeins. Er würde nur sanft seufzen und seinen Ärger runterschlucken, siehe oben. Seien Sie jetzt wirklich mal kreativ. Kriegen Sie raus, welches Modell er schon immer haben wollte und noch nirgendwo fand. Finden Sie's. Ermitteln Sie, wovon er nachts träumt bzw. wovon er schwärmt, wenn er mit seinen Kumpels diskutiert. Besorgen Sie's ihm. Hat er ein Boot oder träumt er von einem? Keine Petroleumlampe bitte (alle Frauen glauben, dass eine Petroleumlampe für einen verhinderten Seemann das Größte sein müsste, wie auch immer sie darauf kommen mögen). Aber vielleicht eine Seekarte von seinem Traumrevier?

---

55 *Bei den Frauen liegt die Zahl nur bei 34 %.*

Um einem Mann eine Freude zu machen, müssen Sie sich nur in den Mann hineinversetzen. Sie müssen die Welt mit seinen Augen sehen. Dann tauchen eine Menge Wünsche vor Ihrem geistigen Auge auf. Sie haben die seltene Chance, Ihr Image bei ihm dramatisch zu steigern, wenn Sie das wirklich schaffen.

Ja: Machen Sie ihm einfach mal eine Freude. Es gibt nicht viele Menschen, die Männern eine Freude machen. Der Mann als solcher ist nämlich ein armseliger und vom Schicksal gebeutelter Lastenesel, von dem man viel verlangt und dem man wenig gibt. Morgens schleppt er sich zur Arbeit und soll von null auf hundert volle Leistung bringen. Mittags möchte er sterben, darf aber nicht. Abends hat er sein Bestes gegeben und ist komplett fertig. Aber dann geht's erst richtig los: Sein zweites Leben beginnt. Blendax-strahlend und Marlboro-cool soll er zu Hause als Superman aufschlagen und gleichzeitig Hausmann, liebender Vater und omnipotenter Liebhaber sein. Ein Mann darf niemals abschalten und wenn, dann wirft man ihm das vor. »Nie hörst du mir zu.« – »Immer schläfst du ein.« – »Du bist schon wieder ganz woanders mit deinen Gedanken.« Und wenn er dann einige Jahre mit heraushängender Zunge dem Ideal eines Mannes hinterhergeeiert ist, sagt die Dame seines Herzens tschüss: Leider Ziel nicht erreicht. Da ist ein anderer, der kann das eine oder andere besser oder länger. Verpiss dich. Also machen Sie ihm wirklich mal eine Freude, denn er ist ein armes Schwein.

Nun können Sie natürlich mit gutem Recht laut aufschreien und rufen: Und was ist mit mir? Ich manage den Haushalt, ich gehe arbeiten, ich erziehe vielleicht auch noch die Kinder, und wer macht mir eine Freude? Keiner! Im Gegenteil! Er hockt nur vor der Glotze und trinkt Bier. Und wenn ich älter werde und nicht mehr so gut ausschaue, dann haut der Kerl ab, und zwar mit einer Jüngeren! So sieht's doch aus in der Realität! Stimmt durchaus. Gibt es alles. Aber es hilft ja nichts, wenn alle über ihr eigenes trauriges Schicksal jammern. Wenn Sie Ihrem Partner mal eine Freude machen, wenn Sie einfach mal nett zu ihm sind, dann hebt das seine Laune, und dann entdeckt er ja vielleicht ganz neu, was er an Ihnen hat, und dann nimmt er Ihnen auch mal die Einkaufstasche ab und schaltet den Fernseher aus und unternimmt was mit den Kindern und freut sich über Ihre Liebe und bleibt Ihnen treu, und alles wird gut.

123. Sind Ost-Männer besser?

Kommt ganz drauf an, auf was Sie Wert legen. Geht es um Sex? Da sind Zweifel angebracht. Bei den Recherchen zu diesem Buch beklagten sich Frauen im Osten ebenso wie die im Westen über männliche Trägheit, wenig erotische Fantasie und eine viel zu niedrige Sex-Häufigkeit, egal was die Statistik sagt. Männer sind auf beiden Seiten der ehemaligen Demarkationslinie faule Säcke, die man zum Sex tragen muss, sobald sie eine Frau sicher im Sack zu haben glauben.

Oder geht es um Körperhygiene? Den ungeduschten und entsprechend muffelnden Unrasier-Typ im Doppelripp-Unterhemd vorm Fernseher gibt es in den östlichen Bundesländern offenbar häufiger als im Westen; jedenfalls drängt sich dieser Eindruck auf, wenn man mit Frauen sowohl im Osten als auch im Westen über ihre Männer spricht – und wenn man die Männer fragt, wie sie denn so ihren Feierabend verbringen. Aber natürlich kann das auch einfach nur daran liegen, dass in den östlichen Landstrichen, die doch längst schon blühen sollten, vor allem eins blüht, nämlich die Arbeitslosigkeit mit entsprechend häufiger Vernachlässigung des Outfits und der privaten Hygiene.

Oder geht es darum, dass Sie Ihren Mann besser im Griff haben möchten? Da sind Ost-Männer empfehlenswert. In der DDR, auch wenn jüngere Männer die gar nicht mehr bewusst erlebt haben, herrschte ein erheblich ausgeprägteres Matriarchat als im Westen, heißt schlicht formuliert: Die Mama hatte das Sagen in der Familie. Das sind die Ost-Männer gewohnt. Sie fügen sich besser. Die Ursachen dürften darin liegen, dass DDR-Frauen zu einem viel höheren Prozentsatz als West-Frauen berufstätig waren, die Versorgung mit Kindergärten nahezu flächendeckend war und das »Heimchen am Herd« vom Staat gar nicht gewollt war. Die logische Konsequenz waren stärkere Frauen mit höherer Durchsetzungsfähigkeit. Nun soll hier aber nicht der Eindruck entstehen, wir hätten bei den Recherchen zu diesem Buch im Osten nur kuschende verschwitzte Weicheier im Unterhemd vorm Fernseher getroffen. Die – gab es auch im Ruhrpott.

124. Muss ich ihm meine finstere Vorgeschichte beichten?

Auf jeden Fall kann man davon ausgehen, dass der Mann seine eigene finstere Vorgeschichte möglichst lange für sich behält. Und er weiß auch, warum. Frauen neigen nämlich dazu, alle Sünden der männlichen Vergangenheit sofort auf sich selbst zu beziehen. Wenn er damals im Kindergarten die kleine Rothaarige derart fies absserviert hat, um mit der schicken Blonden auf der Rutsche rumzumachen, wie und wann wird er mich absservieren? So denken Frauen. Männer tapsen einige Male in diese weibliche Falle, bis sie ihren Fehler bemerken, und bestatten das, was ohnehin nicht mehr zu ändern ist, im stillen Grab des Totschweigens. So betrachtet, müssen Sie Ihre finstere Vorgeschichte überhaupt nicht beichten. Er tut's ja auch nicht.

Andererseits sollten Sie es tun. Der Mann als solcher ist dumm. Er begreift die Frau nicht und denkt auch völlig anders. Wenn er überhaupt denkt. Je mehr er über Sie weiß, desto besser wird er Sie verstehen. Wenn Sie zum Beispiel mal mit einem Mann... Nicht aus Liebe, sondern tatsächlich nur wegen der vielen Kohle... Wenn Sie vor vielen Jahren eine Gehaltserhöhung nicht nur wegen ihrer ausgezeichneten Qualifikation, sondern auch wegen anderer Unentbehrlichkeiten... Oder wenn ein anderer Schatten auf Ihrer Seele lastet, zeigen Sie dem Kerl Ihre finsteren Seiten. Und zwar so, dass Sie möglichst als harmloses Opfer einer gemeinen Intrige aus der Nummer herauskommen. Wenn es um Sex geht, müssen Sie allerdings vorsichtig sein. Niemals sollten Sie dem Kerl vorschwärmen, welche sexuellen Qualitäten ein anderer Mann hatte. Das könnte bei Ihrem Partner zu lebenslanger Erektionsschwäche führen, da er immer genau im entscheidenden Moment an ebenjenen denken muss, und das ist ein echtes Verkehrshindernis. Für Männer. Die sind so.

Neuntes Kapitel

DER MANN UND
DIE TRENNUNG

125. Wie trenne ich mich friedlich von ihm?

»Verehrtes Publikum, los, such dir selbst einen Schluss. Es muss ein guter sein, muss, muss, muss!«[56] Ein guter Schluss, ein versöhnliches Ende wäre natürlich optimal. Aber gibt es so was überhaupt? »Wie schön die Komödie im Übrigen auch sein mag, im letzten Akt fließt immer Blut«, spottet der französische Religionsphilosoph Blaise Pascal und kommt dem Trennungsalltag damit etwas näher. Sicher ist, dass erst die Umstände der Trennung ein wirklich zutreffendes Licht auf Sie und ihn werfen: »Was einer ist, was einer war: Erst beim Scheiden wird es offenbar ...«[57]

Wie Sie die Trennung friedlich hinkriegen, ist auf jeden Fall eine hochsensible und nur schwer allgemeingültig zu beantwortende Frage. Weil es verschiedene Männertypen gibt in dieser – partnerschaftlich betrachtet – kritischen und äußerst diffizilen Situation. Trotzdem gibt es aber einige Classics, die so ziemlich für alle Männer der heutigen Generation gelten. Und es kann gut sein, dass diese Classics Ihnen im Fall des Falles weiterhelfen. Egal, welchen Typ Mann Sie haben.

1. Regel: Ein Mann möchte sich gern selber trennen. Das ist für ihn die Voraussetzung für eine friedliche Trennung. Er möchte also möglichst nicht zwangsgetrennt werden. Wünschen Sie eine friedliche Trennung, so sorgen Sie listig dafür, dass er sich von Ihnen trennt. Das widerspricht vielleicht den Wünschen Ihres Ego, und es fällt Ihnen vielleicht schwer. Aber es ist hilfreich und vermeidet Trennungsstress. Verzichten Sie auf Rachegelüste. Überlassen Sie ihm den ersten Schritt. Nehmen Sie ihn an die Hand und führen Sie ihn sanft dorthin, wo Sie ihn gerne hätten: zur Trennung. Zweiter Vorteil: Wenn ER sich von IHNEN trennt, wird er immer ein schlechtes Gewissen haben! Allein das macht ihn schon friedlich, was die Modalitäten angeht.

2. Regel: Zum Trennen braucht er eine Neue. Falls bei Ihnen ein anderer Mann im Spiel ist, dann werden Sie (typisch Frau) natürlich erst einmal ganz genau testen, ob der Neue wirklich ein Haltbarer zu sein verspricht. So lange werden Sie mit Ihrem Alten zum Schein zusammenbleiben. Erst, wenn Sie sich ganz sicher sind, dass Sie weich fallen,

---

56 Bertolt Brecht, »Der gute Mensch von Sezuan«
57 Robert Gernhardt, Satiriker

werden Sie ihn mit Ihren Trennungsgelüsten konfrontieren. Ist doch so, oder? Okay. Zwischen dem Beginn Ihrer neuen Beziehung und der Beendigung der alten liegt also eine gewisse Zeitspanne. Und die sollten Sie nutzen. Am besten ist es, wenn ihr Noch-Partner in dieser Phase eine neue interessante Frau kennen lernt. Können Sie daran drehen? Können Sie ihn hinterlistig mit jemandem verkuppeln, ohne dass er es merkt? Das wäre ideal! Männer sind dumm. Ihrer wird tatsächlich glauben, er hätte sich neu verliebt und müsste deshalb die Trennung von Ihnen bekannt geben. Im Hintergrund lächeln Sie milde und lassen ihn in dem Glauben. Das klappt erheblich häufiger, als Sie jetzt vielleicht glauben. Denken Sie mal über diese Möglichkeit nach. Wenn's funktioniert, hilft es später ungemein, die Trennung friedlich zu vollziehen.

3. Regel: ER sollte grundsätzlich nichts von Ihren neuen Lebensplänen wissen. Nicht in der Trennungsphase, auch nicht später beim Anwalt. Bis alles in trockenen Tüchern ist, muss er Sie als Neu-Single sehen. Genau das macht ihn friedlich, ja fürsorglich. Sie stehen doch nun ganz allein in der großen feindlichen Welt! Außer ihm haben Sie doch niemanden! Also wird er sich um Sie kümmern, moralisch und finanziell. Das befiehlt ihm sein Beschützerinstinkt. In dem Moment, in dem er Sie in den Armen eines neuen Partners wähnt, ist es vorbei mit seiner Fürsorglichkeit. Wenn das passiert, müssen Sie bereits alles wasserdicht geregelt haben. Seien Sie schlau und lassen Sie ihn einfach – gar nichts wissen.

4. Regel: Nicht Knall auf Fall trennen. Das machen Frauen zwar ganz gerne – fies und gemein, wie sie nun mal sind: Erst bringen sie ihr neues Schäfchen klammheimlich ins Trockene und dann, womöglich beim Frühstück zwischen Butter und Marmelade, geben sie das Ende der Beziehung bekannt, packen noch am selben Tag ihre bzw. seine Koffer, und das war's dann. Echt daneben. Und Sie können danach nun wirklich nicht mit einer friedlichen Abwicklung rechnen. Es wäre hingegen nicht nur netter, sondern auch erheblich klüger, wenn Sie den Mann ein bisschen vorbereiten würden, zum Beispiel mit monatelangem Streit um Kleinigkeiten, dauerhaftem Sexentzug, ständiger Nörgelei und wiederholten Andeutungen, dass Sie im Grunde so langsam die Nase voll haben von ihm.[58] Irgendwann wird es selbst der

---

58 Anders ausgedrückt: Verhalten Sie sich einfach so wie immer!

größte Trottel begreifen und – wie gesagt – im Optimalfall dann von sich aus die Trennung vorschlagen. Ganz friedlich wird die Trennung natürlich, wenn er aus reinen Vernunftgründen eine »auf Zeit« vorschlägt und Sie scheinbar schweren Herzens in diesen nahezu unzumutbaren (aber angesichts der verfahrenen Situation doch vielleicht besseren) Schritt einwilligen, er hat ja wie so oft auch diesmal vollkommen Recht. Wenn Sie auf Kommando heulen können, sollten Sie es JETZT tun: Tränen sind immer noch das beste Mittel, um eines Mannes rührendste, friedlichste und mitfühlendste Seite zu aktivieren.

Eine friedliche Trennung herbeizuführen ist also gar nicht schwer. Tun Sie einfach alles das, was Sie besonders gut können: Nörgeln Sie herum, machen Sie ihm das Leben schwer, lachen Sie ihn aus und verweigern Sie alles, was er mag. Wenn er dann die Nase von Ihnen gestrichen voll hat, ist die richtige Zeit gekommen, um die Trennung einzuleiten. Dass er es letztlich von sich aus tut, das werden Sie schon hinkriegen.

126. Woran merke ich, dass er sich von mir trennen will?

Sie möchten es natürlich möglichst früh merken. Und nicht erst, wenn er die typischen, allseits bekannten Symptome zeigt (zum Beispiel geistige Abwesenheit, unerklärliche Überstunden, dauergereizte Grundstimmung, provokative Lieblosigkeit, interessierte Lektüre des Immobilienteils usw.).

Ein Ansatz wäre, dass Sie das Auf und Ab seiner »partnerschaftsspezifischen Erregungskurve« (PSEK) ins Kalkül ziehen. Ist sie unten, droht Gefahr. Ist sie oben, bleibt er wahrscheinlich noch eine Weile. Untersuchungen haben ergeben, dass die PSEK bei Frauen viel konstanter und gleichmäßiger verläuft als bei Männern.[59] Anfangs hüpft sie beim Mann auf und ab wie das Barometer im April. Erst nach Jahren geht sie in sanftere, längere Wellenbewegungen über. Unten ist seine PSEK – immer ausgehend vom Beginn der Beziehung – a) nach vier Tagen, b) nach sieben Wochen, c) nach sieben Monaten und d) nach zwei Jahren. Ist er dann immer noch bei Ihnen, nähert sich die

---

59 Forschungsarbeit Prof. Neill Simon, University of Massachusetts 2003

PSEK das nächste Mal nach Ablauf von weiteren zwei Jahren wieder dem bisher niedrigsten Punkt, sackt sogar noch tiefer (statistisch betrachtet, finden die häufigsten Trennungen tatsächlich nach vier Jahren statt!), steigt dann etwas zögerlich wieder an und fällt nach insgesamt sieben Jahren noch einmal in den Keller, jedoch nicht so heftig wie nach vier. Das wäre dann das »verflixte 7. Jahr«, das seinen Namen zu Unrecht führt: Das vierte ist ganz zweifellos verflixter.

Stehen Sie solchen statistischen Erkenntnissen eher skeptisch gegenüber (es sind ja schließlich nur Durchschnittswerte), so wäre die selbstkritische Überprüfung der gegenwärtigen Qualität Ihrer Beziehung ein weiterer hilfreicher Ansatz. Hier gilt die Grundregel: Zu viel Nähe vertreibt den Mann. Hat er zu wenig Freiraum, zieht es ihn fort. Testen Sie es, trotz seiner anfänglichen Irritation. Unternehmen Sie so viel wie möglich ohne ihn. Lassen Sie die Leine los. Verreisen Sie auch mal allein!

Er muss Sie so richtig schmerzlich vermissen. Tut er das, bleibt er. Tut er das nicht, hält's nicht mehr lang. Ein Selbstversuch mit unsicherem Ausgang. Aber schließlich wollten Sie doch möglichst früh erfahren, ob die Trennung in der Luft liegt. Oder etwa doch lieber nicht?

Die sicherste Methode, seinen Trennungsgelüsten auf die Schliche zu kommen, ist gleichzeitig die riskanteste: Kommen Sie ihm zuvor. Sammeln Sie alle Argumente, die aus Ihrer Sicht für eine Trennung sprechen könnten, und machen Sie die zu Ihrem Thema. Was passieren wird, ist Ihnen klar: Entweder stimmt er Ihnen in allen Punkten zu, und das war's. Oder er kriegt einen Schreck und bessert sich.

Sie müssen keine Angst haben, dass er die Trennung lange und facettenreich vorbereitet und erst dann mit der traurigen Wahrheit herausrückt. Das ist nicht des Mannes Ding. Er teilt es Ihnen wahrscheinlich viel zu früh mit und weiß überhaupt noch nicht, was das für Konsequenzen hat. Männer sind dumm, Frauen sind schlau.

127. Womit kann ich ihn bei der Trennung wirklich ärgern?

Das Schönste und Wichtigste im Leben eines Mannes ist guter Sex. Werfen Sie ihm lausigen Sex vor, so stürzen Sie ihn in den Abgrund der tiefsten Depression, aus dem er unter Umständen niemals wieder auftauchen wird. Männer, ansonsten nicht gerade als besonders sensibel bekannt, sind in diesem Punkt extrem empfindlich. Ebenso tief wird ihn kränken, dass Sie fremdgegangen sind – ob's nun stimmt oder nicht. Auch ein hübsches Kränkungsmittel: Bezeichnen Sie ihn als beruflichen Versager! Am besten immer im Vergleich zu anderen Männern, die besser, reicher, cleverer und fähiger sind als er. Seien Sie dabei keinesfalls zimperlich.

Aber natürlich gibt es nicht nur die verbale Grausamkeit. Die zufällige Vernichtung der Lieblingsutensilien aus längst vergangenen Zeiten wie Cowboyhemden, -stiefel, Lederjacken und Märklin-Loks hat unter Umständen einen noch höheren Kränkungsgrad und lässt sich außerdem höchst effektiv mit verbalen Gemeinheiten kombinieren. Nicht zu vergessen der Faktor Geld: Selbst der großzügigste Mann wird zum Geizhals, wenn er für eine Ex-Beziehung zahlen soll. Und er wird alles tun, was ihm einfällt, um seine Kohle zusammenzuhalten. Als Mann hat er jedoch einen entscheidenden Nachteil: Er plant kurzfristig und weitgehend unüberlegt. Sie als Frau hingegen denken erst nach und handeln dann.

So ist zum Beispiel die Statistik, derzufolge die Mehrheit der Scheidungen von Frauen eingereicht wird, vollkommen irreführend. Dahinter steckt ganz einfach das unterschiedliche Verhalten von Mann und Frau. Ein Mann sagt zu seiner Frau, dass er sich von ihr trennen möchte. Danach wird er vielleicht irgendwann einen Anwalt brauchen. Und der wird dann feststellen, dass der Mann viel zu spät zu ihm gekommen ist. Eine Frau hingegen bespricht die Sache erst mit ihren Freundinnen. Dann mit ihrem Anwalt. Und dann mit ihrem Mann. Der wird sich – zu Recht vollkommen überrascht – allein schon aus Kostengründen nur allzu gern darauf einlassen, einen gemeinsamen Anwalt zu nehmen (nämlich ihren, denn der ist ja sowieso schon im Spiel). In wessen Namen reicht der dann die Scheidung ein? Im Namen der Frau natürlich. So entstehen Statistiken.

Richtig ärgern können Sie Ihren Ex durch eine finanz-strategisch wohldurchdachte Trennungstechnik. Sammeln Sie alles, was verwertbare Hinweise auf seine Finanzen zu geben verspricht: Kontonummern und -auszüge, Kopien von Sparbüchern und Depots, Gehaltszettel usw. Seien Sie ihm stets einen Schritt voraus. Und setzen Sie ihn erst danach von Ihrem Trennungswunsch in Kenntnis.

Achten Sie ferner darauf, dass Sie seinen Freundeskreis rechtzeitig zu sich herüberziehen. Freunde bleiben nach der Trennung immer nur bei einem und halten den anderen für einen kompletten Idioten. Egal, was sie schwören. Da er nun nach der Trennung dringend gute Freunde brauchen wird (wann denn sonst?), wäre es doch nett, wenn er dann gar keine mehr hätte. Weil Sie die alle mitgenommen haben! Am besten natürlich inklusive seiner eigenen Restfamilie, Eltern, Geschwister usw., also die letzte Zuflucht eines zu Tode verwundeten Mannes.

Und vergessen Sie seine Firma nicht. Denn die ist seine allerletzte Höhle, in die er sich noch Wunden leckend zurückziehen kann. Gibt es da nicht irgendeine geschwätzige Sekretärin, der Sie unter dem Siegel der tiefsten Verschwiegenheit das eine oder andere Detail…? Wie wäre es, wenn er den ach so geliebten Laden betritt, die Ärmel aufkrempelt und den dicken Max markiert, und man tuschelt schon hinter seinem Rücken über ihn? Das wäre der Todesstoß, absolut daneben und voll fies.

128. Warum läuft er mir so schnell wieder davon?

Das passiert tatsächlich recht oft schon nach einigen wenigen Tagen, zum Beispiel nach dem ersten Sex oder nach dem ersten gemeinsamen Wochenende. Männer sind in diesem Punkt ganz besonders einfach zu verstehen: Sie laufen nämlich sofort weg, wenn es ihnen zu eng wird. Wahrscheinlich haben Sie einen schweren Fehler gemacht. Könnte er den Eindruck haben, dass Sie in ihn verliebt sind? Oje. Haben Sie etwa Zukunftspläne geschmiedet, in denen er eine Rolle spielt? Fatal! Haben Sie angedeutet, dass Sie ihn Ihrer Mutter vorstellen wollen? Katastrophe. Wenn Sie die Ebene der Coolness zu früh verlassen, sind Sie ihn natürlich los. Er hakt sie ab auf der Liste »Wieder eine flachgelegt« und baggert wahrscheinlich schon die Barfrau an, während Sie nur mal kurz auf der Hotel-Toilette verschwinden (Männer sind da äußerst trickreich). Am nächsten Tag bekommen Sie dann eine überraschende SMS mit dem Inhalt »Brauche eine Auszeit, ruf mich nicht an« oder so. Dann stürzen Sie in ein tiefes Loch der Depression, sind aber im Grunde selber schuld. Weitere mögliche Gründe, warum er sich so schnell verzieht: Er hatte von Anfang an mehrere Eisen im

Feuer, wollte Sie nur sicherheitshalber antesten und hat sich danach anders entschieden. Man muss doch schließlich Prioritäten setzen im Leben. Oder er wollte überhaupt nix von Ihnen, also wirklich niemals, aber gegen eine Nacht mit Ihnen hatte er nichts einzuwenden. Oder es wartet irgendwo eine Frau mit älteren Rechten auf ihn, der er zwar für einen Abend oder ein Wochenende entkommen konnte – die dann aber doch missmutig wird und ihm irgendwie Stress verursacht.

Männer kriegen sehr leicht Angst. Es handelt sich um äußerst scheue Wesen, die das grelle Tageslicht der Entscheidung fürchten und sich lieber im feuchtwarmen Dschungel der Unverbindlichkeit tummeln. Nur wenn keine Frau in der Nähe ist, trauen sie sich heraus und begeben sich, unflätige Machosprüche ablassend, mutig an einen Biertisch unter ihresgleichen. Will man einen Mann wirklich halten, muss man als Frau also listig sein und darf keinesfalls zu grob vorgehen. Zunächst einmal darf der Mann überhaupt nicht wissen, dass er das Wild ist und Sie die Jägerin. Er muss unbedingt möglichst lange im Glauben gelassen werden, dass Sie die Rolle des Beutetiers übernommen haben und er auf dem Hochsitz lauert. Aber auch, wenn eigentlich schon alles klar ist und Sie beide zusammen sind, muss er so lange wie nur irgend möglich immer ein bisschen Angst um den Fortbestand der Beziehung haben. Nur dann hält er nämlich an ihr fest. Wenn Sie also bereits mehrfach die Erfahrung gemacht haben, dass Ihnen Männer allzu schnell wieder davonlaufen, dann ändern Sie dringend Ihre Eroberungsstrategie. Sie neigen nämlich zum Klammern.

129. Warum ist seine Neue so ganz anders als ich?

Weil er von Ihnen so grundlegend die Nase voll hat, dass er instinktiv Frauen meidet, die mit Ihnen auch nur entfernte Ähnlichkeit haben. Das ist definitiv der häufigste Grund, der natürlich nicht unbedingt dazu geeignet ist, Ihren Trennungsschmerz zu lindern.

Haben Sie nicht immer alles für ihn gemacht und sich wirklich echt darum gekümmert, dass es ihm gut geht und dass er morgens einigermaßen ausgeschlafen im Büro sitzt? Dann wird er sich eine versoffene Drecksschlampe angeln, die er morgens an den Haaren aus der Kneipe ziehen muss. Sind Sie nicht wirklich superschlank und haben wegen ihm all die Jahre nur Salat gemümmelt? Dann wird er sein Herz für Dicke entdecken und so richtig ins volle Leben greifen. Und wenn sie in der Lage ist, durch bloßes Reinspringen den Hotelpool zum Überlaufen zu bringen, wird er genau das für sexy halten.

Oder waren Sie auf Ihre eigene Karriere bedacht, richtig schön emanzipiert und ihm eine ebenbürtige Partnerin? Dann fällt er jetzt mit Sicherheit auf das mütterliche Dummchen herein, das ihm morgens die Krawatte rauslegt und ihn von früh bis spät so ätzend und demonstrativ bewundert, dass selbst ein Depp wie er diesen fiesen Trick eigentlich durchschauen müsste. Machen Sie sich nichts draus: Das alles ist völlig normal und typisch männlich. Sie als Frau hingegen werden sich wieder einen suchen, der genauso ist, wie er mal war. Damals. Als alles begann. Und Sie werden Ihrem Neuen ständig die Qualitäten Ihres Ex vorhalten. Auf dass er immer schön ein schlechtes Gewissen behalten möge.

130. Kann ich seine Liebe zurückgewinnen?

Ja, wenn Sie es richtig anstellen. Auf jeden Fall ist es leichter als umgekehrt. Frauen gehen erst, wenn sie überhaupt keine andere Möglichkeit mehr sehen. Und sie kommen nur ganz selten zurück. Männer hingegen reagieren simpel, vergessen schnell und denken gern mit dem Schwanz, wie man völlig zu Recht so dahinsagt. Damit ist die Richtung auch schon vorgegeben. Wenn er Sie verlassen hat und Sie möchten ihn zurück, dann geht das nicht mit endlosen Debatten. Es geht nur übers Bett. Aber natürlich nicht gleich. Sie sollten sich schlau verhalten. Anfixen und stehen lassen heißt die Devise. Also: Wenn Sie ihn nach einiger Zeit mal wieder treffen (irgendetwas wird es ja noch zu besprechen geben), dann keineswegs bei Ihnen oder bei ihm zu Hause. Sondern in einem Restaurant. Fädeln Sie das Date nicht am Telefon ein, sondern per SMS. Er muss ja nicht wissen, dass Ihre Stimme schon wieder zu zittern beginnt.

Wenn Sie jemals richtig sexy ausgesehen haben, dann ist genau das Ihr Outfit für diesen Abend. Gehen Sie auf die Sonnenbank und zum Friseur, lassen Sie sich Zeit mit den Vorbereitungen und einen Knopf mehr als sonst an der Bluse offen. Sie wissen doch genau, was er mag.

Wenn Sie zum Beispiel die Haare fast immer streng zurückgekämmt tragen und er steht auf offen, dann gehen Sie an diesem Abend offen. Wenn er bei einem bestimmten Parfum verrückt wird und Sie es nicht so gerne tragen, dann nehmen Sie das. Und vergessen Sie die Psyche nicht!

Sie müssen glücklich und entspannt wirken. Denken Sie sich eine Geschichte aus, die ihn eifersüchtig machen wird. Sehr dezent und keinesfalls aufdringlich werden Sie ihm die erzählen, so ganz nebenbei. Keine Angst, er merkt nichts! Er ist mit den Gedanken sowieso ganz woanders, denn er fragt sich die ganze Zeit: War es eigentlich wirklich eine gute Idee, diese tolle Frau zu verlassen?

Machen Sie ihm keine Vorwürfe, wärmen Sie keine alten Geschichten auf. Erwähnen Sie immer wieder, wie gut es Ihnen jetzt geht. Lügen Sie das Blaue vom Himmel herunter. Stellen Sie sich vor, Sie möchten eine ganz bestimmte Wohnung haben und verhandeln mit dem Makler. Dem werden Sie doch auch alles Mögliche erzählen, um Ihr Ziel zu erreichen!

Lassen Sie ihn trinken, so viel er verträgt und noch ein bisschen mehr. Am Ende wird er mit hoher Wahrscheinlichkeit die Nacht mit Ihnen verbringen wollen. Lassen Sie ihn bis zuletzt im Glauben, dass man dies nicht ausschließen kann. Ohne es zu sagen, natürlich. Lassen Sie ihn trotzdem nicht an sich heran. Kein Kuss, nichts. Und wenn es noch so schwer fällt. Das ist IHR Abend! Sie ziehen die Fäden, er hängt dran. So, und dann – wenn er so richtig angefixt ist – dann lassen Sie ihn stehen oder sitzen und lassen eine Taxe rufen. Nur für sich.

Danach gilt natürlich: Sie rufen ihn nicht an, Sie antworten nicht auf seine SMS, Sie machen gar nichts. Es ist so platt und primitiv, wie es klingt. Aber es ist Ihre einzige Chance.

Als die erste Ausgabe dieses Buches erschienen war, bekam der Autor viele Mails von Frauen, die es gelesen hatten. Sie erzählten ihre Geschichten und fragten um Rat. Es war wirklich erstaunlich und auffällig, wie wenig diese Frauen vom Mann als solchem wussten. Sie ließen fast alles mit sich machen, ertrugen Fremdgehen und andere Schlechtigkeiten, wurden verlassen und zurückgenommen und wieder verlassen und gelegentlich benutzt, und sie wehrten sich immer noch nicht. Sie machten sich nicht rar. Ja: Wenn Sie ihn zurückhaben wollen, dann machen Sie sich rar. Und machen Sie sich hübsch. So einfach ist das.

Zehntes Kapitel

DER MANN ALS
SOLCHER

Falsch! Nicht er hat Kontakt zu seiner Ex, sondern seine Ex hat Kontakt zu ihm. Und den wird sie pflegen wie ein zartes Pflänzchen. Warum? Die beiden sind doch schon lange nicht mehr zusammen! Schließlich gibt es jetzt doch nur noch Sie in seinem Leben! Ja, ja. Aber die Ex hat die älteren Rechte. Und die nimmt sie wahr. Es ist ihre genüssliche Rache dafür, dass Sie ihren Kerl abgegriffen haben. Die hier bereits zitierte Autorin Christine Eichel nennt die Ex sogar die »Schwiegermutter des 21. Jahrhunderts« und konstatiert: »Hat sich der abgelegte Lover neu gebunden, wird er erst richtig interessant. Und als versierte Gefühlsterroristin hat die Ex gute Argumente. Denn wer versteht einen Mann besser als die Frau, die die älteren Rechte hat? Sie kann seine Lieblingsphobien rückwärts aufsagen. Sie hat seine Macken und Marotten ertragen. Nun tut sie alles dafür, ihre Nachfolgerin wissen zu lassen, dass die eine unwissende Novizin ist und der Mann immer noch ein emotionales Verfügungsgebiet.« Christine Eichel hat vollkommen Recht, und Ihr Mann kann nix dafür. Hat er mit der Ex gar gemeinsame Kinder? Dann hat er gar keine Chance. Er MUSS ja mit ihr leben. Und Sie – Sie müssen es auch.

Es gibt natürlich auch viele Männer, die sich ihre Ex als offenes Hintertürchen halten. Wenn das mal mit Ihnen nicht mehr so läuft und wenn die Ex ihren derzeitigen Deppen in den Wind geschossen hat, wenn also beide mal wieder Single sein sollten, dann könnte man doch über ein Remake nachdenken, denn so schlecht war sie ja nun auch wieder nicht im Bett. Vielleicht denkt er tatsächlich so. Ein bisschen fies, ein bisschen listig. Aber was ist das gegen die geballte fiese weibliche List? Es ist lächerlich wenig, wenn Sie mal ehrlich sind. Es ist eine Anfängerlist. Es ist eigentlich erbärmlich. Es ist männlich.

132. Sollte ich mit ihm zusammenziehen?

Nein. Nicht, solange Sie es vermeiden können. Für einen Mann ist Nähe auf Dauer schwer erträglich. Er braucht sein Rückzugsrevier. Er braucht manchmal auch dieses Prickeln, dass er nicht genau weiß, was

Sie gerade tun und vor allem, mit wem Sie es tun. Nur getrennt lebet hält die Liebe jung.

Geht's eines Tages aber nicht mehr anders, dann denken Sie dran: Sie brauchen unbedingt ein Zimmer für sich alleine – darauf legen 30 % aller Frauen, die es schon mal probiert haben, aus gutem Grund extremen Wert.[60] Streit gibt es in der gemeinsamen Wohnung übrigens vor allem wegen der Einrichtung (32 %) und weil sie oder er so viel Unordnung schafft (22 %). Es kann aber gut sein, dass ER aufs Zusammenziehen drängt. Dann hat er Sie immer schön unter Kontrolle, dann hat er jemanden fürs Putzen, dann ist die Wohnung doch gleich viel wohnlicher, weil ja ein weibliches Element hineinkommt, dann stehen auch mal frische Blumen auf dem Tisch, und abends brennt sogar eine Kerze. All das, was er nicht so drauf hat, aber durchaus zu schätzen weiß! Lassen Sie es. Irgendwann ist die Zeit für Kinder gekommen, und dann müssen Sie ja sowieso mit ihm in einer Wohnung leben. Bis dahin sollte er seine Socken selber wegräumen, und Sie sollten die Tür hinter sich zumachen können.

133. Sollte man überhaupt mit einem Mann zusammen sein?

Die Alternative wäre ein schönes, entspanntes Single-Leben. Etwas mehr als 100 % aller Männer, die liiert sind, träumen gelegentlich davon. Es wäre doch zu geil. Man könnte die Füße auf den Tisch legen (mit Schwitze-Socken), man könnte rülpsen, man könnte saufen, huren und fett werden. All das, was eine Frau an einem Mann nicht so gerne hat. »Allein lebt sich's glücklicher« hieß irgend so ein schlichter Partnerschafts-Ratgeber in den 80ern. Aber so schlicht war der Titel dieses Ratgeberbuches gar nicht. Er gilt natürlich nicht nur für Männer, sondern auch für Frauen. Und immer mehr Frauen sagen: Man sollte nicht mit einem Mann zusammen sein. Man sollte allein sein. Und sie sind's.

In Hamburg zum Beispiel lebten 1970 nur 284.600 Menschen allein. 2003 waren es schon 449.500. Auf ihrer Internetseite bietet die Stadt einen Sonderservice für Singles. Wal Mart veranstaltet alle zwei

---

60 FORSA-Umfrage für »Woman«

ıgle-Shopping. Die Verbraucherberatung bietet sogar Kurse
s an. Eine Kinokette veranstaltet Single-Filmabende. Singles
eine Zielgruppe, mit der man viel Geld verdienen kann«[61], sagen
xperten. »Der Trend zur Single-Gesellschaft ist stabil und ein Ende der
Vermarktung nicht abzusehen.« Dem Single gehört also offenbar ganz
zweifellos die Zukunft. Die Familie stirbt aus. Wir sterben alle allein.

»Ich war dreimal verheiratet, habe vier Kinder und hatte bisher ungefähr 40 ernsthafte Beziehungen. Aber das wahre Glück habe ich erst
erlebt, als ich mich von der Frau als solcher lossagte«, schildert der
Hamburger Autor und Lebenskünstler Christian Freymann. »Ich lebe
so, wie ich das mag. Ich genieße meine Freizeit so, wie ich das mag. Ich
arbeite so viel, wie ich mag. Ich treffe mich mit den Freunden, die ich
mag. Und wenn ich keine Lust auf irgendjemanden habe, dann bin ich
allein. DAS ist Glück.«

Andererseits: Kaum hat der Single sein Traumziel erreicht und ist
endlich partnerschaftsstress-frei, fängt er schon wieder an zu suchen.
Die Top-Adressen boomen im Net: datingcafe, elitepartner, kontakt-
anzeigen, friendscout24.[62] Kai Pflaume »gebührt der Oscar als bester
Kuppler im TV«.[63] Alleine lebt sich's also offenbar doch nicht glücklicher, langfristig betrachtet.

134. Warum gibt es mit Männern so viele Missverständnisse?

Es könnte alles so einfach sein. SIE fragt IHN, und er sagt Ja oder Nein.
Das gilt dann. Und alles ist besprochen. Aber so simpel ist das nicht.
Keine Frau ist mit einer klaren Antwort zufrieden. Ein Ja oder Nein
findet sie sogar beleidigend. Sie fragt: »Schatz, bin ich zu fett?« Er
sagt: »Nein.« Glauben Sie ja nicht, dass sich eine Frau damit zufrieden
gibt! Sie erwartet einen zehnminütigen Monolog über die Vorzüge ihrer sanften Rundungen unter Berücksichtigung der Nachteile der Figur
von Heidi Klum und Einbeziehung der Vorteile eines genussbetonten
Lebens mit gleichzeitiger Erwähnung der immens erhöhten Sinnlich-

---

61 *Freizeit-Forscher Prof. Horst Opaschowski*
62 *alle mit .de*
63 *Deborah Knür, Hamburger Journalistin*

keit einer Frau, der ihre Pfunde egal sind, kombiniert mit einem sanften Schlenker auf die aus Männersicht unsympathische Zickigkeit ihrer modelmäßig abgemagerten allerbesten Freundin, die das beste lebende Beispiel für den wissenschaftlich erwiesenen Zusammenhang zwischen Miesepetrigkeit und Magersucht ist. Dann eventuell hätte sie vielleicht das Gefühl, eine wenn auch nicht erschöpfende, so doch einigermaßen akzeptable und ausreichende Antwort auf ihre Frage erhalten zu haben, aber natürlich wird sie auch dann keine Dankbarkeit zeigen, sondern schmollend einwerfen: »Ach, das sagst du jetzt nur so.« So sind Frauen, und damit kann ein Mann überhaupt nichts anfangen.

Oder nehmen wir diesen Dialog. Sie: »Schatz, wie findest du das Kleid?« Er: »Schön.« Sie: »Nein, wie du das FINDEST, meine ich! Ob mir das STEHT! Guck doch mal!« Er (guckt): »Sag ich doch. Ist schön, steht dir.« Sie: »Du hörst mir nicht zu. Nie hörst du mir zu. Du interessierst dich einfach nicht für mich!«

Und schon liegt der ganz normale Frust zwischen Mann und Frau in der unheilschwangeren Luft. Sie haben sich wieder mal nicht verstanden.

Aus Männersicht hat die Frau, verzeihen Sie, einen Hau. Hat er nicht die Frage klar beantwortet? Hat er sie nicht sogar zweimal beantwortet und sogar noch ein Kompliment drangehängt? Was, zum Teufel, will sie noch von ihm?

Männer und Männer verstehen sich hingegen mit wenigen Worten. Der folgende ganz alltägliche Dialog zeigt es. Zwei Männer an der Tanke. A sieht einen Porsche und schleicht drum herum. B gehört der Porsche.

A: »Geile Karre.«

B: »Ja.«

A: »Abgeregelt?«

B: »Nein.«

A: »Geil.«

B: »Ja.«

So reden Männer. Und alles, alles ist gesagt. Aber zurück zu der Szene mit dem neuen Kleid.

Frauen und Frauen verstehen sich auch ganz gut. Stellen Sie sich mal zwei in der Boutique vor (Frau A probiert an, Freundin B stöbert in irgendwelchen Regalen, kein Mann stört).

A: »Schatzilein, guck mal ...«

B: »Einfach supertoll. Und wie SCHLANK dich das macht. Warte mal hier (zupft) und da (zupft), und die Farbe! Sag ich dir doch schon immer, pink steht dir. Allerdings ...«

A: »Ja?«

B: »Ein bisschen gewagt ist es ja ...«

A (misstrauisch): »Kann ich doch tragen, oder?«

B: »Aber ja doch, meine Liebste, natürlich! Männer mögen es, wenn man Titten zeigt! Vielleicht noch mit einem Push-up ...«

A (pikiert): »PUSH-UP???«

B: »Sei doch froh, dass du nicht so kleine Titten hast wie ich. Also das Kleid ist einfach SPITZE.«

A: »Meinst du, Schatzilein?«

B: »Aber sicher!«

A: »Also ich weiß nicht« (zieht Kleid wieder aus und das nächste an).
Frauen sind fies. Denn wenn Sie genau hinhören, hat B in all die netten Komplimente einige Gemeinheiten hineingepackt. Die erste: »A ist fett.« (»Und wie SCHLANK dich das macht!«) Die zweite: A hat Hängebrüste (»Vielleicht noch mit einem Push-up ...«). A hat das natürlich rausgehört, denn A ist ja auch eine Frau. Jetzt ist Frau A sauer auf Frau B, würde Frau B das aber niemals sagen. So sind Frauen.

Nun sollte ein Mann um Himmels willen daraus keine falschen Schlüsse ziehen. Zum Beispiel diesen: Alle Missverständnisse zwischen Männern und Frauen würden ja wohl verschwinden, wenn Männer einfach mehr reden würden! Ein bisschen von pink und »steht dir prima« sabbeln, hier eine Bemerkung über ihre Figur fallen lassen und da den gegenwärtigen Zustand der Brüste ins Spiel bringen!

Davon jedoch ist DRINGENDST abzuraten. Es kann nur in die Hose gehen. Das Ergebnis wäre der absolute Beziehungs-GAU.

Sie: »Schatz, wie findest du das?«

Er: »Super, Schatzi. Könntest du es etwas länger machen lassen, wegen der Schenkel? Ich meine, Cellulite muss man ja nicht unbedingt zeigen ...«

Sie: Grrrr!

Er (hebt ihre Brüste mit den Händen etwas an): »Und wenn du hier noch, kann man da nicht was einziehen, dass sie wieder richtig stehen, so wie früher? Ja, das wäre toll.«

Sie: Grrrrrrr!

Er: »Und um die Hüften, da müsste es noch etwas fließender sein, schau mal, die fünf Kilo plus vom letzten Urlaub, die kann man doch kaschieren?«

Sie (verschwindet weinend in der Umkleidekabine).

Was meinen Sie: Ob die beiden nach diesem gelungenen Einkaufstag noch Sex haben werden?

135. Warum kratzen sich Männer ständig am Sack?

Allein schon das Wort »ständig« schreit nach der Gegenfrage, was Sie denn eigentlich für einen Umgang pflegen. Scheint ja wirklich nicht die allererste Sahne zu sein. In Gegenwart einer Dame darf nur einer dem Mann an die Eier fassen, und das ist die Dame selber.

Gehen Sie getrost davon aus, dass er Sie massiv provozieren will. Aber auf einem Niveau, das jeder Schimpanse weit überbietet. Wie Sie auf diese Provokation reagieren sollten, das hängt ganz davon ab, wie Sie zu dem Mann stehen. Handelt es sich um Ihren Partner? Abschießen. Um einen Fremden? Ignorieren. Um Ihren Chef? Stellenmarkt lesen. Um Ihren Kollegen? Schauen Sie ihm direkt zwischen die Beine und setzen Sie diesen »Och-der-misst-ja-nur-fünf-Zentimeter«-Blick auf.

136. Welche inneren Werte schätzen Männer an Frauen?

Ach je: Fürs Erste reichen ein paar äußere Werte vollkommen aus. Männer sind bescheiden, und auf dem lebenslangen dornigen Weg zur einzig wahren großen Liebe haben sie Verzicht gelernt. Lieber ein Knopf mehr an der Bluse auf als 10 IQ-Punkte mehr im Gehirn, denn klug sind die Männer ja selber. Aber wenn das Äußere dann total stimmt und es wirklich nichts mehr zu kritisieren gibt, wenn das Interesse also tatsächlich erwacht und der erste sinnentleerte Liebestaumel überstanden ist, dann denken Männer durchaus auch schon mal über die inneren Werte einer Frau nach.

Jetzt erwarten Sie wahrscheinlich eine korrekte Aufzählung Ihrer eigenen persönlichen Eigenschaften, und hier ist sie: Männer schätzen

Loyalität und sanftes Bemuttern, Genussfähig- und Schlagfertigkeit, absolute Treue und die Fähigkeit, einen Mann so richtig zu bewundern. Sie schätzen anschmiegsame Frauen, die ihnen trotzdem nie auf den Keks gehen, eine gewisse unauffällige, heißt nie zum Nachteil des Mannes benutzte Intelligenz, ein beschauliches Bildungsniveau etwas oberhalb von »Bunte« und »Gala«, einen gewissen Mutterwitz und vor allem eine unglaublich stoische Gelassenheit im Umgang mit männlichen Schwächen. Wenn Sparsamkeit ein innerer Wert ist, gehört er auch auf die Liste: »Ach Schatz, es muss doch nicht schon wieder Champagner sein, der Aldi-Prosecco schmeckt mir doch auch« ist Balsam für die männliche Seele. Die Fähigkeit, sich mit großen Augen unbändig für sein Hobby zu interessieren, ist auf jeden Fall ein innerer Wert und schon fast die halbe Miete.

Dann ist noch ein sonniges Gemüt wichtig: Frauen sollten möglichst niemals schlecht gelaunt sein und wenn doch, dann sollten sie das mit sich selber ausmachen. Mit gutem Grund: Der Mann kann ja meistens nichts für ihre schlechte Laune. Deshalb ist es misslich und wird zu Recht als ungerecht empfunden, wenn er sich trotzdem damit befassen muss. Geduldiges Zuhören, und zwar auch bei der 12. Wiederholung einer eher unbedeutenden Geschichte, ist ein innerer Wert, den man gar nicht hoch genug einschätzen kann. Leider ist er vielen Frauen heutzutage verloren gegangen. Eigentlich sollte jede Frau eine Ausbildung zur Krankenschwester machen, bevor sie sich bindet, denn Männer leiden gern, und sie lieben diese beruhigende Florence-Nightingale-Ausstrahlung, die leider immer nur die Frau vom besten Kumpel zu haben scheint, aber nie die eigene. »Stell dich nicht so an« sind deshalb fünf Worte, die Sie in dieser Kombination aus Ihrem Wortschatz umgehend streichen sollten.

Eine Frau muss nicht unbedingt das Erbrochene eines Mannes wegwischen, wenn er ausnahmsweise mal einer schlechtgewordenen Flasche Jägermeister auf den Leim gegangen ist, aber sie sollte wenigstens den Eindruck erwecken, dass sie es jederzeit für ihn tun würde. Feuchte Wickel sollte sie auf jeden Fall anlegen können, aber das ist ja kein innerer Wert. Noch einige Sätze zum Thema Loyalität: Die ist tatsächlich die zweite Hälfte der Miete. Da heißt die Grundregel: Der Mann hat immer Recht. Sie dürfen das jetzt aber nicht so verstehen, dass bedingungslose Unterwerfung der Frau in den Augen des Mannes ein innerer Wert sei, nein, nein: Das wäre dann ja eher langweilig. Sondern Sie müssen das so machen, wie es Ihre Oma mit Ihrem Opa über die goldene Hochzeit hinaus erfolgreich praktiziert hat: Natürlich hat SIE die Hosen an, aber sie lässt es IHN niemals spüren. Wo sind nur die goldenen Tugenden aus den kargen Zeiten unserer Großeltern geblieben? Wir werden erheblich niedrigere Scheidungsquoten haben, wenn sie eines Tages wieder Kultstatus erlangen.

137. Stehen Männer auf »griffige« Frauen?

Absolut, wenn mit »griffig« gemeint ist, dass man sich an irgendwas festhalten kann. Und zwar werden sie alle eines Tages eine eher »griffige« Frau heiraten, aber vorher werden sie noch jeden Hungerhaken flachlegen, der nicht bei Drei auf dem Baum ist.

Die »griffige« Frau (sorry, das Wort kommt von einer Frau, aber wir schreiben es trotzdem – allerdings konsequent in Tüddelchen), die »griffige« Frau also ist keinesfalls fett, aber sie hat eben ein bisschen was um die Hüften, und die Knochen stehen nicht überall raus. Sie erinnert den Mann an seine eigene Mutter. Sie lässt durch eine gewisse liebenswerte Vernachlässigung des derzeitigen Schönheitsideals auch darauf hoffen, dass sie statt Salat und Mineralwasser auch noch was Herzhaftes zu sich nimmt bzw. auf den Tisch bringen wird, und außerdem wird sie nicht immer missmutig auf seinen eigenen Speckgürtel starren. »Griffige« Frauen sind bestimmt genussfreudig und sinnesfroh, gut gelaunt und eher kumpelhaft. Das kann natürlich alles ausgemachter Blödsinn sein, aber »griffige« Frauen werden vom Mann spontan und ohne Nachdenken sogleich als Heiratskandidatinnen empfunden. Für später natürlich. Erst mal gilt es aber noch, einige Mädels mit Modelfigur zu knacken. Wär ja auch schade um die verpassten Gelegenheiten.

138. Hält er Frauen für den zweitbesten Kumpel?

Nein. Denn zwischen dem Hund und Ihnen kommt noch sein bester Freund; Sie rutschen deshalb auf Platz drei.

Sein Hund gehorcht und ist immer ehrlich. Die beiden verstehen sich. Sein Freund soll nicht gehorchen, ist aber auch immer ehrlich. Die beiden verstehen sich ebenfalls. Sie hingegen gehorchen nicht, und ehrlich sind Sie auch nicht. Er versteht weder, was Sie ihm sagen wollen, noch was Sie überhaupt von ihm wollen. Er kann sich nicht in Sie hineinversetzen. Er ist anders als Sie. Und erst, wenn Sie das begriffen haben, werden Sie den Mann als solchen ansatzweise begreifen können.

Wir haben heute leider den Trend, dass die Unterschiede zwischen Mann und Frau in den Medien konsequent klein geredet werden. Trotzdem gibt es sie. Lesen Sie mal ein Interview mit einem Mann, der gerade Vater geworden ist. Mit hundertprozentiger Gewissheit kommt die Frage, ob er denn bei der Geburt dabei gewesen ist und ob er auch brav wickeln kann. Obwohl es sich bei Gebären und Babyswickeln doch eigentlich um eher weibliche Tätigkeiten handelt, oder?

Frauen hingegen finden nichts so geil, wie sensationell Karriere zu machen. Was tendenziell eine eher männliche Eigenschaft ist. »Nur Hausfrau« zu sein (»nur«!) ist beinahe ehrenrührig. Und Männer, die sich für ihren Job aufreiben und die Erziehung ihren Frauen überlassen, gelten als ewig gestrig.

Ein Vater, der die Frau den Kinderwagen schieben lässt, erntet böse Blicke auf der Straße. Macho oder was? Und Männer sollten niemals öffentlich bekunden, dass sie weder kochen können noch Lust haben, es zu lernen! Dadurch outen sie sich nämlich als Vollidioten.

Männer tragen Ohrringe, Frauen tragen Krawatten. Erwachsene Männer, man muss sich das mal vorstellen, tragen Babys im Tragetuch auf dem Bauch. Es gibt Bücher mit Titeln wie »Vaterschaft und Schwangerschaft« oder »Papa und die Wehen« oder »Der Mann und das Embryo«. Kurzum:

Es herrscht eine beängstigende geschlechtliche Gleichmacherei, die mit echter Gleichberechtigung überhaupt nichts mehr zu tun hat – weil sie den Blick auf Tatsachen verstellt, die (entschuldigen Sie das Wort aus der Mottenkiste) »natürlich« sind. Das Ergebnis dieser Gleichmacherei ist ein tiefes Unverständnis zwischen Mann und Frau. Kein Mann wird zum Beispiel jemals verstehen, warum er sich einerseits wie ein Softie benehmen soll – seine Frau aber andererseits von einem harten Kerl träumt, bei dem sie sich anlehnen kann und der sie beschützt. Das ist doch total bescheuert! »Du hörst mir nicht zu«, »du interessierst dich nicht für mich«, »du bist überhaupt nicht höflich zu mir«, »du bist ein blöder Macho«, »du kümmerst dich um nichts«: So reden die Frauen. Okay, sagt sich der Mann: Jetzt hörst du ihr zu, jetzt interessierst du dich, jetzt bist du höflich, jetzt bist du ganz soft, jetzt kümmerst du dich. Ergebnis? Sie schmilzt am Fernseher dahin, wenn irgend so ein blöder Macho das genaue Gegenteil spielt und die Frauen scheiße behandelt! Und auf der nächsten Party findet sie ausgerechnet den arrogantesten Dummbax sympathisch, der nun so gar nicht ihren häuslichen Wünschen entspricht! Mit dem unterhält sie sich länger als normal, den himmelt sie wahrscheinlich an! Grummel, grummel, grummel.

Ganz selten flackert im schlicht gestrickten Gemüt des Mannes ein Gedanke auf, der ihn mit Furcht und Schrecken erfüllt: Könnte es sein, dass diese weibliche Widersprüchlichkeit Teil einer raffinierten Unterdrückungsstrategie ist? Wird er als Mann vielleicht absichtlich im Zustand des ewig latent schlechten Gewissens gehalten? Ist die ganze Geschichte nur ein übler weiblicher Trick, um den Mann als solchen klein zu halten?

Vermutlich, sagt sich der Mann, ist es tatsächlich so. Und er denkt lieber an was anderes, zum Beispiel an sein Hobby. Aus seiner Perspektive können Sie als Frau mit Platz drei wirklich hochzufrieden sein. Normalerweise müssten Sie nämlich noch einige Plätze darunter stehen. Aber ist es nicht ein Wunder, dass Mann und Frau sich trotz alledem letztendlich doch ganz gut vertragen? Dass jeder Single-Mann immer wieder eine Frau sucht? Und umgekehrt?

139. Warum darf ich im Job nicht besser sein als er?

Weil Männer nicht so stark sind, wie sie gern tun. Männer sind arme Würstchen, die in regelmäßigen Intervallen unter schrecklichen Selbstzweifeln leiden. Erfolg im Job ist ein gutes Mittel, um männliche Komplexe zu kompensieren. Wenn Sie es nun weiterbringen als er, dann nehmen Sie ihm eine wichtige Stütze seines Selbstwertgefühls.

Es wird nicht lange dauern, bis er sie wieder dahin zu kriegen versucht, wo Sie seiner Meinung nach auch hingehören: an den Herd. Kann gut sein, dass er nun plötzlich Vater werden möchte – ein ganz primitiver und doch oftmals erfolgreicher Trick, um die »Hackordnung«

aus Männersicht wieder herzustellen. Jetzt sind Sie im Zugzwang. Entweder pfeifen Sie auf Ihre Karriere und werden Mama, oder Sie pfeifen auf Kinder und machen weiterhin Karriere. Im ersten Fall weinen Sie Ihrer Karriere vielleicht lebenslang hinterher, im zweiten Fall weinen Sie eines Tages Ihrem Kerl hinterher. Der hat sich eine andere genommen, und die ist womöglich schneller schwanger, als er seinen schweren Fehler bemerkt. Es ist also wichtig, dass Sie – falls Sie erfolgreicher sind als er – viel für sein Selbstwertgefühl tun. Falls Sie beide in derselben Firma arbeiten: Sie wissen doch genau, wer die Arbeit wirklich macht. Das ist doch er, oder? Wie ungerecht das alles doch manchmal ist. Sie arbeiten in verschiedenen Firmen? Wahrscheinlich ahnt er gar nicht, wie wenig Verantwortung Sie zu tragen haben. Im Vergleich zu dem, was er so an Entscheidungen fällen muss. So sollten Sie ihn nachhaltig aufbauen. Wenn Sie es weiterbringen als er, dann leidet er unter Vitamin S-Mangel (S wie Selbstwertgefühl), und dann müssen Sie ihm eben eine Vitaminspritzen-Kur verpassen. Ist doch nicht schwer.

140. Wie müsste die optimale Partnerin für ihn sein?

Sie lässt ihn weitgehend in Ruhe. Sie umsorgt ihn und merkt zum Beispiel, wenn sein Bier alle ist. Sie nervt ihn nicht mit häuslichem Kram. Sie passt auf, dass was für ihn im Kühlschrank ist. Sie macht sich auch nach Jahren noch für ihn schön. Sie schläft gern mit ihm. Sie sieht gut aus. Sie managt den Haushalt. Sie bringt ein bisschen Geld nach Hause, muss ja nicht viel sein. Sie trinkt gern einen mit, aber nur so viel, dass sie ihn noch fahren kann. Sie achtet auf ihre Figur. Sie tut so, als wenn sie zu ihm aufschaut. Sie ist loyal. Sie macht ihn niemals vor anderen lächerlich. Er kann sie überallhin mitnehmen. Sie drängt ihn aber nie dazu. Sie lässt ihm seine Laster, schickt ihn also keinesfalls zum Rauchen auf den Balkon und zählt ihm auch nicht die Wodkas in den Hals. Sie ist zärtlich, aber nicht aufdringlich. Sie akzeptiert, dass letztlich er der Boss ist, jedenfalls erweckt sie den Eindruck. Sie kann zuhören. Sie achtet beim Kochen darauf, was er mag bzw. nicht verträgt. Sie kann überhaupt kochen. Sie macht ihm keine Szene, wenn er mal mit seinen Kumpels bis ins Morgengrauen versackt. Sie hält das Geld zusammen. Sie lässt ihn seinen Hobbys nachgehen und meckert nie über seine Kumpels. Sie erkennt an, was er für die Familie tut, und gelegentlich äußert sie das auch. Sie behält ihre schlechte Laune für sich, oder sie hat niemals schlechte Laune (träumen ist ja erlaubt). Sie vergleicht ihn nie mit anderen Männern (es sei denn, er schneidet dabei besser ab als die). Sie hatte vor ihm ausschließlich Loser als Partner und betont gerne, wie gut sie es nun mit ihm getroffen hat. Und sie macht ihm jeden Tag ein kleines Kompliment. Ja: So ungefähr stellt sich ein Mann die optimale Partnerin vor.

Im Cockpit eines Flugzeuges übernimmt manchmal der Co-Pilot den Steuerknüppel. Der Flugkapitän darf inzwischen die Beine hochlegen oder aufs Klo gehen. Deshalb ist der Co-Pilot aber noch lange nicht der Chef an Bord. So muss es aus Männersicht auch in einer Beziehung sein, und zwar auf Dauer: Sie soll das Ding fliegen, aber er bleibt der Chef.

141. Warum erzählt er nie von seinen Ex-Beziehungen?

Auch ein wichtiger Unterschied zwischen Mann und Frau. SIE erzählt ständig von ihren Verflossenen und legt dabei erstaunlich wenig Feingefühl an den Tag. Weil sie durchaus imstande ist, im Nachhinein von den Verflossenen zu schwärmen. Dabei weiß der aktuelle Partner natürlich, dass es sich bei ihren Ehemaligen durchweg um komplette Idioten handelte: dümmliche Angeber mit Ego-Problemen ohne Ende, jämmerliche Versager im Beruf und selbstverständlich lausige Liebhaber. Vollkommen unverständlich, dass sie vor ihm immer wieder auf solche Trottel reingefallen ist. ER hingegen schweigt mit Bedacht über seine Ex-Beziehungen. Erstens, weil ihm zu denen nur Gutes einfällt und er genau weiß, wie SIE darauf reagiert. Zweitens, weil die Zeit vor ihr zu den letzten Geheimnissen gehört, die er als Mann überhaupt noch bewahren kann. Und drittens, weil es vollkommen egal ist, was er über seine Vergangenheit erzählt: Es würde doch nur Stress geben.

Was Frauen zum Beispiel immer unbedingt wissen wollen, ist der Grund für das Scheitern seiner früheren Beziehungen. Das interessiert Frauen aber nicht aus mitfühlendem Interesse, sondern weil sie alles sofort auf sich selbst beziehen möchten. Was, die hat sich gehen lassen? Soso. Ich lasse mich wohl auch gehen, oder? Wann verlässt du mich denn? Was heißt denn das überhaupt, sie hat sich gehen lassen? Soll ich mich vielleicht schminken, wenn du noch schläfst, oder was?

Das ist die vollkommen unlogische, aber typisch weibliche Solidaritäts-Masche; SIE schlägt sich hierbei grundlos, aber konsequent auf die Seite der Ex. Dann gibt es noch die Selbstmitleids-Masche: Was, DESWEGEN hast du sie verlassen? Wegen so einer Kleinigkeit? Na, das ist ja interessant. Da kann ich ja drauf warten, bis dich bei mir auch irgend so was stört. Also wenn dir so wenig an einer Beziehung liegt... Dabei hat der Typ überhaupt nichts Schlimmes gesagt! Nur die Wahrheit! Und die wollte sie doch gerade hören! Verstehe einer die Frauen.

Immer wieder gern genommen wird auch die Anklage-Masche: Wie bitte? So hat die dich ausgenutzt? Du musst doch vollkommen verrückt gewesen sein. Wenn WIR all das Geld hätten, was du in DIE reingesteckt hast... Und bei mir sparst du am Haushaltsgeld... Schon wieder ist die Mausefalle zugeschnappt, und als Mann wünscht man sich, es hätte diese Debatte niemals gegeben.

Ist der Mann aber von seiner Ex verlassen worden, ergeht es ihm auch nicht besser bei der Ursachenforschung. Na ja, heißt es dann: Das muss wohl die Zeit gewesen sein, als du so unglaublich zugenommen hast. Früher hattest du doch nicht so einen Bauch, oder? Unausgesprochen steht dann natürlich der Satz im Raum: Sei bloß froh, dass ich dich noch genommen habe. Der Lack ist doch sowieso ab bei dir. Kurz und gut: Der Mann kann sagen, was er will. Es wird grundsätzlich alles gegen ihn verwandt. Und deshalb tut er gut daran, überhaupt nichts über seine Ex zu erzählen. Das weiß jeder Mann aus leidvoller Erfahrung. Dumm ist nur: Je konsequenter er schweigt, desto mehr bohrt die Frau in dem Loch herum. Schlimmstenfalls fängt sie mindestens einmal am Tag mit dem Thema an. Lässt keine Gelegenheit aus. Vordergründig könnte es pure Neugierde sein, ist es aber nicht: Es ist pure Streitlust. Kommt, Männer: Wir nehmen die Angel und gehen an den Fluss.

142. Kann ich ihn überhaupt ändern?

Kommt darauf an, worum es geht. Um schlechte Angewohnheiten und andere Kleinigkeiten? Natürlich können Sie ihm beibringen, dass er den Müll rausbringt, nicht mehr im Unterhemd vorm Fernseher sitzt, sich regelmäßig rasiert und vorm Schlafengehen duscht, oder was Sie sonst eben gern anders hätten. Sie werden das mit Überredungskunst, Liebesentzug oder harschen Worten sowie mit einer gewissen Hartnäckigkeit erreichen. Ganz so, als wenn Sie ein Kind zu erziehen hätten.

Das lässt der Mann nicht nur über sich ergehen, sondern er akzeptiert es in der Regel auch. Solche Kleinigkeiten kratzen nicht an seiner Mannesehre. Darum ist er irgendwann die Meckerei leid und hält sich eben dran. Wird es aber grundsätzlich, ist die Lage ganz anders. Grundsätzlich ist für einen Mann: Es geht um seinen Bauch, seinen Appetit, seinen Job, die Finanzen, Alkohol, Kumpels, Sport, Sex und alles, was mit dem Auto zu tun hat.

Da erreichen Sie möglicherweise auch was. Aber es könnte sein, dass Sie dabei seine Ehre verletzen. Und das findet er nicht mehr witzig. Er wird sich nicht gleich und nicht nur deshalb von Ihnen trennen, aber irgendwo in seinem Kopf haben Sie ein Konto mit Plus- und Minuspunkten. Verletzen Sie seine Ehre, gibt es Minuspunkte. Haben Sie zu viele davon, kommt er auf dumme Gedanken und läuft Ihnen weg.

143. Was ist der Unterschied zwischen ihm und mir?

Lesen Sie dieses Buch gefälligst von vorn, dann wissen Sie's. Hier noch einmal die Zusammenfassung für Kapitel-Hopper, die man als Autor übrigens gar nicht leiden kann.

ER denkt schlicht, SIE denken kompliziert. IHN leitet entweder die Vernunft (bzw. das, was ER dafür hält), oder es leitet ihn das Gefühl, wofür Sie auch das Wort Trieb einsetzen können. Niemals jedoch leitet ihn ein Mix aus Vernunft UND Gefühl. Aber genau so ist es bei Ihnen. SIE haben diesen Mix. ER kennt nur Schwarz und Weiß. SIE kennen Zwischentöne. ER will der Chef sein und sich auch so benehmen. SIE sind der Chef, sollten und müssen sich aber nicht ständig so benehmen. SIE können lügen, ER nicht (obwohl ER es manchmal versucht). SIE sind das weiter entwickelte Wesen, ER befindet sich auf einem niedrigeren Entwicklungsstand. SIE haben die Macht. ER hat den Stress. SIE gehören zu einer Spezies, die eines Tages die Weltherrschaft übernimmt. ER gehört zu einer Spezies, die schon heute immer weniger gebraucht wird und die eines Tages vollkommen überflüssig sein wird. SIE ziehen die Fäden. ER hängt an den Fäden. SIE dürfen sich auch mal anlehnen und hilflos sein. ER darf theoretisch dasselbe, wirkt dabei aber irgendwie lächerlich. SIE sind mit sich im Reinen, ER hat ständig ein schlechtes Gewissen.

DIE FRAU ALS SOLCHE darf heute praktisch alles. Es ist gesellschaftlich akzeptiert. DER MANN ALS SOLCHER darf heute fast gar nix. Das ist auch gesellschaftlich akzeptiert. So viel zu den wesentlichen Unterschieden zwischen ihm und Ihnen, der Frau.

144. Ist lesbisch besser?

Aus Männersicht geantwortet? Also zunächst einmal hat der Durchschnittsmann nichts gegen Lesben. Sagt eine Frau zu ihrem Mann: Du, ich hab einen Anderen, und der ist besser als du – so flippt er aus vor Wut. Sagt eine Frau zu ihrem Mann: Du, ich hab festgestellt, dass ich lesbisch bin, und ich möchte jetzt mit meiner Freundin zusammenleben – lacht er sich tot und kann diese unglaubliche Geschichte getrost seinen Kumpels erzählen, ohne dass sein Image leidet. Im Gegenteil, die klopfen ihm auch noch auf die Schultern und feiern ihn. Er ist halt ein armes, ausgebeutetes Opfer mit einem Schicksal, das schon morgen jeden von uns Männern treffen kann: Ein braver, ehrlicher Kerl, der überhaupt keine Schuld an irgendwas hat, sondern seine Frau an eine andere verlor, was ja völlig daneben ist. Meine Frau hat Krebs, das erzeugt Trauer. Meine Frau hat Aids, das erzeugt Grauen. Meine Frau hat einen Anderen, das erzeugt herablassende Mitleidigkeit. Meine Frau ist lesbisch, das erzeugt Solidarität. So ticken Männer.

Ist lesbisch nun besser? Ganz sicher ja, und auch Männer ahnen das dumpf in ihren wenigen hellen Momenten. Frau und Frau sollen sich angeblich besser verstehen als Frau und Mann, sie haben (wie man hört) den besseren Sex, sie können über mehr zusammen reden, sie haben die besseren Antennen füreinander, sie machen sich gegenseitig weniger Stress, sie haben mehr Spass und sie passen auch irgendwie viel besser zusammen als Mann und Frau. Wenn da eben nicht diese schlappen 14 cm[64] Unterschied wären, und wenn da eben nicht die

---

64 *Statistisch geprüfter Durchschnitt*

meisten Frauen doch mehr zu Männern neigen würden, aber das ist nun mal so und eine Frage, wie man halt veranlagt ist.

Stehen Sie nicht auf andere Frauen, müssen Sie halt mit Männern leben. Stehen Sie aber auf andere Frauen, na dann, herzlichen Glückwunsch. Sollte das der Fall sein, brauchen Sie dieses Buch garantiert nicht. Kaufen Sie noch eins und verschenken beide an Hetero-Frauen!

145. Wer ist überhaupt der Chef im Haus?

Wir können Ihnen nur sagen, was der Mann gern möchte. Er möchte, dass er als Chef dasteht, aber dass Sie den Laden managen. Das ist eine ziemlich einfache Formel. Er will ganz einfach, dass Sie der Chef sind und dass Sie ihn das niemals spüren lassen.

Er hat überhaupt nichts dagegen, dass Sie alles regeln: den Ärger mit dem Vermieter, mit den Nachbarn, die Erziehung, die Finanzen, die Auseinandersetzung mit der Bank wegen dem Kredit und den Stress mit der frechen Schwägerin auch noch gleich mit. Sie regeln das schon. Also sind Sie der Chef. Nur möchte er nicht, dass er das aufs Butterbrot geschmiert bekommt! Er möchte der Repräsentant der Familie nach außen hin sein. Stellen Sie sich das so vor wie in der Bundesregierung: Natürlich ist der Bundeskanzler der Chef. Aber es gibt da noch den Bundespräsidenten. Der vertritt uns nach außen hin. Obwohl er eigentlich nicht so viel zu sagen hat. Im Optimalfall sind Sie die Bundeskanzlerin und auch noch die Parteichefin, und er ist der Bundespräsident. Um die Frage in einem Wort zu beantworten: Sie. Sie sind der Chef im Haus. Ganz klar. Das will er so. Und das ist auch gut so.

146. Warum tun Männer immer so, als wenn sie alles wissen?

Ganz einfach: Weil sie alles wissen. Aus Männersicht. Das einzige Problem ist nur, dass sie ihr Wissen und ihre abgrundtiefe Weisheit nicht in ausreichendem Maße verbreiten können, denn außerhalb der Familie hört ihnen keiner so richtig zu. In der Firma haben beratungsresistente Deppen das Sagen, denen jede Erfahrung fehlt und die einen Fehler nach dem anderen machen. Fachwissen ist nicht mehr gefragt. Es geht nur noch um die besseren Connections. Das frustriert, das deprimiert, das macht den Fachmann für alles so richtig sauer. Aber er arrangiert sich; heutzutage ist man ja schon froh, wenn man überhaupt noch Arbeit hat. Mit den Kindern ist das auch nicht mehr so wie früher, als sie noch lieb und klein waren. Da haben sie noch mit großen Augen zugehört und man konnte ihnen echt was erklären. Kaum gehen sie in die Schule, glauben sie alles, was der Lehrer erzählt. Der Vater erzählt zwar auch was, aber er zählt nicht mehr. Na gut, mit spätestens 15 glauben sie dem Lehrer nicht mehr alles, aber diese Abnabelung geht keineswegs einher mit der Rückkehr zum Glauben an die Allwissenheit des Vaters. Sie glauben jetzt nämlich an gar nix mehr.

Deshalb hat es der Mann als solcher schwer. Sehr schwer sogar. Er sitzt sozusagen als Hüter des Grals auf einem Haufen Halbwissen und wird es nicht los. Und jetzt stellen Sie ihm eine Frage, eine ganz harmlose vielleicht: Warum der Regenbogen bunt oder warum die Bundeswehr ständig in irgendwelchen fremden Ländern unterwegs oder warum die Mehrwertsteuer schon wieder gestiegen ist. Sie denken sich ja nichts dabei. Und Sie vertrauen darauf, dass er, wortkarg wie immer, ein bis zwei missmutig hingeworfene Sätze absondern wird, von denen Sie vielleicht die Hälfte gebrauchen können, und gut ist. Außerdem haben Sie ja gar nicht richtig »gefragt«, sondern nur einen flüchtigen Gedanken dummerweise laut geäußert. Also, Sie ahnen nichts Böses.

Aber da haben Sie die Rechnung ohne den Kerl gemacht. Der erweist sich plötzlich als gar nicht maulfaul. Er hebt zu einem Vortrag an, der gar nicht mehr aufhören will! Sieben Mal »Tagesthemen« hintereinander weg gucken ist nix dagegen! Er kommt vom Hundertsten ins Tausendste und sabbelt und sabbelt. Endlich fragt sie ihn mal. Endlich kann er zeigen, was in ihm steckt.

Hinzu kommt, dass er so ein Schema aus seiner Kindheit im Kopf hat. Er weiß noch genau, wie gern er bei seinem gütigen Großvater auf dem Schoß gesessen hat, der ihm das Leben erklärte. So wollte er auch immer sein. Jetzt hat er die Gelegenheit. Und Sie können davon ausgehen, dass er freiwillig nicht mehr aufhören wird zu erzählen.

Wissen Sie, wie Sie einen Mann glücklich machen können? Indem Sie große fragende Augen machen und nur hin und wieder ein »echt?« oder »aha...!« oder »ach so ist das...!« einwerfen. Das gibt eine glatte Zwei. Und wenn Sie sich dann noch auf seinen Schoß setzen und ihn ein bisschen massieren, während er seine Storys erzählt, dann kriegen Sie eine glatte Eins. Aber bitte, bitte: Lassen Sie ihn reden.

147. Warum fallen Männer auf berechnende Frauen rein?

Weil sie nicht denken können, wenn sie verliebt sind. Sie sind dann im Gehirn eingleisig und absolut verbohrt. Wenn sie eine Frau interessiert, gehen sie los wie ein Stier aufs rote Tuch, Gesichtsfeld stark eingeschränkt, sämtliche Warnmechanismen abgeschaltet, und sachliche Argumente stören nur. Sie würden eher die Freundschaft beenden, als auf einen einzigen warnenden Rat ihres besten Freundes zu hören. Hinzu kommt, dass Männer das Thema »Berechnung« überhaupt nicht kennen. Sie sind zwar leicht zu berechnen, aber sie berechnen nicht. Kein Mann fängt was mit einer Frau an, weil er sich davon irgendwelche Vorteile erhofft.

Im Gegenteil: Er müsste eigentlich wissen, dass er soeben mal wieder einen Haufen Geld verspielt, sich eine Menge Kummer einhandelt und dem Sarg ein gutes Stückchen näher rückt. Männer haben nichts davon, wenn sie sich eine Frau angeln. Sie werden in der Regel deshalb nicht besser versorgt, als sie das selber könnten, sie werden in ihrer Freiheit arg eingeschränkt, sie kennen den weiblichen Nestbauinstinkt überhaupt nicht, und sie wären nach aller Lebenserfahrung sowieso besser beraten, nie wieder eine echte Partnerschaft zu beginnen. Für sie gibt es nur einen Grund, etwas mit einer Frau anzufangen, und das ist Liebe. Fragen Sie mal einen Mann: Wärest du auch mit mir zusammen, wenn ich nur eine (…) wäre? (Fügen Sie irgendeinen Beruf ein, den Sie für sozial minderwertig halten.) Aus vollstem Herzen wird der Mann antworten: Natürlich, mein Schatz, was hat denn dein Job mit meiner Liebe zu tun?

Und nun fragen Sie mal Ihre Busenfreundinnen, ob die überhaupt jemals mit ihren Männern zusammengekommen wären, wenn die nur (…) wären. (Fügen Sie auch hier irgendeinen Beruf ein, den Sie für sozial minderwertig halten.) In neun von zehn Fällen wird die Antwort mit dem Brustton der Überzeugung lauten: Natürlich nicht. Was soll ich denn mit einem (…)? Alle Frauen sind berechnend, die einen natürlich mehr und die anderen weniger.

So ist es einhellige Meinung an jedem Männerstammtisch der Welt, und an dieser Stelle muss man unbedingt mal eine Lanze für den Stammtisch als solchen brechen. Sogenannte Stammtisch-Weisheiten, das ist ja Brauch bei uns, werden von vorneherein als spießig, engstirnig und irgendwie gestrig eingestuft. Darf man daraus schließen, dass alles, was Männer am Stammtisch so von sich geben, absolut gestrig ist? Dann sind alle Männer gestrig, denn sie reden am Stammtisch alle so, jedenfalls dann, wenn keine Frau in der Nähe ist. Es ist ja schließlich nicht verboten, in einer Stammtischrunde Klartext zu reden. Männer könnten natürlich auch ihre Küche als passenden Ort wählen, dann wären es eben Küchenweisheiten, aber erstens trauen sie sich in der Küche nicht, und zweitens ist das sowieso nicht der richtige Platz zum Reden, denn da müssten sie ihren Frauen ja beim Arbeiten zugucken. Nur am Stammtisch sagt der Mann ungeschminkt, was er wirklich über Frauen denkt. Wer sich also für Männer interessiert, der sollte nicht so abfällig über Stammtisch-Weisheiten urteilen, sondern lieber besser zuhören.

148. Warum fallen Männer immer aufs »Kindchensyndrom« rein?

Sie sind eine erwachsene Frau, mit der man auch mal über Politik diskutieren kann, und er haut ausgerechnet mit so einer dämlichen Augenaufschlags-Tusse ab, die nur auf kleines Dummchen macht und ihn damit voll einwickelt? Das hätten Sie halt auch so machen sollen, dann wäre er ja vielleicht noch da. Männer lassen sich gern bewundern, Männer erklären gern das Leben, Männer spielen gern die erste Geige, und Männer brauchen so eine Frau wie diese dämliche Augenaufschlags-Tusse halt hin und wieder. Das ist für ihn natürlich keine Frau für immer, aber sie ist doch wunderbar geeignet, um das lädierte männliche Selbstbewusstsein wieder ein bisschen aufzurichten. Wahrscheinlich hat er sich in Ihrer Gegenwart stets wie ein Idiot gefühlt, und bei der dämlichen Augenaufschlags-Tusse fühlt er sich eben wieder vollwertig. »Immer nur Sekt und Kaviar hält keiner lange aus, da muss schon mal 'ne Tüte Pommes her«.[65]

---

65 *Truck Stop*

Das »Kindchensyndrom« ist ja nichts weiter als das Ergebnis der natürlichen weiblichen Kunst, sich dem Männermarkt geschickt anzupassen und so zu sein, wie Männer es eben mögen. Man kann das natürlich verurteilen, aber wenn's funktioniert? Warum sind Sonnenblumen außen gelb und innen braun, und Sie werden niemals eine Sonnenblume finden, die außen blau und innen pink ist? Weil diejenigen Insekten, die für die Fortpflanzung der Sonnenblume sorgen, eben ganz genau wissen: Wo's gelb und braun ist, da schmeckt's. Deshalb denkt die Sonnenblume gar nicht daran, ihre Farben zu wechseln, und die dämliche Augenaufschlags-Tusse denkt auch nicht daran, mal erwachsen zu werden. Jedenfalls nicht, solange die Männer auf ihren Augenaufschlag regelmäßig hereinfallen.

149. Was sind die 10 schwersten Fehler einer Frau?

Ein schwerer Fehler ist Fremdgehen.[66] Dann ist es niemals gut, ihn vor anderen klein zu machen. Zu selten mit ihm zu schlafen ist auch nicht gerade gut. Alles besser wissen wollen als er, das ist beziehungsfeindlich. Sein Geld verballern könnte ein weiterer Fehler sein. Ihn nicht mehr achten, das darf man nicht auslassen. Sich gehen lassen ist tödlich. Klammern geht Männern auf den Geist. Sich nicht für seinen Job interessieren ist fies. Und intellektuell hinter ihm zurückbleiben ist auch ganz schlimm.

Jetzt kennen Sie die zehn häufigsten Ursachen für das Scheitern einer Beziehung aus männlicher Sicht. Ganz sicher wird Ihnen die eine oder andere Sache bekannt vorkommen.

150. Wäre er lieber allein?

Ja! Ganz eindeutig! Natürlich! Das liegt zum einen daran, dass der Mensch immer das gern hätte, was er gerade nicht hat. Ein Mann in einer festen Partnerschaft träumt vom Single-Leben, ein Single-Mann träumt von einer schönen festen Partnerschaft. Das ist nun mal so.

---

66 *Reihenfolge willkürlich*

Aber hier geht es um mehr. Es ist auffällig, wie sehr sich Männer heute für das Single-Leben interessieren, sobald sie fest gebunden sind. Ja, es ist fast schon eine Gier. Und das ist neu im Lande.

Neidvoll und unglücklich schauen sie auf Kumpels, die keinen Bock auf feste Partnerschaft haben. Ach, wie schön muss das Leben als Single sein! Was machst du so den ganzen Abend? Echt, was du willst? Kein Zwang? Kein Stress? Keine blöde Anmache? Keine Vorwürfe? Kein dummes Gesabbel?

Nö. Nichts von alledem. Ich hab das alles hinter mir, Alter. Ich brauch das alles nicht mehr. Ohne Frauen geht es einfach besser. So heißt die Antwort. Und die Augen werden größer und größer. Ja ja. So müsste man auch leben. Das ist wahrscheinlich das Allergeilste. Keine Familie, keine Frau, nur mal eine Freundin hier und da, so könnte das Leben schön sein.

Dann allerdings kommen leise Zweifel auf. Und, wer macht bei dir sauber? Alter: Das ist doch kein Problem. Vergiss doch mal das ganze Gesabbel von den Mädels, was der Haushalt für Arbeit macht und so. Stimmt doch alles gar nicht. Nimmst du mal den Staubsauger und gehst durchs Wohnzimmer, wo ist das Problem. Und wenn du irgendwo Staub siehst, auf'm Videorecorder oder so, dann machste das weg. Na und? Ist doch nicht schlimm. Haushalt ist easy, Alter. Das erzählen die Mädels immer nur, dass es so schwierig ist. Verstehst du?

Wagen wir doch mal eine Bilanz. Wir haben uns nun lange mit dem Thema beschäftigt, wie Männer heutzutage eigentlich ticken. Wir haben ihre Sorgen kennen gelernt, ihre Versagensängste, ihre vielfältigen Aufgaben und ihre davon nur allzu oft abweichenden Vorstellungen, wie das Leben eigentlich zu sein hat. Wir kommen langsam, aber sicher zu dem Ergebnis, dass sie so ticken: Verarscht von den Frauen, verunsichert von den Medien, haltlos hin- und herschwankend zwischen karrieremachendem Macho und Birkenstock-am-Fuß-und-Baby-auf-dem-Bauch-Träger, auf jeden Fall immer mit einem grundsätzlich schlechten Gewissen im Rucksack, ist der Mann von heute ein orientierungsloses, gestriges, vom Aussterben bedrohtes, konzeptionsloses, hilfloses, verängstigtes, liebenswert-schrulliges, museumsreifes, hirnamputiertes, kaum noch ernst zu nehmendes, tierparkreifes Wesen, das gerade seine neue Daseinsberechtigung in einer sich stets in Richtung mehr Weiblichkeit orientierenden Wirklichkeit sucht. Der Frau gehört die Welt von morgen. Der Mann ist der Depp. Eigentlich hat er nur noch seinen Penis. Aber selbst auf den ist die moderne Frau nicht mehr angewiesen.

Wie Männer ticken? Männer wissen das alles, unbewusst, insgeheim, nonverbal. Und wenn Sie mal irgendwann ein Problem mit Ihrem Partner haben: Seien Sie nachsichtig mit ihm. Aus genau diesem Grund. Er ist traurig wie ein Dinosaurier. Die wurden ja auch »immer trauriger«. Er spürt, dass Sie ihn eigentlich gar nicht brauchen. Aber er möchte so gern gebraucht werden.

»Drees, de Wonnerdraken«, das alte Lied von dem traurigen Drachen am Strand der Nordsee, der so schön mit dem Kind spielte, kennen Sie das? Der Drachen lebte und blühte auf, als sich der kleine Junge auf seinen Rücken setzte und mit ihm durch die Lüfte flog. Das war schön für Drees, den Wonnerdraken. Den Wunderdrachen. Aber dann wurde das kleine Kind groß. Es kam nicht mehr an den Strand, um mit Drees zu spielen und zu fliegen. Drees war traurig. Er weinte. Er war ein großer Drachen. Aber ein einsamer. Tja, und dann ist er in die See gekrochen, und er ist nie wieder aufgetaucht.

Sehen Sie: So ähnlich tickt Ihr Partner auch. Er fühlt sich wie »Drees, de Wonnerdraken«. Die Frau als solche braucht ihn doch gar nicht mehr. Sie kommt nicht mehr zum Spielen, und sie kommt nicht mehr zum Fliegen. Und wenn sie kommt, dann bestimmt sie selber, wann und wo und auf oder unter wem sie kommen möchte. Da hat doch der alte Wonnedraken nix mehr zu sagen. Das genau ist das Problem. Hatten Sie übrigens diesen alten nordfriesischen Song schon einmal als poetische Umschreibung von grundsätzlichen sexuellen Fakten betrachtet und gehört? Interessant, oder? Der Junge und der Drachen. Das Weibliche und der Mann. Der Drache kriecht frustriert ins Meer. Dort stirbt er. Tot. Aus. Ende. Es weint ihm nicht einmal jemand nach. Und es wirft niemand Rosen auf sein nasses Grab. Tschüs, Mann. Du wirst nicht mehr gebraucht.

151. Und wie kriege ich nun die supergeile Partnerschaft hin?

Bingo! Die Frage aller Fragen! Wenigstens im letzten Kapitel kommen wir auf den Punkt! Aber wissen Sie was? Diese Frage beantwortet der Autor nicht selbst. Der hat in diesem Buch schließlich schon genug gequasselt. Nein: Stattdessen lässt er eine schöne, starke, gebildete Frau zu Wort kommen. Sie ist glücklich verheiratet, übrigens seit über 20 Jahren in erster Ehe, also können ihre Rezepte und Meinungen so schlecht nicht sein. Sie hat zwei wohlgeratene Töchter, ist auf den feinsten Partys zu Hause und steht keinesfalls im Verdacht, ein unterbelichtetes Heimchen am Herd zu sein. Es ist so eine Frau, wo jede Frau sagt: Wow. Die Frau heißt Slavica Ecclestone.

Genau. Die von Formel 1-Bernie. Wir zitieren aus einem köstlichen Interview, das die Journalistin Dagmar von Taube mit Slavica gemacht hat.[67] Wohlgemerkt, und wir sagen es noch einmal: Slavica Ecclestone ist eine Frau.

Die Reporterin fragt erst mal, wie das denn so ist als Frau in der reinen Männerdomäne der Formel 1. Bernie Ecclestone ist ja nicht nur einer der reichsten Männer der Welt, sondern doch wahrscheinlich auch ein ziemlich ausgeprägter Macho.

Frau Ecclestone, zum Zeitpunkt des Interviews 47 Jahre alt, steckt sich eine Zigarette an, bläst den Rauch in die Luft, denkt nicht lange nach und antwortet wie folgt: »Darling, mein Mann ist ein Workaholic. Der nimmt zu Hause gar nichts wahr. Er ist ja kaum da. Mein Mann wusste nicht mal, dass seine Tochter letzte Woche Examen geschrieben hat. ›Warum geht Tamara morgen nicht in die Schule?‹, fragte er mich am Abend zuvor. ›No, Bernie‹, habe ich gesagt, ›deine Tochter wird nie wieder in die Schule gehen.‹ Aber genau darum ist er ja auch so erfolgreich: Weil er mich hat, die ihm komplett den Rücken frei hält.«

Reporterin: »Wilde Pferde brauchen große Weiden, heißt es…«

Slavica: »… und am Ende suchen sie doch nur die Mutter in der Frau. Männer sind komische Kreaturen. Ich sag immer: Trau keinem Mann! Ich bin da für meinen Bernie, ich unterstütze ihn, reise mit ihm. Ich bin sozusagen sein Co-Pilot. Aber am glücklichsten bin ich bei meinen Kindern. Zu Hause.«

Reporterin: »Etwa eine *Desperate Housewife*?«

Slavica: »Ganz im Gegenteil. Ich bin bloß ein absoluter Homey. Aber eine Ehe ist nicht immer leicht, sondern ein großer Kompromiss. Man muss bereit sein, viel zu geben, und darf fast nichts erwarten. Was habe ich denn von meinem Mann? Er kommt gegen acht nach

67 »Welt am Sonntag«, 5. Juni 2005

Hause. Dann isst er. Dann schaut er fern. Dann geht er schlafen. Er kann nicht zwei Minuten gemütlich auf dem Sofa sitzen, selbst in den Ferien nicht. Mal so ein Glas Wein trinken – vergiss es. Außer seinem Job interessiert ihn nichts. Er hat auch kein Hobby. Abendessen, Ausgehen – all das ist ihm ein Greuel. Mein Mann spricht nicht gern. Die meisten Menschen langweilen ihn. Er hört nicht mal richtig zu. Es ist einfach nicht seine Welt.«

Reporterin: »Und so leben Sie seit über 20 Jahren?«

Slavica: »Oh, ja. Und für nichts in der Welt würde ich meinen Mann gegen einen anderen tauschen. Heiraten bedeutet für mich: für immer! Und es geht auch. Du brauchst nur gute Freundinnen. Mit denen kannst du zum Yoga gehen, wenn du mal down bist. Oder ein paar Tage auf eine Insel fahren, wo dich niemand kennt. Nächte durchquatschen, all das. Leid tun mir nur die Frauen, die immer noch glauben, der Mann allein könne sie glücklich machen. Ein Ammenmärchen! Ich habe mir längst meine eigene Welt geschaffen. So funktioniert's.«

Na, schau mal einer an. Hat sie etwa dieses Buch gelesen, noch bevor es in die Läden kam? Wunderbar, oder? Diesen Worten hat der Autor zum allerersten Mal rein gar nichts mehr hinzuzufügen.

Nachwort

Nachdem die erste Auflage von »Wie Männer ticken« erschienen war, prasselte es E-Mails von amüsierten, nachdenklichen und wissbegierigen Frauen. Die meisten erzählten, dass ihre Partnerschaft seit Lektüre des Buches besser geworden sei. Weil sie ihre Männer nicht mehr so tierisch ernst nehmen. Kritik gab es auch: Sie bezog sich auf viele Fragen, die nicht in der ersten Auflage beantwortet wurden. Arbeitslosigkeit und ihre Wirkung auf das Selbstbewusstsein des Mannes, der Bierbauch und seine Ursachen, die Angst des Mannes vorm Familienleben, Unterschiede zwischen Ost- und West-Männern und die typisch männliche Besserwisserei waren einige der Themen, die Frauen in der ersten Auflage vermisst hatten. So war bald klar: Wir brauchen eine neue, erweiterte Auflage! Wieder wurden kleine Männerrunden zusammengerufen, in denen die offensichtlich brennenden Fragen in leicht angelockerter Atmosphäre erörtert wurden. Dabei gab es allerdings einen wesentlichen Unterschied zu den Gesprächen von vor einem Jahr. Viele der Männer erwiesen sich als wahrhafte Experten, was Frauen angeht. Aus so manchem tumben Macho war ein weiser Frauenversteher geworden. Wie konnte es dazu kommen? Ganz einfach: Inzwischen war im selben Verlag der Bestseller »Wie Frauen ticken« erschienen, und die Männer hatten das Buch natürlich zumindest oberflächlich gelesen (kaum ein Mann liest ein Buch richtig ganz bis zu Ende durch – warum das so ist, lesen Sie vielleicht in der dritten Ausgabe). Die Bereitschaft, sich auch mal in die Frau hineinzuversetzen, hatte deutlich zugenommen. Zumindest ansatzweise. Wenn auch häufig noch ohne greifbares Ergebnis.

Wird nun alles besser und einfacher? Ja! Warum nicht! Ein Buch kann keine Beziehung retten. Aber es kann dazu beitragen, dass man miteinander spricht (erst über das Buch, dann über die Beziehung), und wenn man das mit einem leisen Lächeln tut, gibt es auch nicht so leicht Streit. »Ich habe«, schreibt ein Leser, »das Buch ›Wie Männer ticken‹ für meine Frau gekauft und nachdem ich es heimlich gelesen hatte und im Prinzip mit dem meisten einverstanden war, legte ich es neben die Badewanne. Von da an hat sie immer mal wieder drin geblättert, wenn sie in der Wanne lag oder auf der Toilette saß. Manchmal kam vernehmliches Kichern aus dem Bad, manchmal hat sie auch laut gelacht. Nach einer Weile hat sie mich dann drauf angesprochen: Sag mal, seid ihr Männer wirklich so? Dann haben wir – eigentlich zum ersten Mal nach vielen Jahren – wieder über uns geredet, und ich habe gelernt, ihr tatsächlich auch mal zuzuhören. Danke!«

Dass es noch ein paar mehr Paare geben mag, die Ähnliches erlebt haben, das wünscht sich…

Hauke Brost

Dank an Anke, Anna, Birgit, Brigitte, Christiane, Franziska, Imke, mehrere Maikes und Meikes, Michaela, Miriam, Sandy, Suse, Sylvia, Tanja, Vanessa u.v.a. für Hilfe bei den Fragen, ferner an Andy, Christian, Claus, Daniel, Jens, Lars, Marius, Markus, Michael, Norbert, Ralf, Sönke, Stefan, Thomas, Tobias, Torsten, Ulf u.v.a. für Hilfe bei den Antworten.

*Hauke Brost &
Marie Theres Kroetz-Relin*

WIE FRAUEN TICKEN

*Über 100 Fakten, die aus jedem Mann
einen Frauenversteher machen*

Willkommen in der Welt der Frau!

Willkommen in der Welt der Frau! Willkommen in einer für Männer fremden Galaxie. Das ist keineswegs übertrieben. Für Männer sind Frauen tatsächlich so rätselhaft wie irgendein ferner Stern da draußen im Universum. Mit riesigen Teleskopen und Funkanlagen versuchen Weltraumforscher, mit dem Universum Kontakt aufzunehmen. Sie funken und lauschen Tag und Nacht ins Nirgendwo: »Hallo Weltall! Hört uns da jemand? Hier Erde, bitte melden!«

Frauen würden es durchaus begrüßen, wenn die Männer auch solche Teleskope hätten. Riesige Lauscher mit sensiblen Antennen. Ausgerichtet auf das unbekannte Universum namens Frau. Reinhören, hinhören, zuhören und was lernen!

Das wäre – im Gegensatz zu den Bemühungen der Weltraumforscher – sogar recht schnell von Erfolg gekrönt. Denn während aus dem All bisher keine Signale zurückkamen, senden Frauen ständig welche aus. Sie haben sogar ein ziemlich ausgeprägtes Mitteilungsbedürfnis. Aber die meisten Männer haben leider keine Antennen. Und wenn, dann empfangen sie nur einen unverständlichen Mix aus Geräuschen: Plapper-plapper-schimpf-kritisier-bettel-bettel-glucks-lach-klatsch-tratsch-nörgel-schimpf-schon-wieder-plapper: So kommt das bei ihnen an. Sie hören eine Weile zu, und dann schalten sie ab. Oder sie schalten auf Durchzug.

Schade eigentlich! Die Frau ist nämlich ein ziemlich spannendes Universum. Vielschichtig, widersprüchlich, geheimnisvoll und komplex. Beeinflusst von jahrtausendealten Urinstinkten und dem neuesten Klatsch aus »Bunte« und »Gala«, geprägt vom eigenen Vater und dem allererersten Freund, getrieben von tausend Ängsten und noch mehr Sehnsüchten, geleitet von Muttergefühlen und der Suche nach ewiger Harmonie, zerrieben zwischen unerfüllten sexuellen Träumen und dieser blöden männlichen Sprachlosigkeit, über die wir ja schon geredet haben. Dazu kommt noch die unaufhörlich tickende biologische Uhr.

Wie Frauen ticken, das ist also ein ziemlich interessantes Thema. Und es ist eine logische Fortsetzung: »Wie Männer ticken« weiß Deutschland nämlich schon. Es war im Herbst 2005, als das kleine, nur teilweise ganz ernst gemeinte Büchlein die Bestsellerlisten stürmte. Das weibliche Deutschland las, lachte und lamentierte: Sind Männer wirklich SO simpel und SO schlicht strukturiert? Geahnt hatten sie es schon immer. Hier lasen sie es nun schwarz auf weiß.

»Wie Frauen ticken« ist natürlich ein Buch für Männer. Und eins ist sicher: Sie werden eine Menge lernen. Man kann Frauen nämlich alles Mögliche nachsagen – außer, dass sie so simpel und schlicht wie die Herren der Schöpfung sind.

»Wie Frauen ticken« kann aber auch eine nützliche Frauenlektüre sein. Weil Frauen so einiges lesen werden, was sie eigentlich schon immer mal sagen wollten. Sie werden sich wiedererkennen: Ganz egal, ob sie im Supermarkt an der Kasse sitzen, Hausfrau oder Managerin sind. Aus gutem Grund hat dieses Buch ja zwei Autoren, nämlich einen Mann und eine Frau.

Außer dem Autorenduo haben jede Menge weitere Frauen daran mitgearbeitet: In kleinen Diskussionsrunden mit einigen Gläsern Champagner, die ihnen halfen, wirklich locker, ehrlich und ungeschminkt über ihre Gefühle zu reden. Und in diversen Internetforen wie zum Beispiel der www.hausfrauenrevolution.com, in denen sie heftig diskutierten und auch kein Blatt vor den Mund nahmen.

Die Männer stellen ihre Fragen, und die Frauen antworten. »Fremde Galaxie«? Fangen wir an, das zu ändern!

Hauke Brost & Marie Theres Kroetz-Relin

Erstes Kapitel

DIE FRAU UND DAS
KENNENLERNEN

1. Woran merke ich, ob sie an mir interessiert ist?

Beginnen wir mit einer Überraschung. Manchmal sind Frauen und Männer gar nicht so verschieden, wie man denkt. Zum Beispiel beim ersten Kennenlernen in Kneipe, Bar oder Restaurant. Männer auf der Suche (das weiß man ja) lassen ständig den Blick kreisen und checken die anwesenden Frauen ab. »Mit der Ja – mit der Nein – die ist in Begleitung da, scheidet erst mal aus – aber die dahinten mit ihrer Freundin am Ecktisch ...?«

Dieses erste Abchecken ist absolut keine männliche Eigenheit, denn Frauen machen das ganz genauso. Sie haben allerdings andere Kriterien, und die sind nicht so simpel wie die schlichte Alternative »Mit dem würde ich gern mal, und mit dem würde ich nicht«.

Der Frau schießen nämlich gleich mehrere Fragen durch den Kopf. Sie ist da erheblich differenzierter. Die Fragen sind: 1.) Ob sie den Mann interessant findet. 2.) Ob sie ihn auch noch erotisch findet. 3.) Was wohl am Morgen danach wäre. 4.) Ob sie mit ihm wohl eines Tages Kinder haben möchte. 5.) Wie er als Vater wäre. 6.) Ob er vielleicht der Wunschprinz ist. Und 7.) Was sie an ihm stört (falsche Krawatte, falsche Brille, Nasenhaare, weiße Socken o.ä.). Das schafft eine Frau alles lässig im Bruchteil einer Sekunde, also buchstäblich beim ersten Blick!

Wird Frage 1 mit Ja beantwortet, kann man sich höchstwahrscheinlich für eine Weile ganz gut mit ihr unterhalten. Ergibt auch Frage 2 ein positives Ergebnis, kann man obendrein auch noch prima mit ihr flirten. So geht das weiter von Schritt zu Schritt. Bei Frage 7 ist die Frau übrigens großzügig und durchaus zu Kompromissen bereit. Schließlich will sie ihm ja später auch noch irgendetwas abgewöhnen können!

Der Mann steht schüchtern und einsam auf der anderen Seite des Lokals am Tresen und würde sich gerne näher heranwagen. Nur, er traut sich nicht. Geht er jetzt nämlich quer durch den Laden vor den Augen aller anderen Gäste zu ihr rüber, spricht sie an und bekommt einen Korb – dann wäre es für ihn so schlimm wie ein schmerzhafter Tritt in den Hodensack. Er würde sich ausgesprochen dämlich vorkommen, vor Scham im Boden versinken und am liebsten sofort gehen, ohne zu zahlen. Kann er denn nicht irgendwie schon vorher herauskriegen, ob SIE an IHM interessiert ist?

Er kann! Hier steht's. Wir haben Frauen gefragt: Erzählt doch mal. Wenn ihr ausgeht und ein Mann gefällt euch auf den ersten Blick ganz gut: Wie verhaltet ihr euch dann? Wie zeigt ihr dem armen Kerl, dass er sich ruhig näher herantrauen darf?

Erste Regel: Das Lächeln einer Frau ist das allerbeste Indiz. Es ist sozusagen die Eintrittskarte für alles, was vielleicht noch kommt. Wenn eine Frau überhaupt nicht herüberschaut und schon mal gar nicht lächelt, hat der Mann das erste Abchecken wahrscheinlich nicht überstanden. Er ist beim Blitz-Test durchgefallen. Das muss natürlich nicht unbedingt etwas heißen – vielleicht hat sie ihn ja noch gar nicht entdeckt?

Okay, sie hat gelächelt. Und nun? Zweite Regel: Nicht nervös werden! Weiter beobachten! Es gibt nämlich noch mehr positive Indizien. Sie schaut ganz woanders hin, legt den Kopf ein wenig schräg und spielt mit irgendwas herum, zum Beispiel zieht sie an ihrem Ohrläppchen oder am Ohrring, oder sie dreht etwas verlegen an den Perlen ihrer Halskette. Nun schaut sie schon wieder zum Mann herüber, wenn auch nur ganz kurz. Sie tuschelt mit ihrer Freundin, man fängt den dritten kurzen Blick ein, vielleicht sogar ein weiteres Lächeln? Das ist alles sehr, sehr gut. Jetzt könnte man durchaus schon etwas wagen und näher heranrücken, und dann – tja, dann braucht man nur noch den richtigen Spruch, stimmt's? Aber auf die richtige Anmache, so wie Frauen sie gern haben, kommen wir später noch zurück.

Nehmen wir nun einmal an, der Mann hat die erste Hürde genommen und kommt mit ihr ins Gespräch. So ganz genau weiß er natürlich immer noch nicht, was SIE von IHM hält. Wie kann er das herauskriegen? Es ist gar nicht so schwer: Er muss nur auf ihre Augen achten.

Erst schaut die Frau. Dann denkt sie. Deshalb sagen ihre Augen, was sie gerade denkt. Ihr Blick streift dem Mann über die Haare, auf die Hände, dann schaut sie ihn direkt an, und wieder geht der Blick auf Wanderschaft – sehr gut! Soeben bildet sie sich eine Meinung. Auf jeden Fall ist sie nicht desinteressiert.

Und wenn sie auf seine Lippen schaut? Das ist sogar eine glatte Eins. Sie denkt gerade: Wie wäre es wohl, wenn man sich näher kommt? Oder sie denkt sogar schon an den ersten Kuss!

Da sagt man immer: Frauen sind unglaublich kompliziert und sooo schwer zu begreifen. Aber im Grunde »ticken« sie gar nicht so schwierig. Das Problem sind vielmehr die Männer, die wenig begreifen, schlecht beobachten, daraus auch noch die falschen Schlüsse ziehen und am Ende eingeschnappt sind, obwohl sie selbst Schuld haben.

Gleich noch ein paar hilfreiche Tatsachen zum Thema »Woran merke ich, ob sie sich für mich interessiert«: Frauen senden ständig irgendwelche Signale aus, wenn sie ein Mann interessiert. So wie ein Leuchtturm. Pling, Pause, Pling, Pause, Pling, Pause. Das Signal kann bedeuten: »Komm, mach mich an!« Oder: »Dich möcht ich näher kennen lernen!« Die Frau möchte Aufmerksamkeit erregen. Sie möchte wahrgenommen werden. Und dafür lässt sie sich eine Menge einfallen. Vielleicht kramt sie in ihrer Handtasche vergebens nach Feuer. Oder nach einem Taschentuch. Oder sie verliert irgendwas. Oder sie kippt ganz zufällig ihr Glas um. Oder sie geht auf dem Weg zur Toilette direkt an »seinem« Tisch vorbei und schickt – pling – schon wieder ein Lächeln herüber.

Gibt man einer Frau Feuer, dann kann man auch eine Menge lernen. Denn beim Feuergeben ist sie ein offenes Buch! Es gibt nur zwei Möglichkeiten. Die erste: Sie zieht an der Zigarette, pustet den Rauch knapp an einem vorbei und sagt in irgendeine Richtung: »Danke.« Das ist schlecht. Kein gutes Signal! Die zweite: Sie zieht an der Zigarette, berührt einen dabei ganz zufällig mit der Hand, schaut einem tief in die Augen, haucht »Danke« und wendet sich nicht gleich ab: Sehr gut! Dieser Kandidat hat 100 Punkte. Aber natürlich wird man diesen Test nicht machen können, wenn man an eine Nichtraucherin geraten ist.

Vielleicht klingt das, was Sie bisher gelesen haben, wie eine Sammlung von Klischees. Stimmt! Aber diese Klischees werden täglich bedient. Tausendfach. In Kneipen, in Bars, in der Firma und auf Partys. Genau so, wie Männer »schwanzgesteuert« sind, denken Frauen – sorry – mit den Eierstöcken. Das wissen Frauen ganz genau. Nur reden sie nicht so gern darüber.

Solo-Frauen gehen ja am allerliebsten mit ihrer besten Freundin aus. Kommt man nun mit beiden ins Gespräch, sollte man sich auf jeden Fall intensiv um die Freundin kümmern. Die Frau, auf die man eigentlich scharf ist, kann man ruhig eine Weile links liegen lassen. Es wird sofort in ihr rumoren: Wieso flirtet der mit meiner Freundin statt mit mir? Was hat die dumme Kuh, was ich nicht habe? Sie wird umgehend alle Register ziehen, damit sich der Mann letztendlich doch noch

IHR zuwendet. Das tut sie nicht bewusst. Sie MUSS die Konkurrentin ausschalten. Das ist einfach so in ihr drin. Sie kann nicht anders.

Leider sind die meisten Männer zu trottelig, um die einfachsten Signale wahrzunehmen. Wenn eine Frau zum Beispiel sagt: »Ich kenne mich überhaupt noch nicht aus in der Stadt!«, oder: »Ich war noch nie im Musical XY!«, oder: »Ich gehe ja so gern ins Theater!«, dann ist das bereits eine unverhohlene Aufforderung, umgehend einen konstruktiven Vorschlag für die erste Verabredung zu machen. Was für eine Steilvorlage braucht der Mann denn noch?

2. Welche Anmachsprüche findet sie daneben?

Alle, die auf jede Frau passen würden und eigentlich herzlich wenig mit ihr selbst zu tun haben. Zwar lässt sie sich gerne ansprechen, denn sie ist ja ein kommunikatives Wesen. Und ihr Selbstwertgefühl macht einen Luftsprung, wenn sich jemand für sie interessiert. Aber da haben wir es: Für SIE soll er sich interessieren! Und darum sind Sprüche wie »Ich habe meine Telefonnummer verloren, gibst du mir deine?« ebenso daneben wie »Dich hat der Himmel geschickt«. Man muss wirklich staunen, wie einfallslos viele Männer sind!

Ein kluges Kerlchen verhält sich wie ein erfahrener Jäger. Erst die Beute eine Weile beobachten und ausforschen, listig anschleichen und dann – muss der Pfeil einfach treffen. »Warum tanzt du nicht weiter? Ich könnte dir stundenlang dabei zuschauen« ist ein Anmachspruch, der jeder Frau gefällt. »Du hast eine wunderschöne Kette um, wo ist die denn her?« ebenfalls. Eine schlechte Anmache klingt austauschbar. Eine gute Anmache erweckt das Gefühl: Er meint mich, mich ganz persönlich und nur mich! Aber leider bringt selbst ein sorgsam ausgesuchter, ganz persönlicher Spruch nicht zwangsläufig den gewünschten Erfolg. Statt sich nett zu unterhalten, lässt sie einen vielleicht doch eiskalt abfahren. Warum sie manchmal so gemein ist? Darauf kommen wir noch zurück.

Erst mal ein anderes Thema, das auch zur »Anmache« gehört. Viele Männer legen ja gern ihren Autoschlüssel demonstrativ auf den Tisch und wollen damit gleich klarstellen: »Hallo, ich bin nicht irgendwer. Ich fahre eine tolle Karre, wie du bestimmt schon gemerkt hast.« Oje, das kommt gar nicht gut. Es wirkt irgendwie protzig und aufgesetzt. Denn SIE weiß natürlich genau, warum sein Autoschlüssel nicht in der Hosentasche geblieben ist!

Am Anfang interessiert sie alles Mögliche, aber ganz bestimmt nicht die Automarke. Und wenn sie dann doch erfährt, was er fährt? Findet sie ein tolles Auto vielleicht sogar erotisch?

Erotisch, naja, sagen wir mal so: Das Auto muss zum Mann passen. Es ist ein Teil seiner Persönlichkeit. Sie achtet mehr darauf, wie er fährt und wie er sein Auto behandelt, als auf die Marke. Legt er Wert auf Sauberkeit, oder ist ihm das völlig egal? Hat er gute Musik und anständige Boxen? Fährt er entspannt oder ist er am Steuer gereizt? Man kann durchaus behaupten, dass die Frau aus dem Auto des Mannes und aus seinem Umgang damit eine Menge Rückschlüsse auf ihn selbst zieht.

Alles muss zusammenpassen. Der Mann, sein Auto und sein Fahrstil. Ist das alles authentisch und schlüssig und gefällt ihr dieses Zusammenspiel gut, so kann ein Auto und das ganze Drumherum durchaus erotisch wirken. Wenn's dann obendrein noch ein schicker BMW oder gar ein Porsche ist, hätte sie nicht unbedingt etwas dagegen.

Manchen Männern fällt nichts Besseres ein, als gleich am Anfang so ganz nebenbei ihr Gehalt zu erwähnen. Das geht ÜBERHAUPT nicht! Aber die Frage ist natürlich erlaubt: Wie wichtig ist einer Frau eigentlich das Einkommen eines Mannes?

Wenn sie der Blitz der Liebe trifft, dann ist es ziemlich egal. Andererseits: Frauen, die eine langfristige Beziehung planen, denken sofort an alle möglichen Konsequenzen. Dabei spielt der Versorgungsgedanke durchaus eine Rolle. Wie werden wir später leben? Was werden wir uns leisten können? Werde ich immer mitarbeiten müssen? Das alles gehört zu dem Film, der in ihrem Kopf abläuft.

Heute stecken viele Frauen noch in der Ausbildung, wenn sie ernsthaft über Kinder nachzudenken beginnen. Und wie man alles auf die Reihe kriegt, Beruf, Ausbildung, Kinder und Familie, das ist durchaus auch ein finanzielles Thema. Wird man sich einen privaten Kindergarten leisten können? Vielleicht sogar eine Haushaltshilfe? Verdient er sein Geld leicht oder schwer? Wird er viel zu Hause sein und sich auch mal kümmern können? Oder muss ich ganz auf ihn verzichten, damit wenigstens das Notwendige hereinkommt?

Frauen denken nicht materialistisch, sondern praktisch. Viel Geld ist für sie ein angenehmer Nebeneffekt. Letztendlich entscheidend ist es aber für die meisten nicht.

3. Was findet sie an Männern sexy?

Schöne Hände, schöne Zähne, ausdrucksvolle Augen, eine geile Stimme und einen knackigen Po. So liest man das in jeder Frauenzeitschrift. Und – es stimmt! Wobei man auch noch mehr ins Detail gehen kann. 82 Prozent aller Frauen legen auf schöne Augen Wert, 61 Prozent gucken dem Mann auf den Mund. Für 49 Prozent sind schöne Hände entscheidend. Gute Nachricht: Ein Waschbrettbauch ist nur 17 Prozent der Frauen wichtig! Bei letzterer Zahl ist Folgendes interessant: Je jünger die Frau, desto weniger hat sie gegen Rettungsringe (von den 40- bis 60-jährigen Frauen legt immerhin doch jede vierte (24 Prozent) Wert darauf, dass der Mann beim Pinkeln sein bestes Stück sehen kann). Von Autos war schon im letzten Kapitel die Rede, aber zum Thema Auto und sexy gibt es doch noch eine spannende Zahl: Nur 2 Prozent der Frauen sagen, dass sie ein schönes großes Auto sexy finden.[1]

Wenn ein Mann nun aber keine schönen Hände, sondern Wurstfinger hat, wenn seine Augen so ausdrucksvoll sind wie eine leere Wodkaflasche, wenn seine Stimme dem Quaken eines Frosches beim Ficken mehr ähnelt als der von Til Schweiger beim Flirten, und wenn er keinen knackigen Hintern, sondern einen Schwabbel-Arsch hat, dann kann er trotzdem sexy sein. Denn es gibt keine Regel ohne Ausnahme. Und die Ausnahme heißt in diesem Fall: Dann muss er wenigstens »witzig« sein.

Mit »witzig« meint die Frau aber nicht, dass ein Mann gut Witze erzählen kann. Es ist mehr eine Frage der Schlagfertigkeit oder der Intelligenz. »Intelligenz macht sexy«, sagen die Frauen. »Man muss mit ihm lachen können. Lachen ist das Wichtigste. Wenn er witzig ist, hat er schon gewonnen.« – »Was bringt das gute Aussehen? In ein paar Jahren sieht der Typ auch nicht mehr so aus wie heute. Innere Werte zählen

---

1 *Untersuchung der Zeitschrift »Best Life«*

letztlich mehr!« Wurstfinger, leerer Blick, Quäkestimme und Hängearsch sind also gar nicht so schlimm – solange der Mann »witzig« ist.

Verfügt er jedoch weder über Witz noch über schöne Hände noch über ausdrucksvolle Augen noch über eine geile Stimme und hat schon mal gar keinen knackigen Po, dann hilft ihm nur noch eins: Dass sie ihn so will, wie er ist. Dass der legendäre Blitz bei ihr einschlägt und sie sich jenseits aller Geschmacks- und Vernunftsgrenzen Hals über Kopf verliebt, auch wenn alle ihre Freundinnen den Kopf schütteln.

Eine Frau am ersten Abend immer wieder zu überraschen und sie zum Lachen zu bringen, das ist keinesfalls verkehrt. Unglückseligerweise haben Männer und Frauen aber manchmal einen ganz unterschiedlichen Humor. ER denkt vielleicht, mit einer besonders originellen (wenn auch nicht ganz ernst gemeinten) Bemerkung ihr Herz erobern zu können. Und SIE denkt: Der spinnt doch!

Das gilt zum Beispiel für den Heiratsantrag am ersten Abend. Man redet, man lacht, man flirtet – und irgendwann schaut er ihr tief in die Augen und fragt, ob sie seine Frau werden will. Das ist hochbrisant und kann voll danebengehen! Gut möglich, dass sie augenblicklich den Kellner um die Rechnung bittet, ihr Essen selbst zahlt und geht!

Aber wenn sie dann zu Hause ist und in den Spiegel schaut … Wenn sie den ersten Schock überwunden hat … Dann gesteht sie sich vielleicht doch ein, dass sie ehrlich verblüfft war und die ganze Sache ihrem Ego durchaus geschmeichelt hat.

Jede Frau möchte einzigartig sein. Und wenn der Mann nicht lange prüfen muss, bevor er sich ewig bindet, sondern gleich am ersten Abend weiß: »Du bist es«? Das ist doch der Stoff, aus dem die Märchen sind. Und alle Frauen lieben Märchen. Vor allem, wenn sie selbst die Rolle der Prinzessin spielen dürfen.

Wägt man Für und Wider ab, ist unterm Strich aber trotzdem von solchen Experimenten abzuraten. Wie peinlich und unangenehm für sie, wenn der Mann nun gar nicht ihr Typ ist und schon allein deshalb keinesfalls als Partner in Frage käme! Was soll sie denn dann sagen? In diesem Fall wird der erste Abend wohl auch der letzte gewesen sein. Und, Vorsicht: Wenn sie ihren Freundinnen von dem spontanen Heiratsantrag erzählt und dabei erfährt, dass er diese Masche auch schon bei anderen versucht hat – geht die Chance auf ein Wiedersehen eindeutig gegen null.

Ob sie einen Mann sexy findet, das hängt auch mit seiner Größe zusammen. Will sie einen, zu dem sie aufschauen kann? Im Prinzip ja. Das passt zwar überhaupt nicht zur Emanzipation der Frau, aber es ist einfach so! Keine Frau schaut gern auf ihren Partner herab. Weder auf Grund ihrer geistigen Überlegenheit noch auf Grund ihrer Körpergröße.

Aber natürlich gibt es Ausnahmen. Wenn die Frau zum Beispiel über 1,90 m groß ist, wäre der Kreis ihrer möglichen Partner geradezu drastisch reduziert, denn sie schaut auf fast jeden herab. Und die zweite Ausnahme: Männer mit extrem starker Ausstrahlung und Persönlichkeit können so klein sein, wie sie wollen. Bei denen vergisst die Frau ihre Prinzipien. Sie fühlt sich beschützt und »klein«, auch wenn sie einen Kopf größer ist. Prominente Beispiele: Bernie Ecclestone ist 1,60 m klein, seine Slavica ist 1,87 m groß. Sylvester Stallone misst 1,72 m, Brigitte Nielsen hingegen 1,85 m – nach ihm kam Mattia Dessi mit 1,67 m. Penny Lancaster (1,86 m) überragt ihren Mann Rod Stewart um 13 cm, Roman Polanski ist 9 cm kleiner als seine Emmanuelle, und L'Wren Scott schaut 16 cm auf Mick Jagger herunter!

4. Wie kriege ich raus, ob sie Single ist?

Das ist eigentlich ganz leicht. »Na, habt ihr heute euern Frauenabend?« Diese Frage zielt schon mal ziemlich ins Schwarze. Die Antwort »Ja, den haben wir immer mittwochs« (zu Hause wartet jemand!) ist nämlich genauso aufschlussreich wie diese: »Wir haben nur Frauenabende« (zu Hause wartet niemand). Letzteres klingt natürlich besser. Aber auch, wenn offensichtlich ein Partner im Spiel ist, darf man weiter neugierig sein. Warum lässt dieser Mann eine so schöne Frau alleine ausgehen? Macht er sich denn gar keine Sorgen?

Ganz wichtig ist hierbei die Körpersprache einer Frau. Wenn sie freimütig über ihren daheim gebliebenen Partner spricht und einen dabei offen anschaut, dann ist ihre Beziehung glücklich und man sollte erwägen, den Jagdtrieb für den Rest des Abends auf ein anderes Objekt der Begierde zu konzentrieren. Wenn sie aber plötzlich die Augen senkt, in ihr Glas schaut oder sich eine Zigarette ansteckt, wenn sie also ganz offenbar nicht so gern auf dieses Thema angesprochen wird, dann ist die Beziehung möglicherweise in einer schweren Krise oder sogar schon kurz vorm Ende. Auch das klingt fast zu simpel, um wahr zu sein – aber so ist es. Bei Frauen, die theoretisch schon Kinder haben könnten, fragt man vielleicht, wer denn auf die lieben Kleinen aufpasst. Dann wird sie ja irgendwas antworten. »Mein Mann«, »mein Freund« oder »welche Kinder?«. Hat sie keine, kann man getrost in dieser Richtung weiter fragen: Warum denn nicht? Fehlt vielleicht noch der richtige Partner? Oder steht die Karriereplanung im Moment noch an erster Stelle? Man interessiert sich offensichtlich für sie, und gleichzeitig horcht man sie geschickt aus. Das klappt fast immer und kommt bei allen Frauen gut an!

Die Frau möchte natürlich auch herauskriegen, mit wem sie es zu tun hat. Nach dem Ehering hat sie schon längst geschaut, aber der kann ja auch in der Hosentasche stecken. Und wenn das so ist? Würde sie denn mit einem verheirateten Mann …?

Wenn ihr danach ist, kann es durchaus passieren. Für eine Affäre sind verheiratete Männer sogar besser als Singles. Sie stellen keine Ansprüche. Es ist mit ihnen immer schön. Sie zeigen stets ihr Sonntagsgesicht. Und der ganze Alltagskram entfällt (den kann die Gattin mit ihm ausdiskutieren). Verheiratete Männer haben nur den Nachteil, dass sie irgendwann wieder gehen müssen. Sonst eigentlich keinen. Aber es gibt doch zweifellos viele Frauen, die sagen: Mit einem verheirateten Mann würde ich niemals etwas anfangen! Meinen die das denn ernst? Im Prinzip ja, aber …

Frauen, die von einer richtig schönen Beziehung träumen und keine Lust auf eine Affäre haben, stecken in einem Dilemma. Die Chancen, an einen Single zu geraten, sind relativ gering. Die Guten sind meistens vergeben. Und Männer mit größeren Macken wollen sie auch nicht unbedingt haben. Sie müssen also damit rechnen, fast nur an Männer mit Ehering oder fester Freundin zu geraten.

Es kommt deshalb entscheidend darauf an, welche Qualität die Ehe hat. Ist er vielleicht unglücklich und wartet nur auf sie, die Retterin? Könnte sie nicht ihr Helfersyndrom ausleben und ihn aus dieser misslichen Beziehung befreien? Dann würde sie schon mit einem verheirateten Mann. Aber er müsste sich schnell entscheiden.

Nach ungefähr vier Wochen erwartet sie von ihm, dass er die Weichen seines Lebens neu gestellt hat. Wenigstens im Kopf. Nach vier Wochen will sie wissen, woran sie ist. Wenn es nun noch einige

Dinge zu regeln gibt in seinem Leben (vielleicht hat er ja Kinder, ein Haus oder sonstige Verpflichtungen), dann hätte er dafür weitere zwei Monate Zeit. Aber danach – muss er Nägel mit Köpfen machen. Drei Monate. Dann will sie Ergebnisse sehen.

Frauen sind nicht unbedingt konsequent. Vor allem nicht, wenn sie lieben. Jeder kennt diese endlosen Geschichten, wo aus drei Monaten zehn Jahre geworden sind, und die Geliebte ist immer noch die Geliebte. Aber anfangs ist sie absolut überzeugt: Erstens nie mit einem verheirateten Mann. Zweitens: Wenn ja, dann muss seine Beziehung eh schon den Bach runter sein. Drittens: Einen Monat Bedenkzeit hat er, mehr nicht. Viertens: Nach drei Monaten soll er ihr gehören.

5. Warum tut sie so arrogant, wenn man sie anspricht?

Das hat jeder Mann schon mal erlebt. Und jeder hasst es wie die Pest. Anstatt sich zu freuen, dass ein netter Kerl wie er sich ausgerechnet für sie interessiert, setzt sie ihre gelangweilteste Miene auf. Konsequent schaut sie an einem vorbei und tut, als wäre sie mindestens Heidi Klum und würde gerade mit einem Autogrammwunsch belästigt. Wahrscheinlich sind die Jungs am Nachbartisch alles ihre persönlichen Bodyguards oder so. Will sie denn gar niemanden kennen lernen? Oder muss es gleich am Anfang so mächtig »klick« machen, dass sie vor Begeisterung in Ohnmacht fällt? Eine Möglichkeit für ihre Arroganz ist natürlich: Sie findet den, der sie anspricht, absolut unspannend. Sie möchte sich nicht mit ihm unterhalten und lieber ihre Ruhe haben. In diesem Fall war es einfach der falsche Versuch zur falschen Zeit am falschen Objekt. Und man kann nichts, aber auch gar nichts daran ändern. Es gibt aber eine zweite Möglichkeit; Frauen sind ja nun mal nicht leicht zu begreifen. Vielleicht fällt es ihr schwer, sich einfach so auf etwas Neues einzulassen! Erst einmal verteidigt sie ihre Domäne. Sie baut mit Blicken und Gesten eine Mauer um sich auf, schaut demonstrativ woanders hin und lässt den Mann vorerst links liegen. Soll ER doch schauen, wie er weiterkommt! Soll ER doch erst mal die Mauer überwinden!

Es kann also durchaus sinnvoll sein, sich von weiblicher Arroganz nicht abschrecken zu lassen und nach dem Motto »Jetzt erst recht« einfach dranzubleiben, dies und jenes zu erzählen, viel und interessiert zu fragen und einfach so zu tun, als hätte man die »Mauer« gar nicht bemerkt. Kommt man damit auch nicht weiter, hilft nur noch die Flucht nach vorn: Ehrlichkeit. »Ich würde mich gern mit dir unterhalten, aber ich habe nicht das Gefühl, dass du dich mit mir unterhalten möchtest« ist gar kein schlechter Spruch. Denn spätestens jetzt wird man rauskriegen, was mit ihr los ist.

Da war eben die Rede von dem »Klick« im allerersten Moment. Auch da ist was dran. Irgendwas sollte ein Mann haben, was sie von Anfang an faszinierend findet. Sonst besteht die Gefahr, dass allenfalls eine »gute Freundschaft« draus wird, aber niemals mehr.

Für den Anfang reicht es vollkommen aus, wenn sie irgendwie an ihm interessiert ist und sich gedanklich mit ihm beschäftigt. Es muss zwischen Mann und Frau immer eine grundsätzliche Spannung spürbar sein, auch wenn es vielleicht noch lange nicht zu einer Beziehung kommt. Das kann eine erotische Spannung sein, aber auch eine intellektuelle. »Tausend Mal berührt, tausend Mal ist nichts passiert«? Diese Geschichte ist in der Realität eher selten, denn da war ja offenbar tausend Mal von Spannung gar nichts zu spüren.

Übrigens wagen Frauen beim Kennenlernen nur selten den ersten Schritt. Nicht einmal die Hälfte der weiblichen Singles würde einen Mann in der Öffentlichkeit ansprechen.[2] Ob diese schüchternen 50 Prozent wohl wissen, dass zwei Drittel der Männer es ausdrücklich gut finden, wenn sie von einer Frau angesprochen werden? Und dass – statistisch betrachtet – jeder fünfte Versuch, einen schüchternen Mann anzusprechen, zu einer richtigen, dauerhaften Beziehung führt?

Also, die Regel heißt: Selbst wenn's bei ihr »klick« gemacht hat, kann sie ätzend arrogant tun. Aus reiner Selbstverteidigung, aus Schüchternheit, Unsicherheit oder – aus Prinzip.

6. Warum macht sie immer diese Spielchen?

Es könnte doch alles so einfach sein. Er mag sie, sie mag ihn und bingo. Männer träumen davon, dass es so funktioniert. Aber so simpel ist es meistens leider nicht. SIE ist vielleicht schon monatelang mit einem

---

2 *GfK-Untersuchung für match.com*

großen unsichtbaren Schild herumgelaufen, auf dem »Ich suche einen Kerl zum Verlieben« steht – aber kaum hat sie einen in Sichtweite, verschanzt sie sich hinter einem Geflecht aus »Nein« und »Jein«, aus Nicht-Zurückrufen, zickig sein und »Komm mir ja nicht zu nahe«.

ER wiederum ist verunsichert und leidet: Mag sie mich vielleicht gar nicht? Mache ich denn alles falsch? Wann darf ich sie anrufen? Bin ich der Liebeskasper? Gehe ich ihr vielleicht auf die Nerven mit meiner Anbaggerei? Sollte ich nicht lieber den Coolen spielen und sie links liegen lassen, bis sie selbst angekrochen kommt?

Wenn eine Frau an einem Mann interessiert ist, zieht sie sich erst einmal auf ihre eigene Burg zurück. Das hat mehrere Gründe.

Erstens möchte sie sich keinesfalls dem Nächstbesten an den Hals werfen. Sondern sie möchte wissen, ob er sie auch verdient. Und was er sich einfallen lässt, um ihr Herz zu gewinnen.

Zweitens hat sie Angst, dass er rasch wieder das Interesse an ihr verliert. Wenn sie sich allzu schnell hingibt, wäre ja vielleicht für ihn der Reiz dahin! Also wird sie all die Spielchen spielen, die es ihm erst einmal schwer machen. Sie möchte erobert werden – mit Charme, mit Witz, mit Phantasie und vielen originellen Ideen.

Drittens sind diese »Spielchen« ein Test für die Ewigkeit. Frauen möchten immer gern wissen, ob eine Beziehung auf Dauer halten könnte. Ist er verlässlich? Kämpft er um die Liebe? Zeigt er Einsatz? Oder ist er phantasielos, gibt schnell auf und verliert die Lust? All das gibt ihr Hinweise darauf, wie er sich später einmal verhalten wird. Insofern sind die »Spielchen« doch eigentlich gar keine so schlechte Idee, auch wenn Männer daran verzweifeln.

Das gilt vor allem für die Frage, wann man die Dame denn nun anrufen darf. Gar nicht, gleich, morgen, übermorgen, nach einer Woche? Schwierig, schwierig. Mal sehen, was die Frauen dazu sagen.

Einerseits sollte man nicht zu lange warten, wenn man gerade erst die Telefonnummern ausgetauscht hat. Andererseits sollte man sich auch nicht zu früh melden, denn das Spiel muss ja spannend bleiben. Noch am selben Abend kann man eine SMS schicken. Nur zwei Worte: »Gute Nacht«. Das ist nicht nur eine nette Geste – sondern auch der versteckte Hinweis, dass man die richtige Nummer herausgegeben hat. »Gute Nacht, träum von mir« oder »Gute Nacht, es war ein schöner Abend« wäre aber schon zu viel des Guten. Am besten einfach nur »Gute Nacht«. Sie wird diese SMS vermutlich nicht sofort beantworten, sondern sie wird einen erst mal zappeln lassen. Es kann aber gut sein, dass man am nächsten Morgen eine SMS bekommt, die auch nur aus zwei Worten besteht: »Guten Morgen«. Wunderbar! Das läuft Klasse!

Nun sollte man den ganzen Tag verstreichen lassen und sich in Zurückhaltung üben. Auch abends meldet man sich noch nicht, ebenso wenig am Tag darauf. Das wäre etwas früh. Der nächste – also Tag 3 nach dem ersten Kennenlernen – ist dann der richtige, um ihre Nummer zu wählen und sich erneut mit ihr zu verabreden.

Wer noch länger wartet, der muss – nur aus spielerischen Gründen – mit einer vorläufigen Absage rechnen, so nach dem Motto: »O schade, dummerweise habe ich mir gerade etwas anderes vorgenommen.«

Ohne Spielchen und Trickserei funktioniert es leider nicht. Um die Männer zu trösten: Diese Riten sind uralt und gehören einfach dazu. Wer nicht mitspielen mag und die neue Flamme gleich in der ersten Nacht mit Liebesschwüren vollsülzen möchte, der kann natürlich trotzdem Glück haben. Empfehlenswert ist ein derart forsches Rangehen aber keinesfalls. Wenn ein Mann unsicher ist, wie er sich verhalten soll, dann gilt die Regel: Im Zweifel abwarten. Es hat sich noch keiner zu spät als schwer verliebt geoutet. Aber schon viele Beziehungen sind gar nicht erst zustande gekommen, weil man zu schnell sein wollte!

7. Wie macht man sie erfolgreich an?

Erste Regel: Beim ersten Kontakt alle Fragen vermeiden, die mit »Ja« oder »Nein« beantwortet werden können. Allzu schnell heißt die Antwort nämlich Nein, auch wenn SIE vielleicht viel lieber Ja oder wenigstens Jein sagen würde. Falsch: »Darf ich mich zu Ihnen setzen?« (Das wäre eine klassische Ja-Nein-Frage.) Besser: »Ich setze mich mal kurz dazu, weil … Aber ich gehe gleich wieder.« (Das ist keine Ja-Nein-Frage, und SIE kann nun erst einmal in Ruhe die Lage checken.)

Zweite Regel: Man sollte sich nicht klein machen. Frauen mögen keine Männer, die vor ihrer eigenen Courage Angst haben. Falsch: »Entschuldigung, hätten Sie mal Feuer?« Wieso entschuldigen? Für was? Besser: »Ich bin sicher, dass Sie Feuer haben. Darf ich …?« Wobei der unüberhörbare Doppelsinn dieser Floskel zwar absolut platt ist, aber das macht nichts. Jede Frau kennt mindestens eine Anmache, die noch platter ist!

Dritte Regel: Alle Komplimente vermeiden, die irgendwie austauschbar klingen. Falsch: »Deine Augen sind einfach unglaublich …« Besser: »Dein fröhliches Lachen fällt mir schon eine ganze Weile auf.« Keine Frau findet es toll, wenn sie nur wegen ihres Äußeren angesprochen wird! Aber ihr Lachen ist etwas Persönliches, Unverwechselbares.

Vierte Regel: Augenkontakt halten! Man kann fast jede Frau beeindrucken, indem man ihr tief in die Augen schaut. Falsch: Immer mal wieder checken, wer sonst noch in dem Laden unterwegs ist. Besser: Den ganzen Laden vergessen und nur dieser einen Frau in die Augen schauen.

Fünfte Regel: Unaufdringlich aufmerksam sein. Feuer geben. Auf ihr leeres Glas achten und nachbestellen. Nicht rauchen, wenn sie nicht raucht (bzw. wenigstens vorher fragen). Ihr in den Mantel helfen, wenn sie gehen möchte. Aber keinesfalls übertreiben! Falsch: Aufstehen, wenn sie auf Toilette geht bzw. zurückkommt. Richtig: Sitzen bleiben!

Die sechste Regel ist die wichtigste. Sie lautet: Höre einer Frau 80 Prozent zu und erzähle 20 Prozent von dir. Falsch: »Ich habe …«, »Ich mache …«, »Ich bin …«, »Ich fahre …«, »Ich möchte …«. Besser: In den ersten Minuten so viele Informationen wie möglich über SIE herausbekommen und sich vollkommen darauf konzentrieren. Intelligente Zwischenfragen stellen und wirklich so tun, als sei sie die wichtigste Person auf der ganzen Welt! (Schließlich ist sie das ja auch. Zumindest im Moment.) So lange nachfragen, bis sie selbst sagt: »Und nun erzähl aber auch mal was von dir!«

Die Frau als solche ist manchmal so einfach zu begreifen. Sie liebt es, wenn ein Mann an ihr Interesse zeigt. Sie möchte das Gefühl haben, eine Mischung aus Model und Filmstar zu sein. Sie mag es übrigens durchaus, wenn der Mann zwischendurch eine eigene Meinung äußert und nicht nur an ihren Lippen hängt wie ein zappelnder Fisch an der Angel! Aber es müssen kluge Bemerkungen sein, die sich auf sie beziehen und sonst auf nichts. Sie muss an seinen Bemerkungen spüren, dass er wirklich aufpasst und gut zugehört hat.

Frauen finden es ätzend, wenn ein Mann die kleinste Gesprächs-pause nutzt, um selbst eine spannende Geschichte zu erzählen. Ver-botene Sätze sind: »Ja, dazu kann ich auch was erzählen.« Oder: »Da fällt mir ein, was ich mal erlebt habe.« Oder: »Dazu weiß ich eine Geschichte, die ist noch viel verrückter!« Nimmt das Gespräch so eine Wendung, dann lenkt es von der Frau ab, und das mag sie nicht.

Wenn man das Wort »ätzend« noch steigern kann, dann trifft es auf Männer zu, die unbedingt zu jedem Thema einen Witz erzählen müssen. Nein, nein, nein! Keine Witze am ersten Abend, bitte nicht! Selbst wenn sie einen erzählt, was ja vielleicht noch ganz niedlich ist!

Ätzend, ätzender ... Am ätzendsten (ein blödes Wort) ist der Satz: »Da kenn ich auch einen.« Dann erzählt man sich gegenseitig Witze und lacht sich schlapp? Peinlicher geht es nicht mehr.

Mit Witzen kann man nicht mal eine bleierne Gesprächspause über-brücken. Es kann ja sein, dass SIE eher schweigsam und verschlossen ist. In diesem Fall darf man durchaus ein wenig mehr als die besagten 20 Prozent von sich selbst erzählen. Aber man sollte keine Gelegenheit auslassen, die Frau zu »öffnen«. Immer wieder nach ihrer Meinung fragen, nach ihren Erlebnissen, nach ihren Erfahrungen, das ist doch nicht schwer!

Der kluge Mann achtet dabei auf ihre Körpersprache. So lange er von sich erzählt, wird sie ihn beobachten. Schaut sie ihn direkt an? Lächelt sie? Hängt sie an seinen Lippen? Das ist gut. Eine desinteres-sierte Frau schaut weg oder zupft sich irgendwo am Kleid. Oder sie wechselt plötzlich das Thema. Oder sie erzählt einen Witz. Das ist dann ganz, ganz schlecht.

Ist nun der Moment gekommen, wo ein Mann ausdrücklich etwas von sich selbst erzählen soll, so muss er vorsichtig sein. Eher zögern! Nur so bleibt man geheimnisvoll. »Ich bin in der Textilindustrie tätig« ist besser als »Ich bin stellvertretender Abteilungsleiter bei H&M«. »Mein Mieter sagt ...« ist besser als »Ich habe eine schicke Eigentums-wohnung geerbt«. Und »neulich auf den Harley-Tagen in Hamburg« ist besser als »ich fahre eine fette Harley«. Man bindet ihr auch nicht auf die Nase, dass man seit drei Monaten Single ist und exakt so lange keinen Sex mehr hatte. Sondern man lässt geschickt einfließen, dass man sich vor drei Monaten leider von der letzten Freundin trennen musste und seitdem das Alleinsein schätzen gelernt hat. Obwohl ...

Das muss ja nicht für immer sein ... (An dieser Stelle ist wiederum direkter Augenkontakt angebracht.)

8. Heißt es beinahe schon »Ja«, wenn sie mit mir essen geht?

Keinesfalls. Obwohl man sagen könnte: Die Richtung stimmt. Es kann dennoch mehrere vollkommen harmlose Gründe geben, warum SIE sich von IHM zum Essen einladen lässt. Vielleicht denkt sie: Okay, ich gehe einmal mit ihm aus, und dann habe ich meine Ruhe? Oder sie hat festgestellt, dass man mit ihm ganz gut reden kann – aber mehr wird nie sein? Oder sie hofft, dass ein gewisser unverbindlicher Kontakt zu ihm (bei einem gemeinsamen Essen intensiviert) für sie beruflich von Vorteil sein könnte? Oder sie möchte ganz einfach mal wieder schön ausgehen, was sie sich sonst gar nicht leisten könnte? Und das auch noch beim teuersten Italiener der Stadt, warum denn nicht? Vielleicht möchte sie sich endlich mal wieder schick zurechtmachen und Leute gucken, sehen und gesehen werden! Man sollte also keinesfalls glauben, dass eine Verabredung zum Essen schon die halbe Miete ist.

Andererseits kann man kluge Schlüsse aus den Fragen ableiten, WANN sie bestellt und WAS sie bestellt. Zum Thema »wann«: Wenn der Kellner die Speisekarte gebracht hat und sie sich augenblicklich in die Lektüre vertieft, um sich dieses und jenes auszusuchen, dann zeigt der Daumen eher nach unten. Sie ist wohl vor allem an einer warmen Mahlzeit interessiert, aber nicht so sehr an einer heißen Nacht.

Wenn sie aber die Speisekarte erst einmal ignoriert und mit ihm redet und redet, und der Kellner kommt schon zum dritten Mal und fragt, ob man nicht endlich einmal bestellen möchte: Dann zeigt der Daumen eher nach oben. Hier geht es nicht so sehr ums Essen.

Zum Thema »was sie bestellt«: Eine Frau, die »einen Salat und ein Mineralwasser« ordert und schon dabei auf die Uhr schaut, kann man getrost vergessen. Das wird heute Nacht wohl eher nix. Ist sie einem Aperitif nicht abgeneigt, es darf auch gern Champagner sein, und zum Essen trinkt man Wein, lieber gleich eine Flasche, sie entscheidet sich freudig für eine üppige Vorspeise und einen gepflegten Hauptgang, beim Dessert schaut sie noch mal gesondert in die Karte, und nun muss dringend der eine oder andere Verteiler her: Das schmeckt alles nach einem sinnlichen Abend und einem Espresso bei ihr zu Hause.

Wobei man auch dabei durchaus mit Enttäuschungen rechnen sollte. Den Autoren sind Fälle bekannt, wo junge Frauen vor so einem Abend ihre Freundinnen abtelefonieren: »Sag mal, was ist im Moment der angesagteste Italiener der Stadt? Der XY lädt mich zum Essen ein, das lasse ich mir doch nicht entgehen!« Dann schlagen sie sich so richtig den Bauch voll, trinken fast bis zum Abwinken, genießen ihr Leben als kleine Prinzessin und fühlen sich großartig. Werden sie dann müde, lassen sie sich von dem zahlungskräftigen Ritter mit der Taxe nach Hause bringen, schlafen schon im Auto an seiner Schulter ein und kriegen so eben noch ein »Danke für den netten Abend« über die Lippen. Und das war's. Oh, shit: Da hat er wieder mal viel Geld für nix investiert.

Denn natürlich hat er die Rechnung zu zahlen. Das ist ganz, ganz wichtig. Kein Mann sollte auf die Idee kommen, auf die Frage des Kellners (»Zusammen oder getrennt?«) mit Letzterem zu antworten. Er wird dann »getrennt« sein, noch bevor er »zusammen« war, garantiert!

Wie man das später regelt, wenn man schon eine Weile ein hübsches Paar ist, das steht auf einem anderen Blatt. Beim Kennenlernen zahlt nur einer, und das ist der Mann. Altmodisch? Ja! Frauen sind herrlich altmodisch! Noch schlechter als die Rechnung teilen ist übrigens das großmütige »Ich übernehme die Getränke«. Das geht gar nicht. Ein Mann sollte nur mit Frauen ausgehen, die er sich auch leisten kann – und er sollte sich vor Frauen hüten, die sich nicht von ihm einladen lassen. Die sind genauso uncool und verspannt wie die »Ein Salat und ein Mineralwasser«-Frauen. Hat eine Lady Feuer gefangen, so bedankt sie sich nicht einfach so für die Einladung, sondern sie sagt: »Dann zahle ich das nächste Mal.« Oder, noch besser: »Dann koche ich uns nächstes Mal was Leckeres.«

9. Wie merkt man, dass man jetzt knutschen darf?

Männer, euch muss man aber auch alles erklären. Wo sind bloß die klassischen Verführer hin? Die Fragen in diesem Buch sind ja nicht willkürlich gewählt, sondern es handelt sich um die von Männern am häufigsten gestellten. Na denn: Hier kommt der ultimative »Küssen-Sie-die-Dame-jetzt«-Ratgeber.

Viele Männer haben Angst davor, den richtigen Moment zu verpassen. Müssen sie aber nicht. Es hat schon manch einer zu früh mit Knutschen angefangen; zu spät geht nicht. Denn wenn die ganzen Rahmenbedingungen stimmen und ER es einfach nicht tut, dann wird SIE schon irgendwann die Initiative ergreifen. Frauen sind heute durchaus in der Lage, einen Mann zu küssen, bevor der sie küsst! Echt! Das gibt es sogar immer häufiger!

Zur Sache. Erstens: Ein gewisser vorsichtiger Hautkontakt sollte bereits stattgefunden haben. Sie legt vielleicht ganz unverbindlich und wie zufällig die Hand auf seinen Arm; man steckt die Köpfe zusammen und beschnuppert sich. Er macht ihr ein hübsches Kompliment und intensiviert dabei den Körperkontakt: Zum Beispiel könnte er sagen, dass sie ausgesprochen hübsche Ohrringe trägt und dabei ganz leicht ihr Ohr berühren. Oder ihm gefällt ihre Haarfarbe, und er streicht ihr ganz nebenbei eine Strähne aus dem Gesicht. Wenn sie gegen derlei nichts einzuwenden hat, ist es eigentlich Zeit zum Knutschen. Wenn sie ihm obendrein noch erst in die Augen, dann auf die Lippen und dann verschämt zu Boden schaut, ist der richtige Zeitpunkt auf jeden Fall gekommen. Frauen mögen es übrigens sehr, wenn ein Mann sich Zeit lässt und nichts überstürzt.

Es ist auch nicht verboten, sie einfach zu fragen! Das ehrliche Geständnis »Ich möchte dich jetzt so gern küssen« finden Frauen weder peinlich noch ein Zeichen von Unschlüssigkeit. Wenn ein Mann also gar nicht weiß, wann er knutschen darf, ist das vielleicht der Königsweg. Und wenn sich ein Mann nun nicht traut, so ein Geständnis zu machen? Dann nimmt er einfach dieses Buch mit zum Rendezvous und liest der Angebeteten das Knutsch-Kapitel vor. Danach fällt sie ihm entweder um den Hals – oder sie schmeißt ihn raus.

Zweites Kapitel

DIE FRAU UND
DIE LIEBE

10. Was bedeutet Liebe für sie?

Es wäre gar nicht schwer, mit der Antwort auf diese Frage ein zwölf-bändiges Nachschlagewerk zu füllen. Aber das würden Männer bestimmt nicht lesen wollen. Falls Sie als Frau dieses Buch für Ihren Mann gekauft haben sollten, nehmen Sie einfach einen rosa Marker und streichen alles an, wo Sie sagen: »Ja, so ist es auch bei mir!« Wahrscheinlich streichen Sie am Ende gleich das ganze Kapitel an.

Liebe … Das ist für Frauen ein Begriff, der sehr viel mehr umfasst als nur die Liebe zu einem Mann. »Mit Liebe« möchten sie kochen, »mit Liebe« den Tisch decken, die Wohnung pflegen, die Kinder groß-ziehen, den Mann und den Hund umsorgen und ihre schönen Erinne-rungen behüten. Sie möchten ihr ganzes Leben »in Liebe« verbringen. Liebe ist für Frauen ein Sammelbegriff für Harmonie, seelisches Gleichgewicht, eine heile Umwelt, die Abwesenheit von Sorgen, au-ßerdem noch Gesundheit, Wohlfühlen und Hingabe.

Ohne Liebe geht eine Frau ein. Es ist so, als ob eine Blume kein Wasser bekommt. Erst lässt sie den Kopf hängen, und dann verdorrt sie. Aber die Blume kann nicht viel machen gegen ihr trauriges Schick-sal. Die Frau schon.

Spürt sie im Alltag keine Liebe mehr, so sucht sie sich einen Ersatz. Vielleicht gibt ihr die Esoterik, was sie vermisst. Oder ein Guru. Oder die Traumwelt ihrer Romane. Oder ein anderer Mann. Oder sie klam-mert sich an ihre Kinder und wird zur Über-Mutter. Viele Männer sagen: Ich kann meine Frau überhaupt nicht verstehen! Sie hat sich so verändert! Diese Männer sollten sich lieber ernsthaft fragen, was ihren Frauen fehlt.

Liebe ist Sehnsucht. Wenn die Frau etwas älter ist, dann sehnt sie sich nach damals, als sie ihren Partner kennen lernte. Diesen Urzustand der Verliebtheit möchte jede Frau noch einmal erleben. Mit ihm in die Sterne gucken oder einen Sonnenuntergang erleben und sich dabei anlehnen dürfen und einfach nur glücklich sein! Sie sehnt sich auch danach, nur mal für kurze Zeit alle Verantwortung abgeben zu kön-nen. Der Alltag kann die Liebe töten! Sie möchte einmal wegfahren ohne die Kinder! Sie möchte gefragt werden, was SIE sich wünscht! Sie möchte einen Mann haben, der über seine Gefühle spricht und der Liebe zeigen kann! Sie sehnt sich nach Aufmerksamkeit! Sie möchte mit ihm lachen können! Und sie sehnt sich danach, dass ihre Leistung endlich einmal anerkannt wird.

Was kann ein Mann denn tun, um eine Frau glücklich zu machen? Wie müsste ihr optimaler Partner sein, bei dem sie ein Leben lang Liebe empfindet? Erstens kann sie ganz viel mit ihm reden, zweitens kann sie ganz viel mit ihm reden, und drittens … auch. Aber sonst? Er sagt ihr möglichst oft, wie wunderbar er sie findet. Er stärkt bei jeder Gelegenheit ihr Selbstbewusstsein. Er freut sich, wenn sie sich weiterentwickelt und würde sie niemals bremsen. Ist sie traurig oder geht etwas schief, kann sie sich trotzdem bei ihm anlehnen und wird von ihm getröstet. Niemals macht er ihr Vorwürfe. Was sie alles schafft den lieben langen Tag, empfindet er nicht als selbstverständlich. Stets ist er bemüht, ihr hartes Los zu mildern. Er gibt ihr auch nach vielen Jahren noch immer das Gefühl, eine echte Prinzessin zu sein. Er überrascht sie oft mit kleinen Liebesbeweisen (aber bitte nicht am Muttertag).

Er ist aufmerksam und fürsorglich und steht selbst vom Tisch auf, wenn irgendwas fehlt. Er schläft nicht immer gleich ein. Er findet sie wichtiger als das Fernsehprogramm. Manchmal nimmt er ihr alles ab, was zu ihren täglichen Pflichten gehört. Er will, dass sie ausreichend Zeit für sich selbst hat und fördert ihren Wunsch, etwas Eigenes nur für sich zu haben. Er kann über seine Gedanken reden und tut das auch, er bezieht sie ein, aber noch lieber hört er ihr zu. Er streichelt und massiert sie stundenlang, ohne dabei immer gleich an Sex zu denken. Er kennt sich in der Küche fast genauso gut aus wie sie. Manchmal macht er Frühstück, oder er kocht sogar. Und vor allem: Er macht hinterher wieder sauber!

Und jetzt die Kurzfassung. Zehn Eigenschaften sind es, die den optimalen Mann auszeichnen.

Humor, weil sie so gerne mit ihm lachen möchte. Treue, weil es fürs Leben halten soll. Herzenswärme, weil sie Nähe sucht. Familiensinn wegen der Kinder. Hilfsbereitschaft, weil ihr so oft alles über den Kopf wächst. Aufgeschlossenheit, weil sie auch mal mit ihm in ein Musical gehen möchte. Toleranz, weil sie sich weiterentwickeln will. Höflichkeit, weil sie doch eine Prinzessin ist. Fürsorglichkeit, weil sie hin und wieder bemuttert werden möchte. Und Verantwortungsgefühl, damit sie auch mal schwach sein darf.

Man kann wohl getrost davon ausgehen, dass die genannten Tugenden am Beginn der Beziehung auf Seiten des Mannes durchaus vorhanden waren. Denn sonst hätte sie ihn ja wohl kaum geheiratet. Also: Wo sind sie hin, wenn sie abhanden gekommen sind? Warum ist vieles nicht mehr so, wie es mal war? Wenn sich die Männer mal hinsetzen und ihr eigenes Verhalten kritisch überprüfen würden, so als wären sie ihr eigener Beziehungs-TÜV: Viele müssten sich eingestehen, dass sie keine frische Plakette mehr kriegen. Sie pflegen ihr Auto und regen sich mächtig auf, wenn eine Schramme auf dem Lack zu sehen ist. Aber die Schrammen auf dem Lack der Beziehung – die sehen manchmal nur die Frauen.

11. Was würde sie echt beeindrucken?

Es sind die kleinen Liebesbeweise. Die überraschenden und kreativen. Zum Beispiel, wenn sie sich am Telefon schlecht anhört und er sich sofort auf den Weg zu ihr macht. Egal, ob eine Bushaltestelle oder 800 km dazwischenliegen. Ein kleiner Gruß per SMS ohne besonderen Anlass. Ein selbst geschriebenes Gedicht. Alles, was sich von der Masse abhebt und etwas Besonderes ist.

Man kann eine Frau aber auch beeindrucken, indem man sie wertschätzt. Wenn man in Gegenwart von Dritten grundsätzlich immer zunächst einmal auf ihrer Seite steht. Wenn man offen zeigt, wie stolz man auf sie ist. Wenn man Hühnersuppe kocht, damit sie ihre Grippe schneller auskuriert. Wenn man sich klar zu ihr bekennt und nicht lange zwischen ihr und einer anderen Frau hin und her eiert. Oder wenn man etwas ihr zuliebe tut, was einem selbst so gar nicht liegt: Zum Beispiel tanzen gehen oder ein Musical mit ihr besuchen. Dann sagt sie: »Ich weiß doch, dass er es überhaupt nicht mag. Aber er hat es für mich getan, ist das nicht süüüüß?«

Man kann ihr natürlich auch eine Blume hinter den Scheibenwischer klemmen. Alle Frauen lieben solche kleinen Gesten! Blumen sind sowieso nie verkehrt, nur dürfen sie nicht zur Gewohnheit werden. Jeden Freitag rote Rosen? Immer zum Muttertag einen Strauß Tulpen? Das ist langweilig. Sie will mit Blumen überrascht werden – und zwar dann, wenn sie keine erwartet.

Für Frauen sind Blumen mehr als ein hübscher Farbklecks im Wohnzimmer und mehr als duftendes Gemüse. Sie sind ein Symbol der Liebe. Tatsächlich haben Blumen und die Liebe viel gemeinsam. Beide muss man hegen und pflegen und immer hübsch begießen. Wenn man sie vernachlässigt, dann gehen sie ein.

Wir fragten Männer, wann sie das letzte Mal Blumen verschenkt haben. Den meisten fiel nicht einmal mehr der Anlass ein. Ist das nicht traurig? Dabei lieben alle Frauen Blumen, die sie von ihrem Mann kriegen. Ist er tagsüber nicht da, können sie sich den Strauß anschauen und sich freuen. Kommt ihre Nachbarin auf einen Kaffee vorbei, so fragt sie bestimmt: »Von wem sind die denn?« Dann sagt die Frau stolz: »Von meinem Mann, von wem denn sonst!« Und neidisch überlegt die Nachbarin, wann IHR Mann eigentlich das letzte Mal Blumen mitgebracht hat. Wahrscheinlich hat sie das auch schon längst vergessen.

Ganz anders ist es mit Rosen im Restaurant. Sie wissen schon, die für drei Euro das Stück. Von denen halten Frauen nicht viel. Sie denken praktisch. Bei aller Romantik: Frauen wissen genau, dass diese Rose 1.) sündhaft teuer ist und 2.) keine drei Tage hält. Außerdem ist das Kramen nach Geld, womöglich noch um den Preis feilschen (unmöglich!) und das Überreichen vor allen Leuten irgendwie peinlich.

Alle Frauen im Restaurant starren sie an. Die erste denkt: Was hat die denn für einen Geizhals? Wenn er sie lieben würde, hätte er gleich den ganzen Strauß gekauft. Die zweite denkt: So eine blöde Kuh. Kriegt eine tiefgekühlte Fließband-Rose und verzeiht ihm augenblicklich alle Sünden, und dazu grinst sie auch noch wie ein Honigkuchenpferd. Die dritte zischt ihrem Mann zu: »Wenn du mir jemals eine Rose im Restaurant kaufst, verlasse ich dich.« In dem Moment eilt der Ober mit einer Vase herbei und stellt die Rose hinein, und nun steht sie für den Rest des Abends mitten auf dem Tisch, damit auch garantiert jede neu auf der Bildfläche erscheinende Frau mitbekommt, dass man heute eine überteuerte tiefgekühlte Fließband-Rose bekommen hat. Wenn man gezahlt hat und geht, vergisst man die Rose garantiert, woraufhin der Ober mit viel Lamento hinterhergerannt kommt und sie einem zum zweiten Mal überreicht. Es ist zum In-den-Boden-Versinken.

Dennoch, keine Regel ohne Ausnahme. Wenn man eine Frau noch gar nicht kennt und zu schüchtern ist, um sie gleich anzusprechen, dann kann der Rosenverkäufer ein nützlicher Gehilfe sein. Man zahlt die Zeche so schnell wie möglich und folgt ihm auf die Straße. Dort handelt man den ganzen Rosenstrauß preislich betrachtet so weit wie möglich runter (immer noch zu teuer, aber egal), befestigt die eigene Visitenkarte dran, kritzelt ein paar nette Worte drauf und schickt den Kerl mitsamt den Rosen wieder ins Lokal zurück. Man muss nur aufpassen, dass er seinen überteuerten Strauß der Richtigen überreicht, also gut beschreiben und auch bedenken, dass der Mann vielleicht nur ukrainisch oder rumänisch spricht! Die Chance, dass sie sich irgendwann meldet und für die Blumen bedankt, ist in diesem Fall relativ hoch. Auch der Blumenverkäufer ist glücklich. Denn selbstverständlich hätte er auch die Hälfte vom ausgehandelten Preis akzeptiert.

12. Warum sind so viele schöne Frauen Single?

Weil sich so viele Männer nicht an sie herantrauen. Man glaubt gar nicht, wie viele schüchterne Weicheier es zurzeit auf dem Markt gibt! Wahrscheinlich liegt es daran, dass die Männer total verunsichert sind. Es ist fast normal, dass eine extrem gut aussehende Frau in einer Bar oder einer Disco von zehn oder mehr Männern heimlich mit Blicken verschlungen – aber von keinem einzigen witzig angemacht wird. Erwidert sie einen der Blicke, schauen die Männer schnell woanders hin! Wie die kleinen Jungs im Konfirmandenunterricht!

Es ist ein Teufelskreis: SIE gibt sich unnahbar, um erst einmal einen Schutzwall um sich herum aufzubauen. ER denkt: So wie die aussieht, ist sie bestimmt eine arrogante Ziege. SIE hat sich schon längst einen ausgeguckt, der eventuell für einen kleinen Flirt in Frage käme. ER denkt: Ich gebe mir doch nicht die Blöße, bei ihr abzublitzen! SIE hat eigentlich gar keine Lust, den ganzen Abend allein oder mit ihrer Freundin zu verbringen. Viel lieber würde sie neue Leute kennen lernen. Aber außer einigen versteckt ausgesandten Signalen (die auch in diesem Buch beschrieben werden) unternimmt sie nichts. ER erkennt die Signale nicht. Außerdem ist er, wie bereits erwähnt, bei schönen Frauen ziemlich schüchtern. Am Ende geht er allein nach Hause und sie ebenfalls.

Aber das ist nicht das einzige Problem. Schließlich gibt es ja noch die extrem schwierigen Männer mit chronischer Beziehungsangst.

Die kriegen schon Panik, wenn ihre neue Bekanntschaft in der tristen Junggesellenbude einen Strauß Blumen ins Wasser stellt oder aus Versehen ihre Zahnbürste liegen lässt! Es gibt Millionen Männer, die eine feste Beziehung scheuen wie der Teufel das Weihwasser.

Eine Frau, die immer wieder an diesen Typ gerät, verliert irgendwann den Glauben an die Männer. Sie möchte ja wirklich so gern »was Festes«, hat ihre Ansprüche an den Traumprinzen ohnehin schon drastisch reduziert und ist äußerst bemüht, nicht abweisend zu wirken. Aber die Kerle bleiben einfach nicht!

Sie umwirbt ihn, sie macht sich unentbehrlich und ist immer zur Stelle. Sie schreibt zärtliche Briefe, widmet ihm ein Tagebuch, kocht ihm sein Lieblingsessen und schreibt kleine Liebesbotschaften mit Lippenstift auf den Badezimmerspiegel. Sie ist in der Lage, diese Aktivitäten über Jahre durchzuhalten (vermutlich sind es sogar ihre besten) – immer in der Hoffnung, dass er sich ändert und seine Beziehungsangst letztendlich doch noch überwindet. Leider gibt es extrem viele Frauen, die sich dabei verrechnen. Die sitzen dann mit ihren Freundinnen beim Italiener und fragen sich verzweifelt, warum sie schön UND solo sind.

Man kommt aber auch nicht daran vorbei, folgende Tatsache zu erwähnen: Manche, die echt gut aussehen, haben nichts als Stroh im Kopf. Sie werden von anderen Frauen in die Kategorie »Blöde Kuh« oder »Zimtzicke« eingeordnet. »Zimtzicken« würden sich niemals auf einen Durchschnittsmann einlassen, sondern sie warten vielleicht ihr ganzes Leben lang auf den Millionär mit Porsche und Villa auf Sylt. Sie lassen sich gar nicht gerne ansprechen. Denn genau in der Zeit, wo sie sich mit dem Falschen abgeben, könnte ja der Richtige auf der Bühne des Lebens erscheinen! Was soll man dazu sagen? Genau: selbst schuld.

Die Statistiken über Single-Frauen sind übrigens trügerisch. Zwar leben ungefähr 13 Millionen Deutsche allein. Und über die Hälfte davon sind Frauen. Aber ältere Witwen treiben die Zahl in die Höhe: Die haben oftmals nach dem Tod ihres Mannes mit dem Thema Partnerschaft abgeschlossen und sind nicht mehr aktiv auf der Suche. Immerhin 37 Prozent aller Singles sind verwitwet! Auch bei der Frage, warum sie eigentlich solo sind, machen sich viele Frauen etwas vor. So sagen knapp unter 40 Prozent, dass sie »gern ungebunden sein« möchten. 15 Prozent sind angeblich der Meinung, sie könnten so »ihr

Leben besser genießen«, und 23 Prozent »möchten noch abwarten und prüfen«. Warum nicht gleich die ehrliche Antwort: »Ich finde einfach nicht den Richtigen«?

13. Wonach sucht sie ihren Partner aus?

Zunächst einmal muss er gepflegt aussehen und auf sein Äußeres achten. Ungepflegte Männer haben schlechte Chancen, denn sie fallen schon beim ersten Abchecken durch den Rost. Die Optik spielt für Frauen eine große Rolle! »Schön« muss ein Mann aber nicht sein. Wichtiger ist seine Ausstrahlung. Er soll Charisma haben und selbstbewusst wirken, mit sich im Reinen sein und seine Ziele durchsetzen können. Sie hat gerne das Gefühl: Dieser Mann macht Nägel mit Köpfen. Der fackelt nicht lange. Schließlich denkt sie ja viel langfristiger als ein Mann und stellt sich von Anfang an die Frage: Was wird später sein?

Wer eine Frau zum Lachen bringen kann, ist schon in der engeren Wahl. Lebenserfahrung ist ein weiteres Kriterium, aber das ist keine Frage des Alters: Es geht mehr darum, ob er aus seinen Fehlern gelernt hat und sich mit ihnen auseinander setzt.

Viel Geld ist eine angenehme Beigabe, aber nur selten entscheidend. Wenn sie zum Beispiel einen 35-jährigen kräftigen und kerngesunden Langzeit-Arbeitslosen kennen lernt, dann wird sie ihn nicht wegen Hartz IV verschmähen. Aber möglicherweise wegen Eigenschaften, die ihn irgendwie dauerhaft am Arbeiten hindern bzw. Chefs davon abhalten, ihn einzustellen. Sie will kein Kind, das sich auf andere verlässt – sondern auf jeden Fall einen Erwachsenen, auf den sie zählen kann.

Sie will einen echten Kerl, der ihr nicht immerzu nach dem Mund redet. Weicheier sind bei Frauen verpönt. So betrachtet, sind die Männer in den letzten Jahren genau den falschen Weg gegangen. Verunsichert und orientierungslos taten sie alles, um ihre Männlichkeit zu verleugnen. Dabei ist der Mann »mit Ecken und Kanten« bei Frauen viel begehrter als der feminine Alles-Versteher. Sie will sich an ihm reiben können. Und, jawohl, sie möchte auch etwas zum Um-Erziehen haben. Deshalb kann man Männern nur dringend raten: Behaltet eure

Identität! Geht zum Fußball, auch wenn sie sich nicht dafür interessiert! Trefft eure Kumpels! Trinkt ruhig mal einen über den Durst!

Zum »Frauenversteher« wird man nicht, indem man seine männliche Identität aufgibt. Sondern – und das ist der nächste wichtige Punkt – indem man die unverwechselbare Identität der Frau akzeptiert und sie ihr lässt. Männer, die ihre Partnerin nicht umerziehen wollen, haben erstklassige Chancen! Tja, und wenn »er« dann auch noch Anerkennung für »ihre« Leistung im Alltag zeigt und ihr das Leben hin und wieder ein bisschen erleichtert – dann hat er fast schon gewonnen.

Auf jeden Fall möchte sie einen höflichen Mann. Jede Frau hält sich für eine Prinzessin und möchte auch so behandelt werden. Ihr in den Mantel helfen, den Vortritt lassen, die Tür aufhalten, die Tasche abnehmen, Feuer geben und all die anderen Kleinigkeiten sind eindeutige Guthaben auf dem Konto des Herzens. Einer der größten Irrtümer in der Geschichte der Emanzipation war der Glaube, dass Frauen auf männliche Höflichkeitsgesten keinen Wert mehr legen.

Nun fassen wir zusammen. Er ist gepflegt, verfügt über Ausstrahlung, hat sein Leben im Griff, ist lustig und hilft ihr in den Mantel. Was fehlt denn noch zum Glücklichsein? Ganz klar: Ein bisschen Intelligenz!

Aber bitte nicht diese Mischung aus Oberstaatsanwalt und Oberstudienrat. Es gibt Männer, die wissen alles besser, wollen der Frau ständig das Leben erklären und geben ihr gleichzeitig das Gefühl, ein Dummchen zu sein. Wenn das Intelligenz wäre, hätte die Frau als solche lieber einen Deppen an ihrer Seite. Besserwisserei mag sie nämlich überhaupt nicht. Frauen mögen Männer mit emotionaler Intelligenz. Keine zweibeinigen Brockhäuser. Frauen mögen einfühlsame Männer. Männer mit den richtigen Zwischenfragen. Männer mit leisem, klugem Wissen, die eine Frau mitnehmen und nicht verstören. Frauen lieben es durchaus, wenn ein Mann ihnen die Welt, die Zusammenhänge und das Universum erklärt. Am besten nachts unterm Sternenhimmel. Aber nicht so belehrend! Zu Intelligenz gehört mehr als nur das angelesene Wissen. Es gehört auch die Fähigkeit dazu, das Wissen zu vermitteln.

Und wenn der Mann nicht viel weiß? Wenn er nicht einmal über angelesenes Wissen verfügt? In diesem Fall sollte er eine Menge Fra-

gen haben. Die kann er ja dann seiner Frau stellen. In einer Frauenzeitschrift sagten es zwei Single-Frauen so: »Wir suchen einen Mann,
der authentisch ist, der ehrlich ist und spontan, der seine Altlasten
verarbeitet hat, keine Elternprobleme, der möglichst auch noch einen
Job hat und keine unehelichen Kinder. Aber wenn uns die große Liebe
im Flugzeug begegnet und in Nairobi wohnt, dann ziehen wir eben
nach Nairobi. Vielleicht sogar nach Gelsenkirchen.« Das sind doch
nun wirklich keine übersteigerten Ansprüche.

14. Was hält sie von platonischer Liebe?

Was für die meisten Männer ein rotes Tuch ist, finden Frauen äußerst
angenehm. Sie können sich durchaus eine platonische Liebesbezie-
hung vorstellen, und vielen fällt auch spontan der »allerbeste Freund«
ein, mit dem man alles teilen kann – sogar das Bett. Aber man hat
nichts mit ihm. Es ist eine wunderbare, stressfreie Bruder-Schwester-
Beziehung.

Der Mann als solcher hält nichts davon. ER ist ein bisschen verliebt
und versucht schon seit einer ganzen Weile, SIE ins Bett zu kriegen.
SIE mag ihn ebenfalls sehr gerne und vertraut ihm sogar ihre Geheimnisse an. Soweit wäre ja alles gut. Nur eines kann er nicht verstehen:
ES passiert nicht. Warum? Das nagt an ihm. Das macht ihn krank. Die
meisten Männer eignen sich nicht gut zum platonischen Freund.

Aber gerade die Tatsache, dass man nichts miteinander hat, macht
Frauen unbefangen. Einem platonischen Freund kann man nämlich
alles anvertrauen, ohne dass er einem gleich seine eigene Meinung
aufdrücken will wie einen Stempel. Mit einem platonischen Freund
kann man in die Disco gehen, ohne dass er eifersüchtig wird – und
gleichzeitig kann man sich hinter ihm verstecken, wenn einem jemand
zu nahe kommen will. Bei einem platonischen Freund kann man
sich ausheulen, ohne dass er einem ständig kluge Ratschläge erteilt.
Der platonische Freund gibt einer Frau jene Freiheit, die sie in einer
Partnerschaft meistens über kurz oder lang vermisst. Und deshalb mag
keine Frau auf ihren guten platonischen Freund verzichten.

Nun kommt es ziemlich häufig vor, dass ein Mann schon längst in
der Schublade »platonischer Freund« steckt – aber es selbst gar nicht

merkt. Das ist ärgerlich (für ihn). Er baggert und bemüht sich, ist schwer verliebt und denkt jeden Tag: Heute passiert's aber ganz bestimmt – sie freut sich mächtig, ihn zu sehen und denkt an alles, nur nicht an Sex. Dieses Missverständnis entsteht, weil die meisten Männer keine weiblichen Signale deuten können. Im Grunde ist es ganz einfach. Hier sind zehn Testfragen (nur mit Ja oder Nein antworten). Mit diesem Blitztest kann man ziemlich genau feststellen, ob man als Mann noch im Rennen um eine richtige Partnerschaft ist oder schon längst in der sexbefreiten Ecke »du bist mein bester Freund« steht.

Erste Frage: Schon einmal bis tief in die Nacht hinein zusammengehockt, ohne dass es zu intimeren Zärtlichkeiten kam? Zweite Frage: Gibt sie manchmal intime Details von sich preis, also erzählt sie gelegentlich von ihren weiblichen Beschwerden wie zum Beispiel Regelschmerzen, vaginalem Pilzbefall oder Cellulite? Dritte Frage: Ist es ihr ganz egal, wie sie bei seinen Besuchen gestylt ist? Vierte Frage: Darf er sich bei ihr »wie zu Hause« fühlen, hat sie also zum Beispiel keine Probleme damit, dass er ihr unaufgeräumtes Schlafzimmer betritt? Fünfte Frage: Erkundigt sie sich manchmal mit ehrlichem Interesse, ob es eine neue Frau in seinem Leben gibt? Sechste Frage: Erzählt sie ihm bisweilen, welcher Mann sich gerade für sie interessiert? Siebte Frage: Vertraut sie ihm Geheimnisse an, die ihre jeweiligen Partner nie im Leben wissen dürften? Achte Frage: Darf er sie besuchen, ohne sich vorher anmelden zu müssen? Neunte Frage: Nimmt sie ihn gern auf Partys mit oder ins Kino, weil alleine hingehen doof ist? Zehnte Frage: Kuschelt sie sich gern bei ihm an und lässt sich eventuell sogar von ihm eine angenehme Massage verpassen?

Wenn die Auswertung dieses Tests öfter als drei Mal ein »Ja« ergibt, ist es mit hoher Wahrscheinlichkeit tatsächlich schon längst eine »platonische Beziehung«, und mehr wird auch nicht draus.

Platonische Beziehungen sind immer äußerst nette Männer, die eine Frau verstehen! Die zuhören können! Die sich öffnen und ihre Gefühle ausdrücken, aufmerksam und höflich sind! Als Partner kommen sie trotzdem nicht in Frage.

Irgendwie sind sie allzu perfekt und glatt. Wie Felsen, denen die Kanten und Ecken abgeschliffen wurden und an denen man nicht mehr hochklettern kann. Eine Frau kann solche Männer lieben, wird sie aber wahrscheinlich niemals begehren. Ins Bett geht sie mit einem

Mann, an dem sie sich reiben kann und an dem überhaupt nicht alles perfekt ist.

Und dann gibt es ja noch die platonische Liebe zwischen der Frau und einem Schwulen. Die ist meistens ganz besonders eng. Frauen und Schwule verstehen sich deshalb so prima, weil sie viel gemeinsam haben. Da ist zunächst einmal der Sinn fürs Schöne. Dann die hoch entwickelte Sensibilität. Viele Schwule sind so wie Frauen nah am Wasser gebaut, entsprechend empfindlich und zickig können sie sein. Kein Wunder, dass sie Frauen besonders gut verstehen! Schwule haben meistens viel Geschmack und interessieren sich ganz so wie Frauen für Mode, die Farben der Saison, die neuesten Schnitte. Mit ihnen kann eine Frau zum Beispiel wunderbar shoppen gehen. Weil Schwule in vielen Situationen wie Frauen ticken, können sie die Frau auch bei ihren vielen kleinen mehr oder weniger wichtigen Problemen gut beraten. Hinzu kommt, dass sie an Sex mit der Frau nicht interessiert sind. Dadurch entfällt eine Menge Partnerschaftsstress von vornherein. Einem Hetero-Mann gegenüber wird eine Frau nie ganz ehrlich sein; stets wird sie sich bemühen, die Aura des Geheimnisvollen zu bewahren. Dem Schwulen gegenüber öffnet sie sich total, wenn sie erst einmal Vertrauen zu ihm gefasst hat.

Eigentlich braucht jede Frau zwei Männer: Einen Hetero fürs Bett – und einen Schwulen für die Seele.

15. Wann will sie meinen Wohnungsschlüssel?

Während sich Männer gerne so lange wie möglich im Stadium der relativen Unverbindlichkeit aufhalten und am liebsten alles so lassen möchten, wie es gerade ist, gibt es für Frauen unabdingbare äußere Symbole der Zusammengehörigkeit. Dazu gehören hübsche Dinge wie zum Beispiel ein Verlobungsring oder ein anderes Schmuckstück, aber auch das Brautkleid oder wenigstens die theoretische Zusage, jemals eines tragen zu dürfen. Es muss ja nicht gleich morgen sein. Nur wissen will sie halt, woran sie ist bei ihm. Weil ein Mann ja nun viel erzählen kann, wenn der Tag lang ist, achtet die Frau argwöhnisch auf seine Taten. Den Schlüssel zu seinem Herzen mag sie wohl gefunden haben. Aber was ist mit dem letzten Freiraum, den er noch für sich reklamiert, mit seiner Wohnung? Wann bekommt sie den Schlüssel dazu?

Da geht es nicht so sehr um praktische Erleichterungen wie »Dann müssen wir uns nicht immer absprechen, wann ich zu dir komme«, »Ich habe heute früher frei und kann was Leckeres kochen« oder »Ich könnte ja schon mal deine Wäsche in die Maschine schmeißen, während du noch bei der Arbeit bist«. Nein, weit gefehlt. Hier geht es um den Schlüssel zu IHM.

Bevor die Frau den Schlüssel will, setzt sie erst einmal Duftmarken in seiner Wohnhöhle, die ihr wahrscheinlich sowieso nicht gefällt und die deshalb dringend umgeräumt werden müsste. Das wird sie jedoch klug verschweigen. Noch. Als Erstes wird sie irgendetwas bei ihm vergessen. Vielleicht einen Ohrring, einen BH oder ihre Uhr. Auf jeden Fall ist es ein guter Grund, sich wiederzusehen. Nur, um das abzuholen. Sollte in seinem Leben noch eine andere Frau existieren oder befürchtet sie zumindest, dass es so sein könnte, lässt sie besonders gerne was liegen. Und zwar so, dass er es nicht gleich merkt – die andere aber schon. »Sag mal Schatz, wem gehört denn dieser Damenslip??? MEINER ist das nicht …«, das hat schon so manche Beziehungen gekillt und blitzartig den Weg für ganz neue freigemacht. Hunde pissen an jeden Baum, um ihr Revier abzustecken. Die Frau als solche pisst zwar nicht in die Wohnzimmerecken ihres neuen Lovers, aber sie lässt gern was liegen. Das kommt aufs Gleiche raus.

Als Nächstes wird sie seine Wohnung »verschönern«. Dieses Wort steht deshalb in Anführungszeichen, weil es eigentlich um ganz etwas anderes geht als um »Verschönerung«. Es geht auch hier ums Duftmarkensetzen. »Schau mal, ich hab uns KERZEN mitgebracht. Deine Wohnung ist so kühl und irgendwie unromantisch …!« – »Wann hast du eigentlich zuletzt BLUMEN in die Vase gestellt? Hast du überhaupt Vasen? Typisch Mann! Schau mal hier, hab ich heute auf dem Markt für uns geholt … Sieht doch schon viel NETTER aus, nicht?« Wenn sie mit Habichtaugen die Möbel inspiziert und feststellt, dass sie irgendwie total falsch stehen und das alles viel besser ginge (»Fass doch eben mal mit an«), dann mogelt sie sich schon wieder ganz geschickt in die letzte Domäne seiner männlichen Unabhängigkeit.

Und wenn sie Räucherstäbchen rausholt und anzündet (»Das RIECHT hier so unromantisch«), dann wird es für den Mann ganz hart. Jetzt spätestens müsste er sich entscheiden: Weiterhin eine autarke Persönlichkeit mit eigener Wohnung bleiben oder aufgeben und die weiße Fahne schwenken. Er wird wahrscheinlich Letzteres tun, denn er ist ja sooo verliebt in sie. Im Badezimmer geht es weiter. Es wäre doch absolut unpraktisch, wenn SIE morgen ihre Tage bekommt und es ist kein Tampon im männlichen Haushalt vorhanden. Also deponiert sie vorsichtshalber eine Packung in seinem Alibert. Noch lieber natürlich sichtbar für jede andere Besucherin dieses Badezimmers, denn die weiß dann sofort: »Hier hat schon eine ihren Claim abgesteckt, ich trinke noch ein Glas und gehe lieber.« Den Tampons folgt unvermeidlich die Zahnbürste, womöglich sogar noch in SEINEM Becher. (Er wird ihre Zahnbürste übrigens freudig begrüßen. Denn so lange sie keine eigene in seiner Wohnung hat, benutzt sie einfach seine. Und das hassen Männer abgrundtief.)

Der Zahnbürste folgt die Belegung von (mindestens) der Hälfte der Ablagefläche überm Waschbecken. Da werden seine Sachen so lange zusammengequetscht, bis ausreichend Platz für ihre vorhanden ist. Als Nächstes werden sich allerlei wohl riechende Substanzen in vielfarbigen Flaschen auf seinem Badewannenrand einfinden. Er hat derlei zwar noch nie gebraucht und ist vollkommen zufrieden mit einem Stück Seife, falls ihm danach ist. Aber jetzt ist SIE ja da. Und ist das alles nicht auch für IHN? Klar. Darum hat er ja auch keine Einwände dagegen, nur ist das jetzt schon lange nicht mehr SEIN Domizil.

Was mit Blumen, Kerzen, Räucherstäbchen, Tampons, Zahnbürste und Badezusätzen beginnt, geht schon bald im Schlafzimmer weiter. Dort steht nämlich der Kleiderschrank. Und sobald sie den zu besetzen beginnt, ist es ganz vorbei mit der männlichen Unabhängigkeit. Wie gesagt: Das passiert alles nicht auf einmal, sondern schleichend und fast unmerklich. Sie hat ja auch gute Gründe dafür, dass sie einige T-Shirts und Blusen und Schuhe und die Rollerblades und die Tennissachen und die Jogging-Klamotten gleich bei ihm stehen lässt. Warum denn immer hin und her schleppen? Das ist doch wirklich sinnlos und unpraktisch.

Jetzt. Genau jetzt erwartet sie, dass sie seinen Wohnungsschlüssel bekommt. Denn sie will auch mal alleine joggen gehen können, wenn er Überstunden macht. Außerdem hat sie inzwischen sowieso ihren halben Hausstand bei ihm untergestellt. Mit den Worten: »DU wolltest doch, dass ich die Sachen bei dir lasse!«

Wollte er, echt? Irgendwie hat er das anders in Erinnerung. Aber jetzt – ist es ja sowieso egal.

16. Warum will sie immer kuscheln?

Weil sie ein tiefes Bedürfnis danach hat, sich anzulehnen. Frauen wollen nicht nur wissen, dass sie beschützt werden. Sie wollen es auch spüren. So wie früher, als sie klein waren und mit ihrer Mama gekuschelt haben.

Zärtlichkeit ist für eine Frau der Beweis, dass sie dem Mann auch als Mensch etwas bedeutet. Aus dem gleichen Grund mag sie es, wenn er den Arm um sie legt, ihre Hand festhält und sie auch sonst möglichst oft berührt. Sie kommt dabei nicht unbedingt in Sex-Stimmung. Sie ist vollkommen zufrieden damit, dass sie stundenlang gestreichelt wird.

Sonst ist sie es doch immer, die Wärme und Geborgenheit geben muss. Beim Kuscheln bekommt sie davon etwas zurück. Am liebsten möchte sie sich zusammenrollen und schnurren wie eine Katze. Dummerweise gibt es nicht viele Männer, die auch gern stundenlang kuscheln. Männer denken beim Streicheln viel zu schnell an Sex. Und erst das Thema Massieren! Frauen kriegen davon nie genug. Das ist Entspannung pur, der reinste Wahnsinn. Wenn ein Mann gut massiert und das auch tut, wird er die Frau nie wieder los. Und was den Sex angeht: Eine entspannte Frau hat bestimmt nichts dagegen, auch mal zu massieren.

Sie liebt aber nicht nur das rein körperliche Kuscheln. Sondern auch ihre Seele dürstet nach Streicheleinheiten. Sie hasst es, den ganzen Tag über funktionieren zu müssen wie eine Maschine. Abends, wenn sie endlich zu zweit ist, möchte sie dreierlei: Verständnis, Mitgefühl und Anerkennung. Stellen Sie sich vor, Sie hätten zu Hause ein Kind, das mit Fieber im Bett liegt. Was machen Sie als Erstes, wenn Sie Feierabend haben? Genau: Vor allem anderen setzen Sie sich zu dem Kind ans Bett. Sie fragen, wie es ihm geht. Sie loben es wegen seiner Tapferkeit und versprechen ihm, dass bald wieder alles gut sein wird. Ihre Stimme ist einfühlsam und nicht zu laut. Sie schauen das Kind direkt an. Sie hören zu, was es erzählen möchte. Sie fragen, ob ihm etwas fehlt und springen sofort auf, um den Wunsch zu erfüllen. Würden

Sie zu einem Kind mit 38 Grad Fieber sagen: Hol mir ma 'ne Flasche Bier? Bestimmt nicht, oder? Sehen Sie: Frauen sind ganz einfach. Sie wollen abends lediglich so behandelt werden wie ein krankes Kind. Nicht besser und nicht schlechter.

Was der Mann an dieser Stelle sagt, ist klar: Aber was ist denn mit mir? Ich komme doch auch kaputt nach Hause und habe meine Bedürfnisse! Vielleicht kann man sich ja darauf einigen, dass jeder der beiden mal »krankes Kind« spielen darf? Auf jeden Fall wäre schon viel gewonnen, wenn die Männer mal damit anfangen würden ...

17. Was hält sie von älteren Männern?

»Die wissen viel und können einem alles so wunderbar erklären.« – »Ältere Männer haben durchaus noch Träume und Pläne, aber sie haben keine Angst mehr vor der Umsetzung.« – »Die müssen sich nichts mehr beweisen und sind viel entspannter!« – »Ältere Männer haben ihre Fehler hinter sich. Darum schätzen sie den Wert einer Frau höher ein.« – »Ich habe keine Lust, meinen Partner mit seiner Karriere zu teilen. Ich will einen, der seine Karriere schon gemacht hat.« – »Ich wollte schon als kleines Mädchen meinen Vater heiraten. Vielleicht stehe ich ja deshalb auf ältere Männer?« – »Je älter ein Mann ist, desto mehr hat er von Frauen begriffen.« – »Ältere Männer hören viel besser zu und erzählen nicht immer gleich, was sie selbst Tolles erlebt haben.« – »Lebenserfahrung ist für mich viel wichtiger als ein supergestylter Body.« – »Junge Männer sind nicht bindungswillig. Ältere schon.« – »Ein älterer Mann hebt das Selbstbewusstsein einer jungen Frau. Seine Reife macht sie irgendwie wichtiger.« – »Ich mag es, wenn andere Frauen meinen Freund und mich heimlich beobachten und sich das Maul zerreißen. Er ist übrigens fünf Jahre älter als mein Vater ...« – »Ist doch nicht verkehrt, wenn alles schon da ist: Haus, Ferienwohnung, Yacht, schickes Auto, kompletter Haushalt und so. Ich kenne 30-Jährige, die sind im Kopf viel älter als mein Freund, und der ist 60.«

Diese Stimmen zum Thema sammelten wir bei Frauen um die 30 ein. Es gab nur wenige Argumente, die gegen ältere Partner aufgeführt wurden. Das häufigste war: »Wenn ich in fünf Jahren ein Kind haben möchte und das Kind zur Schule kommt, halten doch alle den Vater für den Opa. Und was ist, wenn das Kind Abi macht? Das erlebt er ja vielleicht gar nicht mehr. Und wenn es mit ihm Fußball spielen will so wie andere Kinder? Außerdem gehe ich gern in die Disco. Das sieht doch albern aus, mit so einem alten Knacker.«

Man könnte also sagen: Frauen halten von älteren Männern sehr viel. Das Einzige, was sie stört, ist die Tatsache, dass die Männer noch älter werden.

18. Was denkt sie über meine Eifersucht?

Sie hasst ihren Partner dafür. Sie glaubt, dass er ein riesiges Problem mit sich selbst hat. Sie fühlt sich klein gemacht, eingeengt, erpresst, vergewaltigt und erniedrigt. Männliche Eifersucht kann töten. Sie ist durchaus mit körperlicher Gewalt vergleichbar, auch wenn es nie zu Schlägen kommt.

Schon wenn sie einen Minirock anzieht oder sich schick macht, gibt es Stress. Überall wittert er Betrug. Sein Blickfeld verengt sich. Er ist nicht mehr berechenbar. Wem will sie gefallen?, fragt er sich. Und kommt nicht auf die Idee, dass sie es vielleicht für ihn – und für sich selbst, für ihr eigenes Wohlbefinden – tut. Wenn sie beim Sex was Neues ausprobieren möchte, verdunkelt sich sein Hirn. Von wem hat sie das? Wenn sie die Frisur oder das Parfüm wechselt, wird er hellhörig. Für wen macht sie das? Wenn sie auf einer Party mit anderen Männern spricht, rastet er aus. Schmeißt sie sich jedem an den Hals? Wenn sie sich mit ihren Freundinnen trifft, muss er dabei sein. Was reden die sonst? Wenn sie ein Hobby hat oder überhaupt irgendetwas nur für sich machen möchte – alles, alles erregt sein Misstrauen. Wenn sie einen krankhaft eifersüchtigen Mann zu Hause hat, dann wäre sie lieber im Frauenknast. Da gehen wenigstens nachts die Lichter aus. Die Eifersucht eines Mannes aber, die schläft niemals ein.

Mit Eifersucht ist es wie mit Alkohol: In kleinen Dosen okay, als Überdosis Gift. Wenn ein Mann grundsätzlich niemals Symptome von Eifersucht zeigt, ist ihm die Frau wahrscheinlich egal. Oder er hält sie für derart unattraktiv, dass sich seiner Meinung nach sowieso kein anderer für sie interessieren würde. Ein wenig gelegentliche Eifersucht, sparsam dosiert, kann einer Frau deshalb durchaus schmeicheln.

Was aber darüber hinausgeht, treibt starke Frauen in die Scheidung und bricht schwachen Frauen das Rückgrat. Leider gibt es aber mehr schwache als starke Frauen. Sie wollen um jeden Preis Konflikte vermeiden, sie ziehen sich zurück, werden ängstlich und gehemmt. Ihre Persönlichkeit verändert sich. Sie werden erst seelisch, dann auch körperlich krank. Irgendwann sind sie reif für die Therapie. Obwohl ER es eigentlich ist, der dringend therapiert werden müsste.

In wie vielen Beziehungen die krankhafte Eifersucht des Mannes ein riesiges Problem ist, sagt keine Statistik. Betroffene Frauen sprechen nicht gern darüber. Und es gibt keine sichtbaren Spuren, die man hinter einer dicken Sonnenbrille oder mit viel Schminke versteckt. Spuren hinterlässt Eifersucht auf der Seele. Sie ist deshalb eine ganz besonders perfide Form der Frauenmisshandlung.

19. Warum fallen so viele Frauen auf Arschlöcher rein?

Männer können das meistens nicht begreifen. Sie wissen gar nicht, was die Frau eigentlich will. Der »liebe« Mann ist offenbar nicht gefragt. Jeder kennt Frauen, die sich ausschließlich Arschlöcher als Partner aussuchen – so als hätten sie Spaß daran, zu leiden.

Es wäre ja kein Problem! Wenn die Frau ein Arschloch haben will, kann sie doch eins kriegen! In jedem Mann steckt ein kleines Arschloch, das leicht zu einem großen heranwachsen könnte.

Aber Frauen wollen beides gleichzeitig. Sie wollen den lieben Schmusi – und das Arschloch. Sie wollen den Softie – und den Macho. Sie wollen den Weichen – und den Harten. Sie wollen das alles vereint in einem einzigen Mann.

Den ausschließlich »lieben« Kerl halten sie schon bald für einen Langweiler. Der ist leicht zu haben. Der interessiert sie nicht. Das Arschloch nehmen sie erst gar nicht als Arschloch wahr. Sie schauen zu ihm auf. Und wenn sie feststellen, dass es ein Arschloch ist, dann sind sie ihm schon verfallen. Vermutlich hat es auch mit dem eigenen Vater zu tun. Frauen suchen sich häufig einen Partner, der ihrem Vater ähnlich ist. Wenn der autoritär und unsensibel war, dann fahren sie später auf denselben Männertyp ab. Und beklagen sich ihr Leben lang, dass sie immer nur auf Arschlöcher hereingefallen sind.

Es gibt einen weiteren Grund. Frauen haben das »Helfersyndrom«. Theoretisch wünschen sie sich zwar einen Mann, der möglichst perfekt ist. In der Praxis halten sie aber nach einem Ausschau, den sie »verbessern« können. Und das bleibt dann meistens eine trügerische Hoffnung.

Und warum sind so viele Frauen mit Losern zusammen? Männer, die beruflich erfolgreich sind, haben dafür überhaupt kein Verständnis. Es gibt ja Superfrauen, die ständig mit absolut erfolglosen Visionären aufkreuzen und sie vielleicht sogar ihr Leben lang durchschleppen. Kein richtiger Job, keine Kohle, aber jede Menge tolle Ideen im Kopf. Aus denen garantiert nichts wird.

Aber genau das ist für eine Frau wichtig: Ob ihr Partner Ideen und eine Perspektive hat. Wenn es die falsche war, findet sie es nicht so schlimm. Auch dann nicht, wenn es nach einigen Jahren längst zum Dauerzustand geworden ist. Frauen, die lieben, glauben unerschütterlich an ihren Mann und an seine Idee. Obwohl sie damit bisweilen ganz alleine dastehen und alle nur den Kopf schütteln über diese seltsame Liebe.

Was man auch nicht unterschätzen darf: Klassische Loser fahren auf einen ganz bestimmten Frauentyp ab! In einer Frauenzeitschrift sagt es eine gewisse »Petra« so: »Ich strahle ein ziemliches Selbstbewusstsein aus, allein durch meine Größe. Ich habe schon immer mein Ding und meinen Job gemacht. Das übt eine gewisse Faszination auf genau die Männer aus, die nicht mit sich selbst klarkommen. Ich ziehe immer diese verkrachten Existenzen an, die denken, ich sei stark für zwei.« Und dann gesteht auch sie ihr »Helfersyndrom« ein: »Ich glaube immer, ich kann die ganze Welt heilen. Ein Mann hat ein Problem und ich sage: Ich mach's dir weg.«

20. Ist sie vielleicht beziehungsgeschädigt?

Kann gut sein, denn Frauen vergessen Enttäuschungen nicht so schnell. Vor allem, wenn ihre letzte Beziehung eine langfristige war, ist sie garantiert erst einmal vorsichtig und nicht sonderlich bindungswillig. »Die ersten Männer nach einer gescheiterten Liebe haben es besonders schwer«, ist die einhellige Frauenmeinung zu diesem Thema.

Um ihren Kummer zu vergessen, will sie erst einmal ihren Marktwert testen. Sie will durchatmen und die alte Geschichte verarbeiten.

Sie genießt ihren neuen Status als Single durchaus und holt sich die nötige Selbstbestätigung, indem sie mit vielen flirtet und viele abblitzen lässt. Dieses Stadium kann Monate, aber auch Jahre dauern!

Ist die Frau vom letzten Mann betrogen und verlassen worden, dann hat ihr Selbstwertgefühl einen dramatischen Knick bekommen. Den steckt sie nicht so einfach weg. Es kann gut sein, dass sie nun auch mindestens einmal selbst jemanden verlassen wird. Erst dann wäre das Gleichgewicht der Kräfte wieder hergestellt und sie mit sich im Reinen.

Irgendwann wächst dann aber doch die Sehnsucht nach einer neuen »richtigen« Beziehung. Irgendwo muss der Traumtyp doch zu finden sein. Der Letzte war es ja offenbar nicht! Doch auch jetzt ist die Frau extrem vorsichtig. Sie hat Angst, dass sie wieder so verletzt wird, oder dass sie die alten Probleme nur gegen neue eintauscht. Dann geht sie lieber gleich, bevor das ganze Hickhack von vorn beginnt. Bei Frauen, die eine lange Beziehung hinter sich haben, muss man deshalb ganz besonders feinfühlig und sensibel sein. Sonst sind sie schnell wieder weg.

Und wie erkennt man, ob eine Frau beziehungsgeschädigt ist? Sie wird einen nicht total an sich heranlassen. Sie wird ihren Freiraum eisern verteidigen. Sie wird empfindlich reagieren, wenn man Langzeit-Pläne macht. Und man hört sämtliche Alarmglocken bei ihr klingeln, wenn man sich auch nur ansatzweise so verhält wie ihr Ex. Ein Mann, dem an so einer Frau etwas liegt, muss daher vor allem sämtliche Trennungsgründe ihrer letzten Beziehung kennen lernen, sie wirklich ernst nehmen, sie verinnerlichen und selbst alles tun, um nicht in dieselbe »Ecke« gestellt zu werden. Scheiterte die Beziehung an seiner Fußball-Leidenschaft? Wage es nicht, die Sportschau zu gucken. Ging ihr Ex fremd? Schaue nie, nie einer anderen Frau hinterher. War der Ex ein süchtiger Spieler? Komme nicht einmal auf die Idee, mit ihr ein Casino zu besuchen! Das ist die Hypothek, die man mit einer beziehungsgeschädigten Frau leider immer übernimmt.

21. Warum akzeptiert sie die Rolle der »Geliebten«?

Das soll uns eine Frau erzählen, die heute 70 Jahre alt ist. Sie dürfte somit über die notwendige Weisheit verfügen, um ihr eigenes Leben rückblickend kritisch und einigermaßen objektiv zu betrachten. Als Geschäftsführerin eines bekannten Juwelier-Konzerns hat sie ihr Leben lang auf eigenen Beinen gestanden. Sie war nie verheiratet und ist kinderlos geblieben, wirkt jugendlich und ist eine rundherum gepflegte Lady.

»Ich war elf Jahre die Geliebte eines verheirateten Mannes. Als es anfing, war ich 32. Es waren also meine ›besten Jahre‹. Und er war wirklich meine große Liebe. So eine, wie man sie vielleicht nur einmal erlebt. Ich empfand es als Schicksal, dass ich einen verheirateten Mann liebte. Außerdem: Wenn eine Frau wirklich liebt, dann ist sie blind. Ich konnte ihn so gut verstehen, wenn er sagte: ›Ich kann mich nicht von meiner Frau trennen, wegen der Kinder. Wir müssen warten, bis sie groß sind. Dann trenne ich mich, das verspreche ich dir.‹ Das hat er all die Jahre gesagt. Für mich war es sozusagen meine Lebensaufgabe, diesem Mann zu helfen, für ihn da zu sein und ihm alles schön zu machen. Ich wollte, dass er nicht so leiden muss unter seiner Frau. Er hatte doch auch einen Anspruch auf Glück, und das habe ich ihm geschenkt. Der Preis waren eben die üblichen Feste, Weihnachten zum Beispiel, und die großen Ferien. Dann ist er mit seiner Familie verreist.

Ich habe das als mein Schicksal angesehen. Es war eben so. Andere Männer fahren zur See oder früher waren sie im Krieg. Die waren doch auch nicht immer da. Ich hätte es als selbstsüchtig empfunden, mich darüber zu beklagen. Ich wusste ja schließlich von Anfang an, dass er verheiratet war. Wenn ich traurig war, dann gab ich nicht ihm die Schuld, sondern mir. Zu Weihnachten gab er mir immer viel Geld, damit ich alleine verreisen konnte. Meistens waren es zusammengerollte Geldscheine in irgendeiner Schmuckkassette. Aber es ging mir nicht ums Geld. Ich habe immer selbst gut verdient. Es ging mir nur um diesen einen Mann.

Eines Tages waren seine Kinder dann groß und das jüngste war aus dem Haus. Da habe ich ihn gefragt: Was ist denn nun mit uns? Seine Antwort war: Ich möchte alles so lassen, wie es ist. Ich war inzwischen 43 Jahre alt. Da wurde mir klar, dass er niemals ganz mir gehören würde. Ich habe mich kurz danach von ihm getrennt. Ein Jahr später ist er gestorben. Herzinfarkt.

Ich hatte nie wieder einen Mann. Ich habe einfach keinen mehr an mich herangelassen. Wenn ich zurückschaue, sage ich trotz allem: Diese elf Jahre waren die schönsten in meinem Leben. Weil ich sie mit dem Mann verbringen durfte, der die große Liebe meines Lebens war.«

Diese Schilderung enthält alle Antworten auf die eingangs gestellte Frage. Die Gründe, warum manche Frauen die Rolle der Geliebten akzeptieren, sind a) Liebe, b) der weibliche Hang zur Selbstaufgabe, c) die bedingungslose Akzeptanz eines vermeintlich selbst gewählten, trotzdem fast schicksalhaften Loses, d) eine gewisse Verklärung der Fakten und e) – eine erstaunliche Unkenntnis der männlichen Mentalität. Sicher ist Ihnen auch die Erwähnung des »Helfersyndroms« aufgefallen. »Er hatte doch auch einen Anspruch auf Glück« – das sagt eine Frau, die ihre elf besten Jahre auf die Einlösung seines Versprechens gewartet hat und hinterher so bitter enttäuscht wurde? Ebenso erstaunlich (aber typisch) ist, dass sie ihrem verheirateten Liebhaber selbst heute, nach so vielen Jahren, mit keinem einzigen Wort einen Vorwurf macht. Er war eben – ihr Schicksal.

22. Woran merke ich, dass sie mich noch liebt?

Anders als Männer zeigen Frauen ihre Liebe allzu gern. Sie haben dann einen leicht verklärten Blick, mit dem sie das Objekt ihrer Liebe betrachten. Sie zupfen an ihm herum und haben hier und da etwas zu richten. Wenn sie lieben, dann sorgen sie zu Hause für ein schönes Ambiente, zünden zum Beispiel Kerzen an und stellen Blumen in die Vase. Sie bemuttern einen gern, entmisten mit großer Leidenschaft den männlichen Teil des Kleiderschrankes und suchen morgens eine Krawatte aus, die angeblich zum Hemd passt wie keine zweite. Sie möchten aus dem geliebten Mann ein kleines Gesamtkunstwerk machen. Sie stürzen sich wie hungrige Vögelchen auf jedes Problem, das er vielleicht haben könnte, und versuchen, ihm bei der Lösung zu helfen. Sie verteidigen ihn wie Löwinnen gegen jede hässliche Kritik. Sie lieben es, ihn mit kleinen Aufmerksamkeiten zu überraschen. Und sie möchten ständig mit ihm reden.

Wenn die Liebe stirbt, dann ist es mit dem Reden vorbei. Dann schweigt die Frau. Denn Schweigen ist mit Abstand ihr lautestes Alarmsignal. So lange sie redet, bettelt und schreit, so lange liebt und kämpft sie noch. Eine Frau hört erst auf zu kämpfen, wenn sie keine Hoffnung mehr hat. Wenn sich nichts mehr entwickelt zwischen ihr und ihm. Wenn die Asche nicht mehr glüht.

Drittes Kapitel

DIE FRAU
UND DER SEX

23. Wann kriegt sie Lust auf Sex?

Wenn man eine Frau fragt, wann sie Lust auf Sex bekommt, dann sagt sie erst einmal: »Es muss alles irgendwie stimmen.« Und was bedeutet das: »Alles« und »irgendwie«? Es bedeutet: Für Frauen sind die Rahmenbedingungen ziemlich wichtig. In dem Wort »stimmen« verbirgt sich ja – die »Stimmung«. Sie muss also zunächst einmal in der richtigen Stimmung sein. Die richtige Stimmung hängt von mehreren Faktoren ab. Da ist zunächst mal der Zyklus zu erwähnen. Sehr viele Frauen kriegen eine Woche vor der Regel mächtig Lust auf Sex, andere während der Regel, und wieder andere immer und ausgerechnet dann, wenn sie schwanger sind. Hatte eine Frau mal längere Zeit keinen Sex, dann träumt sie seltener davon, als wenn sie gerade viel Sex hat. Wie voll der Kopf mit Alltagssorgen ist, das hat auch mit der Stimmung zu tun. Frauen bekommen in der Leichtigkeit eines schönen Urlaubstages auf jeden Fall mehr Lust auf Sex als zwischen Waschmaschine ein- und Geschirrspüler ausräumen.

Ein netter Abend mit vielen Gesprächen ist der Sexlust einer Frau hingegen äußerst förderlich. Heiteres Plaudern mit möglichst viel Gelächter, das finden die Mädels gut. Fernseher aus, Kerzen an, ein Gläschen Wein und miteinander quatschen, dazu eine dezente CD, das steigert die Sexlust einer Frau ungemein. Man mache ihr dann noch einige Komplimente und sage ihr, wie schön es mit ihr ist und warum. Immer will sie das Gefühl haben, begehrt zu werden. Wie schön sie – und wie schön es mit ihr ist, das kann man einer Frau gar nicht oft genug sagen. Für viele Frauen fängt Sex im Kopf an. Sie stehen nachmittags so am Bügelbrett und plötzlich fällt ihnen ein, wie angenehm jetzt doch Sex wäre. Nur leider ist keiner da. Dann lassen sie entweder Wasser in die Wanne ein, gönnen sich eine schöne Stunde und haben mit sich selbst Sex, oder sie denken weiter daran, bis der Mann nach Hause kommt.

Dann allerdings wollen sie gleich Sex. Ein Mann, der sich hiervon überfordert fühlt, sollte das besser für sich behalten. »Schatz, lass mich doch erst einmal zur Ruhe kommen« ist auf jeden Fall die falsche Reaktion! Zur Stimmung gehört auch, wie die Frau sich gerade selbst findet. Sie kriegt nämlich keine Lust auf Sex, wenn sie sich gegenwärtig in einem ihrer zahlreichen seelischen Tiefs befindet. Fängt der Abend also mit endloser Lamentiererei über ihr Gewicht und ihre Migräne an und geht mit allerlei Nörgelei weiter, so kann man ziemlich sicher sein: Heute wird es schwierig mit Sex. Heute ist sie selbst ihr allergrößter Feind!

Aber noch ist nichts verloren. Frauen lieben es, wenn sie an solchen Tagen verhätschelt und bemuttert werden. »Schatz, lass mal, ich mache das schon« ist Balsam für ihre Seele. »Ich weiß doch, wie schwer du es hast« gehört unbedingt ins männliche Repertoire. »Komm, lass uns heute essen gehen« ist keineswegs verkehrt. »Möchtest du eine Massage?« kann sogar einen massiven Stimmungswechsel zur Folge haben. Alles, was ihren Stress mildert, ist gut. Wahrscheinlich hat sie schon bald vergessen, wie scheiße sie eigentlich drauf ist!

Kindergeschrei ist nicht gut für die Sexlust. Kinder im Ehebett sind Sexkiller. Müdigkeit, Meinungsverschiedenheiten (Frauen sagen auch gern »fehlende Nähe« dazu) dürfen ebenfalls als hinderlich gelten. Die Quintessenz: Fühlt die Frau sich gut, hat sie auch Lust auf Sex. Drückt sie die Alltagslast zu sehr, reagiert sie mit Sex-Unlust. Man sorge also dafür, dass es der Frau gut geht. Dann kriegt sie auch Lust auf Sex.

Viele Männer fragen sich, ob ein Porno die Lust einer Frau erwecken könnte. Man könnte ja mal ganz nebenbei einen reinschieben und ihn gemeinsam gucken. Mal sehen, was passiert! Tatsache ist: Primitiv dargestellte Erotik mit einfallsloser Rammelei törnt die meisten Frauen eher ab. Es gibt allerdings Pornos, die speziell für Frauen gedreht werden. Sie sind ästhetischer als die anderen und haben eine richtige Handlung. Viele schöne Männer kommen darin vor und Frauen, die sich ihre geheimen erotischen Wünsche erfüllen. Solche Pornos gucken die meisten Frauen hin und wieder ganz gern – auch als Anregung für eigene Aktivität. Man findet solche Filmchen zum Beispiel in Sexshops, in denen nur Frauen Zugang haben, und teurer als die gängigen Rein-Raus-Pornos sind sie leider auch.

Das Vorurteil, in unseren Betten herrsche »tote Hose«, widerlegt eine neue Studie der Frauenzeitschrift »Bild der Frau«. In ihrem Auftrag befragte das Meinungsforschungsinstitut FORSA 1000 Frauen zwischen 25 und 60 Jahren zum Thema Sexualität. 52 Prozent sagten, sie seien mit ihrem Liebesleben zufrieden; 31 Prozent waren sogar sehr zufrieden. 83 Prozent schwärmten vom Sex mit ihrem Partner und sagten, sie würden ihn sehr genießen. Jedes zweite Paar ist demnach bis zu drei Mal die Woche sex-aktiv!

24. Muss ich vor dem Sex duschen?

Nicht grundsätzlich. Denn die erotischste Stimmung wird zerstört, wenn ER im entscheidenden Moment eine Pause einlegt, nach dem Motto »Warte, ich geh mal eben ins Bad«. Menschen, die sich lieben, sollten sich buchstäblich »riechen« können. Und dazu gehört auch der Körpergeruch. Vorsicht, wenn eine Frau auf Duschen vorm Sex besteht: Da stimmt irgendwas nicht! Wahrscheinlich legt sie auch noch ein Handtuch aufs Bett, damit das Laken schön sauber bleibt.

Nun gibt es aber Männerberufe, die ziemlich schweißtreibend sind. In dem Fall ist eine gewisse Körperhygiene wahrscheinlich ohnehin Routine beim Feierabend. Und das ist auch gut so. Kommt man trotzdem ungeduscht nach Hause und hat ein Schweißproblem, gibt's immer noch eine vernünftige Alternative: Gemeinsam duschen. Was übrigens schon oft der Anlass zu Sex gewesen sein soll.

Wo wir nun schon mal im Bad sind, können wir ja auch übers Rasieren reden. Ob ein Mann intim so glatt wie ein Babypopo sein sollte, darüber gehen die Meinungen der Frauen weit auseinander. Der Trend geht im Moment allerdings ganz klar zur Intimrasur, vor allem bei jüngeren Leuten. Ausgenommen sind Beine und Brust. Wenn Männer sich dort rasieren, finden es viele Frauen eher peinlich. Haare in den Ohren und in der Nase sind durchweg unbeliebt. Unter den Achseln und am Hodensack sind viele Frauen mit dem Einsatz eines Drei-Tage-Bart-Schneiders einverstanden, so dass es dort wenigstens nicht so ausufernd wuchert. Denn kaum eine Frau hat beim Oralsex gerne Haare zwischen den Zähnen. Grundsätzlich kann man sagen: Ein Mann, der sich intim rasiert, macht keinesfalls einen Fehler. Und wenn er an eine Frau gerät, die darauf gar nicht steht – dann kann er ja wieder wachsen lassen.

25. Woran denkt sie überhaupt beim Sex?

Zunächst mal denkt sie: Typisch Mann, dass er nicht mal Kondome dabei hat. Zum Glück hat sie ja welche. Sie weiß aus Erfahrung, dass die meisten Männer nicht einmal DARAN denken. Sie wäre sowieso glücklich, wenn ihr Partner sich irgendwie für das Thema Verhütung interessieren würde. Also zum Beispiel mal fragt, ob sie überhaupt die Pille nimmt. Übers Kondom denkt sie: Hoffentlich akzeptiert er, dass ich nicht ohne will. Wehe, er fängt gleich zu feilschen an, so nach dem Motto »Nur ganz kurz mal« oder »Ich passe schon auf«. Sie weiß nämlich sehr genau, dass Samenflüssigkeit auch vor dem Höhepunkt austreten kann. Und sie hat absolut keine Lust, beim Sex Roulette zu spielen.

Okay, das alles geht ihr vielleicht beim heißen Vorspiel durch den Kopf, aber nun geht's ja endlich zur Sache. Und woran denkt sie jetzt? Entweder an nichts – oder an das, was sie gern hätte im Bett. Mit anderen Worten: Hat sie guten Sex, sind Wünsche, Gedanken und Realität identisch. Ist sie aber an einen langweiligen Liebhaber geraten, dann denkt sie beim Sex vielleicht an eine außergewöhnliche Stellung oder an Sex mit einem Wildfremden. Hat der Partner keine erotische Figur, denkt sie sich vielleicht eine herbei. Bleiben ihre sexuellen Träume langfristig unerfüllt, werden sie immer wieder beim Sex auftauchen, so wie ein kleiner erotischer Film in ihrem Kopf. Hat sie richtig schlechten Sex oder zieht sich der Sex so lange hin, dass sie nun wirklich nicht mehr mag, dann denkt sie auch schon mal an die Einkäufe von morgen oder an den Besuch der Schwiegermutter.

Ein nur schwer auszurottendes Männer-Gerücht ist, dass die Frau beim Sex recht häufig an ihr »erstes Mal« denkt. Dass sie ihren ersten Liebhaber niemals vergisst, und dass man gegen den sowieso nicht ankommt. Irgendwie sind Männer auf den »Ersten« ziemlich eifersüchtig. Dabei liegen sie mit dieser Einschätzung vollkommen falsch. Die meisten Frauen haben an das erste Mal eher peinliche Erinnerungen, über die sie rückblickend bestenfalls nachsichtig lächeln. Tiefe Sehnsucht und »Immerzu an ihn denken müssen«? Nichts davon.

26. Wie wichtig ist ein großes Glied für sie?

Wir sind nun beim Thema, was Frauen im Bett eigentlich gefällt. Und weil alle Männer furchtbar große Angst davor haben, dass »ihrer« zu klein sein könnte, ist die Überschrift dieses Kapitels für sie natürlich besonders interessant. Aber wir haken danach gleich noch einige andere mehr oder weniger intelligente Männerfragen ab; dann sind die auch erledigt.

»Kurz und dick, Frauenglück. Lang und schmal, Frauenqual.«
Oma wusste schon, wovon sie sprach. Denn ihre Weisheit stimmt im
Großen und Ganzen. Ein ungewöhnlich langes Glied ist bei Frauen
nicht so beliebt, weil es am Gebärmutterhals Schmerzen verursachen
kann. Das gilt vor allem für Frauen, die eine Spirale benutzen.

Ein ungewöhnlich schlankes Glied mögen sie aber auch nicht in
sich haben, weil sie es weniger spüren. Das gilt vor allem für Frauen,
die bereits Kinder gekriegt haben. Ein ungewöhnlich dickes Glied ist
ebenfalls nicht so beliebt, denn wenn ER ein wenig unsensibel ist und
zu früh eindringen will, tut es IHR weh. Außerdem ist ein dickes Glied
bei Analverkehr recht hinderlich.

Das durchschnittliche Mittelmaß ist deshalb optimal. Es liegt hierzulande im erigierten Zustand exakt bei 14,7 cm. Deutsche Männer
müssen sich allerdings in der internationalen Penislängen-Hitliste
nach Franzosen (16 cm), Italienern (15,1 cm), Russen (15 cm) und
Mexikanern (14,9 cm) mit Platz 5 zufrieden geben. Trost: Die feurigen
Spanier liegen mit 13,6 cm weit abgeschlagen auf Platz 11, und die
reichen Saudis treten nur mit 12,4 cm an. Träger der roten Laterne
sind übrigens die Südkoreaner (9,6 cm).

Interessant ist auch, dass sich Männer bei der Länge ihres besten
Stückes regelmäßig überschätzen: 82,4 Prozent glauben, dass »er«
länger sei, als das Maßband hinterher bestätigt. Und ein gutes Drittel
der Männer kauft regelmäßig zu große Kondome – vielleicht bevorzugen Frauen deshalb lieber welche, die sie selbst gekauft haben?

Eins ist jedenfalls sicher: Wichtiger als die Größe ist allemal die
Frage, wie ER damit umzugehen weiß. Was nützt das schönste Glied
von optimaler Länge und Dicke, wenn damit nur gedankenlos geram-
melt wird? Ein Mann, der auf seine Partnerin eingeht und sich um sie
bemüht, der kann die Frage aus der Überschrift mit einem klaren »Gar
nicht« beantworten.

Nun kommen wir mal zum Thema »erotische Spiele«. Darauf steht
sie garantiert. Je phantasievoller, desto besser. Ein langes Vorspiel mit
viel Geduld und Zeit ist für eine Frau unendlich wichtig. Sie wünscht
sich, dass ihr Körper jedes Mal neu entdeckt wird. Sie möchte, dass
langsam, ganz langsam eine erotische Stimmung aufgebaut wird. Sie
träumt von Sex, der zelebriert wird wie ein Gottesdienst. Sie möchte
jedes Mal verführt werden.

Viele Frauen beklagen sich jedoch heftig über die Einfallslosigkeit der Männer und über zu wenig Abwechslung beim Sex. Immer die gleichen Berührungen, immer das gleiche Ritual. Womöglich auch noch immer der gleiche Tag? Da ist keine Kreativität zu spüren, da ist keine Erotik drin. Kennen Sie den Werbespot, wo sie und er im Lift stehen? Man spürt, wie die Luft zwischen den beiden brennt. Da flüstert sie: »I hate Sex ...« Er schaut ein wenig enttäuscht, und sie vollendet ihren Satz: »... in the bedroom.« Da erhellt sich seine Miene. Sex im Fahrstuhl ist tatsächlich eine feine Sache, die sich die meisten Frauen übrigens sehr gut vorstellen könnten. Nur haben sie dafür nicht den richtigen Partner. Und deshalb schrauben sie ihre Ansprüche ziemlich weit runter.

Fragt man Frauen, was genau ihre erotischen Wünsche sind, so kommen tatsächlich eher harmlose Antworten: »Endlich mal woanders als immer nur im Bett.« – »Auf der Motorhaube.« – »Auf dem Schreibtisch.« – »Unter der Dusche.« – »In der Badewanne.« – »Mal in einer neuen Stellung.« – »Am Küchentisch im Stehen.« – »Mit Augen verbinden.« – »Mit Eiswürfeln spielen.« – »Champagner aus dem Bauchnabel.« – »Einfach mal spontan.« – »Er soll nicht lange drüber reden, er soll einfach machen.«

Und was man auch immer wieder von Frauen hört: »Wenn wir schon mal was Neues im Bett ausprobieren, dann war es bestimmt meine Idee und nicht seine. Ihm genügt es vollkommen, wenn wir Nullachtfünfzehn-Sex haben.« – »Ich kann mich so verführerisch anziehen, wie ich will: Er kommt einfach nicht auf die Idee, es mal woanders als im Schlafzimmer zu machen.« – »Die ersten vier Wochen war er total scharf auf mich und wollte immer und überall, seitdem ist nix Spannendes mehr passiert ...« – »Wenn er Fußball guckt, könnte ich direkt vor ihm strippen. Er würde nicht mal hinschauen.« – »Neulich wollte ich ihm mal die Augen verbinden und ihn ans Bett fesseln. Nur um mal was Neues auszuprobieren! Ich fand das total scharf. Aber er überhaupt nicht. So kann ich nicht, hat er gesagt. Und dabei ist es dann geblieben, ich kam mir ja auch irgendwie blöd vor.«

Aus all diesen merkwürdigen Aussagen könnte man natürlich den Schluss ziehen, dass Männer beim Sex nicht sehr phantasievoll sind. Man könnte sie sogar für ausgesprochene Sexmuffel halten. Tatsächlich scheint das Klischee »Er will immer, sie hat Kopfweh« längst nicht mehr zu stimmen. Eher ist es wohl umgekehrt: »Sie will immer, er ist müde.«

Und nun das Thema »dirty talk«. Soll er die Klappe halten, »Ja, Baby, das ist geil« stöhnen oder sogar irgendwas von sich geben, was keinesfalls jugendfrei ist? »Dirty talk«, das so genannte »schmutzige« Liebesgeflüster. Frauen sagen: Wenn dabei das Wort »du« häufiger vorkommt als das Wort »ich«, kann es durchaus anregend sein. Es gibt viele Frauen, die beim Sex gern reden! WIE dirty, das muss man ausprobieren und am besten erst einmal abwarten, wie SIE sich äußert. Man kann einer Frau mit allen möglichen Worten sagen, dass sie die Beste ist und dass es unglaublich Spaß macht, mit ihr zu schlafen.

Im Mittelpunkt des »dirty talk« sollte immer die Frau stehen. Sie hat gern das Gefühl, dass es um SIE geht. Dass SIE wichtig ist und IHR Genuss an erster Stelle steht. Eher abtörnend ist es für eine Frau, wenn ER ihr fünfmal hintereinander »Gleich komm ich« ins Ohr brüllt. Abtörnend sind auch Männer, die beim Orgasmus wie kleine Kinder jammern. Das Abtörnendste ist aber immer noch die schwachsinnige Frage »Wie war ich?«. Man mag es kaum glauben: Diese Unsitte ist tatsächlich noch nicht ausgestorben, wird allenfalls leicht abgewandelt (»War's schön für dich?«, oder noch schlimmer: »Bist du echt gekommen?«, oder am schlimmsten: »Das war doch jetzt nicht gespielt, oder …?«). Nein, Schatz. Es war nicht gespielt. Ja, Schatz. Ich bin echt gekommen. Und ja, Schatz. Es war schön für mich. Und im Übrigen warst du mal wieder sooo toll …

27. Was hält sie von anal und oral?

Wenn Sie die Frage schockiert, blättern Sie einfach weiter. Diese Seite rausreißen ist aber keine gute Idee, weil Sie dann schon zwei Fragen verpassen würden! Also: Analsex ist für viele Frauen ein »Tabuthema«. Außerdem haben sie Angst davor. Nur ein äußerst sensibler, einfühlsamer Mann könnte ihre Meinung ändern, denn diese Art von Sex erfordert lange Vorbereitung und ein perfektes Zusammenspiel. Lassen Sie uns einen Moment bei diesem Thema bleiben.

Frauen, die positive Erfahrung mit Analsex haben, wurden anfangs beim Sex von ihrem Partner vorsichtig anal stimuliert und empfanden es nicht als unangenehm. War die erste Hemmschwelle überwunden, verlangten sie sogar danach und stellten verwundert fest, wie dehnbar und empfänglich ihr Körper auch in diesem Bereich ist. Für viele gehört ein gutes Gleitgel seitdem zu den gewohnten erotischen Hilfsmitteln. Den analen Orgasmus beschreiben sie als »anders«, nicht unbedingt als »intensiver« oder »schöner«. Mit drei schlichten Worten fasst eine Frau ihre Meinung so zusammen: »Hauptsache, es flutscht.«

Nun zum Oralsex. Nur wenige Frauen blasen, weil sie es so überaus erotisch finden. Sie tun es, weil sie dem oralsex-süchtigen Mann eine Freude machen wollen. Eine deutliche Mehrheit (53 Prozent) lässt sich aber »sehr gern« mit der Zunge befriedigen. Die meisten Frauen kommen oral schneller zum Höhepunkt! Es gleich beim ersten Mal ein bisschen oral zu versuchen, schadet also nichts. Steht sie nun gar nicht drauf (auch das gibt es), wird's der Mann schon irgendwie merken.

28. Warum will sie nicht schlucken?

Weil's nicht schmeckt und von der Konsistenz her eher widerlich ist. Das muss man mal ganz klar so sagen. Sperma ist nicht so fest wie Wackelpudding, aber auch nicht so flüssig wie Lebertran. Irgendwo dazwischen. Ein Vergleich: Wenn man einen Batzen Schleim im Mund hat, weil man erkältet ist, würde man den am liebsten ausspucken, nicht wahr? Aber wenn man zum Beispiel im Restaurant sitzt, geht das nicht. Also schluckt man den Batzen runter: Genau das ist vergleichbar mit dem Gefühl, Sperma zu schlucken.

Der eigene Schleim ist geschmacklos oder wird zumindest so empfunden. Die Beschreibungen des Geschmacks von Sperma schwanken zwischen »süßlich« und »salzig«. Das ist natürlich ein breites Spektrum, aber tatsächlich ist der Geschmack von der Ernährung abhängig. Männer, die viel Obst (zum Beispiel Ananas) essen, schmecken offenbar besser als Fast-Food-Freaks. Beliebt ist der Geschmack keinesfalls. Frauen merken an, dass sie ihn »eine Woche nicht mehr aus dem Mund rauskriegen«, andere haben genau aus diesem Grund ständig »Fisherman's Friend« dabei. Fast einhellig ist die Frauenmeinung: »Schlucken nur, weil er es so toll findet, als Liebesbeweis.«

29. Wie fühlt sich ihr Orgasmus an?

Das kann eine Frau kurz beschreiben, dann klingt es so: »Es ist wie beim Niesen. Erst merkt man so ein leichtes Kribbeln, dann wird es stärker und stärker, die Atmung wird heftiger, ja, und dann kommt der große Ausbruch.«

Das kann eine Frau lyrisch beschreiben, dann klingt es so: »Das Denken ist ausgeschaltet. Nur Bilder der Lust wandern im Kopf. Der Körper giert nach ›Eins sein‹. Verschmelzung ohne Fragezeichen. Die Atmung regiert den Drang. Der Schweiß der Lust tut sein Übriges dazu. Das Ziel, den Höhepunkt zu erreichen, jagt einen durch angenehme Gefühlsbäder. Und dann ein Feuerwerk der Sinne. Sprühende Kraft in jedem Winkel deines Körpers. Ein gemeinsamer Orgasmus kommt der Symbiose zweier Explosionen gleich. Der Urknall des gemeinsamen Ichs führt zurück an die Wurzeln des Seins. Danach farbig-bunte Erschöpfung, glückliches Fallenlassen in weiche Arme, durchatmen und angekommen sein. Willkommen im Ich.«

Das kann eine Frau mit hübschen Bildern beschreiben, dann klingt es so: »Weibliche Orgasmen sind unterschiedlich. Sie kommen in Wellen. Da gibt es welche, die sind so, wie wenn ein Steinchen in einen See plumpst: Klein, ganz hübsch, hinterher ist das Wasser ruhig und entspannt. Dann gibt es welche, die rollen an und ab wie Wellen an den Meeresstrand – mal sanfter, mal wilder, mal gleichmäßig, mal unregelmäßig. Seeehr angenehm, das Ganze. Und dann gibt's noch regelrechte Tsunamis, die die ganze Welt versinken lassen und laaaange nachwirken. Solche Tsunami-Orgasmen gibt's nicht jeden Tag, aber wenn einer passiert, erfasst er den Körper der Frau bis in den letzten Winkel, sogar die kalten Füße werden warm, alles Störende, der Alltag, alles ist für lange Zeit verschwunden, und diese Orgasmen sind es, von denen eine Frau lange zehrt.«

Oder so: »Wie ein Vulkanausbruch. Das eine Mal kommt nur Rauch, das nächste Mal fließt ein kleines bisschen Lava, beim dritten Mal sprüht die Lava weit in den Himmel hoch, beinahe wie der Pilz bei einer Atombombe, und das kann zu einem ohnmachtsähnlichen Zustand führen.«

Oder so: »Das ist … Wie soll man sagen … ohne dass es grotesk klingt … So wie eine Naturgewalt. Man begibt sich in eine Ebene, bei der alle Dimensionen vereint sind. Manchmal muss ich danach sogar weinen, weil es mich so berührt ... Es hat so eine göttliche, so eine spirituelle Wirkung oder Empfindung. Es geht nicht um die reine Triebbefriedigung. Es geht über Sex hinaus. Je älter ich werde, desto intensiver empfinde ich das.«

Jetzt wissen wir so ungefähr, wie sich das anfühlt bei der Frau. Bleiben wir gleich beim Thema und fragen, was Männer noch gern wissen möchten. Ist es für die Frau denn überhaupt wichtig, dass sie jedes Mal »kommt«? Sie kommt nicht jedes Mal. Aber deshalb ist es trotzdem wichtig. Wenn eine Frau mit einem Mann schläft, dann will sie auch einen Orgasmus haben. Noch besser wären zwei. Am besten wäre der multiple Orgasmus. Wenn eine Frau erzählt, dass es »auch so« für sie schön sei (»auch so« bedeutet, dass sie wieder einmal nicht gekommen ist), dann erzählt sie ein barmherziges Märchen. Oder sie ist konfliktscheu. Oder sie hat längst resigniert. Oder sie weiß überhaupt nicht, was ein Orgasmus ist. Es gibt für eine Frau nichts Schlimmeres als Männer, die nur auf ihren eigenen Orgasmus bedacht sind und danach einschlafen. Jede Frau kann von ihrem Partner erwarten, dass ihr Orgasmus für ihn mindestens so wichtig ist wie sein eigener. Das weiß heutzutage jedes Kind. Theoretisch. Wieso gibt es trotzdem Millionen Männer, die es einfach ignorieren?

Vielleicht hat es damit zu tun, dass Frauen ihre eigenen Bedürfnisse so gerne hintenanstellen. Sie verzichten lieber, als dass sie sich durchsetzen. Sie entscheiden sich für den Weg des geringsten Widerstandes.

»Kein Mann, der seine Frau liebt, schläft vor ihrem Höhepunkt ein.« Diesen Satz sollte man auf ein großes Poster schreiben und kostenlos an Millionen Haushalte verteilen. Als Blickfang an der Wand über dem Ehebett. Eine FORSA-Umfrage vom Frühjahr 2006 brachte übrigens zum Thema Orgasmus die erfreuliche Nachricht, dass ein Viertel der Frauen jedes Mal zum Höhepunkt kommt und die Hälfte immerhin »häufig«.

Da war nun eben die Rede vom »multiplen« Orgasmus. Sie kommt also nicht einmal, sondern gleich mehrmals hintereinander. Ein wahres Feuerwerk der Lust, wenn man so will. Wie bewerten Frauen diesen offenbar nicht sehr häufigen Volltreffer?

»Das wäre wie Endspiel in der Champions League.« – »Wenn man das einmal erlebt hat, vergisst man es nie wieder. Sagt meine Freundin.«

– »Danach kann man auch schlechten Sex ertragen, denn man hat ja die Erinnerung.« – »Vorstellen kann ich es mir nicht. Aber ich träume manchmal davon, wie es wohl ist.« – »Meine beste Freundin redet immer noch davon. Dabei liegt es schon Jahre zurück, und zu dem Mann hat sie gar keinen Kontakt mehr.« – »Ich war leider noch nie mit einem Mann so gut eingespielt, dass es passiert ist.« – »Ich kenne keine Frau, die NICHT gern einen multiplen Orgasmus hätte.« – »Mehrmals hintereinander zum Höhepunkt kommt eine Frau nur mit einem ganz besonders einfühlsamen Partner. Aber davon gibt es ja leider nicht so viele!« – »Mir wäre es nicht genug, wenn ich nur davon träumen könnte. Ich will ihn erleben! Aber es ist eine Ausnahme, ein Glücksfall, ein absolutes Highlight. Alles muss stimmen, nichts darf stören – und den richtigen Partner dazu hat ja leider nicht jede Frau.«

Man könnte SIE ja mal fragen. Bestimmt hat sie einige Ideen, die zum »Multiplen« führen könnten. Und wenn man sich schon mal so intim nett unterhält, könnte man gleich eine weitere Männerfrage erörtern. »Sag mal, Schatz … Wenn du's dir selbst machst: Ist das eigentlich schöner als mit mir …?«

Frauen lachen vielleicht über solche Fragen, aber Männer haben sie nun mal. Also: Die Antwort heißt eindeutig Nein. Sex ohne Mann ist für eine Frau die zweitbeste Möglichkeit, einen Orgasmus zu bekommen. Natürlich weiß sie selbst am besten, wie sie kommt. Aber nichts geht über den gemeinsamen Höhepunkt mit dem eigenen Partner. Nur wenn sie ihre eigenen Bedürfnisse nicht äußern kann oder darf, wenn sie zusätzlich noch einen unsensiblen Partner und unterm Strich recht schlechten Sex hat, dann macht sie sich's lieber selbst.

30. Wo sitzt eigentlich der G-Punkt?

Am liebsten hätten Männer auf der Suche nach dem Zentrum der weiblichen Lust einen Lageplan, dem sie nur zu folgen brauchen. Das wäre doch mal was Feines! Männer lieben Karten lesen und behaupten sowieso immer, dass sie's besser könnten als Frauen. Diesmal also keine Landkarte, sondern eine Vaginalkarte. Oder man gibt die Anweisungen gleich selbst, so wie die Frauenstimme im Navigationssystem. Eingabe: G-Punkt. Und dann ertönt: »Ge-ra-de-aus. In zwei

Zentimetern nach links abbiegen. Ziel erreicht!« Und wenn er ihn immer noch nicht gefunden hat, dann sagt die Frauenstimme mit leicht gereiztem Unterton: »Nach Möglichkeit bitte wenden.«

Dass es diesen G-Punkt gibt, vermutet die Wissenschaft angeblich schon seit dem 17. Jahrhundert. Einen Namen bekam er allerdings erst in den Fünfzigerjahren des vorigen Jahrhunderts. Es soll sogar noch mehr Punkte geben, zum Beispiel den A-Punkt und den C-Punkt. Aber für die interessiert man sich nicht so sehr. Die typische männliche Stammtisch-Frage heißt: »Wer von euch weiß eigentlich, wo genau der G-Punkt ist?« Betretenes Schweigen und Achselzucken. »Keine Ahnung.«

Ob der G-Punkt überhaupt existiert, darüber streiten die Experten noch. Von uns befragte Frauen konnten ihn jedenfalls durchaus lokalisieren ... Nach mehrheitlicher Meinung sitzt das »Ufo« ungefähr fünf Zentimeter vom Vaginaleingang an der vorderen Scheidenwand, also Richtung Bauchdecke. Am besten soll der Mann ihn finden, wenn er seinen Finger etwas krumm macht. So wie die alte Hexe, die Hänsel und Gretel ins Pfefferkuchenhaus lockt. Die Fingerkuppe zeigt nun also wieder zum Mann. Wenn er jetzt »auf zwei Uhr« geht (das kennt er aus der Bundeswehrzeit von den Schießübungen!), dann sollte er ihn erwischen.

Klein ist er nicht, der G-Punkt. Ungefähr so groß wie ein Euro. Wenn's ihn denn überhaupt irgendwo gibt.

31. Ist es schlimm, wenn ich zu früh komme?

Es ist dann schlimm, wenn ER sich nicht um IHREN Höhepunkt kümmert. Das ist ohnehin schon schlimm. Wenn ER dann auch noch einen Frühstart hinlegt, ist es äußerst enttäuschend. »Ich hatte mal einen, bei dem ging es nur Rein-Raus-Rein-Raus und fertig. Und dann sagt er auch noch: Ich bin eben so scharf auf dich, dass ich mich nicht mehr bremsen konnte ... Das hat er als Kompliment gemeint!«, empört sich eine Frau. So geht das jedenfalls nicht.

Frauen, die einen Frühstarter im Bett haben, möchten erst selbst kommen: »Danach kann er machen, was er will. Die paar Minuten geht's schon noch.« Bewährt hat sich der Einsatz von ejakulationshemmenden »Liebesringen« (man kann einen Ring tatsächlich nicht nur am Finger tragen). Aber, auch das ist eine frauentypische Anmerkung: »Er weigert sich einfach, mit mir in einen Sexshop zu gehen und sich so was mal gemeinsam anzuschauen.«

32. Wann hat sie Schmerzen beim Sex?

Das ist auch so ein Thema, über das viel zu wenig gesprochen wird. Sie hat nämlich viel öfter Schmerzen beim Sex, als die meisten Männer ahnen. Zum Beispiel bei Blasen- oder Eierstockentzündung. Oder wenn die Scheide trocken ist. Oder noch wund vom letzten Sex. Wenn sein Glied zu lang oder zu dick ist, kann das auch ziemlich starke Schmerzen verursachen. Auch Monate nach der Geburt tut Sex vielen Frauen noch höllisch weh.

Obwohl es dafür überhaupt keinen Grund gibt, schämen sich erschreckend viele Frauen ihrer Schmerzen. Sie mögen darüber nicht sprechen. Sie beißen die Zähne zusammen, obwohl sie heulen könnten. Und erschreckend viele Männer kommen überhaupt nicht auf die Idee, sich bei ihren Frauen danach zu erkundigen. Sie merken nicht einmal, dass sie den Sex im Moment überhaupt nicht genießen, sondern nur über sich ergehen lassen. Gegenmaßnahme? Mehr miteinander reden! Auch darüber.

33. Warum hat sie plötzlich keine Lust mehr auf Sex?

Hat sie das denn? Gemeint ist doch wohl: Ihr ist nicht mehr so oft danach. Mit mangelnder Lust hat das nichts zu tun. Eigentlich müsste die Frage so lauten: Warum zum Teufel ist aus dem erotisch aufgeheizten Liebesnest, das die beiden doch einmal hatten, im Laufe der Jahre ein gefühlskalter Lagerraum für erotische Erinnerungen geworden?

Guter Sex und Alltagsstress sind Feinde, die sich nie vertragen werden. Das gilt für sie und auch für ihn. Routine tötet Erotik; das müsste selbst ein Mann begreifen. Kinder sind Sexkiller, wenn sie im Nebenzimmer schlafen. Drückende Sorgen machen die Scheide trocken. Und wer das Maul nicht aufkriegt, der kriegt auch keinen geblasen. Sie hat keine Lust auf Sex? Ha, das wüsste sie aber. Es sind die Männer, die sich die Wahrheit mit solchen Sprüchen schönreden. Denn wenn »sie keine Lust auf Sex« hat, dann ist er ja aus dem Schneider.

Man könnte an dieser Stelle tatsächlich auf die Idee kommen, dass Männer ihre Autos besser behandeln als ihre Frauen. Stellen wir uns mal vor, das Auto fährt nicht mehr. Würde der Mann dann auch sagen: »Ist eben so, es fährt nicht mehr?« Nein. Er würde sich umgehend darum bemühen, die Ursache herauszufinden. Und wenn das Auto namens Frau nicht mehr fährt, wenn sie buchstäblich nicht mehr auf ihn »abfährt«? Dann zuckt er mit den Schultern, gibt sich damit zufrieden und sagt: »Es ist eben so. Sie hat keine Lust mehr.«

Übrigens, wenn's denn sein muss: Eine Frau kann jahrelang ohne Sex leben. Natürlich würde sie sich dann gelegentlich oder regelmäßig selbst zum Höhepunkt bringen. Auf den eigentlichen Geschlechtsakt kann sie verzichten, wenn kein geeigneter Mann in Sicht ist. Viel wichtiger als Sex ist ihr Bedürfnis nach Zärtlichkeit. Sie kann sich zwar selbst befriedigen, aber sie kann schlecht mit sich selbst kuscheln. Dafür braucht sie ihn nun ganz gewiss.

Spannend ist diese Zahl: Paare, die keinen Fernseher im Schlafzimmer haben, schlafen doppelt so oft miteinander wie andere.[3] Das ergab eine Studie der italienischen Wissenschaftlerin Serenella Salomoni. Ganz besonders gilt das für Paare über 55 Jahre: Die mit TV am Bett schlafen im Monat durchschnittlich nur 1,5 Mal miteinander, die ohne TV bringen es immerhin auf sieben Mal. Aber auch bei jüngeren Paaren wirkt sich Fernsehen negativ aufs Sexleben aus: Sechs Mal monatlich mit TV – und elf Mal monatlich ohne TV. Darüber sollten Männer unbedingt mal mit ihren Frauen reden, denn eine weitere Statistik besagt: Die überwältigende Mehrzahl der Frauen (84,3 Prozent) würde für ein erfüllteres Liebesleben sofort den Fernseher aus dem Schlafzimmer verbannen![4]

Ihre vermeintliche Lustlosigkeit hat unter Umständen mit ihren unerfüllten Wünschen zu tun. So träumt jede vierte Frau von einer Liebesnacht mit zwei Männern, aber dagegen hätte der eigene Partner vermutlich eine Menge einzuwenden – und es bleibt beim Träumen.

---

3 Quelle: »Berliner Morgenpost«
4 Untersuchung der Uni Massachusetts, Prof. Neill Simon

Jede fünfte hätte aber gern mal Sex in der Öffentlichkeit, und immerhin jede zehnte Frau möchte einen Swingerclub von innen kennen lernen. Mehr Abwechslung im Bett wünschen sich 76 Prozent, da besteht also eindeutig männlicher Handlungsbedarf. Öfter mal die Stellung möchten 58 Prozent gern wechseln, und ungefähr ebenso viele hassen es, wenn er nach dem Sex gleich einschläft. Zu wenig Zeit fürs Vorspiel törnt immerhin 72 Prozent ab. Der Hammer ist jedoch diese Zahl: Befragt, wie sie Sex am liebsten haben, antworten 94 Prozent der Frauen mit »Kuschelsex«![5]

5 FORSA für »Bild der Frau«, Frühjahr 2006

Viertes Kapitel

DIE FRAU UND IHRE FAMILIE

34. Kriegt sie mit 30 den Nestbau-Instinkt?

Ja, davon kann man ausgehen – wenn man mehr darunter versteht als nur den Wunsch, ein Kind zu bekommen.

Viele Frauen beenden mit Ende 20 gerade erst ihre Ausbildung. Sie kommen dann nicht unbedingt auf die Idee, sofort Mutter zu werden. Hinzu kommt, dass man heute auch mit 37 oder sogar erst mit 40 das erste Kind bekommen kann.

Aber ungefähr mit 30 möchte eine Frau durchaus gerne wissen, zu wem sie gehört und wie es mit ihrem Leben weitergehen soll. Das liegt unter anderem an ihrem Umfeld: Viele ihrer Freundinnen haben schon eine Familie. Die ersten sind sogar schon wieder getrennt. Die biologische Uhr tickt zunehmend lauter. 30 ist für jede Frau eine äußerst ernst zu nehmende Grenze.

Single-Frauen fragen sich: Bleibe ich jetzt für immer allein? Ich bin doch schon 30! Frauen mit einem festen Freund fragen sich: Will er wirklich eines Tages heiraten mit allem Drum und Dran? Ist er überhaupt bindungsfähig? Wünscht er sich wenigstens irgendwann eine Familie? Oder verbringe ich meine besten Jahre mit dem falschen Mann – der mich verlässt, wenn es für mich zu spät ist?

Mit 30 spüren die Frauen, dass sie sich langsam endgültig entscheiden müssen. Für ein bestimmtes Leben, für einen bestimmten Mann oder eben für die Karriere. Viele begreifen auch, dass ihre Träume zu hochtrabend waren und möglicherweise gar nicht funktionieren werden: Mann UND Kinder UND Karriere UND lebenslanges Liebesglück UND keine Sorgen UND UND UND ... Möglicherweise doch ein bisschen zu viel vom Schicksal verlangt? Und nun?

Die Frau um 30 schaut sich andere Frauen an, die Kinder bekommen haben und damit glücklich sind. Vielleicht sind welche dabei, die sich für die alte klassische Rolle entschieden haben: Einen gut verdienenden Mann geheiratet, ein oder zwei Kinder in die Welt gesetzt, Reihenhaus am Stadtrand gekauft, und jetzt verbringen sie die Nachmittage auf dem Spielplatz. Es ist nicht gesagt, dass die Frau um 30 dem unbedingt nacheifern möchte. Aber garantiert denkt sie mit 30 oft darüber nach, was wohl aus ihr geworden wäre, wenn ...

Die Kinderlosigkeit vieler Paare ist bei uns ein echtes Problem. Eine besonders intensive Debatte darüber gab es Anfang 2006. Deutschland diskutierte die Gründe: Früher war es selbstverständlich, Kinder zu haben – heute fällt die Entscheidung bewusst und viel zu oft negativ aus. »Die Entscheidung für ein Kind konkurriert mit anderen Möglichkeiten wie Karriere, Konsum, Freizeit und Selbstverwirklichung, auch beim Wechsel des Lebenspartners. In Deutschland ist es besonders schwer, Kinder und Beruf zu vereinbaren. Plätze zur Ganztagsbetreuung sind rar, flexible Arbeitsmodelle unüblich. Wer Kinder hat, muss oft Nachteile bei der Karriere hinnehmen. Kinder sind teuer – im Durchschnitt etwa 100.000 Euro bis zum 18. Lebensjahr. Kinder- und Elterngeld können das nicht aufwiegen ... Mit dem Alter sinkt die Fruchtbarkeit. Jedes siebte Paar ist ungewollt kinderlos ...«[6]

Es gibt aber noch einen Aspekt, der für Frauen wichtig ist. Sie fragen sich: »Wie wird es sein, wenn ich einmal alt bin?« Jede Frau weiß, wie viel Freude ihre eigene Oma an den Enkeln hat oder hatte. Und jede Frau hat Angst davor, im Alter alleine zu sein. Was später sein wird: Diese Frage stellt sich für Frauen um die 30 viel intensiver als für Männer im selben Alter. DIE können ja auch mit 65 noch Vater werden.

Die Frau um 30 möchte mit ihrem Partner wenigstens darüber reden, wie es weitergehen soll. Vermutlich wird sie sehr genau hinhören, wie er sich die Zukunft vorstellt und wie er mit diesem Thema umgeht. Sie möchte wissen, ob sie sich auf ihn verlassen kann. Weghören, ablenken und Witzchen machen ist auf jeden Fall die falsche Reaktion. Und ein Mann, der spöttisch fragt: »Ach, kriegst du jetzt den Nestbau-Instinkt?« – der hat in diesem Moment eine ganze Menge Zuneigung verloren!

Und was ist nun mit den vielen Frauen, die jenseits der 30 noch Single sind und keinen unglücklichen Eindruck machen? Nach vielen Gesprächen, auch mit angeblich glücklichen Single-Frauen, wagen wir die Behauptung: Auch sie sind auf der Suche. Zumindest insgeheim. Nach außen hin geben sie sich vielleicht anders. Die Annahme, jede Solo-Frau sei auf der Suche nach einem Partner, mag etwas verwegen klingen, aber offenbar ist sie tatsächlich nicht übertrieben. Behauptet eine Frau im Brustton der Überzeugung das Gegenteil, so lügt sie sich selbst in die Tasche.

---

6 Aus einem »Welt am Sonntag«-Report.

Allerdings sind viele Frauen nicht bindungsFÄHIG und deshalb gar nicht in der Lage, eine Beziehung einzugehen. Sie projizieren all ihre Wünsche auf einen einzigen Mann und sind bitter enttäuscht, wenn er sie nicht erfüllen kann. Oder sie bleiben lieber allein, weil sie eine frühere Enttäuschung auf keinen Fall noch einmal erleben möchten. Aber das bedeutet noch lange nicht, dass sie die Sehnsucht nach einer guten Beziehung aufgegeben haben.

35. Muss ich bei der Geburt dabei sein?

Die Geburt eines Kindes ist für eine Frau der wichtigste, unglaublichste und einschneidendste Moment in ihrem ganzen Leben. Und darum heißt die Antwort: Ja, sie hätte ihren Partner gern dabei.

Ist die Fragestellung aber wirklich so wie in der Überschrift (»MUSS ich dabei sein?«), dann fühlt sich der Mann doch offensichtlich zur Teilnahme verpflichtet. Ein Mann, der so fragt, würde die Geburt vermutlich lieber auf der anderen Seite der Kreißsaal-Tür abwarten.

Dafür muss er sich nicht schämen. Frauen sehen das meistens sehr realistisch. Eine sagte uns: »Wieso muss er sehen, wie das ganze Blut rauskommt und wie man reißt, wie man einen Dammschnitt bekommt und genäht wird? Nein danke.« Eine andere: »Mir ist es lieber, er nimmt das Kind nach der Geburt und fühlt sich gebraucht, wenn er es waschen kann.« Eine dritte: »Mir muss jemand die Hand halten bei der Geburt. Aber das muss doch nicht unbedingt mein Mann sein.«

Empfindlichen Männern, die sich trotz ihrer Bedenken in den Kreißsaal wagen, geben erfahrene Frauen diesen Rat: »Denke dir eine imaginäre Linie, die quer durch die Ohren deiner Frau verläuft. Wenn es ernst wird, halte deiner Frau die Hand. Aber bleibe immer hinter dieser Linie.«

Auch wenn er nicht dabei sein möchte: Mit der Frage, was die Geburt eines Kindes eigentlich für die Frau bedeutet, könnte er sich ruhig mal näher beschäftigen.

Worte einer Mutter: »Die Wehen, die Geburt – ein Wunder. Mal gruselig und schmerzhaft und angsteinflößend, mal einfach nur schön. Stell dir die schlimmste Darmgrippe oder Lebensmittelvergiftung vor, die du je hattest: Eine von denen, bei denen du denkst, es würde dein Innerstes zerreißen und du möchtest nur noch sterben. Du kannst nichts mehr denken, planen oder hoffen, du bist nur noch Schmerz. Und – anders als bei einer Darmgrippe – es dauert viele Stunden, manchmal länger als einen Tag! Und plötzlich wird die Sache ganz unerträglich. Und ist in wenigen Sekunden vorbei. Ein Baby wird auf deinen Bauch gelegt, vollkommen, gesund, für immer deins. Du bist fix und alle, verwundet und erleichtert, stolz und ängstlich, und das alles zur selben Zeit! Ist alles gut verlaufen, schießen so langsam die Glückshormone ein und du fühlst dich unendlich high …

Gäbe es DAS Gefühl als Droge, sie fände reißenden Absatz und die Dealer würden an einem Tag steinreich werden. Du brauchst keinen Schlaf, kein Essen, kein Schmerzmittel. Nichts und niemand kann dich davon abhalten, für dein Kleines da zu sein. Das ist der Sinn des Lebens! Der Sinn der Schmerzen! Dieses Kind ist dein Lebensgrund, dieses Kind hat Gott gemeint, als er den Menschen schuf!

Für Stunden bis Tage steht die Welt still für eine frisch gebackene Mutter. Sie ist in einem Ausnahmezustand. Der Mann sollte die Frau in dieser Zeit einfach lachen und weinen, stillen und schlafen lassen, wie sie es will und braucht. Danach aber wird es kritisch. Die Frau kommt heim aus der Klinik, und der Mann denkt, sie könnte doch so langsam mal wieder den Abwasch … oder den Boden … oder Lust auf Sex haben …

Sorry, Männer, aber so circa vier bis sechs Wochen brauchen die meisten von uns, bis sie den Still-Penn-Wickel-Marathon halbwegs hinkriegen und sich wieder als Herrin des eigenen Körpers begreifen. Bis sie sich nicht mehr wie im Dauer-Jetlag fühlen und bis die Schmerzen langsam vergehen.«

Nun kommt die Stillzeit. Und auch darüber wissen Männer viel zu wenig! Stillen ist unter anderem auch ein erotischer Vorgang, der das Bedürfnis der Frau nach körperlicher Nähe weitgehend befriedigt. Das Ziehen an der Brustwarze stimuliert. Das Bedürfnis der Frau nach körperlicher Nähe zu ihrem Partner steht in diesen Monaten längst nicht so im Vordergrund wie sonst.

Weil Männer davon nichts wissen, fühlen sie sich in der Stillzeit vernachlässigt. Viele werden sogar eifersüchtig auf das neugeborene Kind, das ihnen offensichtlich vorgezogen wird.

Dabei sind Männer in dieser Phase überaus wichtig – auf andere Weise: Die Frau befindet sich immer noch im Ausnahmezustand. Stillzeit ist die Fortsetzung der Schwangerschaft. Ihre Hormone stellen sich auf das Baby ein. Ihr Körper hat noch längst nicht die alte Form. Er gefällt ihr nicht. Oft ist sie traurig und deprimiert. Vor allem beim ersten Kind ist es so, als wäre sie über Nacht die Chefin einer Firma geworden – in einer Branche, von der sie überhaupt nichts versteht. Jeder Fehler, den sie macht, kann tödlich sein. Hat sie bereits Kinder, so kommt deren Eifersucht hinzu. Viele Frauen fühlen sich in der Stillzeit überfordert. Ihr Selbstwertgefühl ist im Keller.

Wer kann sie aufbauen? Wer kann sie trösten? Wer kann ihnen immer wieder sagen, wie toll sie alles machen? Wer kann ihnen helfen, auch mal Zeit für sich zu haben? Oder einfach nur mal durchschlafen zu dürfen? Das können nur die Männer.

Was auch noch entscheidend ist: Frauen sind in diesen Wochen und Monaten extrem empfindlich. Eine einzige kritische Bemerkung oder auch nur ein schräger Blick können sie in tiefe psychische Krisen stürzen. Sie haben extrem nah am Wasser gebaut (wussten Sie übrigens, dass ein- und dasselbe Hormon für die Produktion von Muttermilch und das Fließen von Tränen verantwortlich ist? Kein Wunder, dass man von der »postnatalen Tristesse« spricht!). Einer Frau im postnatalen Zustand begegnet man deshalb am besten wie einem bissigen Hund: Vorsichtig annähern, beruhigende Worte finden, Stress vermeiden und keine falsche Bewegung.

Die postnatale Tristesse (auch »Baby-Blues« genannt) trifft zwar nicht alle, aber die meisten Frauen. Die Symptome ähneln bisweilen denen einer schweren Depression. Erst im Sommer 2006 ging dieser Fall durch die Presse: Vier Tage nach der Geburt ihres Kindes sprang eine bis dahin vollkommen normale und psychisch unauffällige Frau, die sich wahnsinnig über ihr Baby gefreut hatte, aus dem Fenster der Neugeborenenstation in den Tod. Der hinterbliebene Ehemann beklagte sich, weil er die Krankenschwestern auf den schlechten psychischen Zustand seiner Frau hingewiesen hatte. Das Krankenhaus rechtfertigte sich damit, dass man die Frau aus ebendiesem Grund in ein Zweibettzimmer gelegt habe. Nach diesem Fall wurde diskutiert, ob man auf allen Stationen, auf denen frisch gebackene Mütter liegen, die Fenstergriffe abschrauben solle.

36. Was macht eine Hausfrau eigentlich den ganzen Tag?

Das eine oder andere mag variieren; nehmen wir dieses Tagesprotokoll als Beispiel. Sie steht als Erste auf. Sie weckt die Kinder. Sie macht Frühstück. Sie überwacht das Zähneputzen, die Uhr im Nacken. Sie achtet auf die zum Wetter passende Kinderkleidung und setzt sich lautstark gegen die unpassenden Lieblingsklamotten durch. Sie schmiert Pausenbrot für Mann und Kinder. Sie inspiziert den Ranzen, schickt das eine Kind zur Schule und das andere in den Kindergarten. Sie nimmt das Kleinkind aus dem Bett, wechselt die Windeln und zieht es an. Sie füttert das Kind und schreibt den Einkaufszettel. Sie duscht und macht sich einigermaßen zurecht. Sie befreit das Bad von den Hinterlassenschaften der anderen, als da wären abgelegte Socken, Zahnpastareste, Haare in der Dusche, Spuren im Klo. Sie komplettiert den Einkaufszettel unter Berücksichtigung des heutigen Speiseplans und der Lücken im Kühlschrank, beschäftigt das Kleinkind, räumt den Frühstückstisch ab und den Geschirrspüler ein. Sie sortiert die Wäsche, schmeißt die Waschmaschine an, macht die Betten und telefoniert wahlweise mit Arztpraxis, Vermieter, Handwerker, Behörde oder Schule. Sie zieht das Kleinkind an, trägt es runter, setzt es in den Kinderwagen, hat den Einkaufszettel vergessen, rast wieder hoch und holt ihn, geht einkaufen, schleppt die Tüten nach Hause, zieht das Kleinkind aus und gibt ihm was zu essen. Sie schält Kartoffeln und setzt sie auf. Sie räumt die Waschmaschine aus und hängt die Wäsche auf. Sie kocht. Die Kinder kommen aus Kindergarten und Schule. Sie deckt den Tisch und hört sich Geschichten aus Kindergarten und Schule an. Sie schlichtet Streit und trocknet Tränen. Sie wickelt das Kleinkind und macht es zum Mittagsschlaf fertig. Sie isst mit den Großen. Sie räumt ab und überwacht die Hausaufgaben. Sie wickelt das Kleinkind, macht es ausgehfertig, fährt das eine Kind zum Sport und das andere zum Kindergeburtstag, wobei hierfür noch ein Mitbringsel gekauft werden muss. Sie holt das eine Kind vom Sport ab. Sie hört sich die Geschichten vom Sport an. Sie fährt nach Hause und legt ein wenig Gartenarbeit ein. Sie holt das andere Kind vom Kindergeburtstag ab. Sie spielt mit den Kindern ein Gesellschaftsspiel und lässt sie ein wenig fernsehen. Sie verschwindet kurz im Bad, denn bald kommt ihr Mann. Sie deckt den Abendbrottisch, kontrolliert die

Hausaufgaben und den Zustand des Ranzens, wobei sie eine ältere, noch nicht unterschriebene, missratene Klassenarbeit findet. Sie ergreift die notwendigen disziplinarischen Maßnahmen und freut sich über ihren Mann, der soeben eingetroffen ist. Man isst gemeinsam, das Kleinkind bringt der Vater ins Bett, derweil räumt sie ab und den Geschirrspüler ein, den sie nun gleich anstellt, weil er voll ist. Sie plant dabei in Gedanken den nächsten Tag und passt auf, dass die Großen ihre Zähne putzen und ihre Zimmer aufräumen, was nicht ohne Stress abläuft. Sie sitzt noch einen Moment mit dem Mann und den Großen zusammen, bis die ins Bett müssen. Ihr Mann schaltet den Fernseher ein und wundert sich, dass sie nach wenigen Minuten einschläft. Denn eigentlich ist sie ja nur Hausfrau.

37. Warum ist sie manchmal so genervt?

Es nervt Frauen, wenn sie nicht ernst genommen werden. Es nervt sie, wenn alles selbstverständlich ist, was sie machen. Wenn sie nicht mehr als Mensch wahrgenommen werden. Wenn sie sich eher wie ein Möbelstück fühlen.

Es nervt Frauen, wenn ER auf alle ihre Probleme mit einem versteckten Vorwurf reagiert: »Dann hättest du eben ...«, »Dann solltest du eben ...«, »Ich an deiner Stelle würde ...« oder »Du könntest doch ...«.

Es nervt Frauen, wenn sie ständig alles drei Mal sagen müssen und die Antwort auch beim vierten Mal noch lautet: »Das höre ich zum ersten Mal.« Es nervt Frauen, wenn ER grundsätzlich immer alles besser weiß. Wenn SEINE Arbeit und SEINE Sorgen abendfüllende Themen sind und IHRE Arbeit nichts dagegen zählt. Aber es nervt Frauen ebenso, wenn ER ganz offensichtlich Probleme hat und nicht darüber sprechen will.

Und dann die ganze Alltagsnerverei! Vier Stunden nach Feierabend anrufen und Bescheid sagen, dass man später kommt. Ungehaltene Versprechen: »Heute Abend gehen wir mal richtig schick aus« und dann kommt etwas Unaufschiebbares dazwischen. Irgendetwas reparieren wollen, aber nach vier Wochen funktioniert es leider immer noch nicht. »Jaja, das mach' ich schon noch.«

Am meisten nervt es Frauen, wenn sie ständig eins auf die Mütze kriegen. Egal ob das Kind in der Schule oder der Geschirrspüler in der Küche versagt, egal ob das Geld nicht reicht oder wieder mal kein Bier kalt gestellt ist: ER kümmert sich um nichts, aber SIE ist an allem schuld. Das nervt total.

Auch Feiertage bieten eine Menge »Nerv-Potenzial«. Obwohl Weihnachten doch das Fest der Liebe ist, gibt es gerade dann – statistisch betrachtet – besonders viel Krach. Kein Wunder, wenn man ehrlich ist. Die so genannten »Feier«-Tage sind für Frauen dasselbe wie Sommerferien für einen Hotelbesitzer: Hochsaison.

Frauen haben nichts gegen Weihnachten. Im Gegenteil. Für ihre angeborene Sehnsucht nach Harmonie und Seligkeit ist Weihnachten an sich das ideale Fest. Aber leider kümmern sich nur wenige Männer um den ganzen Kram, der mit Weihnachten nun einmal verbunden ist. Alles bleibt an IHR hängen. Es gibt deshalb im ganzen Jahr kein einziges Fest, das eine Frau derart heftig unter Leistungsdruck setzt wie Weihnachten. Und entsprechend dünn ist ihr Nervenkostüm an den Feiertagen.

Es geht ja nicht nur um Geschenke, Kochen und Dekorieren. Es geht um den Gesamtzustand der Wohnung. Schwiegermutter schaut bestimmt nicht nur ins Wohnzimmer, sondern auch noch unters Kinderbett! Zu Weihnachten fühlen Frauen sich nicht nur ge-, sondern überfordert, und das auch meistens zu Recht. Wer sich aber überfordert fühlt, der wird leicht ungerecht. Deshalb gibt es diesen klassischen nörgelnden Frauensatz: »Der Baum steht schief.«

»Der Baum steht schief« heißt nichts weiter als: »Ich rackere mich ab und du meinst, mit Tannenbaum-Aufstellen hast du deinen Beitrag geleistet? Nee, mein Lieber: Dafür gibt's von mir keinen Beifall.«

Stress gibt es aber nicht nur an Weihnachten. Es ist Frühling, der Vatertag rückt näher. Er verabredet sich mit seinen Kumpels. Sie verplant den Tag anderweitig. Und schon gibt's Ärger.

Viele Frauen können überhaupt nicht einsehen, warum es den Vatertag überhaupt gibt. Sie halten auch den Muttertag für überflüssig. Entsprechend sauer sind sie, wenn einer der wenigen Feiertage im Jahr der Familie verloren geht und sie wieder einmal alleine mit den Kindern sind. Vor allem, wenn sich der Mann auch sonst eine Menge Freiheiten herausnimmt, die sie nicht hat.

Ist der Mann ansonsten eher häuslich, wird sie ein Auge zudrücken. »Wenn er das braucht, soll er das machen. Und wenn er dann besoffen nach Hause kommt und schnarcht, na und? Den einen Abend im Jahr kann ich das aushalten.« Aber »den einen Abend im Jahr« – diese Einschränkung sagt ja bereits, dass es sonst eben nicht so häufig passiert.

38. Ist sie die heimliche Chefin im Haus?

Davon kann man ausgehen. Allerdings wird sie das nicht an die große Glocke hängen und ihn im Glauben lassen, er sei der Chef. Dieser kleine Test kann helfen (bitte nur mit »SIE« oder »ER« antworten!):

Wer hat die Wohnung eingerichtet? Wer drängte auf die letzten drei größeren Anschaffungen? Wer wollte ausgerechnet dieses Auto? Wer hält die meisten Kontakte zu Schule/Nachbarschaft/Verwandtschaft? Wer hat in den letzten drei Jahren die Urlaubsziele ausgesucht? Wer entscheidet, was es zu essen gibt? Wer ist für Behördengänge usw. zuständig? Wer setzt den eigenen TV-Geschmack häufiger durch, bestimmt also das Programm? Wer hat in der Regel die Fernbedienung? Wer legt fest, welche Familienangehörigen zu Weihnachten besucht bzw. eingeladen werden? Wer legt fest, was in der Freizeit gemacht wird? Wer übt mehr Kritik am Partner? Wer setzt sich bei Alltagsstreitigkeiten öfter durch?

Wenn die Antworten häufiger SIE als ER heißen, ist sie tatsächlich die heimliche Chefin im Haus, was ja auch nicht weiter schlimm wäre. Hauptsache, der Laden funktioniert.

39. Wie wichtig ist ihr Vater für sie?

Absolut und extrem wichtig. Er prägt ihr Männerbild fürs ganze Leben. Die meisten Frauen suchen sich Männer, die sie an ihren Vater erinnern. Natürlich nicht bewusst; sie merken das gar nicht. Es ist aber so.

Ebenso wichtig ist der Vater für die Persönlichkeitsentwicklung eines kleinen Mädchens. Ein Vater, der seiner Tochter immer wieder sagt, dass sie die fähigste und schönste Frau ist, die er kennt (außer Mama natürlich), der hat später eine selbstbewusste, stolze Frau zur

Tochter. Trifft man eine Frau, die eindeutig unter ständigen Selbstzweifeln leidet, die unsicher ist und sich schlecht durchsetzen kann, so darf man dafür getrost ihren Vater verantwortlich machen.

Viele Frauen geraten deshalb immer wieder an die falschen Männer, weil sie sich von ihrem Vaterbild das ganze Leben lang nicht trennen können. Sie schlüpfen immer wieder in die Rolle, in die sie ihr Vater gedrängt hat. Das ist verhängnisvoll, wenn der Vater ein autoritärer, unsensibler und frauenverachtender Mensch gewesen ist.

Wie eine Frau aber später sein wird, also vielleicht in 20 oder 30 Jahren, das sieht man tatsächlich an der Mutter. Das alte Lied »... drum schau dir erst die Mutter an« lag genau richtig, obwohl es doch nur ein Schlager war. Zwar gibt es viele Frauen, die mit der Inbrunst der Überzeugung sagen: »So wie meine Mutter möchte ich niemals werden« und die das auch ganz ehrlich meinen – aber man kann ziemlich sicher sein, dass sie am Ende doch ins gleiche Rollenverhalten schlüpfen. Ganz einfach deshalb, weil die entscheidenden Lebensmuster im Kindesalter gestrickt werden. Und damals schauten sie ohne jede Distanz und Kritikfähigkeit mit kindlicher Bewunderung zu ihren Müttern auf.

40. Warum erzählt sie so gerne von ihrer Kindheit?

Zunächst einmal wünscht sie sich sehr, dass er auch mal was von seiner Kindheit erzählt. Alles möchte sie ergründen. Warum ist er so geworden, wie er ist? Das hängt doch garantiert mit früher zusammen! Sie stürzt sich zum Beispiel nur allzu gern auf seine Fotoalben von früher und will bei jedem vergilbten Bild ganz genau wissen, wer drauf ist und wie da die verwandtschaftlichen Zusammenhänge sind. Sie merkt sich alles und vergisst selbst den Namen der vor 28 Jahren leider viel zu früh verstorbenen Tante zweiten Grades nicht.

Nun zu ihr. Die Kindheit ist ein ganz zentraler Punkt in ihrem Leben. Es gibt kaum ein Thema, bei dem sie nicht unvermittelt den Dreh zu früher kriegt: »Also bei uns war das ja so ...«, »Meine Oma hat ja immer ...«, »Meine Mutter hat gesagt ...«, »Da fällt mir ein, als ich ungefähr sieben war, das muss ich eben mal erzählen ...« Frauen haben stets Bilder im Kopf. Sie blättern auch gedanklich ständig in einem Fotoalbum. Der Mann lebt jetzt und hier, die Frau lebt in der Vergangenheit und in der Zukunft. Was sein wird, macht ihr Angst. Und was früher war, das verklärt sie. Frauen kochen ja auch so gerne wie Mama! Nichts Schöneres als die alten Rezepte von damals. Und die alten Haushaltstipps sind die besten: Eine Schale mit Kaffeepulver in den Kühlschrank stellen, dann riecht er nicht mehr … Das ist ein Tipp von Oma. Und er funktioniert.

Die Frau als solche lebt in einer kalten Welt. Ihr Kerl will nicht so, wie sie will. Die Kinder sind zickig und widerspenstig. Ihr Chef ist ein Idiot. Das Geld ist knapp, die Rente wird nicht reichen, und draußen ist es ungemütlich. Gerüche, Geräusche und Gefühle von damals machen das Leben einer Frau erträglicher und geben ihr das Gefühl, eine Heimat zu haben. Sie wird diese Heimat gegen alle Widerstände verteidigen. Zum Beispiel an Geburtstagen, zu Ostern und am Heiligen Abend, wenn der Baum geschmückt wird. GENAU SO wie damals. Ein Mann sollte sich damit abfinden, dass der Weihnachtsbaum in den Farben und in dem Stil seiner Schwiegereltern geschmückt wird und nicht darüber diskutieren. Weil relativ bescheidene Nebensachen wie diese für Frauen nun einmal viel, viel wichtiger als für Männer sind.

41. Warum will sie immer mitkommen, wenn ich ausgehe?

Das kann mehrere Gründe haben. Vielleicht möchte sie einfach mal wieder an der Seite ihres Mannes gesehen werden? Auch um allen anderen Frauen zu zeigen: Der gehört mir, Finger weg!? Oder sie sehnt sich danach, mal wieder die schicken Klamotten anzuziehen und auf der Piste unterwegs zu sein; alleine macht das nicht so viel Spaß.

Zur Partnerschaft gehört für Frauen sowieso, dass man etwas gemeinsam unternimmt: Das wäre ein weiterer Grund. Oder sie möchte ganz einfach, dass ihr Partner sich öffentlich zu ihr bekennt. Er soll sich mit ihr zeigen. Es gibt aber auch Frauen, die unter einem gewissen Kontrollzwang leiden. Die mögen es nicht, wenn ihr Partner alleine ausgeht. Man weiß ja nie, was da alles passiert. Also möchten sie gern dabei sein. Sie möchten zum Beispiel sein Trinkverhalten kontrollieren und gegebenenfalls die Notbremse ziehen können nach dem Motto »Schatz, jetzt müssen wir aber«.

Leider gibt es viele Männer, die eine solche unwürdige und sicher auch ehrverletzende Kontrolle durch eigenes Fehlverhalten geradezu provozieren. Die müssen sich nicht wundern, wenn ihre Partnerin sie nur ungern alleine ausgehen lässt: Sie brauchen ja offenbar einen Aufpasser. Unterm Strich ist es für eine Partnerschaft nicht gut, wenn keiner der beiden mal alleine ausgehen darf. Und bei den meisten, vor allem jüngeren Leuten ist das Thema auch gar nicht existent: Denn SIE hat IHN ja auch nicht so gerne dabei, wenn sie sich mit ihren Freundinnen trifft.

42. Warum liebt sie ihr Haustier so sehr?

Weil das Bedürfnis einer Frau nach Kuscheln und Zärtlichkeit niemals ganz befriedigt werden kann. Außer von Hund und Katz'. Das sind die einzigen Wesen, die auch nie genug davon kriegen. Kinder wollen irgendwann nicht mehr mit Mama kuscheln. Männer hassen die Kuschelei sowieso und haben lieber gleich Sex. Dem Hund mit dem weichen Fell kraulst du eine volle Stunde den Hals und wenn du aufhörst, stupst er dich an und sagt: Hey, warum ist schon Schluss? Genau wie die Frau! Tiere haben kein Zeitgefühl, und deshalb wird ihnen auch die Zeit niemals lang. Wenn gekuschelt wird, bleibt für Hunde, Katzen und Frauen die Uhr stehen.

Tiere haben noch mehr Eigenschaften, die Frauen lieben. Sie sind zum Beispiel derart treu, dass man nun wirklich keinen Grund zur Eifersucht hat. Sie sind unglaublich dankbar, was man vom Mann nicht immer behaupten kann. Sie sind absolut auf Frauchen fixiert und wollen gar nicht der Chef sein. Man kann sie ins Körbchen schicken und hat seine Ruhe. Und sie kriegen den Arsch hoch! Der Mann liegt auf dem Sofa und murrt, wenn er spazieren gehen soll. Der Hund pisst fast ins Wohnzimmer vor Freude, wenn sie mit der Leine kommt. Eigentlich sollte die Frau ihren Hund heiraten. Er ist der bessere Mann.

Und Katzen erst! Was für eine Seelenverwandtschaft! Katzen sind zickig so wie sie. Schmusig ohne Ende. Unergründlich, feminin. Schlau, elegant und selbstständig. Beweglich, geschmeidig und kleine Tiger. Der »Catwalk« ist nicht zufällig nach der Katze benannt.

Und wenn sie die Krallen ausfahren, wow. So ist sie auch (bzw. so wäre sie gern).

Im Alter hat sie einen Vogel. Nicht zuletzt deshalb, weil man sich so gut mit ihm unterhalten kann! »Putzi-Schnucki, ja wo ist Frauchen denn?« – »Piep!« – »Ja genau! Du verstehst mich, gell?« – »Piep!« – »Nun trink doch mal!« – »Piep.« – »Nein, magst nicht trinken? Na, macht nix.« – »Piep.« – »Ja, wenn das unser Papa noch erlebt hätte.« – »Piep-piep!« – »Vermisst ihn auch, gell?« – »Piep.«

Diese Frau ist tatsächlich fest davon überzeugt, dass sie sich soeben mit ihrem Vogel unterhalten hat. Frauen glauben sowieso, dass ihre Haustiere sie verstehen. Und das kann ja auch stimmen. Vielleicht nicht der Fisch im Aquarium (der in Sachen Sprachlosigkeit ja eher ihrem Partner ähnelt) – aber Hund und Katze schon.

Apropos. Alle Frauen haben ein »Sprach-Defizit«. Es wird zu wenig mit ihnen gesprochen. Das wird in diesem Buch an den verschiedensten Stellen erwähnt, aber man kann es nicht oft genug wiederholen. Die Frau spricht mit ihrem Tier, weil ihr sonst niemand zuhört. Sie redet sich ihren Kummer buchstäblich »von der Seele«, aber sie erzählt dem Tier auch das, was sie gerade freut. Natürlich würde sie sich lieber mit ihrem Mann als mit ihrem Hund unterhalten. Aber der Mann ist leider entweder schlecht gelaunt, oder er liest nebenbei die Zeitung, oder er hat Widerworte, oder er macht sich lustig, oder er ist nicht da. Auch das sind gute Gründe für eine Frau, das Haustier so zu lieben.

43. Warum gibt sie ihrem Auto einen Namen?

Weil sie mit ihm spricht. Und irgendwie muss sie es ja anreden. Wenn eine Frau etwas liebt, dann personifiziert sie es und gibt ihm Streicheleinheiten. Es sprechen auch mehr Frauen als Männer mit ihren Pflanzen; deshalb kommt uns Prinz Charles ja so seltsam vor (der tut's bekanntlich auch).

Mit ihrem Auto verbindet die Frau eine ganze Reihe von längst vergangenen Geschichten, und sich hineinsetzen ist wie Blättern in einem Fotoalbum. Das Herzklopfen auf der Fahrt zum Rendevouz, der erste Kuss vor der Haustür, die Tränen am Steuer aus Liebeskummer, das

Maskottchen am Rückspiegel, der Aufkleber – all das sind Romane, sind Teile von ihr.

Sie ist sowieso davon überzeugt, dass ihr Auto eine Seele hat. Wenn sie es starten will und außer einem »klack« bewegt sich nichts, dann streichelt sie das Armaturenbrett und sagt: »Komm, sei lieb, spring an.« Der Mann holt einen Hammer, macht die Motorhaube auf und schlägt einmal kräftig auf den Anlasser, was in neun von zehn Fällen zum gewünschten Erfolg führt. Nützt das nichts, versetzt er dem Auto einen Tritt und spricht es auch an, aber so: »Scheiß-Karre! Ich hätte dich schon längst verschrotten sollen.« Womit doch wieder einmal bewiesen wäre, dass Männer schlichtweg herzlos sind.

Die meisten Frauen geben ihrem Auto einen Namen, der mit »i« oder »chen« aufhört. Psychologen wie Prof. Neill Simon begründen das so: »Die Verkleinerungsform macht aus einem Gegenstand, der ursprünglich als eher bedrohlich empfunden wird, etwas Niedliches und Vertrautes. Auf jeden Fall muss man keine Angst mehr vor ihm haben. Indem Frauen ihren Autos niedliche Namen geben, nehmen sie sich gleichzeitig ein Stück Furcht vor der komplizierten Technik oder vor dem ungeliebten Einparkmanöver.« Häufige Autonamen, die uns genannt wurden: Bärchen, Laubi (vermutlich abgeleitet von Rostlaube), Beulchen, Beuli, Putzi, Schnuckel, Schnucki, Speedy, Rolly, Flitzi, Mausi, Rosti, Grufti, Schrotti, Homie, Hornie, Blümchen, Pauli, Fritzi und (ohne nachvollziehbare Begründung) Martin.

Fünftes Kapitel

DIE FRAU UND
DER ALLTAG

44. Ist Haushalt wirklich so anstrengend?

Eine Mutter sagt: »Haushalt wird von allen, die keine Kinder haben, völlig unterschätzt. Haushalte, in denen mehrere Personen Dreck machen und Hunger haben, aber nur eine Person für Sauberkeit und Essen sorgt, sind eine Hammer-Aufgabe. Mit der Menge der zu fütternden und Chaos verbreitenden Menschen steigt der Druck auf die Hausfrau. Wer's nicht glaubt, möge sich meine drei und meinen Mann mal einen Tag ausleihen. Natürlich haben wir es heutzutage besser als die Frauen vor 100 Jahren, weil wir Waschmaschine, Trockner, Spülmaschine, Wegwerfwindeln, Tiefkühlkost und viele nette Dinge mehr haben. Dafür sind die Ansprüche der Männer und der Gesellschaft an die Hausfrau aber auch gestiegen. Alle sollen stets sauber, glatt gebügelt und auch noch modisch angezogen, das Essen soll abwechslungsreich und vollwertig sein, und die Bude muss nicht nur glänzen, sondern soll auch noch jahreszeitengemäß dekoriert sein. Und der Nachwuchs braucht, um schulisch und gesellschaftlich mithalten zu können, ein üppiges Freizeitprogramm mit Sport, Musik und Kreativem, zudem Hausaufgabenbetreuung und viiiiel frische Luft, sonst wird er nämlich blöd und faul und womöglich auch noch krank, und Mama ist schuld. Und bei all dem Putz-Koch-Kreativ-Organisations-Kinder-Programm sollte die Hausfrau von heute auch noch so nett aussehen wie das Mädel aus der Vorwerk-Werbung (»Ich ...? Ich leite ein kleines, äußerst erfolgreiches Familienunternehmen ...«). Nix Kittelschürze und Zottelfrisur! Was ich meine, ist: Haushalt ist das eine Problem. Aber die Ansprüche, die wir an uns stellen (lassen), die sind das andere Problem.«

Ganz gut beschrieben, nicht wahr? Diese Frau weiß, wovon sie spricht. Wie kommt es nur, dass Männer – wenn sie denn mal vorübergehend den Haushalt übernehmen – den Eindruck haben, das alles sei doch im Grunde nur ein Kinderspiel und mit links zu erledigen?

Mehrere Gründe. Womöglich erledigen sie nur das, was unbedingt gemacht werden muss, und übersehen die »zeitlosen«, aber trotzdem notwendigen Arbeiten wie Fenster putzen, Gardinen abnehmen, Keller aufräumen oder Staubsaugen mit Möbelwegrücken. Den Haushalt oberflächlich in Ordnung halten, ist ja nur ein Teil des Jobs. Hinzu kommt aber, dass Männer in vielen Bereichen tatsächlich zielstrebiger, rationeller und somit auch schneller arbeiten können als Frauen. Das kann man schon unter der Dusche beobachten: Erheblich mehr Männer als Frauen setzen die Seife ohne groß nachzudenken taktisch klug ein (Aufwärtsbewegung = Arm-Außenseite, Abwärtsbewegung = Arm-Innenseite usw.).

Und mehr Frauen als Männer seifen sich mit kreisenden Bewegungen ein, was zwar lustvoller, aber längst nicht so rationell ist. Wenn Männer also gelegentlich behaupten, sie seien die besseren Hausfrauen, kann das durchaus stimmen. Nur sollten sie dann doch bitteschön auch Gebrauch von ihren Fähigkeiten machen.

45. Wie viel Ordnung verlangt sie von mir?

1.) Räume deine eigenen Sachen weg. 2.) Benimm dich so, als sei es dein Haushalt. 3.) Beseitige das von dir verursachte Chaos selbst.

Würden Männer diese drei einfachen Regeln beherzigen, dann herrschte eitel Harmonie.

Zu 1.) Was das Hinterherräumen angeht, machen die meisten Männer so viel Arbeit wie ein zusätzliches Kind. Sie lassen grundsätzlich immer alles liegen. Obendrein leiden sie offensichtlich unter Hörstörungen, das heißt: Auf einfachen Zuruf reagieren sie überhaupt nicht. Auch nicht auf die zweite Ermahnung. Ungefähr beim zehnten Mal explodiert die Frau. Und dann heißt es: »Was regst du dich eigentlich auf? Nur wegen einer SOCKE?«

Zu 2.) Wenn man nicht blind ist, fällt einem ein voller Mülleimer von alleine auf. Oder die trockene Wäsche auf dem Balkon, wenn es zu regnen beginnt. Oder ein voller Aschenbecher. Oder ein ungemachtes Bett. Männer leiden aber nicht nur unter Hör-, sondern auch unter Sehstörungen. Nicht in ihrem Hobbykeller, nicht angesichts ihrer Werkzeugkiste, nicht in ihrem Auto. Wohl aber im Haushalt. Die Frau verlangt nichts weiter als ein wenig Mitdenken, Hinsehen und Eigeninitiative.

Zu 3.) Wenn Männer nun wirklich einmal etwas im Haushalt selbst machen, zum Beispiel für die Kinder kochen, dann fühlen sie sich großartig und erwarten jede Menge Lob. Leider vergessen sie, dass man nach dem Kochen auch wieder aufräumen muss! Wenn man mit fettigen Fingern Schranktüren und Klinken anfasst, müssen diese hinterher gereinigt werden. Spritzt man Tomatensauce an die Kacheln, muss man diese hinterher abwischen. Fallen Reste auf den Boden, muss man diese aufheben. Einem Mann hinterherräumen macht unter Umständen mehr Mühe, als wenn die Frau gleich alles selbst macht.

Viel Ordnung ist es nicht, die sie von ihm verlangt. Sie will keinen Pedanten. Aber sie will auch keinen Ignoranten.

Man sollte annehmen, dass jüngere Frauen das Problem mit der männlichen Unordnung nicht mehr so stark haben wie die Generation ihrer Mütter. Schließlich ist der Mann von heute ja partnerschaftlich ausgerichtet und hält die Frau nicht für seine Sklavin oder Putzfrau. Das aber ist ein Irrtum: Junge Frauen beklagen sich ebenso vehement über liegen gelassene Schmutzwäsche wie ältere. Geändert hat sich offenbar nur eins: In vielen Beziehungen von Leuten, die heute um die 30 sind, ist die Frau die absolute Chaotin und der Mann ganz eindeutig der Ordnungsliebendere. Was sicher auch daran liegt, dass heute mehr Frauen als früher voll berufstätig sind und abends einfach keine Lust mehr zum Aufräumen haben.

46. Warum muss ich zu Hause die Schuhe ausziehen?

Es ist ja ganz angenehm, wenn man von der Arbeit heimkehrt und an die gestressten und übermüdeten Füße auch mal ein wenig Frischluft kommt. Insofern kann man getrost davon ausgehen, dass ein Mann nach getaner Arbeit sowieso die Schuhe ausziehen würde, in denen er den ganzen Tag herumgelaufen ist.

Egal, ob er nun hoch über der Baustelle acht Stunden in der Kanzel seines Krans gesessen, als Pastor vier Hochzeiten und einen Todesfall auf der Kanzel seiner Kirche oder als Nachwuchsanwalt vier Scheidungen in der Kanzlei seines Chefs abgearbeitet hat. Aber die Schuhe ausziehen MÜSSEN, das ist doch irgendwie was anderes als freiwillig die eigenen Schweißfüße lüften. Das klingt nach Entmännlichung, nach weiblichem Kontrollzwang und der zickigen Stimme, die da meckert: »Ich hab dir tausend Mal gesagt, du sollst die Schuhe ausziehen! Wann begreifst du es endlich?« Männer mögen das nicht. Obwohl sie den neuen weißen Teppichboden ja auch super finden und hoffen, dass er möglichst lange so schön weiß bleiben möge, wie er ist. Denn er war ja nicht ganz billig.

Man müsste einer Frau den ganzen Tag zuschauen, was sie so macht und wie sie sich müht, um das zu begreifen. Die Wohnung schön sauber zu halten, ihr Heim ganz »heimelig« zu gestalten und für einen gewissen Sauberkeitsstandard zu sorgen, das macht eine Menge Arbeit. Und es ist irgendwie frustrierend und blöd, wenn die ganze Arbeit in wenigen Minuten zunichte gemacht wird.

Sie hat nun vielleicht eine gute Stunde das Badezimmer geputzt, so dass man getrost in diesem Moment einen Werbespot für Meister Proper darin drehen könnte, und zwar für die Sequenz »nachher«. Strahlende Menschen mit zusammengekniffenen Augen, denn die Kacheln und der Boden glitzern wie Sommersonne mittags um zwölf. Der Meister aus dem Fernsehen würde zwinkern und seine Muskeln zeigen. Ja, sie hat jetzt ein echt sauberes Bad. Es ist Samstag, der Kerl arbeitet im Garten und legt gerade eine Pause ein. Mit schwerem Schritt betritt er die Wohnung. An seinen Stiefeln klumpt die Erde. Er will sich nun die Hände waschen. Es ist an den Fußspuren erkennbar, welchen Weg er nimmt. Irgendwie enden die Fußspuren im Bad. Dort lässt er Wasser ins Becken, schnappt sich die Seife, benutzt sie, spritzt die Kacheln voll, versaut das Becken, reibt den Rest der Gartenerde ins Handtuch und schlappt wieder davon (man sieht auch das an den Fußspuren), um sich im Flur die Stiefel auszuziehen. Wundert es irgendjemanden, dass die Frau in diesem Moment ausflippt?

Oder das neue Sofa. Es ist ja schön, die Beine hochzulegen, Chips in sich hineinzuschaufeln und dabei einen geilen Film zu gucken. Aber Chips haben leider die Angewohnheit, dass sie nur selten den direkten Weg aus der Tüte in den Mund finden. Circa 10 Prozent der Chips-masse landen, statistisch betrachtet, auf dem Sofa. Durchaus nicht so, dass man sie lässig wieder wegbekommt. Sondern garantiert in Falten, Ecken, Winkeln. Dort hinterlassen sie ihre Spuren (Schokolade, Mar-zipan usw. hinterlassen noch schlimmere) und machen das Sofa, das man sich doch gemeinsam vom Mund abgespart hat, in kürzester Zeit zum dringend auszutauschenden Alt-Möbel. Genauso ist es nun auch mit dem Teppichboden.

Wer will von einem Dreijährigen, der eben noch Indianerhäuptling war, Rücksichtnahme auf Auslegeware verlangen? Deshalb fängt sie ihren Häuptling bereits an der Haustür ab und zieht ihm erst mal die Schuhe aus. Aber von ihrem Kerl erwartet sie wenigstens einen Hauch von Verständnis; schließlich ist er ja ein bisschen älter als drei Jahre. Man latscht nun mal nicht mit den dreckigen Stiefeln aus dem Garten über den weißen Teppichboden.

So weit die frauenfreundliche und sicher auch nachvollziehbare Antwort auf diese Frage. Wie so oft, gibt es aber auch in diesem Fall »sone und sone«. Also solche und solche. Manche Frauen haben einen Sauberkeitstick. Sie sind derart frustriert, dass sie ihren einzigen inneren Orgasmus angesichts eines schneeweißen Teppichbodens kriegen. Den hüten sie wie ihren Augapfel. Und zicken rum: »Ich hab's dir tausend Mal gesagt …« Wer eine solche Frau zu Hause hat, der sollte mal über die Ursachen nachdenken. Möglicherweise wäre sie in Sachen Teppichboden viel entspannter, wenn sie ihren Orgasmus beim Sex kriegen könnte.

47. Warum mag sie keine Stehpinkler?

Eigentlich ist das der Frau völlig egal. Ob ein Mann im Stehen oder im Sitzen pinkelt, interessiert sie gar nicht. Sie ist ja nicht dabei. Es geht nur um die Urinspritzer auf dem Beckenrand. Und um die Spritzer auf der schicken weißen Matte, die sie um das Klo herum drapiert hat. Oftmals steht auch noch irgendetwas direkt neben dem Klo, zum Beispiel die Waschmaschine oder die Wanne.

Sie hasst es nicht, dass er im Stehen pinkelt. Sondern sie hasst es, dass er wild in der Gegend herumspritzt. Vor allem nach Alkoholgenuss verlieren Männer gern ihre Zielgenauigkeit. Um bei dem Beispiel mit der Waschmaschine zu bleiben: Nun muss sie sich beim Putzen auch noch bücken und hängt mit dem Gesicht direkt über der Kloschüssel, um seine Urinspuren von der Waschmaschine abzuwischen. Das sind Momente, in denen eine Frau abkotzen möchte.

Das Problem ist also nicht die Frau, sondern das Pinkelverhalten des Mannes. Wenn er immer hübsch direkt ins Wasserloch pinkelt und danach mit Klopapier über den Beckenrand wischt, dann kann er weiterhin im Stehen pinkeln. Nur am Rande sei erwähnt, dass der Zwang zum Sitzpinkeln auch ein Mittel zur Unterdrückung der männlichen

Pinkelfreiheit sein kann, von herrschsüchtigen Frauen also bewusst als Instrument zur Drangsalierung und Bevormundung des Mannes eingesetzt wird. Das trifft auf Frauen zu, die auch sonst an ihrem Mann ständig herumkritisieren und immer etwas zu nörgeln haben.

48. Was ist so toll an Liebesromanen und Soaps?

Romane liebt sie, weil sie sich mit der Heldin identifizieren kann und insgeheim ahnt, dass ihr eigenes Leben weit unter Wert verläuft. Ist sie nicht auch zu Höherem berufen? Steckt nicht ein Aschenputtel in ihr, das eigentlich Prinzessin werden sollte? Das wahre Leben ist oftmals fies und gemein. Und es ist nicht gesagt, dass es ein Happyend geben wird. Darum träumt sie von einem besseren Schicksal, kämpft, liebt, lacht und leidet mit ihrer Heldin und begleitet sie allzu gern durch Höhen und Tiefen. Sie weiß ja: Am Ende kriegt sie ihren Traumprinzen, und alles wird gut. Träumen ist erlaubt. Und gleich kann sie weiterträumen, deshalb liest sie ihre Romane am liebsten vorm Einschlafen im Bett.

Nachmittags und am frühen Abend guckt sie mit Leidenschaft Soaps im Fernsehen. Anders als beim Liebesroman wird sie in ihrer Lieblingssoap nicht in eine Traumwelt entführt. Sondern hier erlebt sie ihre eigene Realität und freut sich, dass andere Leute offenbar ähnliche Probleme haben wie sie. Ehestreit und Familienkrach, Kinder in der Pubertät und Fremdgehen, Schulden, schnarchende Ehemänner und heimtückische falsche Freundinnen: All das kennt sie ja selbst und es beruhigt ungemein, mit solch widrigen Dingen nicht alleine dazustehen. Die Botschaft einer guten Soap besteht aus fünf Worten: »Du bist nicht die Einzige.« Am liebsten würde sie direkt eingreifen: »Also dem würde ich ja was erzählen!« – »So eine Schlampe!« – »Das gäb's bei mir aber nicht!«

Da werden erwachsene Frauen zu kleinen Mädchen im Kaspertheater, die lautstark mitspielen: »Pass auf, Kasper! Hinter dir, das Krokodil! Nein, nicht da! In der anderen Ecke!« Die Identifizierung mit der geliebten Soap kann so weit gehen, dass die Grenze zur Realität verschwimmt. Da hört man denn schon mal zwei Frauen im Supermarkt über eine dritte lästern: »Die Petra geht fremd, das gibt es doch nicht! Die hat tatsächlich was mit dem Mann ihrer Schwester angefangen!«

Das klingt manchmal so real, als wenn es sich um eine Freundin aus dem Kegelverein handelt. Dabei passierte es gestern auf RTL oder im Ersten.

Jede Frau vergleicht sich gern mit anderen Frauen; man kennt das aus dem Märchen von Schneewittchen. Ist eine schöner als sie (oder reicher oder mit einem Traummann gesegnet oder sonstwie bevorteilt), so hebt das ihre eigene Stimmung nicht unbedingt. Trifft sie aber auf eine Frau, auf die sie herabschauen kann, dann geht's ihr gleich viel besser. Das erklärt den Erfolg der vielen geschmacklich doch stark umstrittenen Nachmittags-Talkrunden mit so spannenden Themen wie »Nimm endlich ab, ich kann dich nicht mehr sehen.« Vielleicht hat die Frau gestern noch unter ihren paar Pfund zu viel gelitten: Was sie da im TV zu sehen bekommt, kann ihr Leid sofort lindern. Für die Frau hat der Fernseher deshalb dieselbe Funktion wie der Spiegel im Märchen für die böse Königin. Er verrät ihr, wo sie gerade steht und ob sie sich Sorgen machen muss.

49. Warum liest sie Traueranzeigen, aber nichts über Politik?

Die Seite mit den Familienanzeigen gehört für Frauen zum Ersten, was sie aufschlagen. Er will wissen, was über seinen Verein in der Zeitung steht. Sie will wissen, wer geheiratet hat – und vor allem, wer gestorben ist.

Sie schaut, wie lange die Menschen gelebt haben. Ist der liebe Verstorbene schon über 70, so geht ihr das nicht weiter nahe. Ist aber ein junger Mensch dabei, so ist es Balsam für ihren typisch weiblichen Drang, mit jemandem Mitleid zu haben. Ihr schießen schon die Tränen in die Augen, wenn sie nur aufs Geburtsdatum schaut. »Oh, wie schrecklich!« Obwohl sie den armen Verstorbenen überhaupt nicht kannte.

Zum Zweiten liest sie gerne Traueranzeigen, weil ja ein Bekannter dabei sein könnte. Oder der Bekannte einer Bekannten. Da kommt das typisch weibliche Klatsch- und Tratsch-Bedürfnis zum Tragen, das jeder Frau innewohnt.

Frauen sind grundsätzlich an menschlichen Dramen äußerst interessiert – sofern sie nachvollziehbar sind. Katastrophen wie der

11. September oder der Tsunami Ende 2004 sind nachvollziehbar für eine Frau. »O wie schrecklich.« Sie kann sich genau hineinversetzen in die furchtbare Situation einer anderen Frau, die mit einem Foto des vermissten Verlobten durch die zerstörten Straßen von New York läuft oder die als Touristin unter Tausenden von Leichen ihre vermissten Kinder sucht. Das geht ihr wirklich nahe und macht ihr auch die Zerbrechlichkeit ihrer eigenen heilen Welt bewusst.

Ganz anders ist es mit »abstrakten« Dramen, von denen keine persönlichen Einzelschicksale zu uns dringen. Im Kongo oder anderswo können Hunderttausende Frauen und Kinder abgeschlachtet werden, und es ist bei uns kein Thema in irgendeiner Frauenrunde. Es kann sogar in der Tagesschau darüber berichtet werden: Emotional ist es zu weit weg, und sie schieben es beiseite.

Alle Frauen lieben hingegen kleine dramatische Romane. Fehlende Fakten ersetzen sie dabei durch ihre Phantasie. Außerdem kombinieren sie sich so einiges zusammen. Und natürlich steckt hinter jeder Traueranzeige ein kleiner dramatischer Roman – man muss sie nur zu lesen wissen. So schließt eine Frau aus den Namen der Unterzeichner sofort auf die Familienverhältnisse. Jetzt weiß sie schon mal, wie viele Kinder der Verstorbene hatte. Wenn es eine zweite Anzeige mit den Namen weiterer Angehöriger gibt, dann ist die Familie mit hoher Wahrscheinlichkeit zerstritten. Die Anzeige des Arbeitgebers bringt weitere Details, ebenso wie die Adresse des Trauerhauses, der manchmal vorhandene »Statt Blumen wird gebeten um«-Spendenaufruf oder auch ein rätselhafter Satz wie »Die Beerdigung hat in aller Stille stattgefunden.« Huuu, wie gruselig! Einfach so verscharrt, vielleicht bei Nacht und Nebel? Was mag da wohl dahinterstecken? Der weiblichen Lust am Kombinieren sind keine Grenzen gesetzt, und in ihrem Gehirn entsteht ein kleiner, hochspannender Familienroman.

Die Seiten mit Politik blättert sie vielleicht nur durch und bleibt mal hier hängen und mal da. Wenn jemand Kitas zum Nulltarif fordert, findet sie das gut. Aber ansonsten …

Dabei gibt es durchaus Frauen, die sich für Politik interessieren. Aber warum nicht alle? Zunächst einmal: Frauen finden Politiker spannender als Politik. Jede Frau weiß, dass Guido Westerwelle bekennender Homosexueller ist und seit Weihnachten 2005 sogar einen Verlobungsring trägt. Dramatisch weniger Frauen wissen, für welche

Politik die FDP gerade steht (natürlich gibt es auch viele Männer, die das nicht wissen). Jede Frau weiß, dass an der Geschichte »Ich bin Hausfrau, Mutter und liebende Gattin und habe sieben glückliche Kinder, aber ich bin auch noch eine erfolgreiche Familienministerin« irgendetwas nicht stimmen kann. Dramatisch weniger Frauen können aufzählen, welche Familienpolitik unsere Bundesregierung vertritt. Was unseren vorigen Bundeskanzler anging, so wusste jede Frau die Zahl seiner Ehen. Bemerkenswert weniger wussten, was er uns eigentlich politisch sagen wollte.

Wären unsere Politiker klug beraten, so würden sie mit positiven, glaubhaften, nachvollziehbaren Geschichten auf weiblichen Wählerfang gehen und ihre Politik wie das Würstchen im Hot Dog verkaufen. Natürlich kauft man einen Hot Dog wegen des Würstchens. Aber zum »Anfassen« hat man das appetitliche Brötchen.

Es wäre vermutlich auch empfehlenswert, wenn sich unsere Politiker mehr von Frauen beraten lassen würden. Stattdessen wird ihre Imagepflege von Männern gemacht. Entsprechend schlecht ist das Image der Politiker.

Stellen Sie sich Politik als eine Reise mit dem Zug vor. Es soll von A nach B gehen, und die Politiker werben um Fahrgäste. Frauen sind skeptischer als Männer. Sie steigen gar nicht erst ein in den Zug, wenn sie weder den Sinn der Reise noch deren Route begreifen und den Lokführer sowieso nicht kennen. Männer setzen sich ins Abteil, schlagen den Atlas auf und diskutieren, ob man nach dem nächsten Bahnhof nicht doch lieber nach links abbiegen sollte. Und wenn der Zug auf freier Strecke stehen bleibt, dann haben sie es schon längst gewusst. Es hat nur keiner auf sie gehört.

Dass sich viele Frauen nicht so für Politik interessieren, liegt zum Teil wirklich an den Männern. Frauen haben manchmal das Gefühl, dass sich ihre Sachkenntnis ohnehin nur aufs Windelnwickeln beschränken soll und alles, was Politik betrifft, für sie eine Nummer zu groß ist. Deshalb lassen sie lieber gleich die Finger davon. Leider verstehen es nur wenige Männer, ihre Frauen politisch zu motivieren. Die meisten Männer verwechseln Motivation mit besserwisserischer Belehrung – und wundern sich dann, wenn ihre Frauen irgendwann die Politik in der Zeitung überblättern und gleich nach den Traueranzeigen suchen.

ER greift morgens noch halb schlaftrunken in den Schrank und nimmt immer das, was oben liegt. SIE hätte gern einen Mann, der erst einmal überlegt, was zusammenpasst. Tatsächlich sind die meisten Männer ihren Frauen in Sachen Geschmack unterlegen. Sie sind einfach nicht so gut im Schmücken, Dekorieren und Farbtöne koordinieren. Sie hat einfach mehr Sinn für Details, für interessante Kombinationen, fürs »Schöne«. Der Mann hat seine Lieblingssachen. Das ganz besonders angenehme Hemd, den Schlips, der scheinbar zu allem passt, das Jackett von gestern (»Morgen kann ich immer noch ein anderes anziehen«) und die bequemsten Schuhe. So würde er losgehen. »Unmöglich«, sagt die Frau. »Das passt doch gar nicht zusammen.« Stimmt! Aber es ist bequem.

Bequem ist kein Argument für die Frau. Schließlich quält sie sich täglich auch mit Sachen herum, die überhaupt nicht bequem sind. Aber dafür sehen sie toll aus. Sie zwängt sich in viel zu enge Klamotten. Sie läuft mit Absätzen durch die Gegend, die eindeutig nicht zum Gehen gedacht sind. Sie zwängt ihre Brüste ein, damit sie besser aussehen und kriegt kaum noch Luft. Und sie möchte natürlich, dass der Mann an ihrer Seite auch ein bisschen nett aussieht. Wenn es sein muss, auf Kosten der Bequemlichkeit. Hinzu kommt, dass Männer wirklich unzumutbar verbissen an ihren Lieblingssachen hängen. Das schönste Hemd kommt irgendwann aus der Mode, auch wenn die tollsten Erinnerungen daran hängen. Der kuscheligste Pullover riecht irgendwann nur noch nach Müllhalde. Und irgendwann sind die Lieblingsschuhe eines Mannes derart ausgelatscht, dass sogar der Schuster weint. Vielen Männern ist das egal. Frauen nicht. Deshalb gilt die Regel: Sobald eine Frau beschlossen hat, für längere Zeit bei einem Mann zu bleiben, mistet sie erst einmal seinen Kleiderschrank aus. Und dann berät sie ihn in Modefragen. Das ist keine Bevormundung, sondern ein Liebesbeweis! (Aus Frauensicht jedenfalls.)

Ganz nebenbei könnte man noch darüber nachdenken, ob die Frau als solche mit der männlichen Modeberatung vielleicht einige selbstsüchtige Motive verfolgt. Schließlich kauft sie sich selbst ja gar zu gern neue Sachen. Und es wäre doch irgendwie blöd, wenn der überwiegende Teil des Klamotten-Etats für sie draufginge. Da könnte sie ja fast ein schlechtes Gewissen kriegen! Aber wenn er sich was Schickes zum Anziehen gönnt (egal, ob freiwillig oder unter sanftem Druck), dann darf sie doch auch was Edles haben, oder? Und schon halbiert sich der gefühlte Preis ihrer nagelneuen Pumps.

51. Was bringt sie im Alltag auf die Palme?

Seine Humorlosigkeit – weil sie viel mit ihm lachen möchte. Seine Intoleranz – weil sie es überhaupt nicht leiden kann, wenn er sich immer durchsetzen muss. Seine Besserwisserei – weil sie es hasst, wie ein kleines Kind behandelt zu werden. Seine Unaufmerksamkeit – weil sie wichtig genommen werden möchte. Sein Egoismus, auch und gerade beim Sex – weil sie sich ungern als Mensch zweiter Klasse fühlt. Seine Unart, sie vor anderen Leuten klein zu machen – weil sie das illoyal und gemein findet. Seine Vorwürfe – weil sie die für übertrieben und unnötig hält. Seine Trinkerei – weil sie dann vor ihm die Achtung verliert. Seine mangelnde Körperpflege – weil sie einen attraktiven, appetitlichen Partner haben möchte. Seine Unordnung – weil sie einen Partner will und kein zusätzliches Kind. Seine Unart, alles für selbstverständlich zu halten – weil sie sich nicht als Angestellte fühlen möchte. Seine Faulheit, wenn es um die Familie geht – weil sie auch mal raus möchte und ihren eigenen Freiraum braucht. Seine Fernsehsucht – weil sie viel lieber mit ihm reden möchte. Sein ewiges Schweigen – weil sie sich sonst wie ein Möbelstück fühlt.

In dieser Aufzählung sind die wesentlichen Gründe dafür enthalten, dass sich so viele Frauen von ihren Männern trennen (abgesehen von logischen Gründen wie Fremdgehen, Gewalt usw.). Als Mann könnte man anhand dieses Kapitels also einen kritischen Selbsttest machen und sich überlegen, wo man eventuell nachbessern müsste. Man könnte auch die eigene Frau fragen, bei welchen der genannten Gründe sie heftig genickt hat. Es könnte sich daraus ein spannendes Gespräch ergeben, dessen Ausgang allerdings ungewiss ist. Der Mann wäre nämlich gezwungen, sich einmal mit den Augen der Frau zu sehen. »Die meisten Uneinigkeiten beruhen auf Missverständnissen oder dem Versagen, die Sichtweise des anderen zu verstehen.«[7]

---

7 *Heather Mills McCartney*

52. Warum telefoniert sie immer so lange?

Weil Telefonieren ein besonders frauenfreundliches Kommunikations-mittel ist. Sie kann sich unterhalten, was sie sowieso am liebsten den ganzen Tag tun würde, aber dabei kann sie gleichzeitig noch etwas anderes erledigen und muss sich nicht einmal erst aufhübschen und aus dem Haus gehen. Wenn sie nicht alleine ist, braucht sie trotzdem nicht zu flüstern, weil sie ja beim Telefonieren den Raum wechseln kann. Was ihr erzählt wird, hört ohnehin keiner mit. Sie kann sich ganz nach Belieben öffnen oder bestimmte Gefühle weglassen, denn niemand kann ihre Körpersprache deuten und in ihre Augen sehen, wenn sie etwas verschweigt.

Ein Mann benutzt das Telefon ausschließlich zur Nachrichtenüber-mittlung (»Ich fahr gleich los, tschüs« ist aus Männersicht schon ein längeres Gespräch). Eine Frau benutzt das Telefon wie eine Theater-bühne, auf der sie unsichtbar bleiben kann und trotzdem die Haupt-rolle spielt. Sie kann sogar endlos lange mit ihrer besten Freundin telefonieren, wenn sie die unmittelbar nach dem Auflegen persönlich treffen wird! Aus weiblicher Sicht ergibt das Sinn: So hat man das Wesentliche schon vorab besprochen und kann sich auf das ganz be-sonders Wesentliche konzentrieren, wenn man sich gegenübersitzt.

Es gibt nur eins, was eine Frau vom Telefonieren abhalten kann. Das ist ein leerer Akku.

53. Kann sie wirklich nicht Auto fahren?

Vorurteile sind zäh. Wenn eine Frau trotz vieler Bemühungen an einer Parklücke scheitert, fühlen sich sämtliche Männer bestätigt: Frauen können das eben nicht! Parkt jedoch ein Mann schlecht ein, schauen sie gar nicht erst hin, oder sie halten ihn für eine missliche Ausnahme, oder die Parklücke war eben zu eng. Das ist natürlich ungerecht. Offenbar gibt es sogar sehr viele Frauen, die wie 'ne Eins in jede Park-lücke kommen (bei den Umfragen zu diesem Buch behauptete das jede zweite von sich) und auch sonst absolut fit am Steuer sind.

Die anderen haben entweder motorische Schwierigkeiten mit links und rechts, kurbeln also gern mal in die falsche Richtung. Oder sie haben extrem viel Angst um ihr Auto, weil sie mit diesem eine tiefe seelische Beziehung, ja fast schon ein Liebesverhältnis verbindet und ihnen jeder Kratzer Schmerzen verursacht – ganz so, als habe sich ihr eigenes Kind verletzt. Oder sie sind zu klein, um beim Einparken den nötigen Überblick zu haben. Oder sie werden regelmäßig nervös, weil sie sich beobachtet fühlen, werden hektisch und machen deshalb Einparkfehler – obwohl sie es eigentlich viel besser können.

Gerade der letzte Punkt ist typisch für die Gesamtsituation der Frau. Ständig ist sie bemüht, den vielen männlichen Vorurteilen den Wind aus den Segeln zu nehmen. Dabei verliert sie ihre Gelassenheit – um am Ende genau diesen Vorurteilen zu entsprechen. Hier ein weiteres Beispiel. »Sei nicht so hysterisch« ist ein Männer-Satz, der Frauen auf die Palme bringt und wütend macht. Wer wütend ist, wird laut. Und schon entspricht sie dem Vorurteil: »Siehst du, ich sag's doch! Jetzt schreist du mich auch noch hysterisch an.« Wer ist also schuld, wenn Frauen nicht einparken können? Die Männer.

54. Warum redet sie immer über tausend Themen gleichzeitig?

Das Gehirn einer Frau besteht aus vielen Schubladen, in denen alles Mögliche einsortiert ist. Sie greift mal in diese hinein und mal in jene. Deshalb springt sie unversehens von einem Thema zum anderen. Sie unterhält sich zum Beispiel über Politik und sagt ganz unvermittelt: »Ach übrigens, deine Mutter hat angerufen.« Oder man erzählt ihr etwas Spannendes aus der Firma, und sie wirft ein: »Das Kind schreibt morgen eine Mathearbeit.« Eine Frau ist es gewohnt, vielgleisig zu denken. Nur mit dieser Fähigkeit kriegt sie zum Beispiel ihren Haushalt in den Griff: Beim Staubsaugen geht sie den Einkaufszettel durch, beim Kochen macht sie Pläne fürs Wochenende, und bei schlechtem Sex denkt sie vielleicht an die Bügelwäsche.

Ein Grund, warum sie immer so viele Themen gleichzeitig anschneidet: Sie kommt ungern auf den Punkt. Bevor sie konkret sagt, was sie stört, redet sie lieber um den heißen Brei herum. So wird aus einem kleinen Vorwurf rasch eine ganze Lawine, noch bevor man sich gegen den einen verteidigen konnte! Es fällt ihr auch schwer, sachbezogen zu argumentieren. Oft bricht dann der ganze angestaute Frust aus ihr heraus und man weiß gar nicht mehr, worum es ihr eigentlich ursprünglich ging. Drittens liegt fast jeder Frau das Herz auf der Zunge. Sobald ihr etwas durch den Kopf schießt, will sie es loswerden. Männer hingegen erzählen erst die eine Geschichte umständlich zu Ende, machen eine lange Pause, denken eine Weile nach und schneiden dann das nächste Thema an. Das ist möglicherweise effektiver. Aber es ist garantiert nicht so lustig wie die vollkommen unsortierte Plauderei einer Frau!

55. Warum lässt sie mich so ungern aus dem Bett?

Männer werden es nie begreifen. Kaum klingelt der Wecker, kuschelt sie sich an. »Nur noch fünf Minuten! Nimm mich in den Arm!« Dabei klingelt's ohnehin schon auf den letzten Drücker, und jetzt geht es um Minuten. Nun – jede Frau weiß, wie viele Gefahren da draußen auf ihren Mann lauern. Sie möchte ihm noch etwas mitgeben für den langen Tag. Eine letzte Zärtlichkeit, eine letzte Umarmung. Das Kuscheln nach dem Weckerklingeln ist eine Botschaft, so wie der Zettel mit dem gemalten Herzchen in der Brötchendose: »Denk an mich!« oder »Vergiss mich nicht!« Es gibt aber auch viele Frauen, die ein kleines Machtspiel daraus machen, so nach dem Motto: Was wird ihm wohl wichtiger sein – die Firma oder ich? Schaffe ich es, ihn noch einen Moment im Bett zu halten – oder bin ich ihm ganz egal? Wie auch immer, es gibt ein gutes Gegenmittel: Einfach den Wecker früher klingeln lassen. Damit man noch Zeit zum Kuscheln hat!

56. Warum will sie meine Mitesser ausdrücken?

Zwei Themen, die nur scheinbar nicht zusammenpassen. Aber Frauen wissen schon, was gemeint ist: Der Hang zum Bemuttern – und der Drang, den geliebten Mann vor schlechtem Einfluss zu bewahren.

An dem, was sie liebt, kratzt und pult die Frau nur allzu gern herum. Sie bietet sich zum Beispiel an, ihm seine Brille zu putzen, sie zupft hier und ordnet dort, entdeckt eine Schuppe oder ein Staubkörnchen. Und – ja – sie macht sich auch gern an den kleinen Unreinheiten der Haut zu schaffen.

Man muss nur die Frau und ihre Blumen beobachten, die sie ja fast ebenso sehr liebt wie ihren Mann. Auch da hat sie ständig etwas zu ordnen, zu richten und zu zupfen. Oder man sucht die Erklärung im nächsten Zoo, wo die Affenmama stundenlang und inbrünstig ihre Jungen laust. Man spricht ja nicht zufällig von »Affenliebe«.

Mit seinen Kumpels ist es nun so: Sie halten ihn von seiner Familie fern, verleiten ihn zum Saufen und sind sowieso schlechter erzogen als er. Darum sieht sie es nicht so gern, wenn er ständig mit denen abhängt. Einen guten Einfluss üben sie bestimmt nicht auf ihn aus!

Frauen sagen oft etwas anderes als das, was sie denken. Sie können dann sehr ungerecht werden. Zum Beispiel: »Als unser Kind die Blinddarmentzündung hatte, musste ich es alleine in die Klinik bringen. Aber wenn dein Kumpel in Frankreich mit Motorschaden liegen bleibt, dann nimmst du dir einen Tag Urlaub und holst ihn ab.« Hier vergleicht die Frau vermutlich Äpfel mit Birnen. Womöglich war der Mann am Tag der Blinddarmentzündung überhaupt nicht in der Lage, sich um das Kind zu kümmern. Außerdem war ja vermutlich alles bestens geregelt; er sah deshalb überhaupt keinen Grund zum Eingreifen. Und hatte sie damals nicht sogar gesagt: »Du musst dir keine Sorgen machen, Schatz. Ich habe alles im Griff!«? Am Tag des Motorschadens war in der Firma nicht viel zu tun, er musste sowieso noch Resturlaub nehmen und Überstunden abbummeln, und der Kumpel befand sich in einer echten Notlage.

Natürlich wäre die Frau imstande, diese Fakten ebenfalls so nüchtern zu sehen. Aber das tut sie nicht. Sie sucht einen Umweg, um ihrem Mann zu signalisieren: Du kümmerst dich insgesamt viel zu wenig um uns und vor allem um mich! Da kommt ihr der Motorschaden in Frankreich gerade recht. Und sie wird wahrscheinlich keine Gelegenheit auslassen, um ihn zu erwähnen.

Einer der größten männlichen Fehler ist, die Frau beim Wort zu nehmen. Frauen meinen meist etwas ganz anderes als das, was sie gerade sagen. Das gilt vor allem für Vorwürfe, die sie den Männern machen. Kluge Männer fragen sich deshalb immer wieder: »Welche Botschaft will sie mir gerade vermitteln?« und ignorieren so hinkende Vergleiche wie den von Blinddarmentzündung und Motorschaden.

Die meisten Männer machen sich tatsächlich die vergebliche Mühe, mit zahlreichen Fakten die Schwächen der weiblichen Argumentation aufzudecken. Sie ahnen nicht, dass es im Grunde um ganz etwas anderes geht. Haben sie dann am Ende alles zerpflückt und widerlegt, ernten sie keineswegs Zustimmung. Sondern nur das typisch weibliche »Ja, aber trotzdem«.

57. Warum guckt sie nicht gern Fußball?

Frauen sind nicht so fanatisch wie Männer. Es ist ihnen herzlich egal, wer gewinnt. Ein hübscher Männerhintern ist für sie viel wichtiger als ein genau ins Eck gezirkelter Elfer. Frauen sind obendrein durchaus in der Lage, sich mit einem fremden Land über dessen Sieg zu freuen. Man denke nur an den griechischen EM-Sieg. Griechenland! Urlaub! Sonne! Wein! Der hübsche Kellner im Lokal in dem kleinen Fischerhafen! Angesichts dieser Assoziationen ist es völlig egal, dass die Deutschen verloren haben. Weibliche Sympathie überwindet nicht nur Vereins-, sondern auch Ländergrenzen.

Fußball hat klare Regeln. Männer lieben klare Regeln. Frauen jedoch finden klare Regeln langweilig. Es gibt beim Fußball kaum Spielraum für eine Kür wie zum Beispiel beim Eiskunstlauf. Abseits ist abseits, oder es war eben nicht abseits. Ein Tor ist ein Tor ist ein Tor. Das Runde muss ins Eckige. All das finden die meisten Frauen zum Gähnen langweilig.

Besonders ätzend finden Frauen Männer, die den Fußball der Familie vorziehen. Endlich einmal schönes Wetter! Wochenende! Man könnte einen Ausflug machen oder sonst irgendwas! Die Kinder haben doch so wenig von ihrem Vater! Aber was macht der? Er strapaziert die Toleranz seiner Frau bis zum Äußersten. Klemmt mit dem Hintern im Fernsehsessel, hält die Fernbedienung wie eine Knarre in der Hand, pflegt seinen Bierbauch, sieht überhaupt nicht appetitlich aus, hat vielleicht noch seine grässlichsten Kumpels eingeladen und erwartet auch noch, dass SIE in der Küche Schnittchen macht. Fragt sie dann beim Servieren freundlich: »Wie sieht's denn aus, wie steht's?«, dann wird sie angemotzt nach dem Motto »Was verstehst du denn davon«. Das Schlimmste: So ein Spiel dauert ja keinesfalls nur 90 Minuten! Entweder hat sein Verein verloren, dann ist die Stimmung für Stunden im Eimer. Oder sein Verein hat gewonnen, dann muss natürlich weiter gefeiert werden. Danach guckt er dann die Sportschau. PS: Natürlich gibt es auch Frauen, die ebenso fußballbegeistert sind wie ihre Männer. Für die stellt sich das Problem nicht.

58. Versüßt ein kleines Geschenk ihren Alltag?

Es hat noch keine Frau gesagt: Höre bitte damit auf, mir ständig etwas mitzubringen. Kleine Geschenke erhalten nicht nur die Freundschaft, sondern sie sind auch ein Liebesbeweis. Aber das Schenken darf auf keinen Fall ein festes Ritual werden. Jeden Freitag mit roten Rosen kommen und das vielleicht über 15 Jahre, das kommt bei keiner Frau gut an. Wichtiger als Zwischendurch-Geschenke ist den meisten Frauen übrigens, dass sich der Mann hin und wieder mal tagsüber bei ihr meldet. Die Frau denkt nämlich oft an ihren Mann. Andererseits befürchtet sie (nicht zu Unrecht), dass er bei der Arbeit so gut wie überhaupt nicht an sie denkt. Das enttäuscht sie unter Umständen mehr, als wenn sieben Jahre lang kein einziges Zwischendurch-Geschenk auf dem Küchentisch gelegen hat. Übrigens: Wenn SIE so wie fast alle Frauen gern mal in ein Musical geht und ER so wie fast alle Männer Musicals nicht ausstehen kann, wären zwei Karten als Zwischendurch-Geschenk ein super Tipp. Sie kann ja ihre Freundin mitnehmen!

Es gibt auch kleine Geschenke, die gar nichts kosten. Wenn er mal überraschend für sie kocht. Wenn er von selbst und ohne Aufforderung den Müll runterträgt. Wenn er ihr mal einen ganzen Tag die Kinder abnimmt. Wenn er ihr die Schlüssel für sein Auto überlässt. Wenn er daran denkt, ihre Lieblingssendung aufzuzeichnen. Aber am schönsten ist doch für die meisten Frauen der kleine unerwartete Anruf: »I just call to say I love you ...«

59. Warum tanzt sie eigentlich so gerne?

Mit leuchtenden Augen erzählt sie vom letzten – und mit klopfendem Herzen freut sie sich aufs nächste Mal. Allein die Frage, was sie wohl anziehen wird, beschäftigt sie tagelang; dann geht sie vorsichtshalber doch lieber noch mal shoppen. Sie kann einen Mann nur deshalb lieben, weil er mit ihr tanzen geht. Und wie könnte ein Mann das noch toppen? Indem er auch so gerne tanzt wie sie. Aber so ein unverschämtes Glück hat kaum eine Frau. Während sie den Verstand ausschaltet und ihr ganzes Ich auf die Tanzfläche trägt – sie tanzt mit dem Herzen, mit den Eierstöcken, mit der Seele, mit der Sehnsucht, mit den Träumen und mit allen Gefühlen, derer sie jemals fähig war –, stehen die Männer an der Bar und füllen sich bedächtig ab. Hin und wieder halten sie Ausschau nach ihren Begleiterinnen, damit die es nicht zu toll treiben. Dann wenden sie sich wieder ihrem Glas zu und erinnern irgendwie an alte ausgelaugte Ackergäule an der Tränke: Stehen, gucken, trinken. Trinken, gucken, stehen.

Die Frau als solche ist ein gehemmtes Wesen, aber auf der Tanzfläche fallen alle Hemmungen von ihr ab. Tanzen ist für sie die ultimative Befreiung aus allen Zwängen, pure Erotik, sprudelnde Energiequelle und größtmöglicher Ausdruck gesteigerter Lebenslust. Eine süchtig machende Droge, die auch noch Kalorien verbrennt und das Selbstbewusstsein stärkt. Und all das beinahe gratis – sieht man mal von seinen teuren Drinks am Tresen ab (und von den neuen Klamotten natürlich, die sie für diesen Abend unbedingt haben musste).

In so einer Nacht träumt die Frau von einem warmen Land mit ewigem Frühling. Irgendwo da unten im Süden, wo sie schon mal im Urlaub war. Wo selbst mehrfache Mamas ihre dicken Hintern auf die Tanzfläche wuchten, trotz ihrer Leibesfülle unglaublich erotisch wirken und Lebensfreude nicht auf wenige durchtanzte Nächte im Jahr beschränkt bleibt. Und wo alle Männer so gerne tanzen wie sie, statt eifersüchtig vom Tresen herüberzuglotzen.

60. Warum will sie immerzu von meinem Tellerchen essen?

Wieder einmal hat sie auffallend lange über der Speisekarte gegrübelt und sich endlich schweren Herzens gegen irgendetwas entschieden, was zum Wohlwollen der Bedienung ja auch eine Entscheidung für irgendetwas bedeutet. Am liebsten hätte sie ja das genommen, was er nimmt, aber »zwei Mal Sahnegeschnetzeltes« findet sie langweilig. Seinen Vorschlag, dass er etwas anderes ordern könnte (nur damit es mal weitergeht), lehnt sie entrüstet ab. »Nein nein, das Sahnegeschnetzelte isst du doch so gern! Dann nehme ich heute eben mal ...«

Zwischenruf. An dieser Stelle müsste man einen Cut machen und sich den Dialog noch einmal anhören. Wieso, zum Teufel, bestellt sie nicht das, worauf sie Appetit hat? Was ist langweilig an »zwei Mal Sahnegeschnetzeltes«? Frauen (mal im Vertrauen gesagt) nutzen selbst die bescheuertste Gelegenheit, um sich als hingebungsvolles Opferlamm zu präsentieren. Im Grunde hat sie ihm eins ausgewischt und ganz gerissen ein schlechtes Gewissen erzeugt, denn ER kriegt nun das Sahnegeschnetzelte und SIE steckt (wie so oft) zurück.

Aber das nur nebenbei. Man kann ganz sicher sein und darauf wetten: Kaum wird das Essen gebracht, kaum greift der Mann zum Besteck – da zuckt schon ihr Gäbelchen quer über den Tisch und sticht wie ein Habicht in das Sahnegeschnetzelte, um hier was aufzupicken und dort was zu stehlen. Mhm, lecker.

Es ist nämlich so: Liebe bedeutet für Frauen die vollkommene Einheit von allem. Aus zwei werde eins, das ist ihr Credo. Und es gilt auch für zwei verschiedene Teller im Restaurant. »Was mein ist, soll auch dein sein« ist das Gleiche mit anderen Worten. Und was eine Frau darunter versteht, wird sie gleich demonstrieren.

Es dauert nämlich nicht lange, da spießt sie ein Stück von ihrem eigenen Essen auf die Gabel, garniert es fürsorglich mit etwas Soße und einer Winzigkeit Gemüse, streckt ihm die Gabel quer über den Tisch in Mundhöhe wie ein Florett entgegen und flötet: »Willst du mal probieren, Schatz?« – »Nein.« – »Aber probier doch mal! Ist lecker!« (Immer noch zappelt die Gabel in Mundhöhe.) »NEIN.« – »Ach komm. Sei doch nicht immer so! Probier doch mal!« (Zappel.)

Ein Mann, der jetzt resigniert und zuschnappt, vermeidet zweifellos ein drohendes Stimmungstief. Es ist nämlich zu befürchten, dass sie die zappelnde Gabel nicht ohne Konsequenzen zurückzieht. Genau in diesem Moment fällt ihr ein, dass er eigentlich sowieso ein unbrauchbarer Spielverderber mit chronisch schlechter Laune ist, der sogar einen Happen von ihrem Teller ablehnt. Für sie ist es so, als wenn er sie ablehnt. Dabei wollte sie doch nur nett zu ihm sein!

Deutsche Märchen haben mitunter eine verblüffende Partnerschaftssymbolik. Schon bei den Gebrüdern Grimm – Sie erinnern sich? – findet einer der sieben Zwerge es überhaupt nicht witzig, dass eine Frau »von seinem Tellerchen gegessen« hat. Ganz so wie der Mann mit dem Sahnegeschnetzelten.

Sechstes Kapitel

DIE FRAU UND
IHR JOB

61. Ist sie etwa besser als ich?

Vielleicht nicht besser, aber vielseitiger auf jeden Fall. Bei gleicher Ausbildung bringt die Frau nämlich einige vorteilhafte Eigenschaften mit.
Zum Beispiel die typisch weibliche Intuition. Sie verfügt über »emotionale Intelligenz«. Wo der Mann einen Plan macht und ihn sorgfältig durchdenkt, hat sie das Problem vielleicht schon längst gelöst.
Nicht logisch, aber erfolgreich.

Bei Kundengesprächen hat sie ebenfalls Vorteile, weil sie Schönheit
und Charme einsetzen kann. Sie ist auch besser motiviert als manch
ein männlicher Kollege. So ist sie zum Beispiel dankbar, wenn sie trotz
Kind halbtags weiterarbeiten »darf«. In den USA gibt es gerade den
Trend, bei freien Stellen Hausfrauen zu bevorzugen. Die sind Chaos gewohnt, lassen sich nur selten aus der Ruhe bringen, sind krisenerprobt
und sich auch nicht zu schade dafür, mal einen Kaffee zu kochen.

Wir in Deutschland haben vielleicht einen viel zu langen Mutter-
schutz. Darüber sollte unsere Kanzlerin mal nachdenken. Der Mutter-
schutz hindert viele Chefs nämlich daran, Frauen überhaupt einzustellen. In Spanien zum Beispiel sind das nur sechs Monate. Die Spanierin
ist es gewohnt, ihr Kind danach in eine private Kita zu geben und
wieder arbeiten zu gehen. Das ist für den Arbeitgeber überschaubar.
Wir hier in Deutschland haben es überzogen mit dem sozialen Netz.
Nützen sollte das soziale Netz eigentlich den Frauen. Aber im Ergebnis hindert es die Chefs daran, Frauen überhaupt einzustellen. Und
deshalb schadet es den Frauen vielleicht sogar.

62. Wie kann der Chef sie glücklich machen?

Da Frauen mit Männern überhaupt nicht zu vergleichen sind, sollte
man sie als Chef ganz anders behandeln. Zwischen Mann und Mann
läuft es so: Der eine sagt, was gemacht werden muss, und der andere macht es. Es wäre peinlich, wenn der Chef seinen Schichtführer
morgens mit den Worten empfängt: »Also, Paul, wie du heute wieder
deinen Schnurrbart geschnitten hast, das sieht einfach toll aus.« Wer
aber eine Frau beschäftigt, sollte ihr einen Teil des Gehaltes in Streicheleinheiten auszahlen.

Erstens sollte man morgens jeder Frau in der Firma ein Lächeln schenken.

Zweitens sollte man ihr winzige Komplimente machen (»Gut schauen Sie aus!«, »Steht Ihnen gut, die Bluse!« oder irgendetwas anderes Unverfängliches reicht vollkommen aus).

Drittens versucht ein guter Chef, sich von jeder weiblichen Mitarbeiterin irgendein privates Detail zu merken. »Na, was macht die Grippe vom Jüngsten?«, das ist doch nicht schwer! Zur Not reicht auch: »Na, wie geht's zu Hause?«

Viertens – wenn man einer Frau sagt: »Das und das muss gemacht werden«, und sie macht es – dann sollte man das als Chef nicht als selbstverständlich hinnehmen, sondern ihr ein »Fein gemacht, danke!« gönnen.

Das alles kostet nichts. Aber es macht aus der Frau eine derart loyale und glückliche Mitarbeiterin, dass man als Chef nur staunen kann. Eine Frau, die man so behandelt, geht für ihre Firma durchs Feuer.

Richtig glücklich macht man eine Mitarbeiterin, wenn man sie nach ihrer Meinung fragt. Frauen haben ein Urbedürfnis, für ihre Arbeit Anerkennung zu finden. Sie dürsten danach wie das Kamel in der Wüste nach schlappen sieben Jahren vergeblicher Wasserstellensuche. Und manch ein Mann wird staunen: Wenn die Frau erst einmal ihre Hemmungen verliert und keine Angst mehr hat, etwas Dummes zu sagen – dann kommt sie manchmal auf quergedachte Ideen, die der eingefleischten Herrenrunde niemals eingefallen wären.

Eine angehende Kapitänin, die als Zweiter Offizier und einzige Frau unter lauter Männern auf einem Frachter rund um die Welt fährt, erzählte uns mit strahlenden Augen vom Geburtstag ihres Chefs. Es war irgendwo in Südamerika. »Beim Landgang kaufte ich ihm eine Kiste Zigarren, packte sie hübsch ein und machte eine Schleife drum. Der hatte Tränen in den Augen vor Rührung. Er fuhr nun schon 30 Jahre als Kapitän, aber er hatte noch nie etwas zum Geburtstag bekommen.« Das Schönste an der Geschichte war für sie, dass der Mann ihr gegenüber seine Rührung gezeigt hatte; darauf war sie besonders stolz. Auch sonst änderte sich einiges durch die Anwesenheit einer Frau an Bord: »In den Unterkünften der Männer hatte es immer ziemlich muffelig gerochen. Aber schon im ersten Hafen gingen die Jungs los und kauften sich Aftershaves. Ab da roch es an Bord undefinierbar nach allen möglichen Herrendüften ...«

63. Warum sind Frauen so stutenbissig?

Frauen beißen immer dann um sich, wenn sie unsicher und unglücklich sind. Nur wenn sie glücklich sind, können sie anderen auch mal was gönnen. Nun ist es aus Frauensicht so, dass sie im Job mehr unter Druck stehen als Männer. Druck erzeugt Unsicherheit. Und die macht unglücklich.

Die lieben männlichen Kollegen dürfen ihren Bauch vor sich herschieben, haben dreckige Fingernägel und tragen die unmöglichsten Hosen. Bei der lieben Kollegin ist so was gleich ein Fall für den »Flurfunk«: Schon gesehen, wie die wieder rumläuft? Die lässt sich aber gehen!

Oder das Thema Familie. Mütter haben in der Firma ganz andere Probleme als Väter. Wenn ein Mann in der Firma ständig von seinen Kindern erzählt oder er sogar ein allein erziehender Vater ist, zeigen sich Kollegen und Chefs suuuper-rücksichtsvoll. Soooo ein engagierter Papi! Da kann es durchaus sein, dass er von vornherein mit Samthandschuhen angefasst wird. Zum Beispiel, wenn kurz vor Feierabend noch ein dringender Anruf von einem Kunden kommt, der sofort Hilfe braucht. Die kriegt er – aber bestimmt nicht vom Vorzeige-Papa, dafür sorgt schon die mütterliche Chefsekretärin. »Ach nein, der Herr Meier, der kann nicht zu dem Kunden fahren. Dem sein Kleiner kommt doch um 5 aus dem Kindergarten! Na, Sie wissen doch, der ist Alleinerzieher!« Bei einer allein erziehenden Mutter hingegen heißt es: Die und ihre Kinder! Dieses Theater! Wie schlecht die organisiert ist! Das macht Frauen erst sauer und dann bissig.

Hinzu kommt, dass Frauen ein angeborenes Harmoniebedürfnis haben. Sobald nun aber etwas aus dem Ruder läuft, zicken sie rum. Sie reagieren nicht problem- und lösungsorientiert so wie Männer, sondern mit einer allgemeinen generellen schlechten Laune. Und passiert dann noch etwas Unvorhergesehenes – vielleicht fliegen demnächst Leute raus in der Firma, oder das Kind hat Schulprobleme, oder das Auto ist kaputt, oder die Ehe ist schwierig, oder sie sind gesundheitlich schlecht drauf –, dann fühlen sie sich überfordert und sind es vermutlich auch.

Das wiederum wollen und dürfen sie nicht zeigen, sie fühlen sich fertig, können die Probleme nicht lösen, tünchen alles mit Make-up zu und fressen den Frust in sich hinein. Bis ihnen jemand in die Quere kommt. Dann zicken sie los, Kollegin zickt zurück, man schaukelt sich hoch und schon ist die schönste Stutenbissigkeit im Gange.

Einer, der es sozusagen »von außen« beurteilt, ist Frauenfußball-Trainer Jürgen Krust (zwölf Jahre beim Bundesligisten FCR Duisburg, drei Mal Deutscher Meister). Er spricht von »Neid und Eifersüchteleien. Ich habe es am eigenen Leib gespürt. Durch Zicken-Intrigen der untersten Schublade wurde versucht, mich als Trainer abzusägen. Von Spielerinnen, die nicht zur Stammelf gehörten, wurde mir aus Verärgerung sexuelle Belästigung vorgeworfen (...) Frauen sind einfach zickiger als Männer. Und nachtragender. Nach einem Krach mit einem Fußballer sitze ich am nächsten Tag wieder mit ihm bei einem Bier zusammen. Bei Frauen ist das undenkbar. Sie sind beleidigt und spinnen dann Intrigen gegen einen.«[8]

Es gibt noch einen Punkt. Arbeitet EINE Frau mit mehreren Männern zusammen, hat sie selten ein Problem. Wenn sie gut ist, wird sie eingemeindet und akzeptiert. Kommt aber eine ZWEITE Frau ins Team, ist beiden klar: Eine von uns kommt weiter. Die andere bleibt unten. Ein Überlebenskampf beginnt. Wer mehr Eier legt, ist besser. O-Ton Frau: »Viele Frauen haben schlicht und ergreifend Angst. Stutenbissigkeit oder Zickerei ist eine vorsorgliche Waffe gegen die drohende Konkurrenz. Und wer Angst hat, sieht überall Feinde.«

64. Warum ist sie gnadenloser als ein Mann?

Tatsächlich gibt es Frauen, die ihre Karriere rücksichtsloser und konsequenter vorantreiben, als Männer das jemals tun würden. Wenn eine Frau in der Firma an einem Mann vorbeizieht, dann ist sie in der Regel 1.) besser und 2.) härter. 3.) sieht sie vermutlich auch noch besser aus.

Bei vergleichbar guter Ausbildung bringt sie ohnehin bessere Voraussetzungen mit. Sie denkt mehrgleisig, kann mehr Dinge gleichzeitig regeln, verfügt über mehr Intuition und ist zum Beispiel bei

---

8 Zitate aus »BILD«

Gesprächen mit wichtigen Kunden auch noch hübsch anzusehen. Das mag sexistisch klingen, entspricht aber der Realität, und Frauen machen natürlich Gebrauch davon.

Sitzen sechs geldschwere Investoren mit einem Makler am Tisch, und der lässt verführerisch seine Muskeln spielen ... Bringt das was? Sitzen aber sechs geldschwere Investoren mit einer Maklerin am Tisch, und die schlägt kess die Beine übereinander ... Bringt mehr, oder?

Frauen im Job können mit ihrem Körper durchaus etwas erreichen, und wenn es nur ein besseres Gesprächsklima ist. Das Problem bei den meisten Frauen im Job ist nur: Sie trauen sich überhaupt nicht, ihre vielen geschlechtsspezifischen Vorteile wie komplexeres Denken, bessere Intuition und Ganzkörpereinsatz zur Geltung zu bringen. Weil Frauen von Natur aus eigentlich sehr zurückhaltend sind.

Wenn jetzt aber eine Frau plötzlich feststellt, dass sie eigentlich für jede Karriere dieser Welt prädestiniert wäre – und wenn sie diese blöde weibliche Zurückhaltung einfach aufgibt – , dann schießen Frauen in den Karriere-Olymp.

Viele verzichten dafür allerdings auf einen Teil ihrer Weiblichkeit. Sie kleiden sich wie Männer, sie benehmen sich so, sie denken auch so. Sie übernehmen die männlichen Spielregeln. Dann sind sie unschlagbar.

65. Verdient sie so viel wie ich?

Auf den ersten Blick: Nein. Betrachtet man alle Branchen, so bekommt eine Frau nur 84 Prozent vom Männergehalt.[9] Das liegt aber unter anderem auch daran, dass Frauen häufiger als Männer in Berufen arbeiten, die von vornherein schlechter bezahlt werden. Man muss also genauer hinschauen, bevor man von Diskriminierung spricht. In den Bereichen Marketing, Software und Callcenter zum Beispiel verdienen Männer und Frauen schon heute gleich viel. Im Bereich IT liegen Frauen bis zur Altersgrenze von 40 Jahren sogar bei 104 Prozent.

Im »Hamburger Abendblatt«[10] sagt Achim Koenen, Leiter der Topos Personalberatung: »Es gibt immer weniger Unterschiede.« Im

9 Stand: Winter 2005/2006
10 Dezember 2005

Personalbereich, im Vertrieb, im Außendienst und im Controlling habe das ehemals gültige Urteil von den benachteiligten Frauen schon heute keinen Bestand mehr: »Junge, gut ausgebildete Frauen treten heute viel selbstbewusster auf als vor zehn Jahren. Häufig machen Frauen um die 30 in Bewerbungsgesprächen sogar einen viel helleren, frischeren Eindruck als gleichaltrige männliche Mitbewerber.«

66. Sollte man was mit einer Kollegin anfangen?

Wenn es die Firma nicht gäbe, hätten viele Single-Frauen überhaupt keine sozialen Kontakte mehr. Alleine gehen sie nicht gern weg. Wenn schon, dann mit Freundin. Aber angesprochen werden sie nur selten. Auf Partys sind durchweg sowieso nur Pärchen eingeladen und wenn sie doch dabei sind, fühlen sie sich ausgegrenzt. Wo soll die clevere, beruflich voll eingespannte Single-Frau denn einen Mann kennen lernen, wenn nicht in der Firma? Aus dieser Perspektive müsste man die Frage also mit einem klaren, fröhlichen Ja beantworten: Baggert die Kollegin an! Wer sonst, wenn nicht ihr? Erlaubt ist es auch, seit das Verbot eines Unternehmens, private Kontakte innerhalb der Firma zu pflegen, von einem Gericht für rechtswidrig erklärt wurde.[11] Aber Vorsicht, denn beim Baggern in der Firma kann man sehr leicht auf allerlei Tretminen stoßen.

Erstes Beispiel aus der Praxis. Eine Frau hat sich mühsam mit viel Kompetenz einen Platz in ihrer Abteilung erkämpft, wird gefördert und arbeitet motiviert und mit Freude. Plötzlich stellt sie fest, dass ihr Abteilungsleiter scharf auf sie ist. Freut sie sich darüber? In der Regel nicht. Im Gegenteil. Sie findet das äußerst unangenehm. Sie weiß nämlich plötzlich nicht mehr, ob sie wirklich wegen ihrer Kompetenz so weit gekommen ist. Und sie weiß nicht, ob sie weiterhin gefördert wird, wenn sie seine Avancen ablehnt. Dieses Baggern könnte den Betriebsfrieden nicht nur erheblich stören, sondern aus Frauensicht sogar ein Kündigungsgrund sein. Obwohl der Abteilungschef – das können wir ja mal unterstellen – sie vielleicht wirklich und ganz im

---

11 *Das hatte eine Supermarktkette 2005 versucht und war damit gescheitert.*

Ernst extrem sympathisch fand und überhaupt nicht vorhatte, Berufliches und Privates irgendwie zu verquicken. Die Lehre aus diesem Praxisbeispiel: Man sollte niemals eine Frau anbaggern, der man beruflich etwas zu sagen hat.

Zweites Beispiel aus der Praxis. Besagte kompetente und hoch motivierte Frau bekommt von sehr vielen Kollegen nett gemeinte Komplimente. Sie ist begehrt. Aber freut sie das? Nein. Aus Frauensicht sieht das so aus: Sie kann machen, was sie will, und so gut sein, wie sie will. Immer wird sie von ihren männlichen Kollegen irgendwie »anders« behandelt. Das geht mit Blicken los (kein Mann starrt seinem männlichen Kollegen beim Reden ständig auf den Hodensack!), und das geht mit anzüglichen Bemerkungen weiter (kein Mann sagt seinem männlichen Kollegen ständig, wie sexy seine Krawatte ist!). Die Frau wünscht sich manchmal, sie wäre ein ganz normaler Mann und verflucht ihr Schicksal, als Frau in einer Männergesellschaft arbeiten zu müssen. Die Lehre aus diesem Praxisbeispiel: Man sollte einer Kollegin niemals Komplimente machen, die nichts mit ihrer Arbeit zu tun haben.

Drittes Beispiel aus der Praxis. Die neue Auszubildende ist wirklich offenherzig, zu jedem nett und immer gut gelaunt. Außerdem ist sie auch noch bildhübsch und kann sogar einen derben Scherz vertragen! Also nix wie ran. Sagt sich der Mann. Und lädt die hübsche Azubine mal eben zum Essen beim Italiener ein. Wie aber empfindet sie die Situation? Gar nicht mal negativ, sie hat auch nichts dagegen. Nur kennt sie sich in der Hierarchie der Firma noch nicht so gut aus. Deshalb beschliesst sie, sich erst einmal über den Mann zu informieren. Aber, oh Schreck, er erfährt es zu spät: Sie vertraut sich ausgerechnet seinem ärgsten Feind an, der schon lange auf seinen Job scharf ist! So dauert es nicht lange und er hört die ersten zweideutigen Anspielungen aus dem Kollegenkreis. Dann sitzt er irgendwann beim Oberchef, und der ist ganz jovial: »Also Müller, von dem jungen Gemüse sollten Sie künftig aber die Finger lassen. Sonst wird das nix mit dem Abteilungsleiterjob ... Ich hab ja auch so meine Quellen, hö-hö-hö ...«

Es wird tatsächlich nix mit dem Abteilungsleiterjob. Die Lehre aus diesem Praxisbeispiel heißt: Man sollte so viele hübsche Auszubildende einladen, wie nur irgendwie geht. Aber nie eine aus der eigenen Firma.

67. Warum sind viele Chefinnen so zickig?

Weil es schwierig ist, die Chefin von Männern zu sein. Sie muss erstens ständig besser sein, okay, als männlicher Chef sollte man das auch. Sie muss sich aber zweitens mit einer Stimme durchsetzen, die nun einmal erheblich höher ist als die der Untergebenen (jeder Mann weiß doch, wie man Leute allein mit leisem Löwen-Geknurre zum Laufen kriegt). Sie hat drittens sehr oft einen Mann als Oberchef, der ihr eine Chance gegeben hat, und wenn sie die in den Sand setzt oder sich nicht richtig durchsetzt, ist die Chance verpatzt. Kurzum, eine Chefin kämpft an mehr Fronten gleichzeitig als ein Chef. Hin und wieder trifft man auf Frauen in Führungspositionen, die ihren Job absolut souverän machen, aber vor allem in den klassischen Männerberufen sind sie immer noch die Ausnahme. Die meisten neigen zur Zickigkeit, weil sie überfordert sind. Dafür können sie nicht mal was. Es ist einfach so.

Weil Frauen gefühlsbetonter als Männer sind, spielen Sympathie und Antipathie bei ihnen eine größere Rolle. Wenn die Chemie nicht stimmt, geht bei ihnen gar nichts. Da kann ein Vorschlag noch so gut sein: Wenn er von dem oder der Falschen kommt, wird er gnadenlos abgebügelt. Das ist die Kehrseite jener gewissen weiblichen Irrationalität, die Frauen auf der anderen Seite auch kreativer, komplexer und beweglicher denken lässt als Männer.

Hinzu kommt, dass Frauen eher aus dem Bauch heraus entscheiden. Das ist zwar an sich noch nichts Negatives, macht ihre Entscheidungen jedoch hin und wieder etwas schwer verständlich. Und weil sie der Kritik »Gestern hieß das aber noch ganz anders« nichts Rationales entgegensetzen können (denn der Kritiker hat ja nicht Unrecht, aus seiner Sicht), wehren sie sich mit Zickigkeit. Sie haben einfach das Gefühl, im Recht zu sein – auch, wenn sie es nicht begründen können.

68. Kann sie schweigen wie ein Grab?

Jein. Wenn der Chef seiner Mitarbeiterin ein Betriebsgeheimnis anvertraut, dann wird sie das im Kollegenkreis für sich behalten. Sie weiß nämlich: Wenn das rauskommt, kann nur ich es gewesen sein. Da tickt sie wie ein Mann, nämlich durchaus logisch. Aber ... Irgendwo auf dieser weiten Welt gibt es eine aller-aller-allerbeste Freundin, der sie das Geheimnis unter dem Siegel der tiefsten Verschwiegenheit garantiert noch am selben Abend erzählt, denn sonst würde sie glattweg platzen. Diese allerallerallerbeste Freundin, die jede Frau hat, ist hoffentlich nicht aus derselben Branche! Denn nur als Nicht-Betroffene gerät sie ihrerseits nicht in Gefahr, zu platzen.

Anders verhält es sich mit normalem Flurfunk nach dem Motto: »Haben Sie auch schon gehört, dass der Herr Meier was mit der Frau Müller haben soll, aber pssst ...« Geheimnisse dieses Kalibers kann man ebenso gut gleich ans Schwarze Brett nageln; die Frau wird sie keinesfalls für sich behalten. So wie Männer vielleicht Briefmarken tauschen oder sich gegenseitig Werkzeuge ausleihen, so handelt, tauscht, leiht und verleiht die Frau Nachrichten aus der weiten Welt des Klatsches. Wer was mit wem macht, ist für sie Kapital. Darum »tratscht« sie seit Jahrtausenden so gern. Umgehend schickt sie eine Mail an die allerliebste Kollegin, kaum dass der Informant aus dem Zimmer ist. »Du ahnst nicht, wer gerade ...«, »... und halt dich fest, der hat doch glatt ...«, »Ich hatte ja keine Ahnung, aber jetzt, wo er's sagt ...«, »Die (der) hat sie ja wohl nicht mehr alle ...«, »Hab ich doch gleich gesagt ...«, »Das wird doch nie ...«, »Aber pssst ...«

Würden die Server in deutschen Firmen alle weiblichen Mails mit privatem und »streng vertraulichem« Inhalt als Spam betrachten und automatisch aus dem System löschen, wären die Arbeitsspeicher fast leer.

69. Würde sie wegen der Karriere mit ihrem Chef ...?

Macht macht sexy, und der Männerschweiß des Erfolges riecht ziemlich gut. Entscheidungsträger haben also ohnehin relativ gute Chancen, wenn sie nicht gerade abstoßend aussehen oder ausgemachte Arschlöcher sind. Hinzu kommt – auch das wollen wir nicht verschweigen –, dass ziemlich viele Frauen ein T-Shirt mit dem Aufdruck »Ich bin eine berechnende Schlampe« verdient hätten.

Kurzum: Klar gibt es Frauen, die aus äußerst eigennützigen Motiven was mit ihrem Chef anfangen. Uns sind zum Beispiel Fälle zugetragen worden wie dieser: Hübsches Mädchen (18), Abi-Jahrgang

2006, steht in Latein auf 5, man sieht sie eng umschlungen mit dem Lateinlehrer und sie schafft doch glatt noch eine 4.

Heftig – und auch hier bestätigt sich mal wieder ein uraltes Klischee – scheint es in Krankenhäusern sowie an Universitäten zuzugehen: Krankenschwester/Arzt, Studentin/Professor usw. passiert offenbar fast so häufig »in echt«, wie es uns die ganzen Arztromanhefte suggerieren. Wobei Ärzte ohnehin Heimvorteil genießen, da sie sich, wie eine Krankenschwester ganz niedlich sagte, »mit dem Frauenkörper ja auskennen«. Logisch: Man bringt sein Auto ja auch nicht zum Reparieren in eine Änderungsschneiderei, sondern stattdessen gleich in eine Kfz-Werkstatt.

Aber die Mehrheit der Frauen bezeichnet mögliche Karriereschübe durch Sex mit dem Chef nur als »angenehmes Tüpfelchen auf dem i«, keinesfalls aber als Grundmotiv. Als unbedingt vorteilhaft empfinden sie jedoch den Zuwachs an Einfluss, den sie künftig genießen. Politik wird eben im Bett gemacht – das gilt auch für Firmenpolitik.

Frauen, die grundsätzlich niemals etwas mit einem Chef anfangen würden, trifft man selten. Denn »wo die Liebe hinfällt ...«, und überhaupt: »Was will man machen, wenn man sich verliebt?« Die gut gemeinte Regel »never fuck the company« stößt also zumindest bei Frauen nicht unbedingt auf offene Ohren.

70. Beneidet sie Frauen, die »nur« Hausfrau sind?

Jede Frau träumt davon, Ehe, Kinder und Beruf unter einen Hut zu kriegen und zwar so, dass ihr nicht alles über den Kopf wächst. Das wäre aus weiblicher Sicht der Idealzustand. Vor allem jüngere Frauen mit guter und langer Ausbildung (zum Beispiel einem Studium) können sich schwer vorstellen, auf Dauer »nur« Hausfrau zu sein. Deshalb beneiden sie Frauen, die sich dafür entschieden haben (bzw. auf Grund ihrer Lebensumstände in die Hausfrauenrolle hineingeraten sind), keinesfalls.

Auf jeden Fall beneiden sie Frauen, in deren Ehe die Aufgabenteilung funktioniert. Falls sie solche Frauen überhaupt kennen, denn sie sind seltene Ausnahmeerscheinungen. Es gibt nicht sehr viele Familien, in denen der Mann beruflich zurücksteckt, damit seine Frau nach der Geburt möglichst schnell wieder in den Beruf zurück kann.

Meistens geht das auch nicht so einfach, obwohl er vielleicht gar nichts dagegen einzuwenden hätte: Es kann für den Mann einen Karriereknick bedeuten, den er nie wieder wettmachen kann – oder sogar den Verlust seines Arbeitsplatzes. Viele Jobs kann man einfach nicht mit halber Kraft machen oder einfach mal für einige Zeit aussteigen. Selbst dann nicht, wenn es vom Gesetz her vorgesehen ist: Man steckt in einer Tretmühle drin. In einem Karussell, aus dem man nur einmal aussteigt. Und zwar für immer.

Für gut ausgebildete Frauen stellt sich deshalb ganz ernsthaft die Frage: Kind oder Karriere? Und weil wir in einer Zeit leben, in der die Menschen mit Recht Angst um ihre Zukunft haben, entscheiden sich immer mehr Frauen für die Karriere. Die Folge ist, dass die Zahl der kinderlosen Ehen steigt und die Zahl der Familien mit Kindern zurückgeht. Irgendwann kommt dann aber höchstwahrscheinlich doch noch der Tag, an dem die kinderlose, voll berufstätige Frau die Hausfrau tatsächlich beneidet: Nicht, weil sie »nur« Hausfrau ist – sondern weil sie Kinder hat.

71. Möchte sie mit meinem Beruf angeben können?

Diese Frage beantwortet jede Frau mit einem spontanen »Nein«, aber ganz so eindeutig ist es dann doch nicht. Auf jeden Fall ist bei der Partnerwahl auch die Frage wichtig, was er von Beruf ist und welche Perspektiven er hat. Eine Frau überlegt sich beim Kennenlernen sofort, ob diese Beziehung – wenn es denn zu einer käme – auch eine wirtschaftliche Zukunft haben könnte! Aber das bedeutet ja noch nicht, dass SIE mit SEINEM Beruf unbedingt »angeben« möchte.

Nun wird sie aber von ihren Freundinnen als Allererstes nicht etwa gefragt, ob der neue Mann an ihrer Seite ein gutes Herz hat. Sondern die interessieren sich dafür, wie er aussieht und was er beruflich macht. Dann ist es schon ganz nett, wenn sie in die Augen der Freundinnen ein klitzekleines neidisches Glitzern zaubern kann. »Wie bist du denn an DEN rangekommen?« ist eine Frage, die der weiblichen Seele auf jeden Fall schmeichelt. Die korrekte Antwort heißt also: SIE möchte mit SEINEM Beruf auf keinen Fall angeben. Aber sie hat überhaupt nichts dagegen, wenn sie es tun kann.

72. Sollte man eine Frau einstellen?

Auf jeden Fall! Arbeitsmarktexperten sagen: Frauen sind die besseren Problemlöser, weil sie mehrgleisig und komplex denken können. Als Hausfrau und Mutter sind sie es gewohnt, den ganz alltäglichen Wahnsinn in den Griff zu bekommen; deshalb verlieren sie selbst im Chaos nicht so leicht die Ruhe. Sie bringen eine Menge Ehrgeiz mit, weil sie sich in der Männerwelt durchsetzen möchten. Es ist »typisch Frau«, sich für jedes auftretende Problem persönlich verantwortlich zu fühlen und entsprechend tatkräftig an seiner Lösung mitzuarbeiten – auch das kommt dem Unternehmen zugute.

Andererseits verlieren viele Frauen ihre Teamfähigkeit, wenn sie mit anderen Frauen zusammenarbeiten. Entsprechend häufig hört man von berufstätigen Frauen: »Am liebsten arbeite ich mit Männern; die sind nicht so zickig und verschwenden nicht so viel Zeit mit Sticheleien und Intrigen.« Optimal ist verschiedenen Umfragen zufolge eine einzige Frau in einem ansonsten nur aus Männern bestehenden Team, was regelmäßig auch dem Umgangston in der Firma sehr zugute kommt.

An anderer Stelle in diesem Buch war bereits von der angehenden Kapitänin die Rede, die als einzige Frau als Zweiter Offizier auf einem Frachter anheuerte. Nach ihrer Erfahrung und nach Schilderungen von anderen Crew-Mitgliedern veränderte ihre Anwesenheit das Klima an Bord erheblich zum Positiven. So kümmerten sich die Männer plötzlich um Tischdecken, was früher nicht üblich gewesen war. Sie wuchsen als Team zusammen, verlegten das gemeinsame Essen und die Einsatzbesprechung schon mal aus der Messe aufs Deck – nur, um gemeinsam die Weite des Meeres und die schöne Sonne zu genießen. Ihre Tischmanieren verbesserten sich ebenfalls schlagartig; sie schmatzten nicht mehr so laut. Und frauenfeindliche Witze wurden nicht mehr erzählt. Beim Landgang nahmen sie »ihre« Bord-Frau ganz selbstverständlich mit und fühlten sich für sie verantwortlich – was die Bordellbesuche ebenso zurückschraubte wie den Alkoholkonsum.

Wider Erwarten hatten die circa 20 Männer an Bord keinerlei Probleme damit, sich dem Kommando einer Frau zu unterwerfen. Der Zweite Offizier ist zum Beispiel für die gesamte Ladung verantwortlich. Er bestimmt, wie die Ladung gestaut und wie be- und entladen wird. Dieses unkomplizierte Miteinander ist vor allem deshalb erstaunlich, weil die Mannschaft auf einem Frachter gemeinhin aus den verschiedensten Kulturkreisen zusammengesetzt ist. Auch aus solchen, in denen die Frau heute immer noch als Mensch zweiter Klasse gilt.

Siebentes Kapitel

DIE FRAU UND
IHR ÄUSSERES

73. Wie wichtig ist gutes Aussehen für sie?

Das Leben einer Frau ist ein einziges Theater. Manchmal ist es eine Komödie, aber meistens eher ein Drama. Badezimmer und Kleiderschrank sind die Garderobe in diesem Theater. Vor dem Spiegel schlüpft die Frau in ihre Rolle für den Tag. Sie macht sich so zurecht, wie sie aufs geneigte Publikum wirken möchte. Gibt sie heute die Lady? Den Vamp? Das kleine Mädchen? Das Naturwesen? »Gutes Aussehen« ist durchaus nicht dasselbe wie »perfekte Schönheit«. Sondern: Eine Frau sieht dann gut aus, wenn das Äußere zu ihr passt. Zu der Rolle, die sie heute spielen möchte. Und das ist extrem wichtig. So wie das passende Kostüm für eine Schauspielerin.

Wer sitzt im Publikum? Anders gefragt: Für wen macht sie das? Erstens sitzt sie selbst dort unten im Parkett. Ihr Selbstwertgefühl hängt davon ab, ob sie das richtige »Kostüm« trägt. Dann kann sie sich selbst applaudieren. Zweitens sitzt da unten ihr Partner, auf den sie ja eine gewisse Wirkung erzielen will. Drittens alle anderen Frauen, denen sie heute begegnen wird und die ihrerseits in eine »Kostümierung« geschlüpft sind. Und viertens natürlich alle fremden Männer, denen sie auch gefallen will.

Ein Problem taucht auf, wenn da unten im Parkett niemand sitzt. Wenn sie sich selbst nicht mag, wenn der Partner sowieso kein Interesse an ihr hat und wenn sich auch sonst niemand für sie zu interessieren scheint. Dann wird der Regisseur des Lebens sie auch ohne Kostüm auf die Bühne gehen lassen. Dann »lässt sie sich gehen«.

74. Wann wäre sie mit ihrem Aussehen zufrieden?

Wenn sie mit sich zufrieden ist, dann ist sie auch mit ihrem Aussehen zufrieden. Sie ist extrem stimmungsabhängig. An schlechten Tagen mag sie sich einfach nicht. Das geht schon morgens im Badezimmer los. Dort fällt ihr nur auf, was ihr nicht gefällt. Das Liebenswerte sieht sie nicht. Und wieder einmal findet sie nichts zum Anziehen im Kleiderschrank.

An guten Tagen geht alles wie von selbst. Sie mag sich und ihren Körper, im Kleiderschrank liegt das Passende für den Tag zufällig obenauf und die entsprechenden Schuhe stehen auch schon bereit. Der dazugehörige Duft ergibt sich wie von selbst. Das ist ein guter Tag: Sie ist mit sich – und deshalb auch mit ihrem Aussehen rundherum einverstanden.

Frauen, die eigentlich total perfekt aussehen, haben übrigens mehr an ihrem Äußeren zu kritisieren als andere. Unter Frauen, die nicht so perfekt sind, findet man hingegen häufiger welche, die ihren Körper und ihr Aussehen mögen.

Wie kann der Mann die Zufriedenheit einer Frau mit ihrem Äußeren steigern? Durch viele Komplimente, die er gar nicht oft genug wiederholen kann. Komplimente sind Balsam für die Seele eine Frau. Sogar wenn das eigene Kind feststellt: »Mama, du siehst heute aber toll aus!«, ist es wie eine Vitaminspritze für ihr Ego. So wie Standing Ovations bei einer Theaterpremiere.

Das Verhältnis einer Frau zu ihrem Äußeren hat viel mit ihrem Vater zu tun. Er prägt sie für ihr ganzes Leben. Wenn ein Vater seiner kleinen Tochter immer wieder bestätigt: Du bist die Hübscheste, du bist toll, dir kann keiner das Wasser reichen und du musst dir überhaupt keine Sorgen machen – dann wird sie sich ihr ganzes Leben lang schön finden. Der Vater ist für eine Frau die erste männliche Identifikationsfigur und hat deshalb eine extrem wichtige Funktion in ihrem Leben.

Eine 35-Jährige erzählt: »Mein Vater hat mir immer wieder gesagt, dass ich die Hübscheste und Gescheiteste bin. Ich hatte dadurch immer eine sehr große Selbstsicherheit und auch später nie Probleme mit Männern. Wenn mir was nicht passte, bin ich gleich gegangen. Bei meiner Freundin war es ganz anders. Die hatte sehr negative Erfahrungen mit ihrem Vater. Das spürt man heute noch. Sie mäkelt den ganzen Tag an sich herum. Sie ist total unsicher, obwohl sie wirklich schön ist. Das hat sich in all den Jahren bei ihr nicht geändert.«

75. Wie wichtig ist sein gutes Aussehen für sie?

Diese Nachricht wird vielen Männern Mut machen: Gutes Aussehen ist für fast alle Frauen ein angenehmer Nebeneffekt ohne zentrale Bedeutung. Viel wichtiger ist ihnen die Ausstrahlung eines Mannes. Er soll Charisma haben, mit sich selbst im Reinen sein und den Eindruck erwecken, dass er selbst sein bester Freund sein könnte. Es muss Spaß machen, sich mit ihm zu unterhalten. Er soll etwas zu sagen haben und Humor zeigen. Ein oberflächlicher Depp mit dem Aussehen eines Unterhosenmodels hat weniger Chancen als ein witziger, intelligenter, selbstbewusster Bierbauch mit Glatze. Es ist zwar richtig, dass sich jede Frau etwas Schönes wünscht – also am liebsten auch einen schönen Mann an ihrer Seite hätte. Aber Ausstrahlung kann männliche Schönheit durchaus ersetzen. Und warum schwärmen dann so viele Frauen von Brad Pitt, Robbie Williams, Richard Gere oder George Clooney? Weil diese Männer in der Lage sind, allein durch ihre Anwesenheit einen ganzen Raum zu füllen. Sie haben jene Ausstrahlung, die Frauen so lieben. Jedenfalls scheint das so zu sein, wenn man sie im Kino oder auf der Bühne sieht. Das gilt übrigens auch für Mick Jagger, der ja nun wirklich nicht im Verdacht steht, besonders gut auszusehen.

Die Frauenzeitschrift »Allegra« machte kürzlich Interviews mit Frauen zu diesem Thema. Eine gewisse Beatrice sagte: »Ich mache häufig den Fehler, dass ich mir erst den Mann anschaue und dann den Menschen. Das ist absolut blöd, denn die körperliche Beziehung ist dann viel enger als die menschliche. Andersherum wäre es ja viel besser: erst der Mensch, dann der Mann.« Ihre Freundin Andrea war eher skeptisch: »Ich habe das auch schon mal probiert – vorwiegend auf innere Werte achten, meine ich. Das wird dann aber nur lauwarm, da fehlt das Prickeln.« Und eine Petra sagte: »Das Äußere ist für mich nicht so wichtig. Gut, 120 Kilo darf er nicht wiegen. Aber ich bin wahnsinnig eifersüchtig und war deshalb immer froh, wenn ich einen Durchschnittstypen an meiner Seite hatte. Neben meinem Traummann bin ich eine Zeit lang tatsächlich morgens aufgewacht. Ich dachte nur: Du bist so wunderschön. Aber wenn wir dann zusammen ausgegangen sind, habe ich immer diesen Blick von all den Frauen gefühlt: Wie kann denn dieser Mann mit der zusammen sein? Das hat mich krank gemacht.«

Offenbar hat ein Mann, der nicht ganz so gut aussieht, also auch gewisse Vorteile: Die Frau muss ihn nicht mit so vielen anderen teilen …

76. Was kann ich tun, damit sie abnimmt?

War sie schon immer ein bisschen füllig? Dann kann man nicht viel machen, denn das ist ihr Ideal- und Wohlfühlgewicht. Alles andere wäre Quälerei für sie. Legt sie aber plötzlich zu, sollte man erst einmal nach der Ursache forschen. Es ist gut möglich, dass sie schlichtweg unglücklich ist.

Wenn sich im Leben einer Frau nichts mehr bewegt, wird sie sich auch nicht mehr bewegen. Wenn sie sich schon alleine fühlt und ihren Kummer in sich hineinfressen muss, will sie ihn wenigstens mit Schokolade versüßen. Eine Frau will geliebt werden. Das gibt ihr Kraft und Energie – auch die Energie, etwas für sich zu tun!

Und wenn der Mann nun alles tut, um seine Frau glücklich zu machen – und sie nimmt trotzdem nicht ab? In diesem Fall hilft nur eins: Er muss mit ihr zusammen Diät machen und Sport treiben. Liebe ist Gemeinsamkeit. Das gilt übrigens für Frauen viel mehr als für Männer. Man könnte eine gemeinsame Obst- und Gemüsephase einlegen, gemeinsam joggen gehen oder andere Maßnahmen ergreifen. Hauptsache, man macht es zu zweit.

77. Was hält sie von Schönheits-OPs?

Jede Frau hat irgendetwas an sich auszusetzen. Aber die wenigsten lassen an sich herumschnippeln. Die Kosten sind ja nicht gerade gering. Außerdem scheuen sie das gesundheitliche Risiko. Hinzu kommt der trotzige Gedanke: Wer mich nicht so mag, wie ich bin, der kann mir gestohlen bleiben!

Nur wenn eine Frau jahrelang unter einem Problem leidet – das kann ein echtes sein oder ein eingebildetes –, und wenn sie genau zu wissen glaubt, dass diese eine Operation ihr Problem für immer lösen würde, dann kann man ziemlich sicher sein: Eines Tages lässt sie es machen. Auch, wenn der Mann davon vielleicht gar nicht begeistert ist.

Wir sprachen mit einer jungen Frau, die schon als Mädchen der Meinung war, ihre Brüste seien zu klein. Sie weiß selbst nicht mehr, wer ihr eigentlich diesen Floh ins Ohr gesetzt hat und ob der eigene Vater auch mal so etwas erwähnte. Die Vermutung liegt zumindest nahe, dass es so war. Jedenfalls wuchs sich die Scham über die angeblich zu kleinen Brüste beinahe zu einer Psychose aus. Sie mochte keinen Bikini tragen, und oben ohne hätte sie sich sowieso niemals gesonnt. Sie litt länger als zehn Jahre unter dem vermeintlichen Manko und beneidete andere Frauen mit größerer Oberweite glühend. Irgendwann, sie war inzwischen 26 Jahre alt, hatte sie genug Geld zusammen und wollte es wagen. Ihr Freund hatte nichts dagegen einzuwenden. Außer ihm wurden nur wenige sehr enge Freunde eingeweiht. Die allerdings waren unisono dagegen. Wüste Horrorgeschichten über schiefe, ungleiche oder gar platzende Implantate, über wuchernde, entstellende Narben und mehrfache erfolglose Nachoperationen machten die Runde. Die junge Frau ließ sich nicht beirren. Auf Grund einer Empfehlung fuhr sie in eine Klinik an der Nordsee, informierte sich und bekam einen Termin. Sie blieb ungefähr eine Woche in der Klinik und hatte weitere vier Wochen mit den Nachwirkungen zu tun. Dann kam der letzte Verband ab. Operation gelungen – Patientin glücklich. Von ihrem Freund hat sie sich übrigens wenig später getrennt und ist jetzt mit einem Mann aus ihrem damaligen Freundeskreis zusammen, der auch dagegen gewesen war.

Diese Schilderung von einer geglückten Operation mit Happyend soll die Risiken einer Brustvergrößerung oder -verkleinerung nicht herunterspielen. Sie ist aber ein schönes Beispiel dafür, dass Frauen, die mit ihrem Körper unglücklich sind, durchaus gewisse Risiken in Kauf zu nehmen bereit sind.

78. Warum gibt sie so viel Geld für Kosmetik aus?

Weil hochwertige Kosmetik nun mal mehr kostet. Sie hält länger, und sie wirkt besser. Bei Kosmetik ist Geiz überhaupt nicht geil – sondern meistens eine Fehlinvestition. Hautcremes sind die einzige Ausnahme; da sind Billigprodukte manchmal erstaunlicherweise ebenso gut wie teure.

Aber das ist nur ein Teil der Wahrheit. Kosmetik ist für eine Frau Ausdruck eines bestimmten Lebensgefühls. Da kann sie nicht einfach »irgendetwas« nehmen. Es ist »ihr« Duft, »ihr« Hautgefühl. Lieber geht sie damit sparsam um, als auf ein anderes Produkt umzusteigen. Es ist seltsam, dass Männer das einfach nicht begreifen können. Denn im Grunde sind sie genauso. Fragen Sie mal einen eingefleischten BMW-Fahrer, warum er nicht auf Toyota oder Citroën umsteigt! Die bauen auch keine schlechten Autos, und billiger sind sie sowieso. Er würde Sie mit einem Blick ansehen, als hätten Sie gerade einen sehr, sehr dummen Vorschlag gemacht. »Ich fahre doch keinen Japaner oder Franzosen …« Seine Automarke spiegelt sein Lebensgefühl wider, ihr Parfüm spiegelt ihr Lebensgefühl wider.

Der dritte Grund ist optischer Natur: So eine Galerie von schicken teuren Fläschchen und Döschen sieht im Badezimmer einfach genial gut aus. Es sind Geschenke, die sie sich selbst macht. Wer eine glückliche Frau haben möchte, der jammert nicht über die hohen Kosten für Kosmetik. Der kennt ihre Marke und überrascht sie gelegentlich mit dem, was nicht einmal sie sich gönnen würde.

79. Was macht sie eigentlich immer so lange im Badezimmer?

Was richtig gut aussehen soll, braucht seine Zeit. Männer kennen das vom Autowaschen am Samstagnachmittag. Frauen dient der morgendliche Aufenthalt im Badezimmer aber nicht nur zur Herstellung eines akzeptablen äußeren Erscheinungsbildes, sondern es handelt sich auch um ein Mini-Wellness-Programm – vorausgesetzt, sie haben überhaupt genug Zeit bei all dem Morgenstress. Hier die Schilderung einer Frau, die von sich selbst sagt: »Morgens eine Stunde im Bad? Gar kein Problem, das schaffe ich locker.«

»Ich setze mich auf die Toilette und mache Pipi. Dann strecke ich mich bei offenem Fenster ein bisschen aus. Danach gehe ich unter die Dusche, seife mich genüsslich mit einem möglichst schönen Duschgel ein und wasche mir die Haare. Das dauert schon mal eine ganze Weile. Ordentlich heiß und kalt abduschen, immer im Wechsel. Ich wickele mich in ein dickes flauschiges Tuch und trockne meine Haare mit dem Föhn. Jetzt könnte mir mein Mann eine Tasse Kaffee bringen. Ich creme mein Gesicht mit einer Tagescreme ein, die Falten verhindern soll. Als Nächstes das Deo. Jetzt male ich mir meine Augen an, dann kommt das Make-up und die Wimperntusche. Ich ziehe mir was an und widme mich meinen Haaren, die ich nun über einen heißen Stab zu Locken wickle. Haarspray, noch ein Duftwässerchen – jetzt bin ich eigentlich schon bald fertig. Ich putze mir die Zähne. Am Ende sind Lippenstift und Puder dran. Ich schaue mir alles im Spiegel an und bin mal mehr und mal weniger mit mir zufrieden.«

Warum diese Prozedur allerdings eine volle Stunde dauern kann, werden Männer wohl nie begreifen.

80. Warum zieht sie nie das an, was ich ihr vorschlage?

Weil sie die Frage nicht wirklich ernst meint. Während er den Vorschlag macht, »Zieh doch das kleine Schwarze an, das steht dir so gut«, hat sie schon längst die Nachteile des kleinen Schwarzen im Kopf, denn sie kennt ja ihre Garderobe. Wäre es das kleine Schwarze, würde sie nicht fragen. Das weiß sie zwar, aber sie sagt es nicht. »Meinst du …?«, fragt sie zögerlich. »Ach, ich weiß nicht …« – »Doch, steht dir gut!«, sagt er. »Ich finde dich toll in dem kleinen Schwarzen.« – »Trottel«, denkt sie. »Er hört nicht zu, er schaut nicht hin, er denkt nicht mit. Sonst wüsste er, dass das kleine Schwarze heute gar nicht geht.« – »Na gut«, sagt sie, »wenn du meinst …« und zieht das kleine Schwarze an. Um es unmittelbar vor Abfahrt, die Taxe steht schon vor der Tür, wieder auszuziehen und das gesamte Outfit inklusive aller Accessoires blitzartig zu ändern.

Frauen würden niemals einen Mann ernsthaft fragen, was sie heute Abend anziehen sollen. Sie fragen, weil sie selbst gerade darüber nachdenken und nichts anderes tun, als ihre eigenen Gedanken in eine Frage zu kleiden. Und natürlich, weil eine unqualifizierte Meinungsäußerung immer noch besser ist als gar keine. Was auch immer ein Mann auf die Frage antwortet – es ist verkehrt. Hier hilft nur ein Kompliment, das alles und nichts sagt. »Ach Schatz: Du könntest sogar einen Müllsack tragen und wärest trotzdem die schönste Frau des Abends.«

81. Warum kapiert sie nicht, dass mein Rasierer mir gehört?

Die weitgehende Auflösung der Individualität und das Verschmelzen zweier Wesen zu einem gehören zur typisch weiblichen Liebesdefinition. Eine Frau kann nur schwer nachvollziehen, wieso ein Mann sie intim berühren und küssen will – und sich gleichzeitig aufregt, wenn sie seinen Nassrasierer zur Intimrasur benutzt. Es liegt nur ein einziger Buchstabe zwischen »Alles eins« und »Alles meins«!

Wenn sanfte Ermahnungen nichts nützen, könnte man ihr ja einen Luxus-Damenrasierer kaufen und den eigenen im Alibert verstecken. Es ist dringend davon abzuraten, wegen dieses Themas mit ihr Streit anzufangen: Sie würde die männliche Kritik an ihrer Rasierer-Mitbenutzung für ein deutliches Signal von mangelnder Liebe halten und entsprechende Schlussfolgerungen daraus ziehen.

Übrigens reagiert dieselbe Frau vermutlich äußerst ungehalten, wenn sich die halbwüchsige Tochter an ihren Kosmetika oder gar am Damenrasierer für die Beine vergreift. Obwohl sie das Kind doch auch über alles liebt.

82. Was hat sie in ihrer Handtasche?

Die hier aufgezählten Gegenstände passen natürlich niemals in eine einzige Handtasche, obwohl da erstaunlich viel hineinzupassen scheint. Aber es sind die am meisten genannten: Geld, Ausweise, Handy, Schminkspiegel, Parfüm, Kamm/Bürste, diverse Einkaufszettel, Adressbuch, Autoschlüssel, Präservative, Tampons, Kopfschmerztabletten, Talisman, Fotos, Kreditkarte, Scheckkarte, Lippenstifte (einer für morgens, einer für abends, ein kaputter), Nagelknipser oder -schere, Puder, Eyeliner, Abtöner, Vitamintabletten, Appetizügler, Süßstoff, Visitenkarten von fremden Männern, inaktuelle Merkzettel (»heute nicht vergessen«), Kugelschreiber, Schlüsselbund mit circa 80 Prozent überflüssigen Schlüsseln, Zettel mit diversen listig getarnten Zifferncodes (PIN usw.), besonders erfreuliche und irgendwo rausgerissene Tageshoroskope, Illustrierten-Foto vom Lieblingsstar, Punkte-Sammelkarten von Budni, Karstadt oder anderen, die Pille, Feuchtigkeitsstift für die Lippen, Kontaktlinsendose und -flüssigkeit, Sonnenbrille, Ersatz-Kuli, Regenhaube oder Knirps, Bahncard, Blueberry, abgebrochener Bügel der vorletzten Sonnenbrille, Lieblingsliebesbrief, Ersatz-Autoschlüssel (falls die Handtasche mal geklaut wird), Ohrringe, Deo, Zigaretten, Feuerzeuge, Lutschbonbons, Kaugummi, Tempos, Blasen-Pflaster, Ersatz-Seidenstrümpfe, Nähzeug, Nasenspray, Gelkissen (für Schuhe, die zu eng sind), Creme für Oberwangenknochen (weil da die Haut spannt), ein Buch, iPod und Lautsprecherboxen bzw. Kopfhörer, Chai-Tee-Latte-Pulver zum Überalltrinken, Parfümproben fürs Auto (um Gerüche zu bekämpfen), Ersatzohrringe und eine Menge Staub, Flusen, aus angebrochenen Packungen Gerutschtes und und und.

Man merkt daran: 1.) Es hat einen guten Grund, dass Frauen immer so lange in ihren Handtaschen kramen. 2.) Frauen sind ständig für alle denkbaren Eventualitäten hervorragend ausgerüstet. 3.) Frauen denken nicht immer logisch – siehe Ersatz-Autoschlüssel, falls die Handtasche mal geklaut wird ...

83. Warum gehen Frauen so gerne shoppen?

Shoppen hat nichts mit dem zu tun, was Männer unter Einkaufen verstehen. Es bedeutet: Zeit haben für sich selbst, mal rauskommen aus dem ganzen Alltagstrott und sich um gar nichts kümmern müssen. Sich einfach so durch die Läden treiben lassen und neue Anregungen aufsaugen. Das ist für die Frau ein ganz anderes Gefühl, als wenn sie im Supermarkt den Einkaufszettel abarbeitet und die Plastiktüten ins Auto packt!

Shoppen ist so, als wenn sie durch eine Modezeitschrift spaziert. Sie bleibt mal hier hängen und mal dort und schaut sich dies und jenes an. Sie blättert sozusagen auf die nächste Seite um, indem sie die Straßenseite oder den Laden wechselt.

Aber natürlich kauft sie sich am Ende auch irgendetwas. Und es kann gut sein, dass sie ausgerechnet das gar nicht unbedingt braucht. Dafür gibt es eine andere Erklärung. Die meisten Frauen fühlen sich nämlich immerzu irgendwie schlecht und mies behandelt. Sie haben einen Hang zum Leiden. Zum Trost und aus Rache »gönnen« sie sich was. Und schon geht es ihnen ein bisschen besser.

Damit ihr Shoppen Freude macht, braucht sie Zeit. Kinder sind dabei hinderlich. Wie soll sie sich in aller Seelenruhe für einen neuen Duft entscheiden, der doch ihr neues Lebensgefühl ausdrücken soll, wenn ständig jemand an ihr zerrt und sich langweilt? Wie soll sie sich selbst etwas gönnen, wenn der Jüngste neue Turnschuhe braucht und die Älteste eine neue Jeans? Möglicherweise ist schon Ebbe in der Kasse, bevor sie auch nur eine einzige Bluse für sich selbst erstanden hat. Wer eine glückliche Frau haben will, der nimmt ihr deshalb die Kinder ab und lässt sie alleine shoppen gehen. Denn 87 Prozent der Frauen finden, dass Einkaufen ohne Mann einfach besser funktioniert.[12] Und eine ganz seltsame Zahl erreicht uns aus Amerika. Dort sind immerhin

---

12 *Umfrage der »Petra«*

40 Prozent sogar der Meinung, dass Shoppen »mehr Spaß macht als Sex«. Und das – kann ja wohl nicht ganz ernst gemeint sein.

84. Warum ändert sie ihre Frisur?

Der Frisurwechsel einer Frau ist immer ein Warnsignal für irgendwas. Bestenfalls will sie nur mal wieder als Mensch wahrgenommen werden, hüpft vor ihrem Mann auf und ab und wackelt mit ihrem raspelkurzen feuerroten GI-Schnitt, der heute früh noch eine blonde lange Mähne war: »Sag mal, fällt dir eigentlich IRGENDWAS AN MIR AUF?« Er: »Nö, wieso? Warte mal … Doch. Hast du abgenommen?« Das ist irgendwie keine sehr gute Antwort, und hoffentlich findet dieser Dialog nicht in greifbarer Nähe der Küchenmesser statt.

Schlimmstenfalls hat sie schon längst mit der Beziehung abgeschlossen und hatte bloß keine Lust, vorm Friseur wenigstens die Möbelpacker abzuwarten.

Ein radikaler Frisurwechsel bedeutet stets den Beginn eines neuen Lebensabschnittes. Zufriedene Frauen hingegen machen Strähnchen, schneiden Spitzen oder entscheiden sich für sonst irgendetwas Unentschlossenes, das dem Mann ohnehin nicht auffällt. Ganz gefährlich wird es, wenn sie genau weiß, wie sehr er an ihren langen Haaren hängt – und sie dann bewusst und trotzig ohne Rücksprache absäbeln lässt. Motto: »Mein Haar gehört mir.«

Männer würden das bestreiten. Sie haben sich schließlich in eine Schönheit mit langen Haaren verliebt und nicht in einen US-Marine. Selbst die Autoren dieses Buches – er Mann, sie Frau – konnten sich über diesen Punkt ausnahmsweise nicht einigen. SIE sagt: »Klar darf sie das. Ist doch ihr Körper.« ER sagt: »Darf sie nicht. Denn wenn die beiden einen Liebespakt haben, sind wesentliche Veränderungen – also auch ihre Haare – Vertragsbestandteil. Und der ist zustimmungspflichtig.« Aber egal, wer Recht hat: Ein Frisurenwechsel findet niemals ohne Grund statt, und der liegt meistens tiefer als »Die alte gefiel mir eben nicht mehr«.

Achtes Kapitel

DIE FRAU
UND IHRE PSYCHE

85. Warum will sie immerzu mit mir reden?

»Alle Frauen wünschen sich mehr Aufmerksamkeit.« Wenn es gelänge, diesen einfachen Satz in die Gehirne der Männer zu pflanzen, würden die Scheidungsquoten in Deutschland schlagartig sinken. Frauen trennen sich vor allem deshalb von ihren Männern, weil die sie nicht mehr wahrnehmen. Sie wollen reden, weil sie sich davon Aufmerksamkeit erhoffen. Denn wenn einer redet, hört der andere ja (hoffentlich) zu. Das ist der entscheidende, der wichtigste Grund. Jede Frau steht gern im Mittelpunkt! Aber im Alltag hat die Frau ständig das Gefühl: Mir hört im Grunde überhaupt keiner zu. Ich soll nur funktionieren. Jeder kümmert sich hier um sich. Und nicht mal ich kümmere mich um mich. Sie fühlt sich manchmal so, als hätte sie eine Tarnkappe auf dem Kopf. Niemand scheint sie zu beachten. Sie redet und redet in der verzweifelten Hoffnung, endlich wieder einmal wahrgenommen zu werden.

Es gibt noch einen Grund. Frauen haben ein Umleitungsschild im Gehirn. Das hindert sie daran, einfach geradeaus zu reden. Sie gehen immerzu Umwege, auch sprachlich. Sie sind konfliktscheu, legen sich ungern fest und kommen einfach nicht auf den Punkt. Sie reden am liebsten »drum herum«. Und deshalb brauchen sie natürlich auch mehr Worte.

Die Sprache ist für Frauen viel mehr als nur ein Instrument, mit dem sie etwas erreichen können. Ein Mann sagt: »Bitte ein Bier.« Er hat die Sprache benutzt, um seinen Durst zu löschen. Mehr erwartet er nicht von der Sprache. Allenfalls hat er ein Wort zu viel benutzt, denn das Bier hätte er auch ohne »bitte« bekommen.

Die Frau möchte mit der Sprache Blumen und schöne Bilder malen, sie möchte ihre Sehnsüchte und Träume mit Worten ausdrücken und ebenso schöne Worte von ihrem Mann zurückbekommen. »Liebst du mich noch?«, fragt sie und erwartet einen bunten Strauß von Komplimenten und Liebesbeweisen. Der Mann begreift es nicht. Er sagt: »Ja. Warum?«

86. Wie kommt sie mit meinem Schweigen klar?

Das Schweigen der Männer ist wahrscheinlich Trennungsgrund Nummer eins, aber selbst das wird verschwiegen. Es ist für Frauen eine Qual. Sie hassen es abgrundtief.

Jede Frau möchte – nein, sie MUSS wissen, was in ihrem Mann vorgeht. Was ihn bewegt, worum seine Gedanken kreisen und worüber er sich Sorgen macht. Sie muss an seinem Leben teilhaben. Sonst geht sie ein wie eine Primel. Der Austausch von Gedanken und Gefühlen, das gegenseitige Sich-Einbeziehen und das ganze Miteinander ist für eine Frau das Schmiermittel der Beziehung. Motor ohne Öl = Kolbenfresser. Mann ohne Worte = Ehekiller. So einfach ist das. Nur ahnen das die Männer leider nicht.

Eine Frau spürt ganz genau, wenn irgendwas mit ihm nicht stimmt. Männer können sich meistens nicht sehr gut verstellen. Sie fragt, was mit ihm los ist. Er sagt: »Nichts, wieso?« Er macht dicht. Er ist verschlossen. Er bezieht sie nicht ein.

Sie macht sich Sorgen. Zum einen um ihn, denn sie weiß ja immer noch nicht, was ihn bedrückt. Zum anderen um die Beziehung. Was ist die denn noch wert, wenn er nicht einmal mehr die Probleme mit ihr teilt? Am Himmel der Liebe ziehen dunkle Wolken auf. Sie fragt noch einmal nach: »Hör mal, dich bedrückt doch was.«

Er reagiert leicht ungehalten. »ICH HABE NICHTS.« Sein gereizter Ton ist wie ein Schlag in ihr Gesicht. Sie hat doch nichts getan, außer ihn nach dem Grund für seine Verstimmung zu fragen! Warum spricht er nicht mit ihr? Warum ist er jetzt sauer? Und wozu hat man sich lieb, wenn man nicht füreinander da ist in schweren Zeiten? Sie zieht sich zurück und schmollt. Er schweigt weiter. Ihr fällt ein, dass er erst neulich auch nicht mit ihr sprechen wollte. Und sie wusste doch genau, dass ihn etwas bedrückte. So war es auch, wie sich hinterher herausstellte …

Erste Blitze zucken am Liebeshimmel. Sie ist der Meinung, dass diese nahezu unerträgliche Situation jetzt augenblicklich geklärt werden sollte und macht einen neuen Versuch. Das Unwetter bricht aus, denn diesmal explodiert er und unterbricht sein Schweigen mit der ultimativen Aufforderung, sie möge ihn bitte in Ruhe lassen. Um danach endgültig in die innere Emigration zurückzukehren.

Dieser Zustand kann je nach Gemütslage Stunden, Tage oder sogar Wochen andauern; Frauen haben da unterschiedliche Erfahrungen. Es macht sie wütend, es macht sie krank, und es ist tastsächlich für viele irgendwann einmal ein ernsthafter Trennungsgrund.

Schweigen als Konfliktvermeidung ist fast noch schlimmer für eine Frau. Eine Witwe sagt: »Wenn ich sauer war, hat sich mein Mann auf die Couch gelegt und ist selig entschlafen. Ich hatte manches Mal das Bedürfnis, das große Messer zu holen ... Es macht mürbe, wenn ein Mann nie zurücksteckt, sich nie entschuldigt oder auch nur so tut, als täte es ihm Leid. Jetzt ist er seit 13 Monaten tot. Einfach eingeschlafen. So wie immer.«

Was Männer zu ihrer eigenen Entlastung vorbringen könnten, ist nicht Thema dieses Buches (lesen Sie dazu »Wie Männer ticken«). Die Frage ist, wie sie den drohenden Stress ableiten bzw. den Beziehungsfrieden wieder herstellen können. Und das ist eigentlich gar nicht so schwer.

Frauen erwarten nämlich nicht sehr viel. Sie sind mit Wenigem zufrieden. Sie wollen nur wissen, was los ist! Wiederholen wir deshalb noch einmal die Anfangsszene, nur diesmal mit einem besseren Resultat. Also: Er macht einen bedrückten Eindruck – und sie möchte wissen, was mit ihm los ist. Sie sagt: »Du hast doch was!« Er sagt: »Stimmt. Ich hatte gerade an die Firma gedacht. Da läuft nicht alles so, wie es soll. Aber ich bin froh, dass ich wenigstens bei dir mal abschalten kann und mich nicht mit dem ganzen Müll herumärgern muss.« Super! Ein glatter Hattrick, ein Dreifach-Erfolg! SIE ist zufrieden gestellt, denn sie hat ihre Antwort – gleichzeitig hat sie noch ein Kompliment bekommen – und drittens hat sie begriffen, wie sie ihm helfen kann in seiner schwierigen Lage: indem sie ihn in Ruhe lässt. Wenn er jetzt noch ein Lächeln hinkriegt und sie in den Arm nimmt, scheint am Ehehimmel wieder die Sonne. Obwohl er doch eigentlich gar nichts von seinen Sorgen preisgegeben hat.

87. Warum fragt sie so oft: »Woran denkst du gerade«?

Misstrauisch ist die Frau, neugierig und schlau. In Sachen Mann ist sie die ideale Ermittlerin. Natürlich merkt sie, wenn er gedanklich abschweift. Nur wohin bzw. zu wem, das ist noch offen. Sie beobachtet ihn, hört auf Zwischentöne, merkt sich jede dahingesagte Bemerkung und robbt sich ran an sein Gehirn. Nicht aus bösem Willen oder Eifersucht, sondern einfach so! Weil sie IMMER ALLES wissen muss. Und weil es sie krank macht, irgendetwas NICHT zu wissen. Für sie ist das Liebe (alles teilen = alles mit-teilen).

Die Ermittlungen ihres Gehirns führen nun aber nicht unmittelbar zum gewünschten Erfolg. Ihre letzte Chance ist die direkte Frage. Vielleicht ist er ja naiv genug, wahrheitsgemäß zu antworten, was sie übrigens niemals tun würde! Also: »Woran denkst du gerade, Schatzi?«

»Naiv genug« ist an dieser Stelle das richtige Wort, denn der ehrlich antwortende Mann setzt sich unausweichlich ihrem Zorn aus. Er tappt mit hoher Wahrscheinlichkeit in eine böse Falle. Zum Beispiel war sie gerade dabei, von ihrer Selbsterfahrungsgruppe zu erzählen und er mit seinen Gedanken spürbar woanders. »Woran denkst du gerade, Schatzi?« – »Ich glaube, ich weiß jetzt, wie ich den kaputten Lüftungsschlauch im Auto reparieren kann.«

Oje! Falsche Antwort! »ICH erzähle dir von meiner Selbsterfahrungsgruppe und DU denkst an den Lüftungsschlauch??? Ja hörst du mir denn NIEMALS zu??? Interessiere ich dich denn GAR NICHT mehr???« Wäre dies ein Hörbuch, dann würden jetzt Türen schlagen, und von Ferne wäre ein unterdrücktes Schluchzen zu vernehmen.

Kluge Männer hingegen ziehen blitzschnell die einzige stressvermeidende Antwort aus der Frauenversteher-Tasche: »Ach Liebling … Ich dachte gerade daran, wie schön du doch bist …«

88. Warum versteht sie nicht, dass ich nur meine Ruhe will?

Tatsächlich fällt ihr das schwer. Zwar begreift sie durchaus, dass ein Mann auch einmal für sich sein möchte, dass er an seinem Hobby hängt, mal nachdenken muss und seinen Freundeskreis pflegen will. Nur: All das möchte sie auch gerne machen! Sie kann aber nicht. Und deshalb reagiert sie mit Unverständnis.

Hinzu kommt, dass eine Frau ganz anders drauf ist als ein Mann. SIE denkt kompliziert und um viele Ecken. ER denkt simpler, aber geradeaus. SIE möchte alles schön haben und sehnt sich nach vollkommener Harmonie; jede kleinste Störung irritiert sie. ER freut sich auch, wenn alles harmonisch zu sein scheint – aber wenn die Harmonie gestört ist, merkt er es nicht. SIE stellt ihre Wünsche und Bedürfnisse gern hintenan. Keinesfalls möchte sie jemanden kränken oder verletzen. ER ist froh, wenn alles einigermaßen im Lot ist und er keine Bedürfnisse äußern muss. SIE möchte sich ständig mitteilen. ER möchte am liebsten seine Ruhe, da haben wir es wieder. SIE fühlt sich stets für alles verantwortlich und bezieht alles auf sich, was nicht funktioniert. Deshalb hat sie ein permanent schlechtes Gewissen. ER fühlt sich nur für das verantwortlich, was zu seinem Aufgabenbereich gehört. SIE interessiert sich brennend für das Schicksal von anderen Menschen. ER möchte davon am liebsten gar nichts wissen. SIE kann Gefühl und Verstand kombinieren. ER kann nur denken oder fühlen, aber nicht beides zusammen. SIE möchte ihn am liebsten nie wieder loslassen, wenn sie liebt. ER möchte sie auch gern festhalten, hält sich aber gleichzeitig einige Optionen offen. SIE möchte stets aufs Neue begehrt und umschwärmt werden. ER ist damit zufrieden, dass sie sich einmal für ihn entschieden hat. Wenn dieses komplizierte Wesen namens Frau nun hört, dass er »nur seine Ruhe« will – dann ist es so, als wenn er eine fremde Sprache spricht.

Ein weiterer wichtiger Punkt: Sie kann schlecht loslassen. Was eine Frau liebt, das möchte sie festhalten, bewahren und aufheben. Am liebsten mit einem Rahmen drum herum. Sie schreibt es in ihr Tagebuch. Sie presst ein Gänseblümchen und legt es zwischen die Seiten. Sie lässt auch ihre Erinnerungen nicht gerne los. Sie klebt Fotos in Alben und blättert immer wieder in ihnen herum. Sie wünscht sich, ein Band zwischen ihren Gedanken und denen des geliebten Mannes zu knüpfen.

In jeder Frau steckt eine Mutter Teresa. Eine Beschützerin, die gerne Verantwortung für andere trägt. Sie sorgt sich gern. Auf dem Spielplatz springen immer zuerst die Frauen auf, wenn Kinder waghalsig auf einem Gerät herumklettern. Väter bleiben sitzen und lassen die Kleinen ihre Erfahrungen selbst machen. Auch wenn sie schmerzhaft sind.

Ein kranker Mann ist für die Frau ein Glücksfall. Auch wenn sie sich über die zusätzliche Arbeit gern beklagt. Endlich wird sie gebraucht! Endlich findet sie Anerkennung! Kranke Männer sind nicht nur wehleidig, sondern auch dankbar. Da ist sie in ihrem Element.

Loslassen bedeutet, nicht mehr gebraucht zu werden. Weil Frauen ein schwach entwickeltes Selbstbewusstsein haben, sind Anerkennung, Dankbarkeit und vor allem das »Gebrauchtwerden« äußerst wichtig für sie. Und darum können sie es oftmals nicht verstehen, dass ein Mann »nur seine Ruhe haben« will.

89. Warum können sich Frauen alles merken?

Beginnen wir mit einem Beispiel aus der Tierwelt. Der letzte überlebende Nachfahre der Dinosaurier steht auf der Lichtung und frisst die Blätter von den Bäumen. Er bekommt nur wenig von seiner Umwelt mit. Er merkt sich nichts. Er schaut nur hin und wieder dumm durch die Gegend und ist eigentlich nichts weiter als eine Kaumaschine auf zwei Beinen. So in etwa verhalten sich die Männer.

Ganz anders das scheue, verletzliche Reh. Ständig scannen die großen braunen Augen beim Äsen die Umwelt ab. Stets sind die Lauscher aufgerichtet. Ein winziges Knacken im Gehölz, der Hauch eines fremden Geruches in der Luft – Großalarm! Das scheue Reh springt beim geringsten Anzeichen von Gefahr ins nächste Gebüsch. Es hat alles genauestens registriert und sich alles gemerkt. Das ist notwendig, denn das Reh ist eigentlich schwach. Es ersetzt Bizeps und dicken Panzer durch seine erhöhte Aufmerksamkeit. So in etwa verhalten sich die Frauen.

Das Gehirn einer Frau ist mit einem großen Schrank vergleichbar, der viele Schubladen hat. Alles, was sie wahrnimmt oder vermutet, kommt in so eine Schublade hinein. Es ist sofort geordnet. Sie kann deshalb jede einmal gespeicherte Information oder jeden gefühlten Eindruck herausholen, falls es notwendig erscheint. Aufräumen ist sie ohnehin gewohnt. Auch ihr Gehirn ist aufgeräumt. Sie sammelt Erinnerungen, Düfte, Jahrestage, zufällige Bemerkungen und Gesten.

Obendrein ist sie sehr gut im Kombinieren. Einiges wissen, einiges vermuten und beides zu einem Ganzen verbinden: Das ist typisch Frau. Und genau das ist auch der Grund dafür, warum in manchen Frauen-Illustrierten wöchentlich bis zu zwölf (!) Seiten mit Kreuzworträtseln zu finden sind.

Frauen lieben Kreuzworträtsel! Einiges wissen sie, anderes kramen sie aus den vielen Schubladen hervor und den Rest kombinieren sie sich irgendwie zusammen. Das ist ihre Stärke. Und deshalb sind sie dem Mann auch grundsätzlich überlegen.

Ein Mann braucht gar nicht erst zu versuchen, der Frau seine neue Freundin (wenn er denn eine hat) zu verheimlichen. Er wird es sowieso nicht schaffen. Denn was er vielleicht vor vier Wochen oder mehr über die neue Kollegin erzählt hat, das hat er längst vergessen. Aber seine Frau hat es sofort gespeichert. Dazu kamen einige Indizien, hier ein Haar, dort ein Duft. Ab in den Speicher. Jetzt eine neue, scheinbar unverfängliche Bemerkung. Sie wird sofort mit allem verglichen, was sich sonst noch im Speicher befindet. Blitzschnell wird gescannt. Widersprüche und Ungereimtheiten tun sich auf. Ein, zwei schnelle, harmlos klingende Fragen müssen rasch noch gestellt werden, bingo, den Rest reimt sich die Frau zusammen – sie kombiniert. Außer Miss Marple hätte eigentlich auch Sherlock Holmes eine Frau sein müssen!

Die Frau merkt sich einfach alles, weil genau das ihre Überlebenschance in der Männerwelt ist. Und – weil es sie unentbehrlich macht. Wie viele Männer würden ohne ihre Frau morgens halbblind zur Arbeit gehen, weil sie wieder einmal die Brille nicht finden können! Frauen wissen immer, wo sich die Brille ihres Mannes befindet, zu jeder Tages- und Nachtzeit. Denn wenn ER hilflos ist und SIE helfen kann, dann bekommt SIE ein liebes Wort! Frauen wollen immerzu gelobt und geliebt werden. Also tun sie alles, was ihnen Lob und Liebe bescheren könnte. Sie sind sozusagen des Mannes unentbehrliches Gedächtnis.

Frauen merken sich auch ganz unwichtige Dinge. Sie wissen zum Beispiel immer genau, wo sich die Butter im Kühlschrank befindet (zum Beispiel hinter den Eiern, zweite Ebene links). Ruft man hingegen einem Mann in die Küche hinterher: »Bringst du bitte die Butter mit?«, so öffnet er den Kühlschrank, starrt eine Weile hinein und fragt: »Wo is'n die?«

90. Warum ist sie so eine Bedenkenträgerin?

Weil sie weiter denkt als ein Mann. ER sagt zum Beispiel: »Dieses Auto gefällt mir. Ich möchte es haben. Basta.« SIE sagt: »Was wird uns das Auto kosten? Was könnten wir uns alles leisten, wenn er darauf verzichten würde? Und vor allem: Auf wie viel habe ICH schon verzichtet?«

Eine Frau möchte bewahren, erhalten und beschützen. Gleichzeitig hat sie mehr Phantasie als ein Mann. Deshalb läuft in ihrem Kopf ständig ein Film ab, der von allen möglichen Gefahren handelt. Auf dem Spielplatz bringt sich das Kind in Gefahr? SIE springt als Erste auf. Warum? Erstens möchte sie das Kind natürlich vor Schaden bewahren. Aber zweitens weiß sie genau: Wenn etwas passiert, habe ICH es am Hals. ICH muss mit dem Kind zum Arzt. ICH muss es gesund pflegen.

Hinzu kommt, dass sie von Natur aus weniger risikofreudig ist als ein Mann. Sie hat die Ur-Angst, eines Tages nicht mehr versorgt und ausreichend abgesichert zu sein. Auch das ist leicht zu verstehen. Seit wann gibt es das Wort »Gleichberechtigung«? Seit wann sind Frauen nicht mehr Menschen zweiter Klasse? Erst seit wenigen Jahrzehnten. Aber die Gene, die ihr Verhalten beeinflussen und sie zur »Bedenkenträgerin« machen, die sind viele tausend Jahre alt.

Die »typisch weibliche Bedenkenträgerei« hat auch Vorteile. Aktienfonds, die Frauen vorbehalten sind, gelten als besonders erfolgreich. Weil Frauen erst nachdenken und dann investieren. Wie viele Männer haben in den Neunzigerjahren ihr ganzes Erspartes und womöglich auch noch geliehenes Geld in den Neuen Markt gesteckt, haben sich völlig unkritisch von der allgemeinen Internet-Euphorie anstecken lassen, schon vom ersten fabrikneuen Porsche geträumt und sind anschließend aus dem Olymp ihrer Phantasien grausam in die Realität abgestürzt! Wären ihre Frauen mit den typisch weiblichen, leider nur leise geäußerten Bedenken zu Wort gekommen und ernster genommen worden, hätten sie ihr Geld noch.

91. Warum ist sie so unberechenbar?

Weil sie mehrere Dinge gleichzeitig bedenkt und nicht nur das, worüber gerade gesprochen wird. Man kann zum Beispiel einer Frau die Vor- und Nachteile einer weiteren Mehrwertsteuererhöhung erklären, und sie sagt dazu: »Morgen kommt meine Mutter.« Das heißt keinesfalls, dass sie mit den Gedanken woanders ist. Es geht ihr nur erheblich mehr durch den Kopf als die blöde Mehrwertsteuer.

Es gibt noch andere Gründe. Zum Beispiel verfallen viele Frauen circa eine Woche vor ihrer Regel in eine tiefe Sinnkrise. Sie werden dann leicht depressiv und äußerst reizbar. Es ist in diesem Fall vollkommen gleichgültig, was ein Mann sagt. Sicher ist nur, dass er garantiert das Falsche sagt.

Manche Frauen scheinen unberechenbar zu sein, aber eigentlich stimmt das Wort nicht: Sie sind nur überlastet. Kinder, Haushalt und die ganzen anderen Sorgen dazu summieren sich zu einem unüberschaubaren Problemhaufen. Irgendwann wollen die Probleme raus. Geht aber nicht. Soll man die Waschmaschine anschreien oder die Kinder? Also wartet die Frau, bis der Mann nach Hause kommt. Und der – macht auch nur eine einzige Bemerkung, schon knallt's im Karton.

Dann gibt es Frauen, die fühlen sich von ihrem Partner permanent missverstanden. Sie flüchten in ein seltsames Hin und Her aus seelischem Sonnenschein, Platzregen und Regenbogenwetter. Anstatt sich mit ihren Problemen auseinander zu setzen (was Mühe macht), spielen sie lieber die Unverstandene. Frauen sind inkonsequent und konfliktscheu!

Eine typische Frauenantwort zu diesem Thema: »Frauen wollen alle Rollen gleichzeitig spielen. Mal brav, mal aufmüpfig. Mal nörgeln sie, dann entschuldigen sie sich wieder. Sie wollen einfach alles sein: Lieb, schwach, tapfer, stark, clever, anlehnungsbedürftig und Chefin in einem. Sie versuchen, so zu sein, wie sie glauben, dass der Mann sie gern hätte. Das klappt natürlich nicht. Deshalb flippen sie aus, wenn mal eine Socke nicht weggeräumt ist. Und das nennt der Mann dann unberechenbar.«

Männer empfinden den plötzlichen Stimmungswandel einer Frau meistens als schlechte Laune. Was kann man nun dagegen tun?

1.) Versuche niemals, die schlechte Laune mit ihr zu besprechen. Das gäbe nur zusätzlichen Streit. 2.) Vermeide Konjunktiv-Sätze wie »Dann hättest du eben ...«, »Du müsstest doch nur mal ...« oder »Ich an deiner Stelle würde ...«. 3.) Bedaure sie ausführlichst. 4.) Sage ihr mehrfach, wie schwer sie es doch hat. 5.) Frage sie, was du ihr heute von ihren vielen, geradezu unmenschlichen Pflichten abnehmen könntest. 6.) Versöhne sie mit einem kleinen Geschenk. 7.) Biete ihr eine ausführliche Massage an. 8.) Begegne ihrer schlechten Laune mit unerschöpflichem Humor, aber mache dich dabei keinesfalls über sie lustig. 9.) Gib ihr die Fernbedienung. 10.) Versuche ausnahmsweise, dich in sie hineinzuversetzen und so den Grund für ihre schlechte Laune herauszufinden!

92. Warum muss sie immer lamentieren und jammern?

Eine glückliche Frau tut das nicht. Lamentieren und Jammern sind Ausdruck von innerer Unzufriedenheit, von Überforderung und Nicht-verstanden-werden. Frauen sind es gewohnt, ihre Probleme entweder zurückzustellen oder zu verlagern. Es fällt ihnen schwer, die Dinge beim Namen zu nennen. Lamentieren und jammern, nörgeln und herumzicken sind stellvertretende Unmutsäußerungen.

SIE war beim Friseur und hat eine neue Frisur. ER kommt nach Hause und merkt es nicht einmal. SIE denkt: Er beachtet mich überhaupt nicht. Er schaut mich gar nicht mehr an. Das erregt ihren Unmut. Es brodelt in ihr.

Nun erzählt er strahlender Laune von seinem erfolgreichen Tag und hat noch nicht einmal gefragt, wie ihr Tag denn so verlaufen ist. Es brodelt noch stärker in ihr. Sie stellt eine Verbindung her zwischen der nicht bemerkten neuen Frisur und seiner augenscheinlichen sonstigen Interesselosigkeit. Es ist nun nicht mehr weit hin, bis sie explodiert. Der arme Kerl jedoch ahnt leider gar nichts von dem drohenden Unheil.

Ganz nebenbei äußert er nun den Wunsch, sich heute abend mit seinen Kumpels zu einem Männerabend zu treffen. Oder er zieht sich vor den Fernseher zurück, um seine Lieblingssendung zu gucken. Oder er macht irgendeine dumme Bemerkung. Für sich alleine genommen, wäre die Bemerkung mit großer Wahrscheinlichkeit vollkommen harmlos. Aber der Topf mit dem brodelnden weiblichen Zorn kocht unversehens über: Sie lamentiert und meint alles zusammen. Er sieht nur den Auslöser und versteht nichts.

Jeder Hausbesitzer weiß: Wasser tritt niemals dort aus, wo es eingedrungen ist. Es sucht sich verschlungene Wege, bevor es tropft. Die Suche nach der undichten Stelle ist äußerst mühsam. Man muss eine Menge Platten von der Decke schrauben, bevor man fündig wird. Ebenso ist es mit weiblicher Nörgelei. Dort, wo sie auftritt, ist nur selten auch die Ursache zu finden. Hier hilft kein Schraubenzieher. Hier muss sich der Mann schon mal Gedanken machen, was wohl wirklich los ist.

Beim Mann erzeugt diese weibliche Charaktereigenschaft ein permanent schlechtes Gewissen. Wahrscheinlich hätte er das nicht, wenn er mehr über seine Frau wüsste. Oft ist es nämlich so: Sie ist unglücklich. Sie kommt einfach nicht dazu, sich selbst etwas Gutes zu tun. Sie ist unzufrieden mit ihrem Leben. Sie hat den »Knast im Hirn«, die Tretmühle der Alltäglichkeit. Und sie ist neidisch auf das, was ER den Tag über erlebt. Neidisch auf seine »Freiheit«.

Der Mann hat eine andere Sicht. Was SIE für beneidenswert hält, das ist SEIN Alltag. Er fühlt sich ihr gegenüber nicht im Vorteil. Er gönnt sich – aus seiner Perspektive betrachtet – doch nicht mal selbst was.

Nun denkt er: Aber heute bin ICH mal dran! Heute kaufe ich mir was Schönes für mein Hobby. Oder sonst irgendetwas, das nur für MICH ist. Oder ich treffe mich mit meinen Kumpels, mache einen drauf und komme vielleicht erst morgen früh nach Hause. Das muss sie mir doch »auch mal« gönnen!

Er versucht es. Aber so richtig genießen kann er nicht. Weil er sie schon wieder nörgeln hört: »IMMER kommst du so spät nach Hause.« – »STÄNDIG lässt du mich allein.« – »NIE denkst du an mich.« – »PAUSENLOS hängst du mit deinen Kumpels ab.« Er hat sozusagen ein vorauseilendes schlechtes Gewissen, für das er SIE schon wieder verantwortlich macht.

Aber was hat sie wirklich getan? Sie hat das Ungleichgewicht in der Beziehung beklagt, so wie sie es empfindet. Sie will überhaupt nicht, dass er ein schlechtes Gewissen hat. Sie will nur das Gleichgewicht der Rechte und Pflichten, der Aufgaben und der Freuden.

Hier gibt es nur eine Möglichkeit: Sie braucht mehr Freiheit für sich! Männer, befreit die Frauen aus dem »Knast im Hirn«! Lasst sie alleine ausgehen! Nehmt ihnen Verantwortung ab und die Kinder, wann immer es geht! Und dann – könnt ihr euch mit euern Kumpels treffen. Ganz ohne schlechtes Gewissen.

93. Warum droht sie immer und tut's dann doch nicht?

»Wenn du nicht endlich, dann …«, »Du wirst schon sehen …«, »Irgendwann …« Wenn eine Frau einem Mann droht, dann ist es meistens eine versteckte Bitte um mehr Zuwendung. Das gilt auch für ganz alltägliche Dinge wie zum Beispiel herumliegende Socken! Die Frau ärgert sich gar nicht so sehr über die Socken. Sondern sie ärgert sich über die Missachtung und Herabsetzung ihrer eigenen Person. »Ich bin nicht deine Putzfrau« ist ein klassischer Frauensatz, der nichts anderes ausdrückt als: »Ich bin deine Partnerin, ich möchte deine Prinzessin sein, und bitte behandele mich auch so.« Naja, mal ganz im Ernst, da hat sie nicht so Unrecht: Welcher Mann würde denn einer echten Prinzessin zumuten, seine Socken in die Schmutzwäsche zu werfen?

Und dann droht sie, ihn zu verlassen. Irgendwann. Wegen irgendwas. Das tut sie, weil sie ein sehr inkonsequentes Wesen ist. Sie sagt: »Ich verlasse dich!« Und sie meint: »Ich müsste dir doch wenigstens so viel wert sein, dass du mich nicht einfach so aus deinem Leben verschwinden lässt!« Die Drohung ist eine ewig bimmelnde Alarmglocke.

Jeder Mensch hat schon einmal Frauen beobachtet, die mit einem bockigen Kind auf der Straße stehen. Das Kind will einfach nicht mitkommen. Und die Frau sagt: »Na gut, dann gehe ich jetzt ohne dich. Tschüs!« Glaubt irgendein Erwachsener, die Frau würde diese Drohung wirklich wahr machen? Natürlich nicht! Sie hofft nur, das Kind möge ernsthaft GLAUBEN, dass es verlassen wird und aus Angst plötzlich artig sein. Mal ganz davon abgesehen, dass Drohungen dieser Art pädagogisch eher umstritten sind: Sie haben dieselbe Qualität wie die oft wiederholten und doch nie wahrgemachten Drohungen gegen den Mann. Es sind Ausdrücke einer verzweifelten weiblichen Hoffnung auf »seine« Besserung.

Übrigens müssten bei Männern alle Alarmglocken klingeln, wenn eine Frau plötzlich mit gar nichts mehr droht. Dies kann ein Symptom dafür sein, dass sie sich aus der Beziehung verabschiedet hat. Wenn sie nicht mehr kämpft, nicht mehr droht und lamentiert, dann hat sie schon resigniert. Oder – ihr Mann hat dieses Buch gelesen. Dann ist er jetzt ein Frauenversteher, und sie muss ihm nicht mehr drohen.

94. Wie ist es, wenn sie ihre Tage hat?

Das ist total unterschiedlich! Es gibt Frauen, die haben vor, während oder nach der Regel Bauchschmerzen oder sogar schlimme Krämpfe. Andere leiden überhaupt nicht. Bei manchen Frauen steigt die Lust auf Sex. Bei anderen geht sie gegen Null. Manche Frauen werden reizbar. Andere nicht. Es gibt Frauen, die genießen ihre Tage. Sie fühlen sich dann besonders weiblich. Andere Frauen wünschen sich einmal im

Monat, sie wären nie als Frau geboren. Dass Männern aber immer dann, wenn eine Frau sauer ist, keine bessere Bemerkung einfällt als »Haste deine Tage oder was?« – das zeigt, wie wenig Männer von Frauen verstehen.

95. Warum erzählt sie so viel von ihrem Ex?

Männer behalten ihre vergangenen Geschichten gern für sich; Frauen sind da ganz anders. Für sie ist es ein Liebesbeweis, ihrem Partner alles von früher erzählen zu dürfen. Sie neigen (von einigen Details abgesehen) zu »totaler Offenheit«. Sie wünschen sich einen Mann, dem sie sich »öffnen« können – und der ihnen stundenlang zuhört, wenn ihnen nach Reden zumute ist. Männer haben dann sehr leicht das Gefühl, mit dem Ex verglichen zu werden. Und weil sie Angst haben, dabei schlecht abzuschneiden, möchten sie am liebsten gar nichts davon hören. Falsch! Gelassen bleiben und die ganzen elendigen Geschichten vom Ex über sich ergehen lassen ist auf jeden Fall die weisere Entscheidung.

Man muss allerdings damit rechnen, dass es mit Zuhören alleine nicht getan ist. Hier drohen zwei böse Fallen. Die erste: Vorsicht, wenn man ihre Geschichten kommentieren soll! »Sag doch mal!« – »Wie findest du das?« – »Ist das nicht unmöglich?« An dieser Stelle hat sich schon manch ein Mann tief ins Schlamassel hineingequasselt. Wenn sie zum Beispiel erzählt, wie fies und mit welchen linken Tricks der Ex sie betrogen hat, dann sollte man keinesfalls in lautes Lachen ausbrechen und rufen: »Geil! Der hat's ja echt drauf!« Man sollte überhaupt und grundsätzlich keine Sympathie mit dem Ex zeigen, sondern immer auf ihrer Seite stehen. Aber das ist nicht leicht, denn Männer neigen von Natur aus zur geschlechtsspezifischen Solidarität. Man sollte sich auch vor Kommentaren hüten wie »Also sooo schlimm, wie du immer sagst, finde ich den ja nun nicht.« Ganz daneben wäre: »Kann ich gut verstehen, das hätte ich an seiner Stelle auch so gemacht.«

Andererseits kann man auch nicht immer nur Ja und Amen sagen zu allem, was sie so vorträgt. Dann glaubt sie nämlich, dass man sich heimtückisch verstellt und kommt sofort auf den naheliegenden Gedanken, dass man insgeheim doch mit ihrem Ex solidarisch ist. Gar nichts sagen, also jeden Kommentar verweigern nach dem Motto »Da halt ich mich raus, das ist dein Ding« – ebenfalls keine gute Idee: Denn jetzt hat sie das Gefühl, man würde sich überhaupt nicht für sie interessieren. Oder man sei ein Depp, der zu nix eine Meinung hat. Auf jeden Fall herrscht äußerste Gefahr, wenn sie von ihrem Ex zu erzählen beginnt!

Die zweite böse Falle ist eigentlich noch schlimmer. Irgendwann hat sie nämlich nichts mehr zu erzählen, oder sie wird schläfrig. Aber sie ist wahrscheinlich noch wach genug, um die Frage aller Fragen zu stellen: »Und jetzt bist du dran ... Wie war das mit deiner Ex ...? Erzähl doch auch mal ...!« Alarm! Das klingt harmlos, ist es aber nicht. Alles, was man ihr jetzt beichtet, kann gegen einen verwendet werden. Weil sie jede einzelne Geschichte von früher auf ihre aktuelle Beziehung übertragen wird und stets vermutet, dass sie eines Tages das Gleiche mit einem erleben wird. Sich aus dieser prekären Situation verbal herauszuwinden, ist für jeden Mann eine echte Herausforderung und verlangt eine Menge Diplomatie.

96. Was kann sie an anderen Frauen überhaupt nicht leiden?

Getue, Gehabe, zu lautes Lachen, Kreischen, doof gucken, unmögliche Klamotten, arrogante Blicke, Einschleimen, den Ehemann vergöttern, den schwangeren Bauch wie eine Trophäe vor sich hertragen, nur noch über Kinder reden, alles besser wissen, ungefragt Ratschläge geben, nur von sich selbst erzählen und einfach anders sein. Anders sein? Wie ist das denn nun gemeint?

Jede Frau hat eine klare Vorstellung davon, wie eine Frau zu sein hat. Da ist sie nicht sehr tolerant. Rasch drückt sie einer anderen Frau den Stempel auf: »Diese Pissnelke!« – »Diese Zimtzicke!« – »Diese blöde Kuh!« – »Wie die schon rumläuft!« – »Ich KANN sie nicht ertragen!« Die Hausfrau hasst die Karriere-»Tussi«, die »Tussi« hasst das »Heimchen am Herd«, und beide zusammen hassen die Single-Frau, die doch höchstwahrscheinlich – nein, mit tödlicher Sicherheit – auf den eigenen Partner scharf ist. Sowas entscheidet sich in Sekunden. Ein einziger abschätzender Blick und die Frau weiß: Mit der kann ich – mit der kann ich nicht.

Bei ihrem Blitzurteil verlassen sich Frauen auf ihre »vibrations«. Das ist vermutlich so eine Art siebter Sinn. Man kann ganz sicher sein, dass sie ihr Urteil niemals revidieren werden. Weil sie so lange wie Hühner herumhacken, immer und immer wieder, bis sie ihr Urteil bestätigt finden. »Ich hab's doch gleich gewusst!« Dann werden die Augen zu Schlitzen. Die Körpersprache ändert sich bedrohlich. Die Luft brennt. Gleich fängt die Sprinkleranlage unter der Decke zu tropfen an. Man spürt die ausgefahrenen Krallen buchstäblich. Obwohl sich diese beiden Frauen überhaupt nicht richtig kennen.

Es ist absolut sinnlos, darüber zu diskutieren oder auch nur ein schüchternes »Die ist doch ganz nett« in die Debatte zu werfen. GANZ NETT??? Schon richten sich die Krallen gegen den Mann, der wieder einmal nichts begriffen und seine unendliche Dämlichkeit unter Beweis gestellt hat.

97. Wem wäre sie ein Leben lang treu?

Wenn sich ein Mann nach 50 Jahren immer noch so viel Mühe gibt wie nach fünf Wochen, ist die Antwort einfach. Dann ist sie IHM ein Leben lang treu. Keine Frau findet Fremdgehen toll. Bevor sie untreu ist, hat sie ein Defizit in der Beziehung. Und das besteht meistens in zu wenig Aufmerksamkeit, zu wenig Reden, zu wenig Sex und zu wenig Zärtlichkeit. So lange sich die Frau wie eine Prinzessin fühlt, geht sie jedenfalls nicht fremd.

Leider haben nur wenige Frauen das Gefühl, wie eine Prinzessin behandelt zu werden, und dafür brauchen sie auch keine 50 Jahre. Man kann getrost davon ausgehen, dass mindestens zwei Drittel aller Frauen, die man in der Schlange an der Supermarktkasse trifft, unbefriedigt, ungeliebt und im Alltagstrott erstarrt sind. Dass die meisten von ihnen trotzdem nicht fremdgehen, liegt an mangelnder Gelegenheit, an Bequemlichkeit und an fehlendem Mut. Viele Frauen geben sich vorzeitig auf. Sie finden sich mit ihrem Schicksal ab. Eigentlich sind sie schon gestorben, obwohl sie vielleicht noch nicht mal 50 sind. Sie sind innerlich gestorben. Es ist wirklich traurig.

Im Übrigen wäre eine Frau demjenigen Mann ein Leben lang treu, den sie niemals kriegen konnte. Von dem wird sie immer träumen.

Auch wenn sie schon sehr alt ist. An den wird sie immer denken. Er ist die verpasste Chance ihres Lebens. Aber sie wird mit ihrem eigenen Partner niemals über diesen Mann sprechen.

Dass fast jede Frau so einen Mann im Hinterkopf hat, liegt auch an ihrer Lust, Vergangenes verklärt zu sehen. Außerdem liebt sie Romane. Und eine Romanze wie bei den Königskindern, die füreinander bestimmt waren, aber wegen irgendeines Hochwassers nicht zueinander kommen konnten – das ist doch der Stoff, aus dem weibliche Träume sind.

98. Darf ich sie gnadenlos kritisieren?

Das Selbstbewusstsein einer Frau steht auf so wackligem Fundament wie ein Haus, das Kinder im Restaurant aus Bierdeckeln bauen. Schon die Basis ist nicht sehr vertrauenerweckend. Die erste Etage hält sich allenfalls für kurze Zeit. Das Dach ist reine Glückssache. Ein schwacher Hauch oder ein zufälliger Tritt gegen das Tischbein genügen, und alles stürzt wieder ein.

Gnadenlose Kritik ist für eine Frau nicht wie ein Tritt gegen das Tischbein, sondern als ob man den ganzen Tisch umgetreten hätte. Sie verletzt, sie zerstört, sie tötet das weibliche Selbstbewusstsein. Die Frau wird darauf reagieren wie ein waidwundes Tier: mit Wut und Aggression.

Andererseits wünscht sich jede Frau einen »ehrlichen« Mann. Aber »ehrlich« ist für sie nicht dasselbe wie »gnadenlos«. Ehrlichkeit bedeutet für sie: Er drückt seine Gefühle aus. Er ist offen. Er frisst nichts in sich hinein. Und er geht behutsam mit mir um. Wenn er Kritik an mir äußern möchte, dann weiß er sie geschickt in Watte zu packen. Er wird das wacklige Haus meines Selbstbewusstseins niemals einreißen. Sondern er wird mir helfen, einen zusätzlichen Bierdeckel als Träger und Stabilisator einzubauen. Männer untereinander kritisieren sich ständig gnadenlos. »Du wirst immer fetter« ist zum Beispiel ein Spruch, den kein Mann wirklich übel nimmt. Wer dasselbe zu seiner Frau sagt, hat den Nobelpreis für Unsensibilität verdient.

Natürlich will sie schon irgendwie eine ehrliche Antwort, wenn sie ein Kleid anprobiert und fragt »Wie steht mir das?«. Aber sie will die Ehrlichkeit abgestuft und sanft statt frontal und brutal. Das ist schwierig für einen Mann, denn er kann sie mit gnadenloser Ehrlichkeit in ihren Grundfesten erschüttern und für Stunden oder Tage ungenießbar machen. Ihre beste Freundin oder ihr schwuler Freund haben es da viel leichter: Die verstehen mehr von Mode und von der weiblichen Psyche, können ihre Kritik also zum einen mit Fachbegriffen verbrämen (»Das ist schlecht geschnitten, es passt hier am Bündchen nicht«) und zum anderen indirekt ausdrücken (»Suuuuper steht dir das, Liebste! Aber …«).

99. Warum lassen sich so viele Frauen schlagen?

Noch nie gab es so viele Möglichkeiten, sich gegen prügelnde Männer zu wehren. Trotzdem kennt fast jede Frau eine andere, die von ihrem Mann geschlagen wird und kaum etwas dagegen unternimmt. Wie erklären sich Frauen diesen Widerspruch?

Die Antwort einer Frau (42) klingt plausibel, so oder ähnlich drückten es viele andere auch aus: »Frauen, die das mit sich machen lassen, leiden unter tiefen, fest verankerten Schuldgefühlen. Du hast mich provoziert, du hast doch selbst Schuld, solche Vorwürfe fallen bei ihnen auf fruchtbaren Nährboden. Sie haben ohnehin das Gefühl, an allem schuld zu sein. Und genau das hören sie von ihren Männern am Morgen danach.«

Es sind Frauen mit unterentwickeltem Selbstwertgefühl. Und davon gibt es viel mehr, als man denkt. Unsere Interviewpartnerin ergänzt: »Sie funktionieren nach Mustern, die in der Kindheit entstehen: Du bist ein Mädchen, du hast dich unterzuordnen. Dir geschieht es recht.«

Häufig beginnt es damit, dass »der Mann die Frau von ihrem Freundeskreis isoliert«, erzählen die Frauen. »Es ist meistens ein jahrelanger Prozess. Oftmals sind es Männer, die sich anfangs geradezu rührend um die Frau kümmern. Sie machen die Frau abhängig von sich. Es geht ja nicht mit Schlägen los: Vorher steht meistens die psychische Gewalt, das Klein-Machen. Er herrscht, sie liebt.«

»Er ist der Ast, auf dem sie sitzt. Sie hat nicht die Kraft, sich einfach so davon zu lösen.« – »Was vorher passiert, kann man oft als Gehirnwäsche bezeichnen. Erst wird die Seele blau geschlagen. Dann der Körper.« – »Frauen kommen da nicht so einfach raus. Das ganze System, auf dem man das eigene Leben und die ganze Familie aufgebaut hat, bricht einfach auseinander. Sie würden vor dem Nichts stehen, wenn sie sich trennen. Daran ändern auch die ganzen Hilfsprogramme nicht viel.« – »Es ist verdammt harte Arbeit, all das hinter sich zu lassen, was man sich aufgebaut hat und total neu anzufangen. Und dafür fehlt sehr vielen Frauen die Energie. Deshalb lassen sie sich schlagen.«

Erschreckend viele, mit denen wir sprachen, waren selbst schon einmal Opfer von häuslicher Gewalt. Fast alle berichteten, dass die meisten geprügelten Frauen die staatlichen Hilfsprogramme gar nicht in Anspruch nehmen und nach außen hin heile Welt spielen. Warum? »Weil sie es sich selbst nicht eingestehen wollen.« – »Weil sie Angst um ihre Kinder haben.« – »Geschlagene Frauen haben nicht mehr die Fähigkeit, sich selbst oder anderen zu vertrauen.« – »Am nächsten Tag tut es den Männern regelmäßig Leid. Dann geben sie der Frau endlich einmal das, wonach sie sich sehnt: ein wenig Liebe. Sie hofft jedes Mal aufs Neue, dass sich nun wirklich alles ändern wird. Das hofft sie bis zum nächsten Mal ...«

100. Wie versöhnt man sich mit ihr?

Gegenfrage: Vor der Versöhnung muss es doch einen Streit gegeben haben? Und das – ist schon mal eine gute Nachricht. Denn wer sich noch streitet, der hat eine Beziehung. Wer keine Beziehung mehr hat, der streitet sich auch nicht mehr. Es gibt eine Menge Frauen, die sich allzu gerne mal wieder mit ihrem Mann streiten würden! Aber da herrscht Sprachlosigkeit. Man redet nicht mehr miteinander. Man streitet nicht einmal mehr.

Zur Versöhnung nach einem heftigen Streit kann der Mann ruhig mit Blumen kommen. Das wird meistens akzeptiert (obwohl es nicht besonders originell ist). Aber viel besser ist es, aus dem Streit eine Konsequenz zu ziehen. Was hat man daraus gelernt?

Mit einer Frau versöhnt man sich am besten, indem man nicht so weitermacht wie bisher. Man kann es gern »durch die Blume« sagen. Jede Frau wünscht sich, dass so ein Streit Folgen hat und für irgendetwas gut war. »Ich habe nachgedacht. Ich werde künftig ...« Und das dann auch tun! Es gäbe gar nicht so viel Streit in der Beziehung, wenn Männer eine Auseinandersetzung ernst nehmen würden. Aber die meisten machen sich die Mühe nicht. Sie sind zufrieden, wenn die Wolken wieder abziehen und »endlich Schluss ist mit der Zickerei«. Das allerdings könnte ein Trugschluss sein!

Neuntes Kapitel

DIE FRAU UND
IHRE GEHEIMNISSE

101. Warum geht sie immer zu zweit aufs Klo?

Das hat einerseits praktische Gründe. Keine Frau hat in ihrem Schminktäschchen alles dabei, was sie vielleicht brauchen könnte. Wenn zwei Männer sich zur Autoreparatur verabreden, sollten ja auch möglichst beide ihre Werkzeugkästen mitbringen! Irgendwas fehlt doch immer. Andererseits hat es kommunikative Gründe. Auf dem Klo wird ganz schön viel gelästert. Alles wird durchgekaut, was man zuvor im Restaurant erlebt hat.

Zum dritten ist es Gewohnheit. Als die Kinder noch klein waren, ist die Frau auch nicht alleine aufs Klo gegangen. Sondern es war immer jemand dabei, dem man den Hintern abputzen musste. »Komm, wir gehen noch mal auf Toilette!«

Ein vierter Grund ist unterschwelliges Misstrauen. Der Weg zum Klo führt oftmals durch finstere Gänge und man kann nicht wissen, wer in den Kabinen lauert. Zu zweit fühlt sich die Frau in einer fremden Toilette ganz zweifellos wohler als alleine. Also wundern Sie sich nicht, wenn Ihre Frau aufs WC verschwindet und ihre Freundin urplötzlich ebenfalls ein menschliches Rühren verspürt: Das ist alles vollkommen normal.

102. Verschweigt sie mir ihre Inkontinenz?

Freundinnen untereinander gehen mit diesem intimen Thema recht locker um. Da fallen schon mal deftige Sprüche wie »Jeder Nieser ist ein Gießer«, »Wir sind zwar nicht mehr ganz dicht, dafür aber für alles offen« oder »Lieber inkontinent als gar nix Warmes zwischen den Beinen«.

Das Thema betrifft ja viele. Jede fünfte Frau zwischen 25 und 39 Jahren kann ihre Harnblase nicht richtig kontrollieren, und ab 40 trifft es sogar jede dritte Frau.[13] Die Ursache ist eine Schwächung der Beckenbodenmuskulatur, die oft erst nach Schwangerschaft und Geburt auftritt. Unter Freundinnen ist es also kein Tabuthema. Mit Männern sprechen Frauen aber nicht gerne über ihre Inkontinenz.

---

13 Quelle: »BILD am Sonntag«, 28.5.2006

Nicht einmal eine von drei würde das tun. Die anderen verschweigen das Dilemma mit der Blase sogar dem eigenen Frauenarzt, wie eine Umfrage ergab! Und deshalb kann es gut sein, dass der eigene Mann auch nichts davon erfährt.

103. Ist sie überhaupt bindungswillig?

75 Prozent aller weiblichen Singles bezeichnen sich selbst als »bindungswillig«. Geht man davon aus, dass sich viele selbst belügen, geht die Zahl vermutlich tatsächlich nahe 100 Prozent. Partnerschafts-Forscher sehen aber ein neues Problem auf ledige Frauen zukommen, das mit dem Bildungsniveau zu tun hat: Immer mehr Frauen haben nämlich eine qualifizierte Ausbildung – aber von dem alten Brauch, sich bei der Männerwahl »nach oben« zu orientieren, haben sie sich noch längst nicht verabschiedet. Das heißt: Instinktiv suchen sie einen Mann, der auf der sozialen Leiter über ihnen steht. Das aber ist verhängnisvoll. Denn je besser sie selbst ausgebildet sind, desto kleiner wird der verfügbare Kreis von Männern!

Laut »Focus« macht diese »Geschlechter-Arithmetik« die Suche nach dem richtigen Partner zunehmend schwieriger: »92 Prozent aller Frauen ehelichen einen höher oder gleich gebildeten Mann«, so der Bamberger Familienforscher Hans-Peter Blossfeld. »Durch die Bildungsexpansion gibt es aber immer mehr hoch qualifizierte Frauen – die nicht genug kompatible Partner finden.« In diesem Punkt müssen Frauen also dringend umdenken. Wie wär's mit »Oberärztin heiratet Krankenpfleger« statt »Oberarzt heiratet Krankenschwester«? »Professorin heiratet Lieblingsstudenten« oder »Unternehmerin verliebt sich in ihren Lagerarbeiter« klingt doch auch nicht schlecht ...

104. Worüber spricht sie mit ihren Freundinnen?

Die drei häufigsten Themen sind: Erstens Männer, zweitens Männer und drittens natürlich Männer. Und wenn sich nun ein Mann besorgt fragt: Aber sprechen die denn wirklich über ALLES?, so heißt die Antwort: Ja, sie sprechen über alles. Ein viertes sehr beliebtes Thema im Kreis der besten Freundinnen sind Frauen, die gerade nicht anwesend sind. Frauen lästern für ihr Leben gern. Und es gibt immer etwas zu lästern. Wie DIE sich wieder angezogen hat! Wie DIE ihren Kerl anhimmelt! Wie DIE über andere lästert! Was DIE wieder zu tratschen hatte! Dann geht es garantiert noch um neue Klamotten und neue Beauty-Trends. Jede hat irgendwo etwas gelesen, etwas getestet, etwas als Probe bekommen oder sich etwas sündhaft Teures gekauft, das die anderen brennend interessiert. Über Beauty-Themen können Frauen länger und intensiver diskutieren als Männer über Fußball und Formel 1 zusammen!

Neue Kochrezepte sind ein Hit in jeder Frauenrunde, ebenso die klugen Haushaltstipps aus Omas Nähkästchen. Sollte auch dieses Thema erschöpfend behandelt sein, geht es richtig ans Eingemachte: Träume und Wunschvorstellungen aller Art. Erotische sind davon keineswegs ausgenommen. Wenn Männer da mal Mäuschen spielen könnten, würden sie garantiert rote Ohren bekommen!

Zwischendurch hat jede Freundin Geschichten aus ihrer Firma zu erzählen. Klatsch, Karriere, Kantine, Kollegen ... Ist dann noch Zeit, geht es um Gesundheit und Arztbesuche. Die Kinder sind sowieso ein großes Thema. Aber dann geht es schon wieder um irgendein Schönheitsproblem. Und wenn alle mit allem durch sind, landen sie wieder dort, wo sie angefangen haben: bei den Männern.

105. Hält sie alle Männer für doof?

Nein, das tut sie nicht. Aber sie fragt sich ziemlich häufig, warum Männer so begriffsstutzig sind. Warum sie kleine Warnsignale ignorieren und immer erst dann aufhorchen, wenn es zum großen Krach kommt. Als Frau ist sie doch auch in der Lage, Zwischentöne wahrzunehmen!

Weiterhin ist ihr unerklärlich, warum Männer ganz andere Prioritäten setzen, als sie das tut. Warum muss man Fußball so unglaublich ernst nehmen? Was ist so wichtig daran, dass man dafür eine Familienfeier sausen lassen muss – wenn man doch das Spiel ebenso gut abends im TV anschauen kann? Manchmal hält sie Männer für unglaublich inkonsequent. Wie kommt es, dass er im Werkzeugregal penible Ordnung hält und in der Wohnung die benutzten Socken herumliegen lässt? Wenn Frauen unordentlich sind, dann sind sie es überall!

Und dann geht ihr nicht in den Kopf hinein, warum Männer so wenig Wert auf »Schönes« legen. Sie könnte von jedem Einkauf irgendetwas mitbringen, was man nicht unbedingt braucht – was aber einfach hübsch aussieht und dem Wohlbefinden dient. Wenn ER dann missmutig dreinschaut und sagt: »Musste das denn sein?«, dann findet sie das tatsächlich – ein bisschen doof.

106. Wenn sie Nein sagt, meint sie dann Nein oder Jein?

Es gibt zwei Wahrheiten. Die eine geht so: Viele Frauen sagen Nein und meinen eigentlich Ja, weil sie sich nicht trauen. Hinterher tut es ihnen dann Leid. Fast jede hat so eine Geschichte im Hinterkopf, an die sie noch Jahre später denkt: Hätte ich damals doch nur Ja oder wenigstens Jein gesagt!

Frauen sind von Natur aus Bedenkenträgerinnen. Sie schätzen Risiken und Nebenwirkungen stets höher ein als den möglichen Genuss. Hört man als Mann also ein Nein, so muss man deshalb die Flinte noch lange nicht ins Korn werfen. Aber genau das tun viele Männer. Sie denken: »Ach so. Die will also nicht. Hat sie gesagt. Na, dann hake ich sie ab.« Und schon ist die Chance vertan. Möglicherweise ist es ein riesiges Missverständnis! Viel besser ist es, ein Nein als »heute sage ich Nein« zu akzeptieren. Jetzt muss man sich was einfallen lassen! Man muss sie überraschen! Und ihr zeigen, dass man es ernst meint! Dann kann aus einem Nein durchaus ein Jein und aus dem Jein am Ende doch noch ein Ja werden.

Die zweite Wahrheit ist noch viel einfacher, aber man kann es trotzdem nicht oft genug wiederholen: Wenn eine Frau in sexueller Hinsicht Nein sagt, dann heißt das Nein. Und zwar ohne Wenn und Aber. Zumindest – für diese eine Nacht.

107. Was findet sie romantisch?

Alles, was ihre geheimen Sehnsüchte stillt, findet sie romantisch. Das ist die einfachste Formel. Sie möchte gern eine Prinzessin sein – also findet sie alles romantisch, was sie für einen Moment oder gar für eine ganze Nacht zur Prinzessin macht. Sie hat schon lange einen unerfüllten Wunsch – dann wird sie es romantisch finden, wenn er ihn erfüllt. Sie möchte so gern einmal überrascht werden, vielleicht nur mal zwischendurch mit einem kleinen Liebesbeweis – dann ist das romantisch für sie.

Jede Frau träumt davon, für einen Mann einzigartig zu sein. Wenn sie das gezeigt bekommt, findet sie es total romantisch. Ob er nun kleine Zettelchen in der Wohnung versteckt, auf denen er seine Liebe beschreibt, oder ob er eine Rose hinter ihren Scheibenwischer klemmt, ob er ihr nachts die Sterne zeigt, unverhofft einen Tisch in ihrem Lieblingsrestaurant reserviert oder ein kleines Geschenk in Wasser versenkt und dieses im Tiefkühlfach einfriert, so dass sie es erst einmal auftauen muss: Ganz egal. Alles, was ungewöhnlich und nur für sie ist, findet sie romantisch. Ein kluger Mann findet deshalb erst einmal heraus, was sie für geheime Sehnsüchte hat. Die zu stillen, ist meistens gar nicht schwer. Aber der Erfolg ist überwältigend.

108. Woran merke ich, dass sie nur mein Geld liebt?

Zweifellos gibt es Frauen, die Männer gnadenlos abzocken. Das kann man leicht herausfinden, indem man ihre früheren Beziehungen einer genaueren Betrachtung unterzieht.

War sie schon mehrmals mit Männern zusammen, die ihr »einiges bieten« konnten? Und hat sie sich dabei von Mann zu Mann finanziell verbessert? Das ist dann keinesfalls ein gutes Zeichen und könnte Rückschlüsse darauf zulassen, dass sie zumindest ein gewisses materielles Anforderungsprofil im Kopf hat. Auch die Sucht nach angesagten Labels ist kein positives Signal, sondern sollte einen Mann hellhörig werden lassen.

So viele Männer mit Geld gibt es heute ja gar nicht mehr, sondern fast allen geht es ziemlich schlecht. Deshalb ist es nicht verkehrt, sondern klug und auch durchaus glaubhaft, wenn man die eigene finanzielle Situation ein wenig schlechtredet. Wie wird sie darauf wohl reagieren? Eine Frau, die nicht das Geld des Mannes liebt, wird sofort konkrete Einsparungspläne entwickeln und die Beziehung keinesfalls deshalb in Frage stellen. Im Gegenteil.

109. Woran merke ich, ob sie lügt?

Keine einzige Frau hat ihren Mann schon jemals belogen. Jedenfalls nicht, wenn man sie danach fragt. Allein aus diesen einhelligen Antworten kann man schließen, dass Frauen der Wahrheit nicht unbedingt verpflichtet sind. Sie schummeln halt gern ein bisschen und fummeln so lange an ihren eigenen kleinen Schwächen herum, bis man sie kaum noch wahrnehmen kann. Das gilt ja schließlich auch fürs erste graue Haar und für das erste Fältchen.

Also lügen tun sie nicht, und wenn, dann war es allenfalls eine »Notlüge«, und das klingt ja schon fast wie »Notwehr«, die einen bekanntlich vor Gericht straffrei ausgehen lässt. Ein bisschen »schwindeln«, ein bisschen »übertreiben«, ein bisschen was »drehen« und »nicht immer alles gleich auf den Tisch packen«, das ist doch okay. Aus dem sündhaft teuren Fummel im Nachhinein ein sensationell preiswertes Schnäppchen machen, vom Haushaltsgeld geschickt was abzwacken und beiseite legen: Ja, welcher Mann wird das ernsthaft als »Lügen« bezeichnen?

Es gibt zwei Frauentypen. Die einen können nicht so gut lügen. Wenn sie es trotzdem mal versuchen, dann beschäftigen sie sich garantiert gleichzeitig mit irgendetwas anderem. Sie räumen zum Beispiel eifrig den Tisch ab oder den Geschirrspüler ein, müssen unbedingt jetzt gleich die Blumen gießen oder mal eben im Bad verschwinden und schwindeln von dort weiter – durch die angelehnte Tür sieht er ja nicht, dass sie gerade ein bisschen rot werden. Keinesfalls schauen sie ihm beim Lügen in die Augen. Und ihr Herzschlag erhöht sich bis knapp vor Kollapsgefahr. Uff, das ist ja gerade noch mal gut gegangen, so freuen sie sich hinterher. Der Kerl hat echt nichts gemerkt. (Bis er dieses Buch gelesen hat! Dann schon.)

Dem zweiten Frauentyp merkt man überhaupt nichts an. Zu dem gehört die eiskalte, gewissenlose, professionelle Lügnerin. (Jede Frau kennt so eine! Garantiert! Sie findet das furchtbar, denn wie kann man bloß …? Der ARME Mann! Und er ist doch so GUTHERZIG! Sie selbst würde das natürlich NIEMALS machen.) Die Profi-Lügnerin setzt sich bei ihrem Mann auf den Schoß und schaut ihm direkt in die Augen, während sie eine absolut frei erfundene Story erzählt. Bei einem Widerspruch ertappt, wechselt sie die Argumente wie das Chamäleon die Farbe und behauptet glatt, sie hätte eben gerade etwas völlig anderes erzählt. Der Mann habe mal wieder nicht richtig zugehört, wie so oft. Nur in der äußersten Not gibt die Profi-Lügnerin zu, vielleicht nicht ganz die Wahrheit gesagt zu haben – um im gleichen Moment eine Entschuldigung mitzuliefern, die sie umgehend wieder im allerbesten Licht erscheinen lässt. Zum Beispiel »Ich wollte doch nur verhindern, dass du mit mir schimpfst«, »Immer bist du so gereizt«, »Du hättest mich ja doch nicht verstanden«, »Ich wollte dich damit eben nicht belasten«, »Das sollte doch eine Überraschung werden« oder »Wenn du nicht so eifersüchtig wärst, hätte ich es ja gleich zugegeben«.

Sie kämpft sich durch den Dschungel ihrer Lügen wie durch einen Irrgarten, gibt niemals auf, sucht immer eine neue Abzweigung und findet am Ende garantiert einen Ausweg. Denn die Profi-Lügnerin verfügt über noch mehr Fähigkeiten als nur über die, einem direkt ins Gesicht zu flunkern. Sie hat auch ihren Körper und ihre Mimik unter Kontrolle. Sie wird nicht erröten, sie schlägt nicht die Augen nieder, und sie geht im entscheidenden Moment blitzartig zum Angriff über, um sich nicht weiter verteidigen zu müssen. Es folgen bitterliche Sätze, die das Herz eines Mannes erweichen können und die meistens mit Worten wie »Immer bist du so …«, »Nie verstehst du mich …« oder (auch gern genommen) »Wenn du doch nur mal …« anfangen.

Gleichzeitig ist die Profi-Lügnerin imstande, ihre Tränen ganz nach Belieben und sozusagen auf Knopfdruck fließen oder versiegen zu lassen. Erst zittert die Stimme, dann füllen sich die Augen, dann tropft es auch schon. Ein Mann, der ihr jetzt noch angesichts des unendlichen Leides widerstehen könnte, der hätte ein kaltes Herz. Aber andererseits: Er würde nicht so oft nach Strich und Faden belogen.

Um eine Frau beim Lügen zu erwischen, muss man sich einige weibliche Eigenschaften zulegen. Frauen merken sich zum Beispiel viel mehr als Männer. Sie hören auf Zwischentöne. Sie speichern kleine Randbemerkungen ab und können jederzeit auf sie zurückgreifen. Für den Mann gilt das »gesprochene Wort« – also das, was er hört. Für die Frau gilt ein Mix aus gesprochenen Worten, Eindrücken, Gerüchen, Empfindungen und Erinnerungen inklusive früheren Ungereimtheiten, allgemeiner Lebenserfahrung und einem natürlichen Misstrauen gegenüber allem. Darum ertappt sie einen Mann viel eher beim Lügen als er sie. Frauen sind komplexer und nicht so simpel. Der Mann hat nur ein Chance: Er muss ein bisschen so werden, wie sie schon lange ist.

110. Wie hätte sie mich gern?

Das ist ganz einfach: Sie hätte ihren Partner gern so, wie er früher war. Als sie sich in ihn verliebt hat. An diese Zeit sollte sich jeder Mann ab und zu erinnern und sich kritisch fragen: Wie habe ICH mich eigentlich seitdem zu meinem Nachteil verändert?

Natürlich entwickeln sich beide Partner in einer Beziehung weiter. Das ist auch gut so. Stillstand ist Rückschritt. Aber in vielen Beziehungen entwickelt sich nur einer weiter, und der andere bleibt stehen. Oder er entwickelt sich sogar zurück. Da prickelt nichts mehr, da ist kein Schwung mehr drin. Wo früher eine geradezu magische Anziehungskraft herrschte, regiert jetzt nur noch die pure Langeweile. Der Alltag hat die Liebe getötet. Erotik ist der Routine gewichen. Das Feuer, das einstmals brannte, ist nur noch eine glimmende Glut.

Wer diese Warnsignale erkennt, der hat gute Chancen. Wer die Glut zu Asche erkalten lässt, der hat verloren.

Keine Frau wünscht sich ein Weichei, das ihr ständig nach dem Mund redet. Der Mann darf (und soll sogar) Kanten und Ecken haben. Aber er muss Verständnis für sie aufbringen, er muss auf sie eingehen und ihr zuhören können. Er muss ihr das Gefühl geben, dass sie für ihn wichtig ist. Und dass er an ihrer Seite steht – ganz egal, was passiert.

Die Frau hätte außerdem gern einen Partner, der keine Belastung für sie ist. Sondern eine echte Entlastung. Was die Kinder angeht und den Haushalt und all die anderen Dinge, die sie (womöglich noch neben dem Beruf) zu managen hat. Die meisten Frauen fühlen sich nämlich echt überlastet. Also: Sei mal wieder so wie früher, bring neue Spannung in die Liebe, interessiere dich für sie und entlaste sie. Dann klappt's auch wieder.

111. Warum hat sie überhaupt Geheimnisse vor mir?

Sie fürchtet, dass sie missverstanden wird und etwas Kostbares zerstört werden könnte. Damit hat sie vollkommen Recht. In den Tiefen ihrer komplizierten Seele gibt es nämlich Sehnsüchte und Träume, die einem Mann einfach nicht vermittelbar sind. Und wenn er sie je erfahren würde, gäbe es Stress. Denn er bewertet mit realen Maßstäben, was nicht messbar ist und argumentiert gegen Emotionen, die sich jedem Argument entziehen. An dieser Stelle ist es Zeit, ein Märchen zu erzählen.

Es war einmal ein kleines Gespenst. Das lebte in einer tiefen Höhle. Es gab nur einen Menschen, der von ihm wusste. Das war eine Frau. Hin und wieder kam sie vorbei und spielte mit ihm. Sie erzählte niemandem von ihrem kleinen Freund in der Höhle. Aber um nichts auf der Welt hätte sie auf ihn verzichten mögen.

Eines Tages kriegte ihr Mann doch irgendwie Wind davon. Vielleicht hatte er ja heimlich in ihrem Tagebuch geschnüffelt. Oder sie sprach im Schlaf. Jedenfalls wollte der Mann das Gespenst unbedingt einmal sehen. Er verkleidete sich mit den Sachen seiner Frau, schnappte sich vorsichtshalber einen Knüppel, schlich zu der Höhle und rief das kleine Gespenst nach draußen. Dann bekam er einen Riesenschreck und haute dem Gespenst vor lauter Angst den Knüppel auf den Kopf.

Das Gespenst zerfloss irgendwie. Rasch fing der Mann die Flüssigkeit auf und brachte sie in ein Labor. Ein Chemiker untersuchte sie und sagte: »Sie besteht aus Wasser und etwas Salz, so ähnlich wie Tränenflüssigkeit. Aber sonst ist da nix drin.« Da kippte der Mann die Flüssigkeit in den Ausguss, denn er wusste nichts mit ihr anzufangen.

Capito? Das Gespenst sind die Träume und Sehnsüchte einer Frau. Der Mann mit dem Knüppel ist ein Dummkopf. Und der Chemiker hat Recht: Totgeschlagene Träume werden zu Tränen.

112. Glaubt sie wirklich an Horoskope?

Manche Frauen fragen häufiger die Sterne um Rat als ihren Mann. Sie würden nicht einmal ein Paar Schuhe kaufen, ohne sich vorher über den Stand von Mars und Venus zu informieren. Aber die meisten lesen Horoskope mit einem kleinen Augenzwinkern und trauen ihnen nur dann, wenn sie gute Nachrichten verkünden. Sicher ist: Keine Frau kommt an einem Horoskop vorbei, ohne auf ihr eigenes Sternzeichen zu schielen. Jede hat tausend angstvolle Fragen, die ihr niemand mit dem Verstand beantworten kann. Tausend Vermutungen über fremde Mächte, die vielleicht ihr Schicksal bestimmen. Eine Frau hat ganz zweifellos die besseren Antennen für Zwischentöne, Schwingungen und Übersinnliches – aber genau diese Antennen machen sie auch empfänglicher für Unheimliches, Dunkles und Furchterregendes.

Horoskope, Kristallkugeln, Gummibärchen-Orakel, Wahrsagen, Tarotkarten legen, Kaffeesatz- oder Handlesen und was es da noch alles gibt: Es passt so wunderbar zu den drei weiblichen Haupteigenschaften UNSICHERHEIT, SEHNSUCHT und NEUGIERDE.

UNSICHERHEIT. Schwebt ein Damoklesschwert über meiner kleinen heilen Welt? Wird mich mein Partner verlassen? Gehe ich den falschen Weg? Was soll ich tun? Kann eine Krankheit mein Glück zerstören? Soll ich kämpfen oder resignieren? Wem kann ich trauen? Welche Dämonen lauern da draußen auf mich? Liebt er mich noch? Wer bin ich wirklich? Wie sehen mich die anderen? Was tuscheln sie?

SEHNSUCHT. Finde ich die große Liebe? Werden meine Träume wahr? Wird mich jemals ein Mensch verstehen? Werde ich reich oder berühmt oder sogar beides gleichzeitig? Kriege ich Kinder? Werde ich eine Prinzessin oder ein Aschenputtel sein? Bin ich schön? Bin ich glücklich? Kenne ich meine Sehnsüchte überhaupt?

NEUGIERDE. Was bringt mir die Zukunft? Was verheimlicht mein Mann? Hintergeht mich meine Freundin? Werde ich so wie meine Mutter? Was bedeuten meine Träume? Welche Geheimnisse hat meine Nachbarin? Welche Überraschungen hat das Leben? Man kann die weibliche Leidenschaft für Horoskope auch so erklären: Männer vertrauen dem, was sie sehen. Frauen misstrauen dem, was sie sehen.

113. Warum macht sie jeden Psychotest?

Weil sie sich gerne mit sich selbst beschäftigt und sich trotzdem ständig mit anderen Frauen vergleicht. Am liebsten würde sie zu allen möglichen Themen ein Orakel befragen: »Spieglein, Spieglein an der Wand: Wer ist die Schönste (Begehrenswerte, Begabteste, Intelligenteste, Gebildetste, Liebenswerteste) im ganzen Land?« Bin ich eine gute Chefin, Liebhaberin, Mutter, Kollegin, Freundin? Natürlich weiß sie, dass zehn Fragen eines Blitz-Psychotests ihr keinerlei Fakten vermitteln können, die sie nicht ohnehin schon über sich wusste. Aber es macht ihr einfach Spaß, über sich selbst nachzudenken. Zumal sie beim Psychotest so wunderbar schummeln und sich die Realität ein wenig zurechtbiegen kann! Denn sie erkennt ja schon an den Fragen, wie sie die höchste Punktzahl erreicht. »Spionieren Sie Ihrem Mann hinterher, a) immer, b) manchmal, c) nie?« Es gibt keine Frau, die a) ankreuzt. Auch wenn sie gerade (genauso wie jeden Tag) seine Jackentaschen auf der Suche nach irgendeinem verdächtigen Indiz gefilzt hat.

Einen gut gemachten Psychotest erkennt man an der Frage in der Überschrift. Es ist aus gutem Grund eine Frage, die sich jede Frau ohnehin stellt und die irgendeinen Nerv trifft, eine Ur-Unsicherheit, ein existentielles Problem. Den Psychotest auszufüllen und anzukreuzen, ist für Frauen dann eine ausgesprochen entspannende, unterhaltsame Tätigkeit und keinesfalls verlorene Zeit. Es versetzt sie in diesen angenehmen Gefühls-Mix aus Spaß, dem Genuss von Entertainment und spielerisch dargebotener Ernsthaftigkeit genau in die Mitte zwischen »Was die sich da aber auch wieder ausgedacht haben« und »Wollen doch mal sehen, wie ich selbst abschneide«. Ein wahrhaft harmloses Vergnügen!

114. Warum geht sie so gern auf Tupper-Partys?

Die Frau als solche hockt gern mit anderen Frauen zusammen und krakeelt über dies und jenes. Genau: Das gute alte »Kaffeekränzchen«. Männer machen das doch auch! Sie sitzen ganze Abende im Vereinshaus zusammen und debattieren stundenlang, halten irgendwelche Vorstandswahlen ab und tun fürchterlich wichtig. Natürlich ginge das alles per E-Mail viel schneller, aber das ist eben doch nicht dasselbe.

Bei Frauen gibt es nun ein Problem. Ihre Welt wird nämlich immer anonymer. Das angenehme heimelige Nachbarschaftsgefühl ist einfach nicht mehr da. In den Großstädten kennt man sich ja kaum, obwohl man in demselben Haus lebt. So richtig gute Freundinnen sind rar. Eine vielleicht oder zwei, aber doch kein »Kränzchen«. Die Frauen passen entweder nicht zusammen, oder sie wohnen zu weit auseinander, oder sie würden sich doch nur gegenseitig anzicken. Also bleibt die Frau allein, kümmert sich um den Haushalt und die Kinder und um ihren Job, wenn sie einen hat. Im Grunde ist sie aber einsam.

Und nun gibt es da eine, die sagt: »Hey, kommen Sie doch mal übermorgen bei mir vorbei! Da sind noch fünf andere Frauen hier aus der Nachbarschaft, jede bringt was mit und wir machen eine Tupper-Party.« Au ja. Das ist genau, was ihr fehlte! Mal rauskommen. Mal andere Frauen kennen lernen. Ganz ohne Zwang. Man sitzt ja nicht zusammen, um sich auf Krampf zu unterhalten, nein: Das Ziel ist die Vorstellung von einigen neuen Dingen, die man vielleicht ganz gut gebrauchen könnte, und hinter diesem Ziel kann man sich wunderbar verstecken. Man kann erst mal zuhören, die anderen beobachten, muss gar nichts sagen und wenn man sich wohlfühlt – dann geht man kess aus sich heraus. Also genau die Atmosphäre, die Frauen lieben. Es war eigentlich eine geniale Idee, die Tupperware durch Frauen an die Frau zu bringen.

Dann sitzen sie zusammen. Die eine hat Kuchen gebacken, die andere bringt Kekse mit, die dritte ein halbes Pfund Kaffee, und man selbst brilliert durch die erstklassige Mousse. Dass Schwiegermama die gemacht hat, weiß ja keiner. Hier ein Häppchen, da ein Schwätzchen. Man kommt so ins Gespräch, man kommt sich näher, man freut sich und kein Mann stört weit und breit. Das ist für viele Frauen ein richtiger Ausbruch aus dem Einerlei des Alltags!

Nun geht es los. Die Tupper-Dame erzählt, was es so alles Neues gibt in der wundersamen Welt der Tupperware. Salatschüsseln, Pfeffermühlen, Schalen in allen Formen und Größen, den »Vitaminspion«, die »Servierlady«, die »Schärfmaus«, den »Quickchef« und wie die Dinger alle heißen. Die »Süße Müllerin« ist fürs Verstreuen von Schoko-Krümeln oder Puderzucker auf den Kuchen, im »Saladin« hält sich der Salat mindestens doppelt so lange frisch wie in einer normalen Schüssel. Mit der »Kleinen Schweizerin« kann man Tortenstücke sowohl schneiden als auch heben, wie hat man das eigentlich bisher gemacht, ohne die »Kleine Schweizerin«? Im »Kleinen Schlumpf« gibt man dem Kind was zu trinken mit für den Tag, und der »Große Schlumpf« ist für den Papi. Den steckt man ihm in den Aktenkoffer, und daneben kommt die Aufbewahrungsdose »Großer Buchhalter« in elegantem Weiß mit blauem oder grünem Deckel. Wie genial, wie praktisch, und zweifellos auch ganz schön blöd. Aber trotzdem.

Man schaut sich die Sachen an und überlegt so hin und her: Könnte man das gebrauchen? Wo wäre denn der Platz dafür? Sollte man sich so was gönnen? Was würde dafür aussortiert? Man will nicht protzen und nicht knauserig dastehen, so eben gerade in der Mitte, wie die anderen auch. Natürlich würde man im Kaufhaus niemals bei einer Pfeffermühle oder einer Servierlady stehen bleiben, man wäre überhaupt nicht interessiert, denn Erstere hat man schon und letztere hat man eigentlich noch nie vermisst. Aber es ist halt NETT hier.

Derweil wird wieder etwas Konversation betrieben, über Kindergärten und Schule, die Männer und Mode, und was es sonst noch alles an Themen gibt. Vielleicht findet man Gemeinsamkeiten, vielleicht ist man nur höflich. Alles ist unverbindlich, aber auf jeden Fall nett. Es ist ein Nachmittag so RICHTIG nach dem Geschmack der Frau! Und wenn sich daraus eine nette nachbarschaftliche Freundschaft ergibt, warum denn nicht? Tja, that's Tupper ...

Es gibt allerdings auch Frauen, die angesichts von Tupperware einfach nicht Nein sagen können. Sie müssen wie unter Zwang alles haben, was auf den Markt kommt. Tupper stapelt sich in ihren Küchenschränken, bis nichts mehr hineinpasst. Danach breitet sich Tupper krakenmäßig im Keller aus. Es herrscht eine überpeinliche Ordnung auf diesen Plastikbergen, denn bei Tupper passt immer eins genau ins andere – sofern man die Deckel richtig ordentlich draufsetzt. Das Sammeln von Tupperware – und das ist nicht übertrieben – kann Suchtcharakter annehmen. Ein Fachwort dafür gibt es noch nicht, aber da man bei krankhafter Sammelsucht vom »Messie« spricht, könnte man hier vielleicht den Begriff »Tuppi« einführen. Was sich eher belächelnswert liest, kann – wie jedes andere Extrem auch – durchaus das ernst zu nehmende Symptom für einen psychischen Defekt sein.

115. Warum ist der Versandhaus-Katalog ihre Bibel?

Stimmt doch irgendwie, oder? Selbstvergessen schlugen unsere Urgroßmütter Matthäus 13, Vers 4 auf und waren erst mal nicht mehr ansprechbar. Tiefe Verzückung und glänzende Augen. Ein fast täglich wiederkehrendes Ritual. Das Abtauchen in eine andere, bessere Welt. Besinnung, Entspannung, Genuss. Der oftmals erst unterbrochen wurde, wenn der Wasserkessel auf dem Ofen zu pfeifen anfing oder die Kartoffeln überkochten. Genauso blättert SIE heute im ziegelsteindicken Katalog von Quelle oder sonst wem. Bei eBay ist sie Profi: »Drei, zwei, eins: meins!«. Und vielleicht verpasst sie die Tagesschau, aber garantiert nicht ihre Lieblingssendung mit dem Homeshopping.

Ist Schnäppchenjagd die neue Religion und Otto-Versand der neue Messias? Männern kommt das zumindest so vor. Sie ahnen ja auch nicht, wie intensiv und direkt die Bedürfnisse der Frau beim Katalog-Schnuppern befriedigt werden. Frauen lassen sich – Punkt 1 – gern erregen. Und es gibt nichts Erregenderes als den Spannungsbogen von »Das gefällt mir« über »Würde es mir denn auch passen« und »Ich gönn's mir, egal was der Mann sagt« bis zu »Heute müsste es kommen« und »Jetzt packe ich es aus«. Bescherung! Wie Weihnachten! Ein sinnlicher Genuss, allein schon den Klebestreifen zu durchtrennen und vorsichtig die Verpackungen zu lösen!

Frauen sind – Punkt 2 – gern Prinzessinnen. Eine Prinzessin bekommt immer irgendetwas Schönes. Sie wünscht sich was und schwupp, schon geht der Wunsch in Erfüllung. Die Frau vergisst gern, dass sie für ihr kleines rosa Kleidchen ganz real zur Kasse gebeten wird, also dass die Versandhäuser durchaus nichts zu verschenken haben. Aber sie »kriegt« was, und das ist fast so schön wie ein Geschenk.

Frauen gehen – Punkt 3 – gar nicht so gerne aus dem Haus, weil sie sich dazu immer erst einmal aufhübschen müssen. Wie stressfrei und bequem ist doch das Shoppen per Katalog! Man kann aussehen wie Struppi und das Badezimmer außer zum Pieseln noch gar nicht betreten haben, aber den Katalog interessiert das nicht. Der lockt da auf dem Küchentisch, vielleicht ist die Heidi Klum auf dem Titel (stand nicht erst neulich in der Klatschpresse, dass die Stress miteinander haben? Naja, vielleicht haben sie sich ja wieder vertragen). Jedenfalls sieht alles so wunderschön aus und wartet nur darauf, bei einem Tässchen Kaffee in Augenschein genommen zu werden.

Frauen – Punkt 4 – träumen gern. Die Kataloge zeigen ja immer Frauen, die ihnen fast und beinahe ähnlich sind, naja, jedenfalls vom Typ her und so. Zwar sind die alle irgendwie noch perfekter als die Frau selbst ist, jünger natürlich sowieso und etwas schlanker auch, aber … Die Frau als solche findet sich wieder und sieht sich auf all den Seiten so, wie sie gerne wäre. In der Boutique sieht sie nur das Kleid und sich selbst im Spiegel der Umkleidekabine. Im Katalog sieht sie das Kleid und ihr eigenes Traum-Spiegelbild. Das kann schon süchtig machen.

Frauen scheuen – Punkt 5 – das Risiko. Ein Boutiquen-Kleid oder ein Paar Schuhe zu Hause anziehen und feststellen, das war nun absolut ein Megaflop, ist stressig und erfordert eine Menge Einsatz. Man muss erst einmal wieder hin, dann muss man sich mit der zickigen Verkäuferin auseinander setzen, vielleicht sogar Krach schlagen und den Geschäftsführer verlangen, am Ende nehmen sie es vielleicht, weil runtergesetzt, gar nicht zurück, oder sie geben einem so einen blöden Gutschein – den man garantiert nicht einlöst, denn in diese Zicken-Boutique mit so bescheuerter Ware geht man ja aus Prinzip nicht mehr. Ein Fehlkauf in der Boutique ist also riskant.

Ein Fehlkauf im Katalog ist gar nicht riskant, denn da hat man ein Rückgaberecht. Gehen Sie mal montags zur Post und gucken sich in der Schlange vorm Paketschalter um! Lauter Frauen, die ihre Versandhaus-Klamotten wieder zurückschicken, weil sie eben doch ein bisschen zu fett dafür sind. Aber die Frau hinterm Posttresen würde sie niemals anzicken nach dem Motto: »Das hätten Sie sich vorher überlegen müssen« oder »Das war ein Sonderangebot, das können Sie nicht zurückgeben«. Die pappt den Stempel drauf und schaut nicht mal hoch dabei. Den sinnlichen Genuss von Bestellen, Erwarten, Empfangen, Auspacken und Anprobieren hatte man trotzdem.

Wir reden immer von Klamotten, aber es gibt ja inzwischen Kataloge für alles. Biokost und Fertiggerichte, Gartengeräte und Porzellanpuppen zum Selbstbemalen, Luxus-Schmuck und Pumps, ganze Kaufhäuser gibt es per Katalog. Vorn die Kissenbezüge, hinten die Fitnessgeräte, dazwischen Geschirr, Toaster, sensationell beschichtete Pfannen und spottbillige Uhren, die wie 'ne Rolex aussehen. Und das alles bei IHR zu Hause, in IHRER Küche!

Abends kann man dann ja augenzwinkernd ein bisschen was Erotisches durchblättern, denn auch die boomende Sexbranche hat Kataloge. Was es da nicht alles gibt, hier, schau mal, Schatzi! Schokolade in allen Geschmacksrichtungen zum Aus-dem-Bauchnabel-Lecken, essbare Slips (iiiih!), Liebeskugeln, Präservative mit Doppelnoppen und Bananengeschmack in XXL (»Die wären für mich«, brummt der schläfrige Gatte), Wonderbras und Reizwäsche bis zum Abwinken. Dildos in allen Größen, Vibratoren mit nie gekanntem Vibrier-Faktor, Parfüms aus dem gestoßenen Hoden von immergeilen Bullen und Gleitcremes für Damen, die eben nicht so leicht in Stimmung kommen. Alles drin, alles da. Es ist göttlich, es ist weiblich, es ist KATALOG-SHOPPEN. Und, wie gesagt: Es befriedigt so viele frauliche Bedürfnisse, dass es eigentlich gar nicht genug Kataloge geben kann.

Zehntes Kapitel

DIE FRAU
UND DIE TRENNUNG

116. Geht sie vielleicht fremd?

Auf jeden Fall gehen mehr Frauen fremd, als Männer sich das vorstellen können. Die Gründe sind immer dieselben: Mangel an Sex, Mangel an Zärtlichkeit, Mangel an Nähe, eine gute Gelegenheit, Langeweile in der Beziehung, fehlende Kommunikation usw.

In Gedanken gehen fast alle Frauen hin und wieder fremd, aber manche trauen sich nicht. Diese Frauen haben schon ein schlechtes Gewissen, wenn sie beim Spazierengehen am Stadtpark-Teich einen gut gebauten Typen beim Sport beobachten und dabei an Sex denken. Dann stehen sie da und verfüttern zehn Brötchen oder mehr an die Enten und gucken und gucken. Hinterher fühlen sie sich total mies und mögen ihrem Mann kaum noch in die Augen schauen. Ich habe ihn betrogen, wenn auch nur im Kopf!

Aber die meisten Frauen bleiben so lange treu, wie die Beziehung gut ist. Was gut ist, wollen sie möglichst bewahren und keinesfalls riskieren. Ist die Beziehung nicht mehr gut, dann gehen sie fremd, aber sie erzählen es nicht und nehmen aus der Beziehung noch eine Weile mit, was angenehm daran ist. Der Mann wird es kaum erfahren. Frauen sind Organisieren gewohnt. Sie können sehr gerissen sein, wenn sie ein Geheimnis haben. Natürlich gibt es auch Frauen, die Männer ausnutzen. Sie machen es wie beim Paternosterfahren. Mit dem einen Mann steigen sie auf. Dann lernen sie einen anderen kennen und steigen um. Jede Etage bringt sie höher. So geht das weiter, so lange die Frauen halt noch eine Einladung zum Umsteigen kriegen. Danach haben sie es entweder geschafft oder nicht. Aber richtig glücklich werden diese Frauen nur selten mit ihren Männern.

117. Woran merke ich, ob sie fremdgeht?

Garantiert kommt sie nicht direkt vom Seitensprung nach Hause und hat Sex mit dem eigenen Partner. Sie wird unter Umständen die übliche Badezimmer-Prozedur hinauszögern, bis er eingeschlafen ist. Oder sie geht tagsüber fremd, wenn der Partner ohnehin nichts mitkriegt. Es ist schwer, sie zu erwischen. Allerdings kann ein Mann ziemlich sicher sein, dass er es sowieso bald erfährt. Und zwar von ihr. Frauen plagen sich nicht lange mit dem Doppelstress zwischen Partner und Geliebtem herum. Sie warten nur auf den richtigen Moment, um sich für den einen – oder für den anderen zu entscheiden. Denn meistens suchen sie nichts anderes als die wahre Liebe und einen Mann, der sie versteht.

Es gibt aber doch ein Alarmsignal! Bevor sich eine Frau wegen eines anderen Mannes von ihrem Partner trennt, bekommt er oftmals noch eine allerletzte Chance. Wenn SIE plötzlich noch mehr reden will als bisher, wenn sie auffallend oft Grundsatzdebatten über die Qualität der Beziehung vom Zaun bricht, wenn sie obendrein auch noch ungewöhnlich liebesbedürftig zu sein scheint und verdächtig oft Lust auf Sex hat, dann sollte ER sich über ihr wahres Motiv Gedanken machen. Es könnte sein, dass die Beziehung gerade auf ihre letzte, alles entscheidende Probe gestellt wird und dass bereits ein anderer Mann darauf lauert, dass sie sich letztendlich doch noch gegen ihren eigenen entscheidet!

118. Kann sie sich im Internet verlieben?

Sie loggt sich ein und ist in einer neuen Welt. Von einer Sekunde zur anderen ist sie ein völlig veränderter Mensch. Es ist egal, wie sie aussieht. Ihr Alter zählt nicht mehr. Ihre Frisur spielt keine Rolle. Ihr Gewicht bleibt ihr Geheimnis. Ihre Schüchternheit verfliegt. Alle Fesseln fallen von ihr ab. Es zählen nur die Worte, die sie eingibt.

Und plötzlich findet sie Worte, sogar ganz wunderbare! Die Sprachlosigkeit des Alltags ist wie weggeblasen. Sie ist schlagfertig, witzig, beliebt und begehrt. Sie hat Freunde, wird herzlich begrüßt und umschwärmt. Sie schäkert, schickt Smileys und Kussmäulchen, ist frech und charmant. Ihr anderes Ich erwacht am Computer. Im Chatroom ist sie so, wie sie gerne wäre. Hat sie nicht als kleines Mädchen gern Mamas Kleider angezogen, sich heimlich geschminkt und vorm Spiegel gedreht? Das war ein super Gefühl, und jetzt hat sie es wieder.

Aber das ist ja noch längst nicht alles. Sie muss sich nicht auseinandersetzen, rechtfertigen, verteidigen und Angriffe abwehren. Ein Klick, und die dunklen Wolken verziehen sich. Wenn einer ihr dumm kommt, setzt sie ihn auf »Igno« (das bedeutet »ignorieren«; vertrauliche unverschämte Nachrichten dieser miesen Figur werden ihr künftig nicht mehr übermittelt). Sie schafft sich Allianzen, sie hat ihre Clique, sie pflegt Beziehungen, und sie stellt sich mit den Wortführern gut. Oder sie ist sogar selbst eine kleine Wortführerin. Dann kann sie die Fäden ziehen. Ein einziger Satz nur von ihr, und dieser oder jener hat im Chatroom keine Chance mehr. Mit dem oder der wird keiner nett quatschen. Dafür wird sie schon sorgen. Es ist jetzt »ihr« Chatroom und »ihre« Welt.

Jenseits der Tür zu ihrem kleinen Heiligtum lümmelt sich der Mann im Trainingsanzug vorm Fernseher und trinkt das Bier aus der Flasche, oder er schnarcht schon auf dem Sofa. Hier drinnen wird seelischer Champagner getrunken. Es prickelt und lockt, es vibriert und tut gut. Keine Pflichten, kein Kindergeschrei, kein Abwasch, keine Schmutzwäsche. Stattdessen entdeckt sie etwas, das fast schon verschüttet war unter dem Geröll des täglichen Einerlei: Sie entdeckt ihre Phantasie.

Womit wir beim Thema Männer wären. Wer verbirgt sich wohl hinter »Adonis32«, der sie regelmäßig so süß zum Lachen bringt? Die Zahl deutet auf sein Alter hin, der Name auf seinen Körperbau. Das hofft sie wenigstens. Ihre Gedanken schweifen in eine Richtung ab, die dem schnarchenden Trottel da draußen auf dem Sofa nicht wirklich gefallen würde. Glänzende Muskeln, straffe Haut, krauses Brusthaar und kräftige, zärtliche Männerhände sieht sie vor ihrem geistigen Auge. Wer nennt sich wohl »Adonis32«? Bestimmt kein 60-jähriger notgeiler Bierbauch. Er müsste ja damit rechnen, dass man seine vorsichtigen, so äußerst liebreizenden Avancen eines Tages ernst nimmt und ihm »in real life« (das kürzt man mit den Buchstaben IRL ab) begegnen möchte. Was wäre dann? Was wäre, wenn …

Sie hat in diesem Moment total vergessen, dass sie beim Einloggen auch nicht ganz ehrlich war. Sie hat sich nämlich keineswegs einen Internet-Namen (»nickname«) zugelegt, der einem Fremden das besagte »IRL« in Bezug auf ihre Person erklären würde. Keine Frau nennt sich in diesen Chats mit einer gewissen Selbstironie und im Vertrauen auf die Internettigkeit der Mitmenschen »Faltenhexe57« oder »HängebusenXXL«.

Nein. In dieser Parallelwelt ist sie »Blondy23«, »Sexywoman«, »Schmollmund« oder »Lederengel«. Das macht doch nix, das merkt doch keiner! Chatten ist so anonym wie der Darkroom eines Swingerclubs, nur eben noch viel anonymer. Denn dort berührt man sich

»IRL«, auch wenn man die Gesichter der anderen nicht erkennt. Hier werden nur die Sinne berührt. Die Phantasie.

Was schüchtern und harmlos beginnt, als netter kleiner Feierabend-Spaß, zum Abschalten und Ablenken, das wird für sie unter Umständen immer wichtiger. Diese virtuelle Welt, ihre frei erfundene zweite Existenz gefällt ihr ja viel besser als das traurige Leben da draußen. Sie ist viel lieber die »sexy woman« als die Frau, die sie morgen früh im Badezimmerspiegel begrüßt. Die Grenzen verschwimmen. Wer ist sie wirklich? SIE ist es doch, die so witzige Kommentare verfasst! SIE wird doch herzlich willkommen geheißen, über IHRE Scherze wird gelacht! Die Balance zwischen »real life« und Traumwelt ist schwer zu halten. Und es gibt Millionen Frauen weltweit, die letztendlich die Traumwelt für ihre wahre halten und den Bezug zur Realität verlieren.

Die neu entdeckte Phantasie beschränkt sich nun durchaus nicht auf das harmlose Erraten, wer wohl hinter »Adonis32« stecken könnte. Irgendwann ist ein Mann dabei, der eine ganz eigene Art zu schreiben hat. Er findet Worte, die ihre Seele berühren. Es ist, als wenn sie ihr Leben lang nur das Kreischen einer Säge hörte, und plötzlich beginnt eine Geige zu spielen. Das kann für sie ein angsteinflößendes, seltsames und dennoch süchtig machendes Erlebnis sein. Sie hört die Saiten erklingen und spürt Seiten an sich erwachen, von denen sie bisher nicht einmal etwas ahnte. Wie viel Gefühl, Liebesfähigkeit und Sensibilität schwingen in seinen Worten mit! Wie wahr er spricht, wie sanft und doch so kraftvoll! Seine Worte versüßen ihr den nächsten Tag. Beim Bügeln denkt sie oft daran und lächelt in sich hinein. Sie freut sich schon auf die Nacht, wenn sie ihm wieder begegnen wird. Dann wird sie ihm die netten Frechheiten von gestern heimzahlen! Sie schaut schon wieder auf die Uhr und kann es kaum erwarten. Immer um zehn loggt er sich ein. »Halli hallo und 'n Abend allerseits«. Ja, sicher, die anderen Weiber im Chat sind auch ganz scharf auf ihn. Von allen Seiten, aus allen Ecken, aus allen Bundesländern und Städten kommen Grüße zurück. »Hi Adonis32, schön, dass du da bist.« – »'n Abend Ado.« – »Grüezi 32.« – »Leute, der Abend kann beginnen, Adi ist da.« Zehn, ja zwanzig Einträge, bevor er auch nur den Mund aufgemacht hat und einen seiner Sprüche loslässt, auf die alle so sehnlichst warten. Weil er ihrer aller Seelen zum Klingen bringt. Er ist der Satan und der Gott im Netz. Er hat sie im Sack.

Aber ... Hat er nicht erst gestern an sie, also an »Sexy23«, die doch eigentlich »Mutti48« heißen müsste, eine verdammt scharfe und eindeutig erotisch gemeinte vertrauliche Flirtbotschaft geschickt? Ja, er meint sie! Sie ganz allein. Unter allen diesen Weibern, die sich da im Chat herumtreiben, hat er sie ausgewählt. Und heute, heute wird sie ihm antworten. Aber mindestens so scharf, wie er geschrieben hat. Wenn nicht noch schärfer ...

Wir möchten die Schilderung der intimen Gedanken einer chattenden Frau an dieser Stelle unterbrechen und nur noch Folgendes ergänzen: Es muss ja alles nicht so sein. Zweitens: Es gibt Frauen, die haben mit ihren imaginären Partnern Cybersex, das heißt: Sie geben wechselseitig erotische Texte ein, in denen sie meistens beschreiben, was sie gerade mit sich selbst tun bzw. IRL jetzt, in diesem Moment, mit dem anderen tun würden. Drittens: Cybersex kann durchaus dazu führen, dass neben dem Computer ein Vibrator liegt, und das mit Grund. Viertens: Den Autoren sind Frauen bekannt, die wegen eines Internet-Partners Hals über Kopf ihre Familien verlassen haben und für immer abgehauen sind. Fünftens: Das Internet steht bei der Frage »Wo lernt man heute einen Partner kennen« nach »Arbeitsplatz« und »Party« bereits auf Platz drei. Sextens: Die Frage in der Überschrift dieses Kapitels muss eindeutig mit »Ja« beantwortet werden.

Es ist die Anonymität dieses Mediums, die Frauen so unglaublich entgegenkommt. Sie deckt eine Marktlücke ab, weil sie Frauen aus allen Zwängen befreit und sie mit wenigen Mouseklicks zu Prinzessinnen macht. Das Internet ist ein sehr verlockendes – und ein hoch gefährliches Medium. Aber Männer ahnen das nicht. »Wo steckt denn deine Frau?« – »Och, die ist am Chatten.« Das sagen sie so, als sei ihre Frau beim Abwaschen oder beim Bügeln. Nee, Jungs: Ihr solltet euch Sorgen machen.

119. Wann geht sie garantiert?

Wenn sie alles, aber auch alles probiert hat, um die Beziehung zu retten. Vorher sendet sie nämlich noch einige tausend Warnsignale aus. Sie knallt mit den Türen, sie steht mit gepackten Koffern vor der Tür und trägt sie wieder hinein, sie trifft sich mit anderen Männern, sie bewirbt sich um einen Job in Timbuktu, sie meldet euch zur Paartherapie an, sie lässt die Rechnung vom Scheidungsanwalt offen herumliegen, sie kreuzt Single-Wohnungen in der Zeitung an, und sie will nächtelang diskutieren, warum sie so unglücklich ist. Was, zum Teufel, soll sie denn sonst noch tun?

Leider reicht das alles nicht aus, um den Mann aufzuwecken. Geht sie dann nämlich letztendlich doch, macht er verdatterte Augen: »Aber wir sind doch so glücklich ... Warum hast du denn nichts gesagt ... Wir hatten doch erst gestern Sex ... Ich habe ja gar nicht gemerkt, dass dir was fehlt ...« Männer sind grundsätzlich merkbefreit. Sie schnallen einfach nicht, dass die Luft brennt. Erst wenn die gepackten Umzugskartons an ihnen vorbei nach draußen zum Laster der Spedition getragen werden, geraten sie ins Grübeln. Aber dann ist es natürlich zu spät. Eine Frau, die geht, kommt nicht wieder!

Hier eine kleine Aufzählung der häufigsten Gründe, warum eine Frau geht: Wenn sie ständig bevormundet wird. Wenn der Mann ihr das Selbstbewusstsein nimmt. Wenn Aufmerksamkeit und Zärtlichkeit gar nicht mehr stattfinden. Wenn sie sich langweilt in der Beziehung. Wenn sie geschlagen wird. Wenn sie sich weiterentwickelt, er aber nicht. Wenn sie ihre seelischen Koffer schon längst gepackt hat. Und wenn sie einen anderen hat, der sie besser versteht. Sie trennt sich, um das noch einmal klar zu sagen, äußerst ungern. Aber wenn, dann meistens für immer.

120. Darf ich ihr von meiner neuen Freundin erzählen?

Keinesfalls, bevor alle Ansprüche inklusive der finanziellen endgültig geklärt sind. Insgeheim hat sie nämlich noch Besitzansprüche an ihren Expartner, auch wenn die Trennung schon einige Zeit zurückliegt. Vermutlich träumt sie sogar davon, dass er sich eines Tages doch noch total ändert und alles wieder gut wird. Schließlich war es doch mal Liebe!

Solange ihr Ex ein Single ist, hält sie alles für möglich und wird es sich nicht mit ihm verderben wollen. Sie einigt sich mit ihm über vorläufigen Unterhalt und die Besuche bei den Kindern, sie geht mal mit ihm einen Kaffee trinken oder hat sogar noch gelegentlichen Sex mit dem Ex. Man hat ja so gewisse Bedürfnisse. Bis – ja, bis sie von seiner Neuen erfährt.

Das ist für die meisten Frauen der eigentliche Tag der Trennung. Es ist ein heftiger Einschnitt. Erst jetzt begreift sie, dass sein Leben auch ohne sie weitergeht – und dass er ohne sie durchaus nicht zwangsläufig unter die Räder kommt. Viele Frauen reagieren darauf äußerst aggressiv. Es kann gut sein, dass sie sich plötzlich gar nicht mehr an irgendwelche Absprachen erinnern. Auch mit dem lockeren, unkomplizierten Besuchsrecht sind sie nicht mehr einverstanden. Und wenn es stattfindet, dann stellen sie Bedingungen. Sie sind eifersüchtig auf seine Neue. Männer tun deshalb gut daran, diese so lange wie möglich zu verschweigen – bis die Wunden geheilt sind, oder (noch besser) bis sie selbst einen Neuen hat.

121. Wie gefährlich wird die Scheidung?

Die freundschaftliche Trennung ist leider die Ausnahme. Der Rosenkrieg – mal milder, mal heftiger – ist die Regel. Zwar renkt sich vieles nach Jahren wieder ein, und man findet vielleicht doch noch einen Weg, friedlich miteinander umzugehen. Zunächst aber droht tatsächlich Gefahr für Leib und Seele. Denn Trennung bedeutet für beide Seiten Schmerz, Verlust, Ohnmacht und Wut.

Meistens geht es um das Geld und um die Kinder. Meistens hat er das Geld und sie die Kinder. Beides voneinander zu trennen, ist zwar richtig und wichtig. Aber in der Praxis ...?

Bevor eine Frau ernsthaft mit ihrem Mann über Trennung spricht, hat sie sich ganz bestimmt schon beraten lassen. Zunächst von ihren Freundinnen. Vermutlich auch von einem Anwalt. Sie will wissen, ob sie sich die Scheidung überhaupt leisten kann, welche Rechte sie hat und was sie alles bedenken muss. Sie ist also ganz gut präpariert für das, was da kommt.

Spätestens der Anwalt wird ihr die Augen öffnen und ihr sagen, was später vor Gericht von Nutzen ist. Das können Gehaltsabrechnungen sein, Aufzeichnungen über Nebenverdienste und Kontoauszüge. Auch wenn sie eine friedliche Trennung anstrebt: Beim Geld hört der Frieden auf. Dafür sorgt schon ihr ganz persönliches neues Umfeld. Als

Mann sollte man deshalb tatsächlich mit dem Schlimmsten rechnen. Es wird gefährlich, garantiert.

Die meisten Frauen erzählen, dass sie sich selbst über die Naivität ihrer Männer wundern. Sie haben wenigstens einen Plan, bevor sie sich trennen. Aber viele Männer stolpern blind und unvorbereitet in die Trennung hinein. Was für Frauen ja nicht so ganz schlecht ist.

122. Wie trennt man sich stressfrei von ihr?

Das ist beinahe unmöglich. Es wird sie auf jeden Fall hart treffen, und Stress ist vorprogrammiert. Wenn sie die Beziehung fortsetzen möchte, wird es mit hoher Wahrscheinlichkeit Tränen geben. Aber man kann wenigstens stilvoll Schluss machen. Nicht per SMS. Auch nicht am Telefon. Und keinesfalls so tun, als wenn man sie zu einem schicken Versöhnungsessen einlädt – um dann bei Kerzenlicht völlig unerwartet mit der schlechten Nachricht herauszurücken! Nein: Frauen möchten sich auf Katastrophen vorbereiten können. Deshalb ist es nur fair, sie bereits bei der telefonischen Verabredung darauf hinzuweisen, dass es keinen fröhlichen Anlass für dieses Treffen gibt. Mit hoher Wahrscheinlichkeit wird sie nicht so lange warten wollen und von sich aus vorschlagen, dass man die Sache gleich jetzt am Telefon bespricht. Wodurch sich die Angelegenheit dann letztlich doch noch einigermaßen stressfrei erledigen lässt.

Nun kann es sein, dass man den wahren Trennungsgrund gern für sich behalten möchte. Man will ja nicht kränken. Außerdem sind Männer konfliktscheu. Es empfiehlt sich deshalb dringend, eines der typischen weiblichen Vorurteile zu bedienen. »Ich fühle mich eingeengt«, »Ich bin kein Typ für eine Beziehung«, »Ich brauche mehr Zeit für meinen Job«, »Ich brauche eine Auszeit« sind männliche Argumente, gegen die eine Frau nicht allzu viel sagen kann. »Ich habe eine andere kennen gelernt, und die ist drei Mal so attraktiv wie du« mag ehrlicher sein – hat aber mit hoher Wahrscheinlichkeit eine Szene zur Folge, an die man noch eine Weile denken wird.

»Lass uns Freunde bleiben« ist ein ziemlich blödes Angebot – wenn es nicht mit Schleifchen und Herzchen verpackt wird. Wer aber einer Frau zum Abschied alle ihre guten und liebenswerten Eigenschaften aufzählt (dabei darf man ruhig übertreiben!) und den Eindruck erweckt, dass die Trennung ihm fast das Herz zerreißt – aber er »kann eben nicht anders«, es »muss eben sein« usw., bla-bla-bla – der darf am Ende tatsächlich den tief empfundenen Wunsch äußern, dass diese einmalige innere Verbundenheit niemals zerrissen werden möge. Und weil Frauen für verzuckerte Lügengeschichten durchaus empfänglich sind, könnte es mit diesem kleinen Trick durchaus zu einer friedlichen Trennung kommen.

Am wenigsten Stress hat der Mann, wenn er sich gar nicht trennt. Sondern wenn er trennen lässt. Das heißt: Ohne dass die Frau es merkt, bringt er sie dazu, dass sie sich von ihm trennt. Möglichst so, dass sie auch noch ein schlechtes Gewissen hat. Hierzu macht man zunächst einmal eine Liste mit allem, was die Frau am Mann auszusetzen hat oder mal hatte. Man lässt sich zum Beispiel gehen, rasiert sich schlecht oder macht sie vor anderen Leuten klein. Die daraus resultierende Kritik ignoriert man konsequent. Ein zeitraubendes, aber erfolgreiches Verfahren! Bei den Interviews zu diesem Buch erzählte uns eine Frau: »Ich habe den Verdacht, dass mein Ex seinen Freund mit Absicht auf mich ›angesetzt‹ hat. Der hatte all die Eigenschaften, die ich bei meinem Ex vermisste. Er hat mich konsequent umworben, bis ich mich von meinem Ex getrennt habe. Wenig später war es mit dem Neuen dann auch vorbei, und ich weiß bis heute nicht, warum. Ich glaube ernsthaft, dass es eine Falle war – denn kaum hatte ich meinen Ex verlassen, da hatte er schon eine andere.«

123. Läuft sie weg, wenn man sie ändern will?

Man kann versuchen, sie zu ändern. Und viele Männer tun's. Aber es ist dringend davon abzuraten. Zwar wird eine liebende Frau eine Menge tun, um ihrem Mann zu gefallen und dadurch den von ihr ersehnten Zustand der perfekten Harmonie herzustellen. Aber eine Frau ist kein Wesen, das man formen kann wie Ton. Sie ist ja schließlich nicht erst auf der Welt, seit sie DIESEN Mann kennt!

Erstaunlich viele Frauen brauchen Jahre oder sogar Jahrzehnte, bis sie plötzlich feststellen: Ich habe mich die ganze Zeit von ihm verbiegen lassen und ganz vergessen, wer ich wirklich bin. Das ist der

Moment, in dem sie erstmals ernsthaft an Trennung denken. Und man kann sicher sein, dass sie die Trennung jetzt äußerst konsequent durchziehen werden – auch dann, wenn sie all die Jahre keine all-zu lautstarken Proteste angemeldet haben und stets bemüht waren, seinen Wünschen (bzw. ihrer »Rolle«) zu entsprechen.

Je später sie an diesen Punkt gelangen, desto härter trifft es den Mann. Manch einer steht sogar erst im Alter fassungslos vor den Trümmern seiner Beziehung und begreift überhaupt nicht, was all die Jahre angeblich schief gelaufen sein soll. »Sie hat sich doch nie be-klagt!« – »Was hat sie denn plötzlich?« – »Ich wollte doch nur ihr Bestes!« (Das ist natürlich eine ganz verräterische Formulierung.) Leider hat es nicht geklappt: Die Frau wird gehen und endlich wieder sie selbst sein wollen.

124. Warum werden viele Frauen nach der Trennung zu Furien?

Es gibt Millionen Männer, die ihre Exfrau nach der Trennung nicht mehr wiedererkennen, weil sie sich psychisch vollkommen verändert hat. Und das nicht zum Besten. Nur von diesen tragischen Fällen ist hier die Rede; positive Gegenbeispiele gibt es natürlich ebenfalls mil-lionenfach.

Es handelt sich sehr oft um Frauen, die ihr ganzes Leben lang auf einen Mann fixiert waren. In der Kindheit nahm ihr Vater diese Rolle ein. Man kann davon ausgehen, dass er extrem dominant, oft sogar brutal war. Zu ihm schauten sie auf. Ihn bewunderten und fürchteten sie gleichermaßen. Sie waren psychisch von ihm abhängig und ent-wickelten keine ausgeprägte eigene Identität.

Diese Frauen wechseln häufig von einer Abhängigkeit in die nächs-te: Sobald sie erwachsen werden, suchen sie sich einen Vaterersatz. Nun identifizieren sie sich über ihren Partner. Er ist jetzt der Ast, auf dem sie sitzen. Sie haben niemals gelernt, alleine die Balance zu halten, schlimmer noch: Ein Leben ohne diesen »Ast« ist für sie nicht denkbar.

Das Leben verliert seinen Wert für diese Frauen, wenn der geliebte Mann, eben der »Ast«, nicht mehr da ist. Sie fallen in einen tiefen psychischen Abgrund. Und es kommt häufig vor, dass sie sich daraus nicht mehr befreien können.

Auf den ersten Blick scheint alles in Ordnung zu sein: Morgens aufstehen, die Kinder zur Schule schicken, zur Arbeit gehen, kochen und putzen – diese Anforderungen erfüllen sie durchaus noch. Sie »funktionieren«. Aber sie haben keinen Lebensinhalt mehr.

Sie haben Lebensangst. Aus Angst wird Wut. Aus Wut wird Hass. Jeder kennt das Beispiel vom »Angstbeißer«: Vom Tier, das sich in die Enge gedrängt fühlt und mit einer Aggressivität um sich beißt, die man ihm niemals zugetraut hätte. Genauso verhalten sich diese Frauen, wenn der »Ast« ihres Lebens unter ihnen wegbricht.

Mütter, die ihre Kinder niemals körperlich misshandeln würden, verweigern dem Vater konsequent und gegen alle Vernunft das Besuchsrecht – obwohl sie genau wissen, dass diese Verweigerung die schlimmste psychische Misshandlung ist, die sie ihren Kindern antun können. Selbst hochintelligente Frauen benutzen die schäbigsten und dümmsten Lügen, um ihre Kinder gegen den Vater aufzuhetzen. Sie torpedieren das Umgangsrecht und sind imstande, für sinnlose Prozesse gegen den verhassten Expartner ihr ganzes Geld auszugeben. Es ist ihnen egal, weil ihnen alles egal ist.

Diese Frauen sind fertig mit sich und der Welt. Sie haben nur noch ein einziges Ziel: Ihren Partner ebenfalls fertig zu machen. Leider gibt es für Männer, die an solche erbarmungswürdigen Frauen geraten, keine Hilfe. Weder ein wohlmeinender Familienrichter noch ein guter Fachanwalt für Familienrecht noch der ganze »vernünftige« Freundeskreis kann irgendetwas ausrichten. Diese Frauen sind beratungsresistent. Weil sie innerlich schon längst gestorben sind.

125. Und wie kann ich ihre Liebe zurückgewinnen?

Frauen trennen sich meistens erst dann von ihrem Partner, wenn sie absolut keine Chance mehr für die Beziehung sehen. Insofern stehen die Chancen für eine Neuauflage der erloschenen Liebe denkbar schlecht. Trotzdem kommt es natürlich vor, dass zwei voneinander tief enttäuschte Menschen wieder ein glückliches Paar werden. Manche Frauen heiraten sogar ihren Ex ein zweites Mal! Männer, die das wirklich aus tiefstem Herzen wünschen, haben eigentlich nur eine Chance. Und die zu nutzen, ist äußerst schwer.

Zunächst einmal müssten sie imstande sein, wirklich loszulassen. Sie dürften sich – abgesehen von den notwendigsten Kontakten, zum Beispiel wenn es um die Kinder geht – ins Leben der Frau nicht mehr einmischen. Sie müssten sich und ihre Gefühle verleugnen. Sie müssten kommentar- und klaglos hinnehmen, dass die Frau sich irgendwann einmal neu verliebt und für Monate oder Jahre ein anderer Mann an ihre Stelle tritt. Sie dürften natürlich ein guter Vater bleiben, aber ansonsten müssten sie sich aus dem Leben ihrer Exfrau total und kompromisslos verabschieden. Sie müssten zunächst einmal von der Bildfläche verschwinden und zwar so gründlich, dass ein Neuanfang gleichzeitig ein vollkommenes Neu-Kennenlernen bedeuten würde. Das wäre der erste Schritt.

Schritt zwei ist noch schwerer: Männer müssten die eigentlichen Trennungsgründe wirklich begreifen. Das allerdings ist für die meisten Männer ungefähr so schwer, als wenn man einer Kuh das Flötenspielen beibringen möchte. Denn es reicht keinesfalls aus, dass sie einige oberflächliche Gründe kennen. »Meine Frau hat mich verlassen, weil sie sich selbst verwirklichen wollte« – falsch! Das ist erstens eine hohle Floskel und war zweitens garantiert nicht der Grund, warum sie gegangen ist. Wenn ein Mann aber sagt: »Ohne es zu merken, habe ich meine Frau derart eingeengt und ihre Persönlichkeit beschnitten, dass sie gar nicht anders konnte, als mich zu verlassen« – dann ist das schon eher der richtige Weg.

Wenn ein Mann sagt: »Ich bin geschieden, weil sich meine Frau Hals über Kopf in einen anderen verliebt hat« – dann ist das ebenso falsch! Weil er die Schuld einseitig der Frau zuschiebt und nicht darüber nachdenkt, warum sie für den anderen Mann empfänglich war. Vermutlich war es eher so: »Ich habe als Mann derart versagt, dass fast jeder ihr mehr geben konnte als ich.« Oder: »Ich habe kaum noch mit ihr gesprochen, das hat sie eine Weile mitgemacht, und dann kam ein anderer Mann. Der hat mit ihr gesprochen.«

Eine ganz beliebte Trennungsbegründung ist ja auch: »Wir haben uns einfach auseinander gelebt.« Das ist nun absoluter Käse. Dieses Totschlagargument dient lediglich dazu, der Auseinandersetzung um die wahren Gründe aus dem Weg zu gehen. Denn kein einziges Paar auf der ganzen Welt lebt sich »einfach so« auseinander! Wahrscheinlich war in dieser Beziehung eine derartige Routine und Lieblosigkeit eingekehrt, dass die Frau eines Tages aufwachte und feststellte, dass sie vor Langeweile schon fast gestorben war. Schritt zwei wäre also: ER müsste SIE und IHRE Motive verstehen lernen.

Schritt drei wäre dann, dass die Männer aus den nunmehr gewonnenen Erkenntnissen Konsequenzen ziehen. Die allerdings würden ihr ganzes Leben grundlegend verändern. Sie müssten wie aus einem tiefen Schlaf erwachen, in den Spiegel schauen und dort eine fremde, ihnen bisher unbekannte Person entdecken. Sie dürften nicht mehr so sein, wie sie all die Jahre waren. Und sie dürften auch nie mehr so werden. Aber das ist äußerst unwahrscheinlich.

Wenn Männer sagen: »Die kann doch gar nicht ohne mich, die kommt schon wieder zurück« – dann irren sie sich meistens gründlich. Frauen können sehr wohl ohne ihre Männer auskommen. Und sie kommen nicht so einfach zurück, wenn sie mal gegangen sind. Es sei denn … (siehe oben).

Aber das wäre dann ja tatsächlich so, als würden sie einen neuen Mann kennen lernen. Der nur einen einzigen Vorteil hätte: Er ist ihnen noch ziemlich vertraut.

SIE und ER reden
zu wenig miteinander!

Nachwort

Wir Autoren ... haben uns beim Schreiben dieses Buches manchmal mächtig amüsiert und manchmal mächtig gestritten. Warum amüsiert? Aber hallo: Erklären Sie als Frau mal einem Mann die Abgründe der weiblichen Psyche, so dass er sie versteht! Der dreht nach wenigen Tagen komplett durch und wünscht, er hätte sich niemals an dieses Thema gewagt! Oder beschreiben Sie mal einem Mann, wo genau der G-Punkt sitzt – wo es doch Leute gibt, die sogar seine Existenz in Zweifel ziehen! Und warum wurde manchmal mächtig gestritten? ER wollte zu jedem Thema eine klare, eindeutige Aussage. Typisch männlich. SIE wollte zu vielen Themen ein »Sowohl als auch« beitragen und sowieso immer das letzte Wort haben. Typisch Frau. Vermutlich ist dieses Buch nur deshalb pünktlich fertig geworden, weil wir Autoren das einfachste und wichtigste Rezept befolgten, das auch für jede Partnerschaft gilt: Wir haben uns letztendlich doch noch immer irgendwie zusammengerauft. Wir hatten ein gemeinsames Ziel, und dem haben wir so manche persönliche Befindlichkeit untergeordnet. Manchmal haben wir darauf verzichtet, jedes Detail auszudiskutieren und einfach mal die Klappe gehalten (übrigens auch ein guter Tipp für Partnerschaften). Das funktionierte ganz gut, wie wir rückblickend feststellen. Jedenfalls sind wir ziemlich stolz auf unser gemeinsames »Baby«.

Wir Autoren ... hätten ohne weiteres zwölf Bände füllen können, und zwar im Brockhaus-Format. Denn »Wie Frauen ticken«, das ist ein wahrhaft unerschöpfliches Thema. Wir haben versucht, es auf den (G-)Punkt zu bringen. Und wenn die Frauen sich hier und da wiedererkennen und die Männer hier und da was lernen, dann ist »Wie Frauen ticken« gelungen.

Wir Autoren ... haben in den letzten Monaten mit unzähligen Frauen gesprochen, und zwar auch über Themen, die extrem intim waren. Teils persönlich, Auge in Auge – teils auch in Chatrooms und Foren.

Unsere gemeinsame Erfahrung war: Wir mussten die Frauen immer erst einmal »öffnen«. Wir mussten ihre Sprachlosigkeit überwinden. Und wir haben dabei etwas Wichtiges festgestellt. Erst wenn Frauen sich trauen, ihre Hemmungen über Bord schmeißen, tritt ihre geballte Power zu Tage! Die ist natürlich immer vorhanden, aber meistens unter der Tarnkappe der so genannten Weiblichkeit versteckt. »Das tut man nicht« und »Darüber spricht man nicht«: Es wäre vielleicht wirklich besser, wenn wir alle Sätze mit dem Wörtchen »man« aus dem deutschen Wortschatz streichen würden.

Wir Autoren ... haben kein einziges Mal in diesem Buch die politisch korrekte Form mit dem »In« am Ende benutzt. Auch hier im Nachwort müsste es natürlich heißen: »Wir AutorInnen«. Ausnahmsweise waren wir uns in diesem Punkt einig: Das mit dem »In« am Ende ist vollkommen blödsinnig.

Wir Autoren ... haben bei den Recherchen zu diesem Buch festgestellt: Das größte Übel zwischen Mann und Frau ist die Sprachlosigkeit. SIE und ER reden einfach zu wenig miteinander. Und wenn auch nur eine einzige Frau dieses Buch nimmt, es ihrem Mann hinlegt und sagt: »Lies doch mal! Was für mich wichtig ist, das habe ich dir angestrichen.« Und wenn er es dann liest und sagt: »Echt? Bist du SO drauf? Das habe ich, ehrlich gesagt, bisher nicht gewusst ...« Dann hat sich dieses Buch gelohnt. Dass es auch bei Ihnen so sein möge, das wünschen Ihnen die Autoren

Hauke Brost   &   Marie Theres Kroetz-Relin
www.haukebrost.de   *www.hausfrauenrevolution.com*

Hauke Brost

WIE FRAUEN TICKEN – UND WIE WIR MÄNNER DARÜBER DENKEN

Über 40 Fakten, die aus jedem Mann einen Selbstversteher machen

Mit einer Erwiderung von Marie Theres Kroetz-Relin

WIE FRAUEN TICKEN – UND WIE WIR MÄNNER DARÜBER DENKEN

Mir als Mann geht das weibliche Selbstmitleid gehörig auf den Keks. Und das ständige Lamentieren über den Mann als solchen geht mir am Arsch vorbei. Sie werden mir meine Offenheit verzeihen, denn ich habe dieses Buch nicht nur gelesen, sondern ich habe es auch geschrieben. Dabei ging mir manchmal durch den Kopf: Ach, wie ist sie doch so verlogen, die Frau von heute! Ich höre sie schon mit ihrer wehleidigsten Stimme klagen: »Heute habe ich fünf Stunden nur Wäsche gewaschen!« Lesen Sie diesen Satz bitte dreimal hintereinander in einer möglichst hohen und schrillen Tonlage: »… fünf Stunden nur Wäsche gewaschen! Fünf Stunden nur Wäsche gewaschen!«

Ja und? Wer hat denn gewaschen? Die Maschine hat gewaschen. Sie hat drei oder vier Maschinen ein- und ausgeräumt, das war's. Sicher hat das fünf Stunden gedauert. Aber das ist doch keine Arbeit! Wir Männer hätten so einen Job ganz gern: Fünf Stunden Waschmaschine beaufsichtigen.

Und was sagen wir stattdessen, weil wir für die Wahrheit viel zu bequem sind und wieder einmal keine Lust auf Stress haben? Wir sagen: »Ach Schatz, du hast es ja sooo schwer. Und wie toll du das alles machst!« Banane. Dummes Gequatsche. Die meisten Hausfrauen haben einen Super-Lenz, aber sie können sich toll verkaufen. Ich komme manchmal nachmittags an einem Spielplatz vorbei, wenn ich zu einem Termin muss. Da sitzen sie, die Hausfrauen, stricken und quatschen und lesen und gucken ihren Kindern zu. Super-stressig, so in der Sonne sitzen den ganzen Tag!

Es gibt Frauen, die haben es richtig schwer; die machen einen Job und hetzen sich ab, weil sie zu Hause auch noch Kinder haben und einen Mann, der nicht zur Verfügung steht. Das weiß ich ja alles. Aber es gibt auch Väter, die einen Job machen und sich abhetzen, weil sie zu Hause auch noch Kinder haben und eine Frau, die nicht zur Verfügung steht. So ein Vater war ich auch mal. Also ich weiß, wovon ich spreche. Wir haben in dem Buch aufgeschrieben, was die Frauen uns so erzählt haben. Aber das bedeutet ja nicht, dass ich als Autor und Mann die Antworten so toll fand. Viele der 125 Fragen dieses Bestsellers würde ich als Mann viel kürzer und vor allem sarkastischer beantworten.

Ich greife mal einige Fragen heraus. Frage 9: Wie merkt man, dass man jetzt knutschen darf? Antwort: So eine Schwachsinns-Frage! Wer das nicht von selber merkt, der sollte es lieber ganz lassen. Oder Frage 29: Wie fühlt sich ihr Orgasmus an? Antwort: Kein Mann interessiert sich dafür, wie sich der Orgasmus einer Frau anfühlt. Er macht ihr einen, und gut ist. Frage 67: Warum sind viele Chefinnen so zickig? Antwort: Wieso nur Chefinnen? Frage 105: Hält sie alle Männer für doof? Antwort: Ja. Frage 110: Wie hätte sie mich gern? Antwort: Anders.

Trotzdem ist »Wie Frauen ticken« wirklich ein hübsches Buch geworden. Es stand ja schon nach wenigen Wochen in den Bestsellerlisten und wurde bisher weit über 100 000 Mal verkauft. Das liegt bestimmt daran, dass sich viele Frauen in diesem Buch wiedererkannt haben.

Endlich können sie mal schwarz auf weiß lesen, was sie ihren Männern schon immer mal sagen wollten. Leider hören ihre Männer ja schon lange nicht mehr hin, wenn sie was sagen. Jetzt können sie das eine oder andere Kapitel ankreuzen oder einen gelben Merkzettel reinkleben und das Buch irgendwo hinlegen, wo es dem schweigenden Trottel zwangsläufig in die Hand fallen muss. Wird er nicht vielleicht doch einmal drin blättern wollen und dabei einiges begreifen über die arme, unterdrückte, stets missverstandene Frau?

»Wie Frauen ticken« ist deshalb ein Bestseller geworden, weil das Buch in fast jedem Kapitel dem Mann ein schlechtes Gewissen macht, und genau das versuchen die meisten Frauen im Alltag ständig: Sich selbst ent-»schuld«igen und dem Mann die Schuld an allem geben.

Man muss wirklich lange suchen, bis man eine richtig gute Frau findet. Die meisten Frauen sind nämlich psychisch etwas angeschlagen.

Natürlich interessieren wir Männer uns dafür, »wie Frauen ticken«. Aber vor allem wollen wir unseren Job machen, für unsere Familie sorgen und ansonsten unsere Ruhe haben. So sieht das aus. Es gibt so einige Stellen in diesem Buch, wo sich dem Mann die Nackenhaare kräuseln. Zum Beispiel das Kapitel 85 über die Sprachlosigkeit der Männer, also dass wir angeblich niemals reden wollen. Das ist totaler Quatsch. Aus Männersicht. Die Wahrheit ist: Wir Männer wissen ganz genau, warum wir unseren Frauen nur das Nötigste erzählen. Frauen machen nämlich aus jeder Mücke einen Elefanten, reden alles tot, mischen sich überall ein, haben für alles einen Rat parat, und das Schlimmste ist: Sie plappern nicht nur sinnlos vor sich hin, sie wollen auch noch Antworten hören! Und auf diese Antwort gibt es eine neue Antwort! Und diese Antwort muss natürlich wiederum wortreich beantwortet werden! Und so weiter, bis einer von beiden erschöpft und beleidigt auf der Couch einschläft.

»Wie Männer ticken« ist ein geiles Buch. »Wie Teenies ticken« sollte man lesen, wenn man halt einen Teenie zu Hause hat. Das macht Sinn. »Wie Frauen ticken« ist ein wirklich hübsches Buch – aber aus Männersicht ist es diskussionswürdig.

Wir wissen nämlich genau, wie Frauen ticken: unberechenbar, nur selten loyal, meistens nörgelig, unzufrieden mit sich selbst, zickig und launisch und insgesamt nur schwer zu ertragen. Das gilt nicht für alle, aber für die meisten Frauen.

Wieso wird zum Beispiel in Kapitel 46 wortreich erörtert, wie viel Schmutz der Mann, dieser Natur-Depp, nach getaner Gartenarbeit an den Stiefeln in die Bude hineinträgt – und warum wird kein einziges Wort darüber verloren, dass der Mann überhaupt die Gartenarbeit gemacht hat? In seiner knapp bemessenen Freizeit? Was hat denn die Frau in der Zeit gemacht? Vermutlich hat sie »Verbotene Liebe« geguckt oder mit ihrer Freundin am Telefon über den unkrautzupfenden Narren abgelästert, oder sie hat ihre Nägel lackiert. Und was sind das überhaupt für Frauen, die sich über ein bisschen Dreck auf der Badezimmermatte aufregen? Das sind klinisch reine desinfizierte keifende Miesmacherinnen mit dem Sex-Appeal einer Plastiktüte, die man als Mann nicht einmal mit der Kneifzange anfassen möchte! Es sind Frauen, die Unglück ins Leben eines Mannes bringen. Es sind schlechte Frauen.

Andererseits ist eines auch ganz sicher: Diese Reihe von Bestsellern trägt schon jetzt eine Menge dazu bei, dass wir alle uns in der Partnerschaft und in der Familie besser als bisher verstehen. Wenn Sie jetzt weiterblättern, dann finden Sie deshalb einen ganz interessanten Aspekt als Draufgabe: Wie denken eigentlich Männer über Frauen? Wie sprechen sie untereinander am Tresen oder in der Firma über »die Frau als solche«? Was wünschen sich Männer von ihren Frauen? Was haben sie für Sorgen, Probleme, Wünsche? Und wie könnte das mit der lebenslangen guten Partnerschaft am Ende doch noch klappen?

Unsere Großeltern verbrachten ihr ganzes Leben mit ein- und demselben Partner und wirkten dabei durchaus nicht unglücklich. Unsere Beziehungen haben hingegen ein eingebautes Verfallsdatum. Viele rechnen insgeheim schon bei der Hochzeit mit der Scheidung! Und in Wien (wo bereits 60 Prozent aller Ehen scheitern) gab es erst kürzlich eine »Scheidungs-Messe«, auf der Anwälte und Privatdetektive ihre Dienste anboten – und wo sogar die katholische Kirche einen Stand aufbaute. Da kann doch irgendwas nicht stimmen. Es ist der Wurm drin in den meisten Beziehungen.

Aber wenn wir das ändern wollen – wenn es also auch heute noch eine Chance für die ewige Liebe geben soll –, dann müssen wir daran hart arbeiten; dann müssen wir auch mal mit Enttäuschungen leben, wir müssen auch mal was »schlucken«, wir müssen uns zurücknehmen und vor allem müssen wir immer sehr genau auf den anderen hören. Wir müssen wissen, wie er oder sie »tickt«.

Wir müssen aufpassen. Denn »Glück und Glas, wie leicht bricht das« ist zwar ein Spruch aus Omas Mottenkiste, aber doch sehr wahr: Nur wer die eigene Beziehung so vorsichtig vor sich her trägt wie eine teure Vase beim Umzug, der hat eine Chance auf dauerhaftes Liebesglück, was ja einem Sechser im Lotto gleichkäme.

Lesen Sie nun also, was Männer schon lange mal sagen wollten. Leider kriegen die meisten tatsächlich das Maul nicht auf, wenn Frauen in der Nähe sind. Deshalb habe ich meine Co-Autorin nach Hause geschickt, diesen Teil des Buches alleine recherchiert und die Männer mit etwas Alkohol nicht desinfiziert, aber locker gemacht. Herausgekommen ist dabei eine ziemlich nette Liebeserklärung ans weibliche Geschlecht, aber auch knallharte Kritik. Kritik an Zicken, die uns Männern ständig ein schlechtes Gewissen einreden. Kritik an psychisch lädierten Egomaninnen, die erst ein Problem verursachen, dann für genau dieses Problem engelsgleich lächelnd eine Lösung präsentieren und am Ende als die armen undankbar behandelten Helferinnen in der Not herumjammern, weil niemand und schon mal gar kein Mann ihre ungebetenen Dienste zu schätzen wusste. Vielleicht sollten Sie diese erweiterte Ausgabe Ihrem Mann wirklich mal zu lesen geben. Es könnte eine interessante Diskussion entstehen – aber machen Sie als Frau bitte nicht schon wieder eine Endlos-Debatte daraus. Seien Sie einfach mal – ein netter Kerl.

Erstes Kapitel

WAS MÄNNER AN IHREN
FRAUEN STÖRT

1. Warum könnt ihr nicht einfach mal die Klappe halten?

Warum Frauen so gerne mit ihren Partnern kommunizieren und am Schweigen der Männer schier verzweifeln, wird im ersten Teil dieses Buches ausführlich erklärt. Aber das ist natürlich, wie so oft, nur die halbe Wahrheit. Wir Männer sehen das nämlich anders. Ist es nicht ein Alarmsignal, dass fast 90 Prozent der Männer angesichts der nervtötenden Redseligkeit ihrer Frauen genervt die Augen verdrehen? Es ist also nicht nur so, dass er ständig schweigt – es ist eine unbestreitbare Tatsache, dass viele Frauen einfach zu viel quatschen!

»Alles muss sie ausdiskutieren«, sagt Jan (43), der seine Ehe nach sechs Jahren immerhin noch als »im Prinzip gut« bezeichnet: »Ich bin gar nicht so der große Schweiger und rede gern mit ihr. Schließlich ist sie ja meine Frau und wir lieben uns! Wir lachen zusammen, haben viel Spaß, und wir tauschen uns aus. Aber wenn mich was nervt, dann ist es dieses Festbeißen und Herumhacken auf einem Thema, das vielleicht gar nicht so wichtig ist.

Typisch Frau, sagt man – aber ganz ehrlich, im Alltag geht es mir manchmal doch sehr auf den Keks. Es nervt sogar so, dass ich neuerdings vieles lieber für mich behalte, als es überhaupt anzusprechen. Und das finde ich nicht so positiv für die Beziehung. Ich sag mal ein Beispiel. Auf einer Party erzähle ich einen Witz und meine Frau fällt mir ins Wort, weil ich ihn angeblich falsch erzählt habe. Okay, ich nehme das erst mal so hin. Aber wenn wir dann alleine sind, sag ich zu ihr: Das fand ich nicht so gut, lass das in Zukunft lieber.

Wenn ich einen Witz erzähle, dann will ich ihn auch zu Ende erzählen. Damit ist die Sache doch eigentlich erledigt, oder? Denkste! Denn was folgte? Eine Riesendebatte, die sich bis morgens hinzog! Thema: Ob sie ein Mensch zweiter Klasse ist, ob Männer grundsätzlich immer Recht haben und ob sie mir überhaupt nie mehr vor anderen Leuten widersprechen darf. Mannomann, ich wollte nur einen kaputten Pflasterstein austauschen – und sie reißt gleich die ganze Straße auf. Das stört mich echt. Sie kann einfach nicht »okay, ist gut« sagen und dann die Klappe halten.

Sein Kumpel hat »Wie Frauen ticken« bis zur letzten Seite durchgelesen und kann teilweise daraus zitieren, ohne reinzugucken: »Da steht folgender Satz«, deklamiert er. »Die Frau hat das Gefühl: Keiner hört mir zu. Sie redet und redet in der verzweifelten Hoffnung, endlich wieder einmal wahrgenommen zu werden. Zitat Ende. Ha! Ich nehme meine Frau ständig wahr, ich muss es sogar tun, weil ich nämlich mit ihr zusammenlebe! Aber muss sie deshalb ständig vor sich hinplappern?«

2. Warum lasst ihr uns nie in Ruhe?

Natürlich hat eine Frau dasselbe Recht auf Entspannung wie ein Mann. Es gibt aber kaum Frauen, die sich über Männer so beschweren: »Nie lässt er mich in Ruhe, immer will er irgendwas von mir!« Andererseits gibt es unglaublich viele Männer, die ihre »Ruhe« – was immer sie darunter verstehen – dringend einfordern und sie in der Beziehung schmerzlich vermissen. Offenbar haben Männer ein stärkeres Bedürfnis nach innerer Emigration bzw. nach ihrem persönlichen Freiraum als Frauen.

Dafür kann es verschiedene Erklärungen geben. »Meine Frau ist tagsüber zu Hause und kümmert sich um die Kinder. Da bleibt für sie genug übrig, um auch mal eine halbe Stunde allein in der Küche zu sitzen und einfach so nachzudenken«, erzählt Erik (37), der eine Kfz-Werkstatt in Hessen betreibt und oft erst nach 12 oder 13 Stunden nach Hause kommt. »Das heißt doch, dass sie tagsüber ihren Freiraum hat. Ich weiß, Frauen schreien jetzt laut: Du hast ja keine Ahnung, wie stressig Haushalt und Kinder sind!, aber mal ehrlich: So ganz stimmt das ja nun auch nicht.

Zum Beispiel gehört doch zu einem sonnigen Kindernachmittag einfach dazu, dass die Mütter auf dem Spielplatz sitzen und ihren Kleinen zugucken. Echt stressig, oder? Guck ich vielleicht meinen Kunden zu, wie sie ihre Autos reparieren? Sitz ich dabei in der Sonne und unterhalte mich ein bisschen? Was ich sagen will, ist: Meine Frau hat ihre Entspannung, auch wenn sie mit Kindern und Haushalt gut ausgelastet ist. Ich hingegen bin wie eine Lok ohne Zwischenhalt. Ich schiebe morgens Briketts in den Kessel und fahre los, ackere durch bis abends und falle dann todmüde zu Hause ein. Wundert es jemanden, dass ich dann nur noch eins möchte: Meine Ruhe? Ja, es gibt da jemanden, den das verwundert und ärgerlich macht: meine Frau. Die will dann nämlich das machen, was ich den ganzen Tag habe: reden, machen, tun, bloß nicht zur Ruhe kommen. Denn jetzt bin ich ja da. Das kann so leider nicht funktionieren. Und dass sie das nicht begreift, das ist mir ein Rätsel.«

Es gibt einige Sätze, die Frauen dringend in ihren Sprachschatz aufnehmen sollten. »Ja, Schatz« ist einer davon. Ein ebenso wichtiger Satz ist: »Mach mal so, wie du meinst.« Jeden dieser beiden Sätze sollte jede Frau jeden Tag mindestens fünfmal zu ihrem Mann sagen, und sie hätte einen glücklichen Mann. Er will aufs Sofa und Sportschau gucken? »Ja, Schatz!« Er will in die Garage und an seinem Auto rumpusseln? »Mach mal so, wie du meinst!« Eine außerordentlich lustige Vorstellung für Männer. Denn sie würden sich plötzlich wie im Paradies fühlen; sie würden glauben, dass sie träumen, oder sie würden sich in die Nase kneifen: »Bin ich schon tot?«

Nein!, möchte man ihnen zurufen. Du bist nicht tot! Du fängst gerade erst zu leben an! Denn eins hat sich geändert: Du hast endlich eine Frau, die dich so akzeptiert, wie du bist und die nicht ständig an dir herumerzieht! Die dusselige weltverbesserische Super-Nanny mit dem Helfersyndrom, die ständig frustriert und keifend durch die Wohnung läuft und die nichts anderes will, als dir ein schlechtes Gewissen zu machen – diese Frau ist tot oder weggelaufen! Gott sei Dank! Und sie kommt auch nicht zurück.

Ach, ihr vielen furchtbaren Frauen da draußen im Lande, die ihr euern Männern seit Jahren das Leben schwer macht: Eins wisst ihr noch nicht. Ich verrate es jetzt. Je öfter ihr zu euern Männer sagt: »Ja, Schatz« und »mach mal so, wie du meinst« – desto öfter sagen sie das auch zu euch. Aber das begreift ihr nicht, weil euch die simpelsten Regeln für eine glückliche Partnerschaft abhanden gekommen sind.

3. Warum vermiest ihr uns das Hobby?

Frauen machen Sport, spielen Karten, gehen zu Tupperpartys, treffen ihre Freundinnen, haben Kosmetiktermine, sitzen stundenlang beim Friseur, werden zur Vernissage eingeladen, haben ihr Kränzchen, lungern auf der Hundewiese herum, tratschen mit ihren Müttern, telefonieren stundenlang und haben auch sonst allerlei vor, was eine Frau am besten ohne männliche Begleitung macht. (Ganz ehrlich: Auch berufstätige Frauen finden irgendwie noch ein bisschen Zeit, um private Aktivitäten zu entwickeln.) Es sind nur wenige Fälle bekannt, in denen Männer sich darüber beschweren. Obwohl sie selbst meistens nur ein einziges Hobby haben. Zum Beispiel gehen sie gern angeln, oder sie basteln an ihrem Auto herum, oder sie spielen Fußball, oder sie haben ein Boot, oder sie gehen zum Stammtisch, oder sie schätzen den heimeligen Altölgeruch in ihrer heimischen Garage wie Schnüffler den Klebstoff und sind nur schwer wieder aus der Garage herauszulocken. Also viel ist es nicht, was Männer so nebenbei machen.

Trotzdem gibt es aus Männersicht ein Ungleichgewicht. Sie freuen sich nämlich, wenn ihre Frauen »auch mal was für sich« machen. Frauen hingegen runzeln die Stirn, wenn Männer sich in ihre eigene Welt verabschieden. Ja, sie hintertreiben männliche Aktivitäten sogar und mäkeln herum, bis einem als Mann das Hobby gar keinen Spaß mehr macht! Dann lässt man es lieber gleich! Aber es bohrt sich ein Stachel ins männliche Herz, der eine Partnerschaftsinfektion hervorrufen kann und sich vielleicht viel später einmal grausam rächen könnte. Dann nämlich, wenn man der jungen Kollegin in der Firma vom Angeln erzählt und sie mit unglaublichem Augenaufschlag den sehnlichen Wunsch äußert, doch nur ein einziges Mal zum Angeln mitkommen zu dürfen. Frauen sind also nicht unbedingt gut beraten, wenn sie ihren Männern das Hobby vermiesen. »Aber sie tun es, in meinem ganzen Freundeskreis ist das so!«, klagt Ralf (42), der tagsüber in Schleswig Rohre verlegt und früher abends gern an seinem Boot auf der Schlei herumgebastelt hat. »Immer der Stress, warum gehst du schon wieder aufs Boot, nie bist du für mich da, heirate doch dein Boot und so was alles. Es hat mich echt genervt. Sie segelt sowieso nicht gern. Na ja, ich hätte mir das vor der Ehe überlegen müssen, aber jetzt hab ich mein Boot eben verkauft«, sagt der Installateur und nickt bedächtig.

Er ist nicht sauer oder so. Er wirkt nicht einmal traurig. Dabei hat er doch gerade eingestanden, dass die bloße Existenz seiner Frau für ihn den Verlust einer gehörigen Portion von Lebensqualität und Freizeitspaß bedeutet. Auf der Kritikliste der Männer steht – anders als bei Ralf, der sich niemals negativ über seine Frau äußern würde – ziemlich weit oben, dass sie wahnsinnig gern mal wieder ohne schlechtes Gewissen ihrem Hobby nachgehen würden. Was eine Frau (aus Männersicht) dazu sagen sollte? Ungefähr dies: »Schön, dass du mal wieder was nur für dich in der Planung hast! Finde ich toll! Super!« Das – ja, das würden Männer zu schätzen wissen.

Der Mann und sein Hobby, das ist natürlich ein Riesenthema in jeder Ehe, außer in denen, wo die Frau dasselbe Hobby hat, das ist dann meistens ein Glücksfall für beide, und nur hin und wieder trifft man auf Frauen, die das Hobby des Mannes akzeptieren und unterstützen, ohne dass sie es teilen, und wie gesagt, die sind in der Minderheit, denn es gibt sowieso kaum noch richtig gute Frauen. Die meisten sind irgendwie gestört, zickig, egomanisch, herrschsüchtig und derart ungerecht ihren Männern gegenüber, dass man den oben erwähnten Ralf eigentlich ins Opferschutzprogramm gemäß dem Antidiskriminierungsgesetz aufnehmen und ihm eine neue Identität verpassen müsste: Was hat der arme Kerl getan, dass er seinen Lebensplan derart hilflos, passiv und tatenlos der egozentrischen Doktrin seiner nörgelnden Gattin opfern muss? Ein Mann verkauft sein Boot, weil seine Frau nicht gerne segelt? Wo leben wir?

4. Warum wisst ihr immer alles besser?

Früher schauten die Frauen zu ihren Männern auf und bekamen glänzende Augen, wenn sie was erklärt bekamen. Diese Zeiten sind weitgehend vorbei. Das kann man gut finden oder bedauern. Es ist eben so. Aus Männersicht schlägt das Pendel z.Zt. jedoch ungebührlich stark zur anderen Seite aus. Frauen glauben, dass sie alles können und nicht nur alles wissen, sondern es sogar besser wissen als Männer; und das Blöde ist: Sie machen keinen Hehl daraus. Es ist einfach kein Privileg mehr mit der Tatsache verbunden, dass man ein Mann ist. Die fachliche Kompetenz »des Mannes als solchem« wird permanent in Frage gestellt. Selbst im Baumarkt steht oftmals eine Frau ohne männliche Begleitung vor einem an der Kasse an. Das mag ja noch angehen; warum soll sie ihre kleine Wohnung nicht selber streichen? Wahrscheinlich hat sie keinen Kerl. Aber womöglich hat sie all das im Einkaufswagen, was man als Mann schon lange haben wollte, aber sich noch nie zu kaufen traute! Die beste Bohrmaschine. Den geilsten Hobel. Und das – ja, das tut weh.

Und wenn sie in der Partnerschaft den dicken Max raushängen lässt und am Ende vielleicht sogar noch die besseren Ideen hat, gibt es aus Männersicht erst recht ein Problem. »Ich bin seit fast 40 Jahren mit Frauen zusammen und kenne mich echt aus«, sagt Hannes (54), ein Architekt aus dem Saarland. »Aber so schwierig wie jetzt war es noch nie. Ich gerate nur noch an Frauen, die mich ständig verbessern wollen und die ich nicht beeindrucken kann. Egal, was ich mache.« Claas (43) ist Taxifahrer in Köln, er sagt: »Die Frauen müssen sich doch gar nicht wundern, wenn sie keinen abkriegen. Die halten sich doch sowieso für die Größten. Alles wissen sie besser, alles können sie alleine: Ja, wozu brauchen die uns denn dann überhaupt noch? Ich habe es aufgegeben. Lebe lieber alleine. Ich baggere auch keine Frau mehr an. Aus, Schluss, Ende.« Ist das nicht traurig, irgendwie?

Die soeben zitierten Männer haben aber doch nicht ganz Recht. Frauen waren schon immer ziemlich stark. Sie haben schon immer alles (und vieles sogar besser) gekonnt. Denken wir doch nur mal an die Zeit, als Deutschland in Trümmern lag. Oder ich denke an meine Oma, was die geschafft hat, und da stand in der Jahreszahl noch eine Null hinter der 19: Die hatte sechs Kinder, keinen Mann, die Bahnhofskneipe in einem Dorf in Dithmarschen, und dann hat sie sich den Dorfschullehrer geangelt, alter Schwede: Das war eine Powerfrau, und wenn es damals schon Kettensägen gegeben hätte, dann hätte sie ständig eine mit sich herumgeschleppt. Das war die »Kettensägen-Berta«. Das Problem ist ein anderes. Die meisten Frauen sind heute einfach zu sehr auf sich selbst fixiert. Sie verwechseln Emanzipation mit Egomanie. Egal, was sie tun, sagen, denken: Es dreht sich alles nur um sie; sie sind das Zentrum der Welt, sie bestimmen die Regeln, sie müssen alles in die Hand nehmen, und sie nehmen dir deshalb am liebsten alles ab. Sie haben einfach verlernt zu sagen: »Mach du mal, du machst das schon.« Das schöne Lied »Frau'n regier'n die Welt« trifft es nicht ganz: »Frauen woll'n die Welt regier'n« wäre passender. Nur – was passiert, wenn sie ihr Ziel erreichen? Sie leiden und jammern, sie möchten sich anlehnen und vermissen die starke männliche Schulter. Sie lamentieren und kritisieren genauso wie früher, als sie noch nix zu sagen hatten.

5. Warum mäkelt ihr ständig an uns herum?

»Ich hole mir morgens ein Hemd aus dem Schrank und das passt natürlich nicht zu meiner Hose. Dann nimmt sie es mir aus der Hand und gibt mir ein anderes. Ich greife nach dem Schlips und sie schüttelt den Kopf. Unmöglich! Hier, nimm den! Ich streiche mir ein Brot und sie guckt schon so: Du weißt doch, dass du nicht so viel Fett darfst! So geht das bei uns vom Aufstehen, bis ich zur Arbeit gehe, und abends geht es genau so weiter. Sie ist wirklich nur noch am Herummäkeln. Wenn wir zusammen schlafen, ist es auch nicht besser. Sie sagt nichts, aber ich merke das: Wieder mal hatte sie keinen Orgasmus. Es ist immer so eine unausgesprochene Mäkelei bei ihr zu spüren, die mir total auf den Keks geht.« (Andreas, Versicherungsangestellter aus Stuttgart).

Der Mann steht nicht alleine da. Viele Männer beklagen, dass sich ihre Frauen nach und nach zu »Mäkel-Monstern« entwickeln, die ihren Selbstwert offenbar dadurch erhöhen, dass sie an ihren Männer etwas auszusetzen haben. Das klingt sicher sehr klischeehaft, aber wenn man mit Männern diskutiert, kommen solche Beschwerden extrem häufig.

Nicht zuletzt deshalb haben sich viele Männer in die innere Emigration zurückgezogen und halten das für beinahe gottgewollt und naturgegeben; sie setzen sich mit diesem Thema gar nicht mehr auseinander und sind nur schwer zum Sprechen zu bringen. »Ist halt so.« – »Kannst nichts machen.« – »So sind Frauen eben«, so reden sie. Nur wenige schaffen es, sich mit ihren Frauen grundsätzlich auseinanderzusetzen und eine Klärung dieser misslichen Situation herbeizuführen.

»Ich habe das lange in mich hineingefressen, aber irgendwann bin ich explodiert und habe mir alles von der Seele geredet, das war ziemlich heftig«, erzählt Michael, Reisebürokaufmann in Flensburg: »Ich hab ihr gesagt, dass unsere Beziehung wegen ihrer ständigen Mäkelei eigentlich schon vor dem Aus steht und ob sie das wirklich will. Sie war konsterniert und hat erst mal gar nichts gesagt. Am nächsten Tag fragte sie dann, ob sie wirklich so schlimm ist. Seitdem ist es viel besser geworden.

Ich muss sie nur angucken und sie hält sich zurück. Jetzt fühle ich mich irgendwie wieder als Mann. So blöd das klingt.«

6. Warum macht ihr uns zu Weicheiern?

»Neulich war bei uns im Bad der Abfluss verstopft und ich hab mir das ganze Werkzeug zurechtgelegt, um das zu reparieren«, sagt Sven (38), ein Studienrat aus Bayern. »Ich bin nicht der begabteste Handwerker, das gebe ich zu. Aber so was traue ich mir noch zu. Ich will gerade anfangen, da kommt meine Frau rein, schiebt mich beiseite und sagt, lass mal, ich mach das schon. Da kam ich mir vor wie ein Weichei.« – »Wenn mich irgendwas an meiner Frau stört, dann ist das ihre Dominanz.« (Carlo, 42, EDV-Fachmann) »Wenn unser Kind Stress mit dem Lehrer hat, will ich das wohl selber regeln, denn ich bin der Vater. Aber sie gibt mir gar keine Chance. Das ist alles schon geregelt, bevor ich nach Hause komme. Früher war das irgendwie anders. Und in der Ehe von meinem Vater sowieso.« – »Die Frau von heute, so pauschal sich das auch anhören mag, neigt zur Unterdrückung des Mannes«, philosophiert Hans-Joachim (42), der in Dresden als Unternehmensberater arbeitet. »Im Osten sowieso, denn bei uns waren die Frauen schon immer die Stärkeren, durch die Berufstätigkeit und so. Aber auch im Westen, wie ich das so mitkriege von meinen Kollegen. Sie mischen sich überall ein und machen uns dadurch zu Weicheiern. Das ist bei meinen Kumpels und auch bei mir ein echter Partnerschaftskiller.« Er schaut sinnend in sein Glas und fügt hinzu: »So kann das nicht weitergehen. Wir müssen irgendwie wieder echte Kerle werden.«

»Irgendwie wieder echte Kerle werden«: Neigen die Männer von heute vielleicht ein bisschen zum Selbstmitleid? Vieles spricht dafür – aber vieles spricht auch dafür, dass sie sich zu Recht leid tun. »Die Frau als solche«, fällt dem Autolackierer Marius (37) ein, »die will gar keinen echten Kerl mehr. Sie will selbst das Sagen haben.« Sein Freund Ulf (36) widerspricht vehement: »Quatsch! Sie versucht es nur, aber letztlich will sie sich dann doch wieder anlehnen.« – »Das ist eine Machtprobe, ich sag es euch«, mischt sich der Wirt hinterm Tresen ein: »Sie wollen euch provozieren und testen, ob ihr euch durchsetzen könnt.«

Marius murmelt: »Dann hab ich schon verloren.« Und fürs Erste ist die Diskussion unterbrochen, weil alle in ihre Gläser starren.

Dieses Männergespräch ist symptomatisch. Fast jeder Mann, der für dieses Buch befragt wurde, beklagte sich über die »Einmischung«

seiner Frau oder Freundin in ehemals männliche Domänen. »Frauen können heute halt fast alles«, sagen die Männer. »Sie brauchen uns eigentlich gar nicht mehr.« – »Genau. Du musst dich quasi mit den Zähnen in was verbeißen, sonst nehmen sie es dir weg.« – »Meine wollte neulich sogar die Garage aufräumen. MEINE Garage!« – »Man sollte alleine leben.« – »Ja, besser wäre das.« Tatsache ist: Männer leiden fürchterlich darunter, dass sie ihre angestammte Rolle in der Beziehung verloren haben; sie wissen leider keine neue. Ein Weichei wollen (und sollen) sie nicht sein. Als Macho haben sie im Alltag ausgespielt. Und jetzt sitzen sie zwischen allen Stühlen.

Während wir Männer noch versuchen, es unseren Frauen doch noch irgendwie recht zu machen, werden diese immer egoistischer. Eine große Tageszeitung[1] stellte kürzlich die Frage, wie weibliche Singles ihre eigene Situation sehen. Die Antworten waren sehr aufschlussreich: »Der Vorteil ist, dass ich meinen eigenen Weg gehen kann und niemandem Rechenschaft schuldig bin.« (Iris, 49) »Ich schätze die Unabhängigkeit.« (Bettina, 47) »Mein Leben ist so bunt, dass ich mich manchmal frage, ob ein Partner überhaupt noch dazu passt!« (Erika, 53) »Es gibt keinen, nach dem ich mich richten muss.« (Angelika, 54) »Ich kann selbst bestimmen, was ich unternehme und was ich tue.« (Michaela, 45) Und Bette (54) fasst zusammen: »Wir Frauen haben die Entwicklung gemacht, die die Männer früher verlangt haben: Werdet selbstständiger, seid nicht so gefühlsbetont! Jetzt sind wir logisch, entschlussfreudig und rational; deswegen sagen wir nicht mehr so oft ja, und das ist den Männern auch nicht recht. Eine reife, selbstbewusste Frau muss den Mann sehr lieben, um mit den kleinen und großen – angeblich nicht veränderbaren – männlichen Schwächen zurechtzukommen. Heute sind aber viele lebenserfahrene Frauen nicht mehr dazu bereit, weil es für sie häufig ein Stück eingeschränkte Lebensqualität bedeutet.«

Das sind alles so glatte, eingängige Sätze, die voll dem Mainstream und der Political Correctness entsprechen, deshalb gehen sie so durch, und deshalb gab es keinen Sturm der Entrüstung, nicht mal einen einzigen kritischen Leserbrief. Dabei ist die Aussage doch ganz klar: Frauen denken nur noch an sich, an einer Partnerschaft sind sie gar

---

[1] *Hamburger Abendblatt*

nicht interessiert, und sie verhalten sich genauso wie ihre Exmänner, die angeblich so schrecklich selbstsüchtig waren. Allein der selige Stoßseufzer »Es gibt keinen, nach dem ich mich richten muss«! Ja, ihr Mädels: Wir Männer wissen schon lange, wie toll das ist! Schließlich haben wir irgendwann mal unsere eigene Unabhängigkeit aufgegeben, um mit euch zusammen zu sein! Und was ist der Dank? Ihr schmeißt alles hin, lasst uns bezahlen und genießt eure eigene Unabhängigkeit. »Es gibt keinen, nach dem ich mich richten muss.« – »Ich kann selbst bestimmen, was ich unternehme und was ich tue.« Stimmt genau! Aber dann lassen wir es doch besser gleich, oder?

7. Warum haltet ihr uns vom Job ab?

»Wenn ich solo gewesen wäre, hätte ich die tollste Karriere hingelegt. Lauter Idioten sind an mir vorbeigezogen. Aber ich hatte keinen Bock mehr auf die ständigen Auseinandersetzungen mit meiner Frau. Warum ich Überstunden mache, warum ich so spät nach Hause komme, ob ich meinen Job mehr liebe als sie, warum ich mich nie ums Kind kümmere und so. Das hat mich echt genervt. Da bin ich im Job dann kürzergetreten. Das Ergebnis ist echt super. Sie hat mich nämlich wegen eines Kollegen verlassen, der erfolgreicher ist als ich. Das Kind hat sie auch mitgenommen.« (Gerald, 32, Finanzberater)

So krass läuft es natürlich nicht in allen Beziehungen ab. Erstaunlich ist aber, dass viele Männer sagen: Ich wäre beruflich heute schon viel weiter, wenn es meine Frau oder Freundin nicht gäbe. Sie bremst mich mit ihren Ansprüchen. Sie will eigentlich zwei Männer in einem: Den entspannten Lebenskünstler *und* den Karrieremacher. Wie soll ich das aber unter einen Hut kriegen?

Die Klage, dass Frauen ihre Männer beruflich bremsen, ist weit verbreitet. »Das passiert ja nicht so direkt, also ich meine: Sie setzt sich nicht hin, will mit mir reden und macht einen Plan oder so«, schildert Verlagskaufmann Michael (38). »Damit könnte ich ja noch leben. So machen wir es in der Firma bei unseren Meetings ja auch, wenn es mal ein Problem gibt. Nein – das geht schleichend vonstatten. Sie ist demonstrativ auf dem Sofa eingeschlafen, wenn ich spät nach Hause kam, oder sie machte so kleine Bemerkungen nach dem Motto: Ist ja kein Wunder, wenn dir das Kind fremd ist, oder: Kannst ja gleich in der Firma bleiben. Greifbar ist das nicht. Denn wenn ich sie gezielt auf solche Spitzen angesprochen habe, dann ist sie ausgewichen und meinte, es sei doch alles in Ordnung! Nein, es ist eben nicht in Ordnung. Aber ich habe sie nie dazu gebracht, mal ganz klar Stellung zu beziehen.«

Männer beklagen ein weiteres Problem: Wenn beide berufstätig sind, wird ihnen die Hälfte von Haushalt und Kinderbetreuung abgefordert – obwohl sie nicht einfach nur noch halb so viel arbeiten können wie bisher. Die Gleichberechtigung scheitert in der Praxis: Zwei voll auf beruflichen Erfolg fixierte ehrgeizige Charaktere schaffen es nicht, auch noch ein entspanntes sinnerfülltes Privatleben zu gestalten. »Das war früher irgendwie besser«, meint Versicherungsvertreter Andreas (42). »Da waren die Rollen klar verteilt und die Frauen haben nicht so gestresst.«

Es gab mal einen alten Schlager, der hieß: »Ich will alles.« War das Gitte? Egal. »Ich will alles und zwar sofort. Ich will alles und noch viel mehr.« Das war ein damals sehr sympathischer weiblicher Aufschrei, und wir dachten doch alle: Recht hat sie! Aber was Frauen heute vergessen, ist: Alles gleichzeitig haben zu wollen, das funktioniert im Schlager, aber nicht in real life. Wer alles will (und zwar sofort), der wird alles verlieren. Uns Männern ist das klar. Wir verzichten auf vieles für die Partnerschaft: auf heiße Flirts und herrlichen Sex mit wechselnden blutjungen Frauen, auf nächtliches Angeln an einem stillen See mit dem besten wortkargen Freund, auf entspannte Saufgelage bis zum Morgengrauen, auf den einzigen Porsche, den wir schon unser Leben lang fahren wollten, auf Segeltörns mit ausschließlich männlicher Crew und harten Bewährungsproben für die ganze Mannschaft und allzu oft auch noch auf etliche Karrierechancen. Wir tun das für unsere Frauen. Und was ist das geplärrte Echo? »Ich will alles und noch viel mehr!«

8. Warum gebt ihr so viel Geld aus?

Alle Männer möchten gern großzügig sein. Aber viele haben das unbestimmte Gefühl, mit einer Geldvernichtungsmaschine zusammenzuleben. Sie wissen nicht, wo ihr Geld bleibt. Und sie sind fest davon überzeugt, dass sie ohne Partnerschaft mehr in der Tasche hätten. Ja – sie sehnen sich sogar nach der Zeit zurück, als sie nur für sich selbst verantwortlich waren und eine solide Deutsche Mark noch eine solide Deutsche Mark war. Heute ist sie durch den Euro ohnehin schon halbiert; davon gibt die Frau auch noch das meiste aus – es bleiben ein paar Cent für ihn übrig, und das quält ihn. Andererseits genießen Männer den Komfort einer hübsch eingerichteten Wohnung, die Attraktivität ihrer Frau und dass es den Kindern an nichts mangelt. Dass all dies Geld kostet, ist ihnen nicht unbedingt bewusst. Es bleibt ein diffuses, unbestimmtes Gefühl von Unzufriedenheit mit der finanziellen Situation. Geld ist eine der Hauptursachen für männliche Verstimmtheit und für das Gefühl: Es war ein Fehler, dass wir uns zusammengetan haben.

»Ich habe keine Ahnung, wo unser Geld bleibt«, beklagt Max (52), ein Malermeister aus Bayern. »Es rutscht meiner Frau so durch die Finger, jedenfalls glaube ich das. Nicht, dass sie ständig größere Anschaffungen macht oder jede Woche shoppen geht. Es sind die kleinen Summen. Immer frische Blumen, mal wieder zu viel Aufschnitt gekauft und die Hälfte weggeworfen, hier ein neues Zeitschriften-Abo, da ein übertuertes Mitbringsel: Kleinvieh macht ja auch Mist ... Ich mag nicht darüber streiten, hab mich halt damit abgefunden.«

Nun mag es aus weiblicher Sicht etwas lächerlich sein, wenn Männer über zu viel Aufschnitt im Kühlschrank klagen (obwohl: Warum friert sie den Rest nicht ein?). Symptomatisch für den Zustand vieler Beziehungen ist aber, dass dieser Maler mit seiner Frau nicht einmal darüber reden mag (»hab mich halt damit abgefunden«). Frauen würden staunen, was Männer alles registrieren und was sie ärgert – wenn sie es jemals erfahren würden!

Schlimmer als diesem Maler ergeht es aber einem seiner Kollegen, der nach sieben bitteren Jahren keinen anderen Weg mehr sah, als sich scheiden zu lassen: »Alles war billiger als diese Ehe«, erinnert er sich. »Sogar die ganzen Scheidungskosten und der Unterhalt, den ich jetzt zahlen muss. Sie hat immer nur gekauft. Die Schränke sind übergequollen. Schuhregale hatten wir nie genug; die Schuhe stapelten sich schon unterm Bett. Sie war maßlos. Manchmal hat sie nicht einmal mehr die Einkaufstüten aufgemacht. Sie hat sie einfach so in den Schrank gelegt. Und sie war nicht davon zu überzeugen, dass es so nicht weitergeht. Ich habe wirklich alles versucht, jahrelang. Dann brach die Konjunktur ein und ich konnte es einfach nicht mehr finanzieren. Sie hat aber so getan, als wenn es uns immer noch super ginge. Sie hat das einfach ignoriert, das muss man sich mal vorstellen! Am Schluss hab ich ihr ein Ultimatum gesetzt: Entweder hörst du jetzt auf mit dem Geldausgeben, oder wir trennen uns. Dann hab ich mich getrennt.«

Es sind nur wenige Fälle bekannt, in denen Männer dem Kaufrausch erliegen. Obwohl doch immer noch die Männer das meiste Geld ranschaffen, meistens jedenfalls. Nun kann man natürlich argumentieren, dass Frauen eben gefühlvoller und verletzlicher sind als Männer, dass sie schneller in seelische Tiefs geraten und dass sie deshalb eben mehr Trostpflaster brauchen, um aus diesen seelischen Tiefs wieder herauszukommen, ergo mehr einkaufen müssen, weil Einkaufen tröstet, aber was ist das denn für eine kranke Argumentation?

9. Warum wollt ihr immer dann Sex, wenn wir müde sind?

Man mag bei dieser Frage lächelnd den Kopf schütteln. Aber wenn ein Mann sie am Tresen stellt, jaulen alle anderen Männer auf: »Genau!« – »Du triffst den Punkt!« – »So ist es bei mir auch!« – »Das kann doch nicht wahr sein, oder? Ist aber so!« Da tut sich ein seltsamer Widerspruch auf. In diesem Buch (Kapitel 33) heißt es doch, dass Frauen eigentlich immer Lust auf Sex haben; nur sind es wieder einmal die dämlichen Männer, die nicht imstande sind, das richtige Ambiente zu schaffen (Zitat: »Drückende Sorgen machen die Scheide trocken, und wer das Maul nicht aufkriegt, der kriegt auch keinen geblasen«). Also: Warum ausgerechnet dann Lust auf Sex, wenn ihm schon die Augen zufallen?

Zwei Antworten wären denkbar. Die erste heißt: Männer sind fast immer müde. Deshalb kann die Frau ihre Verführungskünste zu jeder beliebigen Tages- oder Nachtzeit einsetzen: Die Chance, dass ihr Mann sich ausgerechnet dann ungewöhnlich kaputt fühlt, liegt bei gefühlten 90 %. Wahrscheinlicher ist aber die zweite Antwort: Frauen wollen sogar im Bett beim Mann ein schlechtes Gewissen erzeugen und werden deshalb immer dann zutraulich, wenn er schon fast einschläft –

nach dem Motto: Siehste, *ich* wollte ja, aber *du* hattest wieder mal keine Lust. Sexualität wird von Frauen doch schon seit Jahrmillionen als Waffe eingesetzt. Im positiven Sinne (wenn sie was vom Mann möchten) und im negativen (wenn sie ihn klein machen möchten). Warum sollte das heute anders sein als vor Jahrmillionen? Aber wir Männer fallen seit Millionen Jahren auf diese weibliche Trickserei herein und haben ein schlechtes Gewissen, wenn wir mal nicht gekonnt haben oder mit den Gedanken irgendwie woanders waren. Frauen haben ihre Migräne. Wir haben das Problem.

10. Warum lasst ihr euch gehen?

Das ist nun ein ernsthafteres Problem, das Männer so beschreiben: »Sie hat es einfach nicht mehr nötig, glaubt sie. Früher hat sie sich für mich zurechtgemacht, heute läuft sie rum wie eine Schlampe.« Oder: »Man will doch auch was zu gucken haben. Ist das vielleicht schön, so im Morgenrock mit Lockenwicklern oder gar nur in Höschen und BH am Frühstückstisch?« – »Ich erwarte ja gar nicht, dass sie eine Figur hat wie eine 20-Jährige. Aber sie könnte doch ein bisschen darauf achten, was mit ihrer Figur passiert. Mal Fitness machen oder so. Alles hängt.«

Wenn »alles hängt«, werden Männer traurig. Wie ihre Frauen optisch wirken, ist für sie ein wichtiges Thema. Haben sie Grund, auf den Körper ihrer Frau stolz zu sein, so werden sie das immer wieder kundtun. Haben sie keinen Grund dazu, so werden sie das über Jahre hinweg verschweigen und still darunter leiden. Erst in diesen Männerrunden, in denen Alkohol die Hemmschwelle senkt und die Zunge löst, reden sie sich ihren Kummer von der Seele. Nicht so direkt nach dem Motto »Habt ihr euch die Hängetitten von meiner Alten eigentlich schon mal näher angeschaut?« – nein, so primitiv sind Männer nicht. Sie ergehen sich stattdessen in wehleidigen Beschreibungen der Weiblichkeit als solcher, ohne direkt auf ihre eigene Partnerin Bezug zu nehmen.

Das ist übrigens einer der Gründe, warum in sog. »Stammtischgesprächen« derart viele Vorurteile und Klischees bedient werden: Die Herren meinen ihre eigene Beziehung, aber weil sie sich deswegen schämen, schwadronieren sie lieber pauschal über »die Frauen als solche«. Es ist aber tatsächlich erstaunlich, wie die Ehe viele Frauen optisch negativ verändert. Und nicht nur optisch! Auch ihre Stimmlage ändert sich. Vor der Ehe ist ihre Stimme sanft, und nach einigen Jahren wird sie zickig, schrill, irgendwie höher, man mag sie einfach nicht mehr hören. Sie lamentieren, sie kritisieren, sie sind schon morgens nicht gut, aber dafür sind sie abends besonders schlecht gelaunt. Der brave Ehemann versucht, sich jeweils auf die Stimmungslage seiner Frau einzustellen, aber was soll er tun? Wenn er schweigt, ist er ein wortkarger Depp. Wenn er redet, sagt er was Falsches und bekommt die volle Ladung. Er ist eine arme Sau.

11. Warum haben wir an allem Schuld?

Männer haben viel zu tragen. Die Last der Verantwortung für Frau und Kinder auf der einen Schulter. Die andere wird niedergedrückt von den unsäglich hohen Anforderungen, die ihr Chef an sie stellt. Zwischen beiden krummen Schultern drückt nun noch ein weiterer Sack: das ewig schlechte männliche Gewissen. Und für das machen sie ihre Frauen verantwortlich. Wie man allerdings ehrlich zugeben muss, nicht ganz ohne Grund. »Wenn bei uns irgendwas nicht so funktioniert, ob das nun was mit dem Haus ist oder mit den Kindern, ist meine Frau ein lebender Vorwurf«, beklagt sich Heiner (46), der ein kleines Taxiunternehmen in einem Hamburger Vorort betreibt. »Natürlich wollte sie das Dach schon letztes Jahr decken lassen, aber ich habe es aus Geldgründen verschoben. Nun haben wir den Salat und es regnet durch. Siehste … Oder die Zensuren von unserem Ältesten. Sie wollte, dass er vom Gymnasium auf die Realschule wechselt, ich hab ihn aber lieber eine Ehrenrunde drehen lassen. Jetzt schafft er es wieder nicht. Siehste …«

In der Gesprächsrunde zum Thema »Schlechtes Gewissen« sitzt auch ein Amtmann vom örtlichen Tiefbauamt. Der sagt: »Frauen sind doch eigentlich immer gereizt und wir Männer versuchen, ihnen die schlechte Laune zu nehmen. Wenn das nicht gelingt, sind wir daran auch noch schuld. Das ist ein Teufelskreis, aus dem wir gar nicht mehr rauskommen.« Sein Gegenüber ist bei der T-Com und meint: »Oder wenn ich angeln gehe! Früher hat sie das akzeptiert und sich sogar gefreut, wenn ich mal etwas nur für mich alleine mache. Heute heißt es:

Na dann geh doch. Nicht so direkt, aber es klingt so. Alles ist ein stillschweigender Vorwurf, und ich sitze dann da und angele, aber es macht mir keinen Spaß mehr.« Frauen mögen dazu eine ganz andere Meinung haben. Aber dieser Teil des Buches hat den Zweck, die männliche Sichtweise darzustellen. Auch wenn sie hier und da subjektiv und ungerecht sein mag. Warum also haben Männer immer an allem Schuld?

Es ist ja typisch weiblich, sich immerzu für alles entschuldigen zu müssen. Ein schlichter Satz wie »Kommt nicht wieder vor« ist nicht gerade weiblich. So spricht ein Mann. Frauen rechtfertigen sich, erklären, haben tausend Gründe vorzuschieben, wollen Verständnis und Mitleid. Weil sie sich aber ständig »ent«schuldigen und die »Schuld« keinesfalls »auf sich sitzen lassen« wollen, sucht sich die Schuld natürlich einen neuen Landeplatz, denn irgendwo muss sie ja hin. Also? Setzt sich die Schuld, von der Frau listig dorthin geschickt, direkt auf den Mann. Zwei, drei kleine Sätze, einige Spitzen, gemischt mit Vermutungen und unbewiesenen Verdächtigungen, und schon ist sie dort festgezurrt und startet auch nicht wieder. Wir haben die Arschkarte. Mal wieder.

12. Warum seid ihr so pampig zu uns?

Wenn Männer »pampig« sagen, dann meinen sie vielleicht: selbstbewusst, auf gleicher Augenhöhe, vielleicht sogar argumentativ besser – aber auf jeden Fall irgendwie bedrohlich. Jedenfalls »anders als früher« (das sagen auffallend viele Männer über ihre Frauen). Nicht alle Männer sind weiblichen Widerspruch gewöhnt. Und sie empfinden – ohne groß darüber nachzudenken – als »pampig«, was ihren eigenen Standpunkt in Frage stellt. »Als wir geheiratet haben vor 26 Jahren, da hat sie immer nur genickt«, beklagt Hans-Heinrich (51) aus Leverkusen. »Also ich habe gesagt, wo's langgeht, und das wurde dann so gemacht. Aber jetzt hat sie eine Freundin, die sie aufstachelt. Plötzlich mache ich alles falsch. Beim geringsten Anlass geht sie hoch. Immer hat sie Widerworte. Sogar was im Bett läuft, wird kritisiert. Dabei habe ich 25 Jahre überhaupt keine Klagen gehört.«

Ähnlich verzweifelt und hilflos steht auch Volkmar (44) vor den bröckelnden Grundfesten seiner Beziehung: »Warum hat sie sich so verändert?«, fragt sich der Busfahrer in stillen Stunden und hat diese Erklärung: »Die Medien sind schuld. Wenn ich so in den Frauenzeitschriften blättere, die bei uns herumliegen, dann geht es doch immer nur gegen Männer. Frauen, die da vorgestellt werden, haben es grundsätzlich alleine geschafft. Tough sind sie und stark, geschieden und trotzdem gut drauf, Single aus Überzeugung und voll im Job drin.

Da wird signalisiert: Mädels, es geht auch ohne Männer! Ist es denn nicht ganz logisch, dass sich die Frauen daran orientieren? Welche Zeitschrift hat schon mal eine glückliche Hausfrau und Mutter vorgestellt? Das ist auffällig! Meiner Meinung nach wird in den Medien gegen die Familie gehetzt und wenn sie mal positiv vorkommt, dann nur mit diesem ewigen »obwohl«: *Obwohl* die Frau berufstätig ist, *obwohl* sie ihren eigenen Weg geht, *obwohl* sie erst abends spät nach Hause kommt. Ich finde es nicht gut, dass meine Frau sich verändert hat und immer gegen alles ist. Aber ich kann es verstehen, denn sie ist ja auch ein Medienopfer.« Na super, Volkmar: Jetzt sind mal wieder die Medien an allem schuld – sogar auch daran, dass du mit deiner Frau nicht mehr klarkommst?

13. Warum seid ihr nicht mehr so zahm wie früher?

Es ist erstaunlich, was für ein vorgestriges Frauenbild in den Köpfen vieler Männer herumspukt. Sie beobachten eher hilflos, wie ihnen die eigene Frau zu entgleiten scheint, anstatt ihren Weg unterstützend und freudig zu begleiten. Männer unter sich lassen eher deprimierte als stolze Satzbrocken fallen, wenn sie über ihre Frauen sprechen. Die klingen dann oftmals so: »Sie macht jetzt halt, was sie will«, »sie möchte sich wohl selbst verwirklichen«, »ich weiß doch auch nicht, was mit ihr los ist«, »da kannste nichts dran ändern«, »die sind eben so« und »das ist die heutige Zeit«. Vielleicht muss an dieser Stelle auch einmal erwähnt werden, dass es natürlich Gegenbeispiele gibt, vor allem in der jüngeren Generation der heute 30- bis 40-Jährigen. Trotzdem haben es viele Frauen offenbar versäumt, ihre Männer auf dem Weg in die Eigenständigkeit mitzunehmen. »Ich weiß noch, wie ich früher immer gesagt habe: Mach doch auch mal was für dich, häng nicht immer an meinem Hosenbein!«, zieht Carlo (52) eine traurige Bilanz seiner jüngst geschiedenen Ehe, »und dann ist sie plötzlich abgegangen wie eine Rakete und hat sich überhaupt nicht mehr für mich interessiert.« Er hatte am Ende also die Frau, die er eigentlich immer wollte – nur konnte er mit den Konsequenzen so gar nicht umgehen. Man muss kaum erwähnen, wer die Scheidung vorangetrieben hat: seine Frau natürlich.

Was konkret meinen die Männer denn nun, wenn sie von »zahm« sprechen und beklagen, dass ihre Frauen nicht mehr so sind? Gerade Frauen, die vor 25–30 Jahren recht jung geheiratet haben (das war damals einfach so; seitdem hat sich unglaublich vieles – und auch das – verändert), schauten in den ersten Ehejahren zu ihrem meist etwas älteren und erfolgreicheren Mann auf. Dementsprechend himmelten sie ihn an. In den 70er Jahren des vorigen Jahrhunderts war es viel selbstverständlicher als heute, dass eine Frau »über ihren Stand«, also »nach oben« heiratete. Es gab eine klare Rollenverteilung. Der Mann hatte zumindest dem Anschein nach das Sagen; die Frau hingegen war (oder gab sich) »zahm«. Sie übernahm zum Beispiel ganz selbstverständlich seine politischen Ansichten, sie hielt ihm Haushalt und Kinder vom Hals, und wenn sie arbeitete, dann »nebenbei«. Zwar waren die 68er vorbei, aber viel davon war nicht an der Basis angekommen. Im Gegenteil: Die klassischen Jung-Ehen in den 70er Jahren unterschieden sich nicht so wahnsinnig von den Ehemustern der damaligen Elterngeneration. Frauen, die heute um die 50 sind, haben erst später (nicht zuletzt auch durch den Einfluss der Medien; da hat der Ehemann aus dem vorigen Kapitel durchaus Recht) ihre eigene selbstbestimmte Rolle im Leben gefunden und konsequent damit begonnen, sie auch zu spielen – ob mit oder ohne Begleitung ihres Mannes, der allzu oft auf der Strecke blieb, keine Motivation mehr zur Weiterentwicklung hatte, nicht bereit zur Übernahme von zusätzlicher Verantwortung war und sich keineswegs erfreut zeigte, dass er es nun plötzlich mit einer »neuen«, einer »anderen« Frau zu tun hatte. Man könnte es stark verkürzt auch so ausdrücken: Die Frau hat sich weiterentwickelt, der Mann hingegen ist stehen geblieben, und darum sitzt er jetzt da und jammert und lamentiert und weint seiner ehemals so »zahmen« Frau hinterher, die er leider nicht mehr wiedererkennt und die er zum letzten Mal vorm Scheidungsrichter gesehen hat. Da wurde ihr dann auch noch ein monatlicher Unterhalt und die Hälfte von allem zugesprochen, wofür er sein Leben lang gearbeitet hat.

14. Warum schmeißt ihr beim kleinsten Problem alles hin?

Eine bisher nicht ausreichend erforschte und wissenschaftlich begründete Tatsache ist, dass Männer in der Beziehung heute den konservativen, den »Bewahrer«-Part übernehmen, während die Frauen eher zum Aufbruch neigen. Man kann also nur spekulieren und zunächst einmal feststellen, dass es früher umgekehrt war. »Bei jedem kleinen unwichtigen Ehestreit stellt sie sofort die Grundsatzfrage nach dem Motto: »Dann geh doch!« So als wenn sie nur darauf wartet«, beklagt sich Ulf (56), der als Barkassenführer im Hamburger Hafen arbeitet. »Ich würde mein Schiff doch auch nicht versenken, nur weil es ein Problem mit der Maschine hat. Sie scheint gar nicht daran interessiert zu sein, dass wir uns auseinandersetzen. Sie will die Regeln aufstellen und ich soll mich daran halten, und wenn nicht – geh doch, wenn's dir nicht passt.«

Eine nicht zu leugnende Tatsache ist ja auch, dass Frauen heutzutage eine Trennung weder aus sozialen noch aus finanziellen Gründen scheuen müssen. Ganz anders als die Generation ihrer Großmütter stehen sie als Geschiedene nur unwesentlich schlechter da. Sie nagen nicht am Hungertuch und sind gesellschaftlich nicht geächtet: Heute ist die Scheidung für Frauen der Vollzug einer scheinbar normalen Entwicklung, die ihre Freundinnen längst hinter sich haben und von denen sie freudig begrüßt werden: Welcome to the club.

»Ich würde mich niemals von meiner Frau trennen, aber sie würde das andersherum durchaus tun«, sagen die Männer traurig und wirken dabei hilflos. Sie fragen sich verzweifelt: Warum ist meine Frau bereit, beim kleinsten Problem alles hinzuschmeißen?, und verkennen dabei natürlich, dass es sich meistens durchaus nicht um ein »kleines« Problem handelt. Sondern – im ersten Teil dieses Buches wird das einleuchtend erklärt – sie sehen nur das Symptom, den kleinen Anlass des Streites. Sie verkennen aber, dass Frauen (typisch weiblich) einen kleinen Anlass aufbauschen und aus der Mücke einen Elefanten machen, um auf das Grundsatzproblem der Beziehung hinzuweisen. Auch das ist eines der vielen Missverständnisse zwischen Mann und Frau. Aber eigentlich könnte es doch alles so einfach sein.

15. Warum schaut ihr nicht mehr zu uns auf?

Zugegeben: Es gibt intelligentere Fragen als diesen naiven Aufschrei der waidwunden männlichen Seele. Und natürlich wird diese Frage nicht direkt gestellt, wenn Männer *mit* ihren Frauen reden. Aber wenn sie untereinander *über* Frauen reden, wird eins deutlich: Der Mann als solcher hat durchaus ein Problem damit, dass seine Frau ihn nicht gerade (oder nicht mehr) für einen zweibeinigen Brockhaus hält.

Frauen verstehen nichts von Politik, nichts von Wirtschaft und nichts von Fußball: Als das noch so schön einfach war, hatten die Männer ein Erfolgserlebnis nach dem anderen. Sie konnten der Frau die Welt erklären. So ist das heute nicht mehr. Wer traut sich, mit Bush ein ernstes Wörtchen über Guantánamo zu reden? Wer zieht Putin wegen Tschetschenien die Ohren lang? Wer trifft sich in China mit Menschenrechtlern bzw. im Kanzleramt mit dem Dalai Lama und pfeift auf deutsche Wirtschaftsinteressen? Eine Frau! Wer krempelt die Familiengesetze um und setzt sich gegen lauter Männer durch? Eine Frau. Wer denkt auch mal quer und fordert frech die Sieben-Jahres-Ehe, auch wenn man das mit gutem Grund für irre halten mag? Eine Frau.

Von Bill Clinton spricht heute keiner mehr; aber als dieses Buchkapitel geschrieben wurde, kämpfte seine Frau gerade um das Präsidentenamt. Der Generalbundesanwalt war zu der Zeit eine Generalbundesanwältin, und selbst der wichtigste Mann bei RTL war eine Frau. Da kann man schon schwermütig werden, so als Mann. Um auf die Frage aus der Überschrift zurückzukommen: Die ist natürlich leicht zu beantworten, und zwar so: Frauen haben sich weiterentwickelt. Männer sind stehen geblieben. Aber sagen Sie das mal einem Mann.

Zweites Kapitel

WAS MÄNNER AN
IHREN FRAUEN SUPER FINDEN

16. Danke, dass ihr so viel Verständnis habt!

Es gibt ja zum Glück nicht nur saumäßige Ehen, in denen man ausschließlich aneinander herummäkelt und eigentlich überhaupt nicht mehr miteinander kommuniziert. Dieses Kapitel handelt von Männern, die irgendetwas an ihren Frauen richtig gut finden. »Was ich an meiner Frau toll finde, ist: Sie hat für jeden Scheiß Verständnis, der mir so einfällt«, sagt Jan (44), der in der Gegend von Husum private Klärgruben von drei auf vier Kammern erweitert und damit eine Menge Geld verdient (er ist im Kreise seiner Kumpels deshalb der Einzige, der dieses neue EU-Gesetz eisern verteidigt).

»Wenn ich mir eine Harley kaufen will, sagt sie: Mach doch. Aber denk daran, dass die Große nächstes Jahr Abi macht und studieren will. Mehr sagt sie nicht. Wenn ich dann mit meiner Harley losbrettere, mal nach Norddeich oder Schleswig oder so, dann begrüßt sie mich hinterher strahlend: Na Schatz, wie war's? Kein Vorwurf, nichts. Sie sagt: Ein Mann muss tun, was ein Mann tun muss. Sie ist sicher auch ganz froh, wenn sie mal alleine ist, weil sie sich dann ungestört um ihre Sachen kümmern kann. Sie klammert nicht so wie die Frauen von meinen Kumpels. Das finde ich toll. Oder ich wollte mir unbedingt eine Werkstatt in der Garage einrichten, obwohl ich ja 1000 m² Werkstatt in der Firma habe. Da hat sie nur gesagt: Dann musst du aber im Winter meine Scheiben freikratzen, Schatz. Das hab ich ihr versprochen, und jetzt hab ich meine Werkstatt. Wenn eine Frau Verständnis für einen hat, das ist gut.«

Männer bekommen glänzende Augen, wenn sie von ihren Frauen erzählen, die »Verständnis« für sie haben. Und wer nicht so eine hat, der hört sich das neidvoll an, trägt allerdings nur wenig zur Debatte bei. Männer neigen nicht dazu, die Konfrontation mit ihren Frauen zu suchen. Sie verzichten lieber, anstatt zu streiten. Deshalb wissen sie den Wert einer verständnisvollen Frau so sehr zu schätzen. Und mit »verständnisvoll« meinen sie: Die Frau lässt sie einfach ihr Ding durchziehen, freut sich vielleicht sogar mit, teilt dies und jenes nicht unbedingt, steht aber nicht im Wege. Und sie mäkelt nicht daran herum.

Einen guten Weg haben Christian und Mona gefunden. Beide waren schon einmal verheiratet und haben sich vorgenommen, jetzt die ultimativ haltbarste Ehe aller Zeiten zu führen. Ihr Credo lautet:

Ich bin nicht du, du bist nicht ich. Du bleibst du, ich bleibe ich. Wir werden nie versuchen, den anderen zu verändern. Im Gegenteil: Wenn einer den anderen verändern will, dann wird der sauer und sagt stopp. Beide sind berufstätig. Die jeweils eigenen Kinder sind inzwischen halb- bis ganz erwachsen. So haben sie viel Zeit für sich selbst. Sie sehen sich manchmal den ganzen Abend nicht: Er werkelt im Keller, sie trifft sich mit Freundinnen. Aber niemals lassen sie einen Abend ausklingen, ohne in der Küche bei Kerzenlicht miteinander zu reden. Sie interessieren sich füreinander. Sie haben Verständnis für die Bedürfnisse des anderen. So läuft's jetzt schon im achten Jahr, und es läuft wunderbar.

17. Danke, dass ihr loyal zu uns steht!

Es gibt für Männer nichts Schöneres als eine Frau, die »loyal« ist. Das heißt: Sie meckert nicht herum, wenn es mit der Karriere hapert, wenn andere cleverer sind oder in der Firma an ihm vorbeiziehen. Sie hält unverbrüchlich zu ihrem Mann und baut ihn immer wieder auf. Sie verlangt nichts (außer Loyalität). Sie macht ihn niemals vor anderen klein, hütet sich in Gegenwart von anderen vor Kosenamen und tut wenigstens so, als wenn er der Boss in der Beziehung sei.

»Auf meine Frau kann ich mich hundertprozentig verlassen« ist die schönste Liebeserklärung, zu der ein Mann imstande ist. Mehr Liebe geht aus Männersicht nicht. Sven ist ein Kumpel von dem bereits erwähnten Jan und von Beruf Land- und Gartenbauer; er macht die Löcher in den Gärten wieder zu, die Jan gegraben hat. Sven sagt es so: »Was will ich denn von einer Beziehung? Wozu brauche ich sie überhaupt? Wir haben keine Kinder, sind also keine Zweckgemeinschaft zur Aufzucht und Pflege von Nachwuchs. Ich könnte ebenso gut alleine leben. Womöglich mit wechselnden Frauen und quasi mit mehr Spaß sogar. Aber warum habe ich nur eine und bleibe auch bei der? Weil ich einen Halt habe. Eine Frau, auf die ich zählen kann. Die loyal ist und mich aufbaut, wenn es mir schlecht geht. Die hundertprozentig hinter mir steht. Siehst du: Das ist Grund genug, verheiratet zu sein.«

18. Danke, dass ihr uns manchmal verführt!

Tja, Sex ist immer noch ein Riesenthema. Obwohl doch eigentlich schon alles über Sex gesagt ist. Auch in diesem Buch. Aber wenn man mit Männern spricht, kommen sie irgendwann ganz von selbst darauf zu sprechen.

Man trifft in der Regel zwei verschiedene Männertypen an. Der eine Typ wünscht sich so sehr, dass seine Frau mal wieder so wie früher die Initiative beim Sex ergreift. Und der andere hat eine Frau zuhause, die genau das tut. Die Ersten wirken immer ein bisschen traurig. Die zweite Kategorie ist hingegen gar nicht wortkarg, wenn es gilt, die Qualität ihrer Frauen zu betonen. Nicht, dass sie intime Einzelheiten ausplaudern würden! Aber durch die Blume betonen sie durchaus, dass ... Es klingt dann ungefähr so.

»Alter, gestern war ich vielleicht kaputt, bin doch glatt beim Fernsehen eingeschlafen. Na ja, die ganzen Überstunden und so, du weißt ja ... Mannomann, ich hätte echt durchpennen können. Aber du kennst ja meine Karin, also du kennst sie so natürlich nicht, aber ich sage dir ... Da kommst du nicht in den Schlaf ... Um fünf hat sie Licht ausgemacht. Um fünf! Und um sechs musste ich wieder raus!« Solche Sätze klingen stolzer als die Schilderung des neuen Autos und sind wahrscheinlich übertriebener als die Beschreibung der Riesenbeute am letzten Angeltag, aber sie zeigen die kindliche Freude des Mannes, der eine sexuell aktive Frau sein Eigen nennt. Wie gesagt: Der eine hat sie – und der andere wünscht sie sich.

19. Danke, dass ihr so selten sauer seid!

Stets schlecht gelaunte Frauen liebt der Mann wie Zahnweh. Umso glücklicher ist er, wenn er eine lustige Frau hat. Sprechen Männer über ihre Frauen, wird das besonders häufig erwähnt. »Ich habe die tollste Frau der Welt«, sagt Erik (37, Lagerarbeiter). »Weil sie so lustig ist. Niemals schlecht gelaunt. Sie nimmt mir auch nichts übel. Ich habe sie noch nie so richtig sauer erlebt. Klar, manchmal hat sie was zu schimpfen, aber das hält nie lange an. Sie kann das gar nicht, lange böse sein. Schon kommt sie an und fragt, ob alles wieder gut ist. Sie hat so eine Grund-Fröhlichkeit, und die ist, glaub ich, das Fundament von allem.« Das Fundament von allem ...

Es gibt (aus Männersicht) tatsächlich Frauen, denen jedes kleine Problem gleich auf die Stimmung drückt. Natürlich werden Frauen aufschreien: Und warum ist das so? Wer ist denn schuld daran? Wer macht uns denn schlechte Laune? Aber dieser Denkansatz ist vielleicht überprüfungswürdig. Weil ein Problemchen, das der Mann erzeugt haben mag, erst durch die schlechte Laune der Frau zum richtigen Problem wird. Ausgeglichene Frauen jedenfalls leben nicht nur länger – sie lieben auch länger. Und sie werden länger geliebt.

20. Danke, dass ihr uns bemuttert!

Frauen verdrehen bei dieser Überschrift die Augen, denn sie haben nicht unbedingt Lust dazu, ihre Männer zu »bemuttern«. Aber wenn sie sich ein bisschen so wie ihre eigenen Großmütter verhalten würden, hätten sie glücklichere Männer. »Das Schönste ist, wenn ich nach Hause komme und sie hat Gulasch gemacht«: Dieser Satz (aus dem Bestseller »Wie Männer ticken«, Verlag Schwarzkopf & Schwarzkopf) ist geradezu klassisch für den heutigen (und gar nicht so zeitgemäß »tickenden«) Mann.

Frauen, in denen ein Stück Krankenschwester steckt, haben die besseren Chancen bei Männern. Das ist ganz klar und kann so stehen bleiben. Es ist dann auch ganz egal, ob ihre Frauen die Ideal-Figur haben, was doch immer für so wichtig gehalten wird: Der Mann wird immer ihre »eigentlichen«, ihre »inneren« Werte sehen, und für ihn bestehen sie nach wie vor darin, dass sie ihn so lieb umsorgt, wie das seine Mutter früher gemacht hat. Das klingt antiquiert und überholt und ist gleichzeitig wahnsinnig aktuell – wenn man mit Männern ehrlich redet und sie endlich einmal zu Wort kommen dürfen, äußern sie sich jedenfalls extrem positiv über ihre »bemutternden« Frauen. Männer hingegen, die nicht von ihren Frauen »bemuttert« werden, verfallen bei solchen Debatten in tiefe Trübsal und halten sich aus der Diskussion heraus. Bei unseren Interviews haben wir jedenfalls keinen Mann getroffen, der sinngemäß gesagt hätte: Ich will nicht, dass meine Frau mich umsorgt und bemuttert, denn sie ist eine emanzipierte Frau, und ich kann mich um mich selber kümmern. Nein! So denken die Männer nicht. Sie freuen sich ehrlich, wenn sie sich auch mal gehen lassen dürfen und ihre Frauen die Regie übernehmen. Schnupfen? Tee mit Rum! Grippe? Kalter Wickel! Verspannungen? Massage! Misserfolg? Guter Sex! Fieser Chef? Dann bitte wenigstens zu Hause angehimmelt werden, mindestens aber gelobt! Das braucht der Mann. Das macht ihn froh. Das hält ihn bei der Stange, und das lässt ihn (nebenbei erwähnt) auch langfristig treu bleiben.

21. Danke, dass ihr so viel mit uns lacht!

Eine fröhliche Frau ist eine gute Frau. Aus Männersicht ist das die ultimative Formel für eine lebenslang gute Partnerschaft. Männer sind eigentlich lustige Wesen. Sie freuen sich gern. Deshalb lieben sie Frauen, die gut drauf sind. Sie möchten keinesfalls Stress und ernsthafte, schwierige Debatten. Sie sind so einfach und leicht zu berechnen! »Wenn ich mal richtig schlecht drauf bin, dann hat meine Alte garantiert extrem gute Laune und reißt mich mit«, schildert Frank (38), der einen Laster der Stadtreinigung in Hannover fährt.

»Das finde ich geil, das baut mich auf. Wenn sie sich auch noch hängen lässt, dann wären wir ja beide schlecht drauf, und dann ist Zoff. Aber irgendwie steuert sie immer gegen. Ich bin gut drauf – sie geigt mir die Meinung. Ich bin schlecht drauf – sie ist total fröhlich und lacht sich kaputt. Mensch, wir sind schon 13 Jahre zusammen, und es ist immer noch nicht langweilig.« – »Ja«, sagt sein Freund Andreas (44), den er aus seiner Stammkneipe im Stadtteil List kennt: »So ist das bei mir auch. Ich verstehe gar nicht, warum sich so viele scheiden lassen. Lachen ist doch das Wichtigste überhaupt. Und wenn meine lacht, dann wackelt die Wand, das sag ich dir. Da kannst du gar nicht mehr böse sein.«

22. Danke, dass ihr so gut für uns kocht!

Allein der Geruch von Bratkartoffeln mit Speck kann einen Mann davon abhalten, die Scheidung einzureichen. Auch, wenn er sonst viel zu klagen hat: Eine gute Küche bringt die Sache wieder ins Lot. Und wenn Sie jetzt sagen: Das kann nicht sein, so simpel sind Männer nun doch nicht!, dann kaufen Sie sich bitte das Buch »Wie Männer ticken«. Da wird eine Stammtischrunde beschrieben, in der es wieder einmal um des Mannes Lieblingsthema geht, das da lautet: »Wären wir nicht alleine viel besser dran?« Einer sagte tiefsinnig: »Die Ehe ist eine Institution zur Lösung von Problemen, die man ohne die Ehe gar nicht hätte.« Ein anderer: »Ja, man sollte alleine leben. Nie wieder Stress ...« Daraufhin sprach der Dritte: »Ach nee. Dann wäre ja keiner da, wenn man nach Hause kommt. Und es würde nie wieder so schön nach Gulasch riechen.« Dann schauten sie alle sinnend in ihr Glas.

»Sie hat ihre Macken, aber ihre Küche ist super«, sagt Paul (62) und schwärmt von den Koteletts seiner Frau sowie von der braunen Soße aus zerlassener Butter, die sie regelmäßig über den Blumenkohl zu gießen pflegt. »So viel, dass man mit den Kartoffeln drin matschen kann.« Paul sieht man die gute Küche seiner Frau an; ein Kostverächter ist er nicht. Er würde seine Ehe als glücklich bezeichnen, wenn ihn auch einiges stört: »Immer will sie reden«, fällt ihm als Erstes ein. Und: »Sie ist kaufsüchtig, glaub ich.« Als Maßstab, was denn »kaufsüchtig« sei, nimmt er seine eigenen Ansprüche: »Ich trag mein Paar Schuhe schon fünf Jahre und außer einem Absatz war noch nie was dran.« Seine Frau hingegen besitze »mindestens 15 Paar«. Sie habe vor Jahrzehnten auch mal was mit einem Nachbarn angefangen, sagt er dann düster. Beweisen könne er es zwar nicht, und sie bestreite es auch seit Jahrzehnten heftig, »aber man hat ja Augen im Kopf«. Dann kommt er aber schon wieder auf kulinarische Themen zu sprechen und seine Miene erhellt sich: »Sie macht Schwarzbrotstreifen in die Rinderroulade«, verrät er mit glänzenden Augen, »und Speck und Zwiebeln und Gurken«. Der Eindruck, dass Paul und seine Frau nicht mehr so wahnsinnig viel gemeinsam haben, drängt sich beim Gespräch auf. An Trennung hat er trotzdem nie gedacht: »Ihre Küche ist super«, wiederholt er.

23. Danke, dass ihr uns so oft lobt!

Viele Erfolgserlebnisse hat ein Mann heute nicht mehr. Als Leitwolf ist er überflüssig, als Ernährer ist er austauschbar, und in der Firma zieht wahrscheinlich gerade ein Jüngerer oder (noch schlimmer) eine

Frau an ihm vorbei. Von Selbstzweifeln geplagt und von depressiven Gedanken niedergedrückt, tritt er nach einem arbeitsreichen Tag den Heimweg an und fragt sich noch in der Straßenbahn, ob das Wort »Loser« seine eigene Existenz nicht ziemlich zutreffend beschreibt. Er mag sich selber nicht richtig leiden.

Wie wundervoll, wenn er jetzt zu Hause von seiner eigenen Frau gelobt wird! Diesbezüglich scheinen Männer ein gravierendes Defizit zu haben. Jedenfalls erzählen sie derart glücklich von vollkommenen Banalitäten, dass man ernsthafte Rückschlüsse auf ihr unterentwickeltes Selbstwertgefühl ziehen könnte. »Drei Tage hab ich an dem Regal gearbeitet. Und weißt du, was sie gesagt hat? Toll, hat sie gesagt! Toll!« (Karl, genannt Kalle, Taxifahrer in Bremen) Er sagt nicht: »Da arbeite ich drei Tage wie ein Bekloppter, und außer ›toll‹ fällt ihr nichts ein.«

Nein: Er ist überglücklich, dass sie überhaupt was Nettes gesagt hat und trompetet es heraus, als wenn er für sein selbst gebasteltes Regal das Bundesverdienstkreuz bekommen hätte. »Meine Frau schaut zu mir auf«, behauptet Sven, ein 27-jähriger Kfz-Mechaniker aus Halle. Fragt man nach dem Grund für diese Aussage, so muss er lange überlegen. Dann sagt er zögerlich: »Neulich hat sie gesagt: Wie du den Kinderwagen schiebst, das finde ich klasse.« Eher bescheiden sind auch die Ansprüche von Daniel, der als Einzelhandelskaufmann gerade einen riesigen Karriereschritt gemacht hat und seit einigen Wochen Filialleiter ist.

Seine Frau, so erzählt er, habe auf die freudige Nachricht mit dem Satz reagiert: »Ich bin stolz auf dich.« Das sei für ihn das Wichtigste an der ganzen Beförderung gewesen, sagt er lächelnd, »genau dieser Satz«, und am liebsten hätte er ihn konserviert: »Ein Plakat über dem Bett, wo drauf steht: Meine Frau ist stolz auf mich. Das sollte man eigentlich machen!«

24. Danke, dass ihr so bescheiden seid!

Es sind tatsächlich die alten Werte, die bei Männern wieder hoch im Kurs stehen. Man muss lachen, aber es stimmt! Sparsamkeit, kochen können, Fleiß und – Bescheidenheit sind Tugenden, die Männer toll finden an einer Frau. Und das bedeutet ja nicht, dass sie nur noch auf solche Werte abfahren (wir fanden durchaus mehr Männer, die die Karriere ihrer Frau lobten als welche, die sie am liebsten zu Hause an den Herd fesseln wollten). Aber es scheint doch eine Art Rückbesinnung zu geben auf das, was schon unsere Großväter an ihren Frauen zu schätzen wussten. Also, die Bescheidenheit:

»Meine Frau kann viel mehr, als sie zugibt. Wenn man sie fragt, wo sie arbeitet, sagt sie »beim Aldi«. Jeder denkt natürlich, dass sie da an der Kasse sitzt. Dabei ist sie im Aldi-Konzern die Stellvertreterin vom Personalchef oder irgend so was Ähnliches«, erzählt ein Mann aus der Karlsruher Gegend stolz. Er führt eine Wochenend-Ehe und weiß nicht sehr viel von dem, was seine Frau macht: »Wir sind zwei Singles mit Trauschein, aber es funktioniert. Schließlich sind wir schon fast 20 Jahre zusammen.« Befragt, welche Werte er sonst noch an ihr zu schätzen weiß, sagt er: »Sie macht nicht viel her von sich. Sie macht es einfach.«

»Meine Frau denkt an sich selbst zuletzt«, lobt Schiffsführer Bernd (39). Er lenkt die Autofähre zwischen dem Festland und einer nordfriesischen Insel; seine Frau ist Kindergärtnerin. »Sie verwaltet unsere Kohle und ich hatte noch nie ein Problem damit«, erzählt er. »Aber glaub man ja nicht, dass sie sich viel gönnt oder so. Nee: Erst kommen die Kinder, dann komme ich und dann kommt erst mal eine Weile gar nichts. Sogar an mein Hobby denkt sie manchmal; ich sammle nämlich alte Uniformteile. Da ist sie bei Ebay zugange und guckt, was sie findet, und manchmal überrascht sie mich mit irgendwas. Ihre Klamotten hübscht sie selber auf, da ist sie sehr begabt drin. Ganz selten kauft sie sich was Neues. Nee, sie ist nicht geizig, was sie selbst betrifft, nur einfach bescheiden. Und das liebe ich ganz besonders an ihr.«

25. Danke, dass ihr uns noch nicht rausgeschmissen habt!

Die Momente, in denen ein Mann sein eigenes Verhalten kritisch betrachtet, sind eher selten. Aber es gibt diese Momente. Die Qualität der eigenen Beziehung und was man als Mann künftig besser machen könnte, das war in den Gesprächen für dieses Buch jeweils am Ende der Diskussionsrunden ein großes, wichtiges Thema. Und es war erstaunlich, wie aktiv sich die sonst doch eher wortkargen Männer dazu äußerten. »Ich glaube nicht, dass ich es mit mir so lange aushalten würde«, sagt Marko, Fotograf aus Halberstadt. »Ich bin verschlossen, eigensinnig und stur. An ihrer Stelle hätte ich mich schon lange rausgeschmissen. Aber sie hält das gut aus mit mir.« – »Warum sie noch mit mir zusammen ist und sogar sagt, dass sie glücklich mit mir ist, das weiß ich eigentlich auch nicht«, so der selbstkritische Kommentar von Ottmar, einem Schlachter aus Halle. »Ich bin oft schlecht drauf oder übermüdet oder einfach fertig mit der Welt. Sie baut mich dann immer wieder auf und ist ein positives Element in meinem Leben. Sicher finde ich das gut, aber ich kann es nicht ganz verstehen, denn ich bin ganz sicher nicht der optimale Partner.«

Sehr oft kamen die Männer bei ihrer Selbstkritik auf Alkohol zu sprechen: »Ich trinke manchmal zu viel, sie mag das eigentlich nicht, aber sie lässt mich und redet mir nicht rein, das finde ich gut.« (Kurt, Maschinenführer in Castrop-Rauxel) »Sie hält es einfach aus mit mir und fährt mich sogar noch, wenn ich mal einen über den Durst getrunken habe. Wir sind 16 Jahre verheiratet und immer noch glücklich.«

Interessant ist ein Mann, der schon über 60 ist und in seinem Leben viermal geheiratet hat, also entweder ein Volltrottel oder ein ausgewiesener Experte für Partnerschaften sein dürfte. Hans hat sich viele Gedanken gemacht über Beziehungen und wie sie funktionieren könnten. Sein Fazit nach 40 Jahren zwischen Partnerschaft und Single-Leben, zwischen Liebe und Leid, zwischen Stress und Versöhnung, zwischen Vater werden, Kinder großziehen, Kinder verlieren und Kinder zurückgewinnen, zwischen dem Ende der letzten und dem Beginn der nächsten Beziehung lautet wie folgt: »Männer und Frauen passen durchaus zusammen. Aber nur, wenn sie vorsichtig miteinander umgehen.«

Drittes Kapitel

WOVOR WIR MÄNNER
WIRKLICH ANGST HABEN

26. Irgendwann krieg ich keinen mehr hoch

Diese Angst kann man kurz und knapp behandeln. Jede Frau weiß, dass sich Männer über ihre sexuelle Quantität (nicht Qualität!) definieren. Das heißt: Ein Mann, der oft kann, hält sich für einen richtigen Mann. Ein Mann, der weniger oft kann, hält sich für keinen richtigen Mann. So simpel ist das aus Männersicht. Es bedeutet in der Praxis, dass Männer eine durchgehende, tief verwurzelte Grundangst haben: Irgendwann krieg ich vielleicht keinen mehr hoch, und dann bin ich buchstäblich ein Schlappschwanz, so denken sie bei sich. Sie sprechen nicht darüber. Sie gestehen es sich vielleicht nicht einmal selber ein. Aber sie haben diese verdammte substanzielle Angst, die da lautet: Kommt er? Steht er? Oder ist heute der erste Tag vom letzten Teil meines Lebens?

Männer-Zitate dazu. »Alt werden ist, wenn ich keinen mehr hoch kriege.« – »Dann bring ich mich um, wenn es so weit ist.« – »Manchmal krieg ich keinen hoch – bloß, weil ich immer dran denken muss, ob ich einen hoch kriege.« – »Ich hab nichts dagegen, morgen gegen einen Baum zu fahren oder an Krebs zu sterben, aber bitte keine Impotenz.« Wenn man Männern so zuhört, ist es wie in einem indianischen Stamm, rudimentär und profan: Die aufgerichtete Lanze ist das Symbol des Siegers, und ein Mann ohne Lanze ist dem Gespött ausgesetzt. Wehe dem, dessen Lanze nicht mehr steht.

27. Vielleicht verliere ich ja meinen Job

Wenn das Schwinden der Potenz die eine Angst der Männer ist, dann ist der drohende Verlust des Jobs die nächste weit verbreitete und sehr ernst zu nehmende. So weit hergeholt ist sie ja nicht: Selbst Männer, die seit Jahrzehnten in ihrer Firma gute Arbeit leisten, müssen sich angesichts von Konzernzerschlagungen, von Rationalisierungsmaßnahmen und von überall herrschendem Jugendwahn ernsthafte Gedanken über die Zeit ihrer Rest-Berufstätigkeit machen. Aber auch jüngere Männer haben diese Angst. Beide Altersgruppen – ältere und jüngere – eint eins: Sie sorgen sich weniger um ihre eigene Zukunft als um ihre Beziehung.

Denn Männer finden es toll, wenn sie ihren Frauen »etwas bieten« können, wenn sie »etwas darstellen«, wenn sie »wichtig« sind und zu Hause »etwas zu erzählen« haben. Männer haben Angst davor, dass ihre Frauen sie nicht mehr achten, wenn sie beruflich scheitern. Ja, das ist für sie viel schlimmer, als kein Geld mehr zu haben! Manch einer würde in der Arbeitslosigkeit ja gar nicht so viel weniger netto haben als heute, wo er früh raus muss, kaum noch Kraft zur Schwarzarbeit hat und sich auch noch mit dem Chef herumärgern muss. Das ist nicht das Thema. Arbeitslos zu sein, damit könnten die Männer angesichts unseres genialen sozialen Netzes, das sie ohnehin auffängt, vielleicht sogar sehr gut leben. Nur die Tatsache, dass sie ihren Frauen gegenüber schlecht (weil arbeitslos) dastehen würden, die macht ihnen zu schaffen.

Und haben sie nicht sogar Recht damit? Sind es nicht oft genug die Frauen, die sich über den beruflichen Erfolg ihrer Männer definieren, die allzu gerne mit den genialen Aufstiegschancen ihrer Partner prahlen und die sich überhaupt nicht vorstellen können, mit einem »Arbeitslosen« liiert zu sein?

28. Meiner Frau genüge ich schon längst nicht mehr

Diese diffuse Angst wird so deutlich nicht artikuliert; in den Protokollen der Interviews zu diesem Teil des Buches war sie eher zwischen den Zeilen zu lesen. Männer spüren, dass die Ansprüche ihrer Frauen ständig wachsen. Im Verlauf der letzten Generationen – oder vielleicht sogar im Verlauf ihrer eigenen Beziehung, also zwischen deren Beginn und heute.

Männer sind viel konservativer als Frauen. Sie verändern sich kaum. Sie möchten bewahren, was sie für gut und richtig halten. Sie möchten möglichst keine Veränderung, auch was sie selbst betrifft. Frauen hingegen entwickeln sich weiter; stellen Sie sich nur mal eine Frau vor, die in den 80er Jahren geheiratet hat und heute Silberhochzeit feiert – was ist seitdem, die Rolle der Frau in der Gesellschaft und in der Partnerschaft betreffend, nicht alles passiert! Ihr Mann ist vielleicht immer noch derselbe. Er spricht so wenig wie damals, er glaubt immer noch, dass er der Chef ist, er macht immer noch denselben Job, er ist im Bett noch so, und letztlich ist er ein Fossil, an dem die Zeit längst vorbeigeflossen ist.

Das ahnt er zwar, aber er macht es sich nicht wirklich klar. Nur insgeheim, von ihm selbst kaum richtig wahrgenommen, bohrt diese Angst: Genüge ich ihr noch? Hätte sie nicht viel lieber einen Typen von heute, der mit all den Veränderungen in der Welt einer Frau besser zurechtkommt als ich? So einen liebevollen, zärtlichen Frauenversteher, von dem man immer liest? Wovon träumt sie heimlich? Wen stellt sie sich vor, wenn wir Sex haben? Von wem schwärmt sie, wenn sie mit ihren Freundinnen spricht? Warum ist sie überhaupt noch mit mir zusammen? Derlei selbstzweiflerische Fragen wird der Mann so schnell wie möglich wieder aus dem Kopf haben wollen. Er schweigt noch intensiver, er grübelt auf der Suche nach Antworten, aber letztlich verdrängt er seine Angst wieder und – lebt genauso weiter wie bisher. Das ist nicht schön. Es ist auch nicht männlich. Aber es ist typisch Mann.

29. Meine Kinder verachten mich

Männer wollen Vorbild sein. Aber es gibt immer mehr Männer, denen genau das nicht mehr gelingt. »Meine Kinder haben ganz andere Idole und Vorbilder, als ich das in ihrem Alter hatte«, grübelt Volker (47), der als Disponent in einer Spedition in Hannover arbeitet: »Wie soll man als Vater den heutigen Idealen entsprechen?« Volker hat viel darüber nachgedacht, warum seine Kinder (16 und 14) ihn nicht so achten, wie er in ihrem Alter seinen Vater geachtet hat. »Es hat bestimmt was mit dem verdammten Internet zu tun«, vermutet er. »Die Kids orientieren sich nur noch an Leuten, die mit wenigen Ideen viele Millionen gemacht haben, also völlig unrealistische Erfolgsstorys. Das finden sie toll. Überhaupt, die Medien. Die blasen doch in dasselbe Horn. Wer heute noch anständig arbeiten geht und morgens um 6 mit der U-Bahn zur Arbeit fährt, der gilt als Idiot. Ist doch so! Jeden Tag schwärmen sie mir was vor von angeblich so tollen Karrieren, von denen sie gelesen haben und die sie sich auch selber für sich vorstellen. Sie sagen es nicht so direkt, aber ich merke das an ihrem Blick: Insgeheim fragen sie sich, warum ich nicht auch so eine tolle Karriere gemacht habe. Ich werde das Gefühl nicht los, dass sie mich insgeheim verachten. Eben weil ich seit 20 Jahren in derselben Firma meinen Job habe und nur versuche, ihn so gut wie möglich zu machen.«

Volker ist damit nicht alleine. Viele Männer leiden heute unter dem Gefühl, nicht mehr über die natürliche Autorität zu verfügen, die sie selbst von ihren Vätern her kannten. Fragt man dann allerdings nach und lässt sie über sich selbst bzw. ihr Familienleben reflektieren, so werden erhebliche Defizite in ihrem eigenen Verhalten aufgedeckt, die sicher auch zum immer schwieriger werdenden Verhältnis zu ihren Kindern beitragen: Wenn sie abends nach Hause kommen, muss das Kind nicht einmal sein Computerspiel unterbrechen; die Väter geben sich mit einem mürrischen »Hallo« zufrieden. Gemeinsame Mahlzeiten gehören in vielen Familien der Vergangenheit an. Der Fernseher läuft eigentlich fast ununterbrochen und erstickt jede familieninterne Kommunikation. Und gemeinsame Ausflüge am Wochenende, irgendetwas Spannendes zusammen erleben, den Kindern die Sterne erklären oder Angeln beibringen? Ein Kind, das so etwas heute noch erlebt, hat wirklich Glück. Die Regel ist es nicht im Deutschland 2008. Zu viele Eltern erliegen den Verlockungen unserer eiskalten, familienfeindlichen Mediengesellschaft, in der die Erfolgsgeschichte einer gecasteten Band die Gutenacht-Geschichte und die quotentreibende Suche nach dem Superstar die einst so fantasievollen Kinderträume ersetzt. Haben die Väter also selber Schuld? Volker sagt: »Ich habe es einfach falsch angefangen. Und jetzt fehlt mir die Kraft.«

30. Ich gelte als Loser

»Immer der Blick auf die Nachbarn. Die haben mehr, die können mehr, die machen mehr, die leisten sich mehr. Meine Frau orientiert sich nur an anderen Leuten. Sie will so sein wie sie. Bloß keine Schwäche zeigen. In den bedrückendsten Filmen über die Scheinheiligkeit von amerikanischen Vorstadtsiedlungen geht es nicht schlimmer zu als bei uns zuhause«, bricht es aus Michael (38) nach dem ersten Wodka heraus. Zuvor hatte er noch sein brillantes Familienleben gelobt und sich selbst als absolut glücklich bezeichnet. Er wollte eigentlich Architekt werden, ist »nur« technischer Zeichner und kämpft seit seiner

Hochzeit vor neun Jahren mit der Angst, von seiner leicht neuroti-schen Frau, ihren Eltern (Vater ist Architekt) und den Nachbarn für einen Loser gehalten zu werden. Er weiß, dass er dann alles verlieren würde: Reihenhaus, Ehefrau, Kinder, Wohlstand, denn »mit einem Loser wäre sie nicht lange zusammen«. Jeder Mann hat in seinem Bekannten- oder Freundeskreis einen Kumpel, der sich bereits auf der schattigen Seite des Lebens befindet. Krankheit, Arbeitslosigkeit, am Burn-Out-Syndrom leiden oder den Anschluss an die neue Zeit ver-passen, technisch und wissensmäßig nicht mehr mithalten können, überholt werden von jungen Schnöseln, auf dem Abstellgleis landen, übergangen werden, nicht mehr wichtig sein: All das sind Befürch-tungen, die Männer von heute ins Bett begleiten, ihnen oft genug erst die Potenz und dann den Schlaf rauben und die sie morgens gerädert aufwachen lassen, was nicht unbedingt eine gute Voraussetzung dafür ist, im Job auf der Winner-Seite zu bleiben.

Wenn ein Mann davon spricht, dass er vielleicht schon bald ein Loser sei, dann meint er grundsätzlich immer sein Berufsleben. Er verbindet den Begriff »Loser« nicht mit Sätzen wie »Ich könnte ein schlechter Ehemann geworden sein« oder »Ich bin ein schlechter Vater«. Er denkt wirtschaftlich-exakt und damit natürlich gleichzeitig tunnelmäßig eingeschränkt, denn sein mögliches Versagen reduziert der Mann auf seinen Job. Nichts, gar nichts wäre für ihn schlimmer, als beruflich zu scheitern. Man kann getrost davon ausgehen, dass nur der Tod eines nahen Angehörigen ihn mehr umhauen würde als der Verlust der beruflichen Reputation. Selbst eine schmutzige Scheidung käme ihm harmloser vor, »denn«, so sagt Heizungsbauer Ralf (42), »Frauen kommen und gehen, und heute gehen sie wohl eher, als dass sie kommen. Aber den Job, weißt du: Der begleitet dich dein Leben lang, der ist Teil von dir, der ist echt wichtig.« Echt wichtig ...

31. Ich gehe Pleite

Da ist die Angst vor wirtschaftlichem Ruin natürlich nicht weit (siehe Kapitel 30) und haut in dieselbe Kerbe. Der Mann als solcher weiß ge-nau, was nach dem beruflichen Abstieg kommt: Der Verlust von allem, wofür er jahrzehntelang gearbeitet hat. Die Pleite als Schreckgespenst;

heute heißt sie »persönliche Insolvenz«. Das klingt etwas harmloser, ist aber noch schlimmer, weil »pleite« für den Mann oft schon ein vorübergehendes Minus auf dem Konto bedeutet, aber die »PI« ist endgültig, bezieht Behörden mit ein und lässt ihm tatsächlich nur noch den Mindestbehalt, der lächerlich gering ist. »Manchmal«, sagt Jerry (29, Finanzberater), »manchmal träume ich davon, dass ich die EC-Karte in den Automaten stecke, zehn Leute stehen hinter mir, und es kommt »tilt«: Karte einbehalten. Mir bricht der kalte Schweiß aus, ich gehe raus und die Leute in der Schlange lachen laut über mich. Dann wache ich auf und sehe das noch genau vor mir. Wie die lachen über mich, verstehst du? Es ist die Hölle. Über mich lacht keiner. Nur im Traum.«

Wie armselig, werden viele sagen. Ein junger Mann auf der Erfolgsstraße, in einem angesagten Beruf, gesund und munter, und er quält sich mit der Angst, dass die Leute am EC-Automaten über ihn lachen könnten. Ja – das stimmt genau: Es ist armselig. Aber es ist Realität. Pleite zu sein, ist für Männer so schlimm wie Arbeitslosigkeit: Positive Grundeinstellungen wie »Wir schaffen das schon«, »Hinterm Horizont geht's weiter«, »Irgendwie gibt es immer einen Ausweg«, »Auf Regen folgt Sonne« und »Hauptsache, wir haben uns lieb« sind der heutigen Männer-Generation zugunsten von nackten Überlebensängsten in einer immer kälter werdenden Welt abhanden gekommen. Danke jede Frau ihrem Schöpfer, wenn sie einen Mann mit ebendiesen positiven Grundeinstellungen hat. Träumer, Gaukler, Lebenskünstler und Illusionisten waren in den 70ern angesagt, in den 90ern schon wieder verpönt, aber heute – in einer Zeit, wo der Mann morgens zur Arbeit geht und sie abends vielleicht schon verloren hat – wünschen sich viele Frauen einen Mann, der zur Not auch eine Weile mit ihnen von positiven Visionen leben kann. Leider gibt es solche Männer kaum noch: Sie haben sich entweder negativ verändert, oder sie sind schon eine Weile tot.

32. Meine Frau ist klüger als ich

Ach du Schreck, das wäre ja fürchterlich! Eine klügere Frau ist die vorweggenommene Hölle, in der man als Mann noch zu Lebzeiten schmoren muss. Sie könnte ja widersprechen und die besseren Argumente haben, man kann ihr gar nicht mehr die Welt erklären, oder sogar noch schrecklicher: Sie will dir, dem Mann, die Welt erklären. Wo kommen wir Männer denn da hin?

Kein Klischee, das man nicht bestätigt findet. Tatsächlich trifft man auch heute noch auf Männer, die sich nicht vorstellen können, mit einer gebildeteren Frau zusammen zu sein, als sie das sind. Es hat sich wirklich nicht viel geändert! »Dann hätte ich ja immer ein schlechtes Gewissen, wenn ich vor der Glotze einschlafe und sie liest ein schlaues Buch«, gruselt sich Richy, ein Kellner aus Duisburg. Sein Chef grinst: »Sie muss nur so klug sein, dass sie die Küchentür zumacht. Von innen.« – »Eine Studierte kommt mir nicht noch mal ins Haus«, bekräftigt Ernst (48), ein geschiedener Stammgast. »Ständig hat man Debatten, und alles weiß sie besser.« – »Ich hatte mal eine«, mischt sich ein anderer Gast ein, »die wollte immer alles selber reparieren. Ich hatte überhaupt nichts mehr, was ich auf meine Weise regeln konnte. Furchtbar war das.« Die vier diskutieren nun, ob eine kluge Frau auch automatisch intelligent ist und umgekehrt, und ob die praktische Begabung im Haushalt überhaupt irgendetwas mit Klugheit oder Intelligenz zu tun hat.

Privat sind Männer kopffaul, auch wenn sie ihren Grips in der Firma anstrengen müssen. Sie möchten sich abends entspannen. Ganz spießig möchten sie auf dem Sofa lümmeln und zappen, am liebsten wie Ekel Alfred im Unterhemd. Das tun viele auch – zumindest, wenn sie mit sich allein sind. Dann legen sie die Füße auf den Tisch, behalten dabei die Schuhe an, rülpsen und furzen ungeniert und genießen es, einfach nur Mann sein zu dürfen. Die Anwesenheit einer Frau zwingt sie in ein gewisses Korsett, denn nun müssen sie sich »anständig« betragen. Das akzeptieren sie auch. Nur die Vorstellung, dass sie nun auch noch intelligente Gespräche führen sollen, vielleicht über politische oder ansonsten gesellschaftlich relevante Themen, die schreckt sie ab. Ob wohl deshalb so viele Frauen, die was im Köpfchen haben, Single sind?

33. Meine Frau betrügt mich

Vor allem die Medien sind schuld daran, dass Männer an jeder Straßenecke den Lover ihrer Frau zu wittern meinen. Wie erfolgreich und gerissen Frauen ihre Männer betrügen und dass diese immer zu allerletzt davon erfahren, ist ein beliebtes Thema in der Presse, und bei Männern ist die Nachricht angekommen: Trau, schau wem – aber auf keinen Fall deiner Frau.

»Ich kann mich auf meine hundertprozentig verlassen«, sagt Ulf (48) in einer Dresdner Bierkneipe, und zwei andere schauen ihn mitleidig an: »Das haben wir von unseren Frauen auch geglaubt.« Was soll Ulf dagegen einwenden? Er steht als Trottel da. Egal, was er sagt und bisher zu wissen glaubte.

Denn »das sagen sie alle, bis sie eines Besseren belehrt werden« ist ein Totschlagargument, gegen das es keines mehr gibt. Andererseits lässt sich aber auch nicht bestreiten, dass noch nie so viele Frauen fremdgingen wie heute; insofern sollte sich Ulf nicht allzu sicher sein: Weitaus die Mehrheit der Scheidungen wird von Frauen eingereicht – und die trennen sich meistens erst, wenn sie bereits anderweitig gut und weich gepolstert aufgefangen werden. Man könnte also schluss-folgern, dass zumindest diese typisch männliche Angst nicht ganz so weit hergeholt ist.

34. Meine Frau will mich verlassen

Viele Männer befürchten, dass der Zug für ihre Ehe längst abgefahren ist und dass sie als Letzte davon erfahren werden. Sie haben ein latent schlechtes Gewissen, und das mit Recht: Jahrelang haben sie sich wie Paschas benommen und so getan, als hätten sie ihre Frau gekauft.

Jetzt aber begreifen sie langsam, dass sie die Rechnung ohne die Wir-tin gemacht haben: Frauen müssen nicht mehr bei ihren Männern blei-ben; es gibt dafür weder gesellschaftliche Zwänge noch andere schwer-wiegende Gründe wie z.B. den drohenden Absturz ins soziale Nichts.

Der Mann als solcher ist aber ein konservatives Wesen und wünscht keine gravierende Veränderung in seinem persönlichen Umfeld – es sei denn, er führt sie selbst herbei. Deshalb haben Männer eine Heiden-angst davor, dass sie verlassen werden könnten. Es handelt sich da-rüber hinaus um ein typisch männliches Imageproblem: Eine Frau zu verlassen, empfinden Männer als aktive Tat, die vielleicht nicht fair sein mag, aber doch immerhin als männlich gilt. Verlassen zu werden, ist hingegen schmachvoll und unmännlich.

35. Einer von uns stirbt zuerst

Eine nahe liegende Befürchtung, denn so wird es mit 99,9 % Wahrscheinlichkeit auch kommen – es sei denn, beide sterben bei einem Flugzeugabsturz, oder es ereignet sich eine ähnlich gravierende unverhoffte Familiendezimierung.

Die Angst der Männer ist ambivalent, womit sich die Formulierung in der Überschrift erklärt: Sie haben durchaus nicht nur die Angst, dass ihre Frauen vor ihnen sterben könnten und sie zwangsläufig alleine zurückbleiben würden – sondern mindestens ebenso plagt sie die vage Befürchtung, *sie* könnten vor ihren Frauen sterben, und diese könnten dann …

An dieser Stelle stoppt der männliche Gedankenfluss, denn man mag sich gar nicht vorstellen, was alles passieren könnte: Wie geht die möglicherweise noch recht lustige Witwe mit dem hart erarbeiteten Hab und Gut um? Wird sie die ebenfalls erbberechtigten Kinder austricksen oder wird sie von denen ausgetrickst? Gibt es schon bald bzw. nach Ablauf einer gewissen Schamfrist einen Neuen in ihrem Leben, der vielleicht besser und zärtlicher sein wird, als man selber das zu Lebzeiten war? Und, das plagt Männer bisweilen auch, gibt es ein Leben nach dem Tod – wird man also das wilde Treiben der trauernden Witwe vielleicht von oben beobachten müssen, ohne eingreifen zu können? Frauen können sich gar nicht vorstellen, mit welch skurrilen Themen Männer sich beschäftigen, wenn sie unter sich sind. Tatsache ist: Sie machen sich Gedanken! Und sie reden darüber! Wenn keine Frau dabei ist.

Viertes Kapitel

WAS WIR MÄNNER GEGEN UNSERE ÄNGSTE TUN

36. Mein guter Freund, der Alkohol

Saufen ist nach wie vor der beste Tröster des Mannes, wenn er Probleme hat. Dies gilt quer durch alle Schichten und Altersklassen. Mit Alkohol wird verdängt und betäubt. »Ich trinke ein paar und die Probleme sind weg«, sagt Andreas, ein in Scheidung lebender Einzelhandelskaufmann aus Neuss. »Das machen doch alle so. Ich hab keine Lust, mit jemandem zu reden. Da trink ich lieber.«

Andererseits lockert Alkohol den Männern die Zunge. Von Natur aus eher verschlossen und wortkarg, verwickeln sie sich unter dem Einfluss von Alkohol gegenseitig in lautstarke Debatten über Gott und die Welt, ihre eigenen Eheprobleme und die Sorgen der Kumpels. »Erst mal ein Bierchen auf den Tisch und einen Kurzen, dann redet es sich gleich viel offener«, sagt Timo (52), der lieber gleich mit der Taxe zum Stammtisch fährt. »Wir sind zu fünft, alles gute Freunde, und wir treffen uns immer am ersten Mittwoch im Monat in immer derselben Kneipe. Das ist nun mal so Brauch bei uns. Erst geht es um harmlose Sachen, die heute vielleicht in der Zeitung gestanden haben und die alle interessieren. Dann um Politik, klar.

Aber dann sind wir alle schon ein bisschen angeheitert und erzählen uns gegenseitig Schauergeschichten aus unseren Ehen. Obwohl wir ja im Grunde eigentlich alle glücklich sind, oder fast alle. Wir lästern und schimpfen wie verrückt, und je betrunkener wir werden, desto größer ist das Elend. Ja, hinterher fühlt man sich besser. Man hat sich ausgekotzt, oder es ist so wie Sauna. Aber ohne Alkohol würde das nicht funktionieren, denn dann würden wir gar nicht so offen miteinander reden über alles. Wenn meine Frau mich so reden hören könnte, die würde sich wahrscheinlich trennen.«

37. Mein guter Freund, der Kumpel

Männer mit gravierenden Problemen gehen damit erst zum Kumpel und dann zur eigenen Frau. Oder sie gehen nur zum Kumpel und gar nicht zur Frau. Das hat einen vernünftigen Grund. Der Kumpel vergisst. Die Frau vergisst nie. »Stell dir vor, du hast Stress im Job. Die sparen Leute ein, und du stehst auf der Liste. Jetzt brauchst du eine

Strategie, und wenn die anschlägt, dann wird alles wieder gut. Wie soll ich mit meiner Frau darüber reden? Nee. Die würde derart Panik schieben, dass ich ihr danach überhaupt nichts mehr erzählen dürfte. Bei jeder Kleinigkeit würde sie wieder damit anfangen. Kein Bedarf. Wenn ich so was zu bereden habe, und irgendwann will man ja dann doch mal reden, dann geh ich zu meinem Kumpel. Wenn ich dem sage: Hör mal, Problem erledigt und Schwamm drüber, dann spricht er mich nie mehr drauf an. Der vergisst das sogar! Dem kann ich was anvertrauen. Frauen reagieren immer viel zu heftig. Meine würde mir das noch nach Jahren aufs Brot schmieren, auch wenn die Krise längst vorbei ist.«

Das ist ein O-Ton von Sven, der in einer Augsburger Kfz-Werkstatt arbeitet und vier Jahre verheiratet ist. Fast alle Männer würden sagen: Ja, genau. So ist es. Der Mann hat absolut Recht.

38. Mein Hobby ist mein Trost

Garage, Bastelkeller, Angeln, Modellbahn: Nicht jeder Mann, der sich ins Hobby vergräbt, hat ein Problem mit seiner Frau. Aber jeder Mann, der ein Problem mit seiner Frau hat, vergräbt sich in sein Hobby. Das war schon immer so, und es hat sich nicht geändert. Vor allem die weibliche Redseligkeit und die ständige Forderung nach immer noch mehr Aufmerksamkeit und Anteilnahme weckt in Männern die Sehnsucht nach einer Höhle, einer Ruhezone, einem Fluchtraum, wo sie nichts vorfinden als ihren so sehr vermissten Frieden.

Männer wollen weder reden, noch möchten sie sich mit irgendetwas auseinandersetzen, noch neigen sie zum Austausch von Zärtlichkeiten. Sie machen das alles nur gezwungenermaßen. Umso glücklicher sind sie, wenn sie Abstand zum Alltag und den ganzen mit ihm verbundenen Sorgen gewinnen und sich irgendwohin zurückziehen können. Männer fühlen sich von ihren Frauen grundsätzlich überfordert. Ständig sollen sie zuhören, sich den Kopf zerbrechen, Interesse zeigen, antworten, neuen Einwänden zuhören, diese klug und doch gefühlvoll wiederum beantworten usw., das hört nie auf. Es nervt. Wenn Männer aber zusätzlich noch Probleme, Nöte und Ängste mit sich herumtragen, sind sie doppelt empfindlich, und ihr Bedürfnis nach einer Ruhezone steigt drastisch an. Was kann man tun als Frau? Ihn »in Ruhe« lassen. Wortwörtlich.

39. Ich rede überhaupt nicht mehr

Aus Männersicht gibt es einen guten Grund, Probleme zu verschweigen und sich in die totale Sprachlosigkeit zu flüchten. Der Grund ist: Die meisten Frauen bohren in offenen Wunden, anstatt sie zu verbinden. Sie reden die Sache tot. Sie nehmen alles persönlich, wollen ständig helfen, raten und trösten und merken überhaupt nicht, dass sie damit alles noch viel schlimmer machen.

Männer ahnen, warum Frauen so sind: Es ist die typisch weibliche Gier nach ständiger Selbstbestätigung, ausgelöst durch ein extrem unterentwickeltes Selbstbewusstsein, die sie zur stets aktiven Helferin und permanent vor sich hinplappernden seelischen Krankenschwester mutieren lässt. Männer wollen aber keine Krankenschwester, die sie erst richtig krank aussehen lässt. Sie wollen eine Partnerin, die zuhört und die ihre guten Ratschläge erst dann erteilt, wenn sie danach gefragt wird.

Frauen kritisieren so gern, dass Männer zu wenig reden. Es ist aber ebenso richtig, dass Frauen öfter mal die Klappe halten sollten, statt sich in jedes männliche Problem einzumischen. Denn jeder weibliche Trost und jedes weibliche Hilfsangebot nimmt dem Mann ein kleines Scheibchen seiner Männlichkeit. »Ich rede so wenig wie möglich oder gar nicht mehr mit meiner Frau«, sagt ein Kraftfahrer. »Aus jeder Mücke macht sie einen Elefanten, und ständig will sie alles vertiefen. Das ist ihr Lieblingswort. Ob wir das nicht mal vertiefen können, fragt sie mich. Nein, nein, nein: Ich will überhaupt nichts vertiefen. Und weil sie das nicht begreift, halte ich eben die Klappe.«

40. Ich flüchte mich in Träume

»Einmal mit dem Wohnmobil durch Amerika fahren, davon träume ich schon lange. Und seitdem meine Ehe nicht mehr so läuft, ist mein Traum der schönste Trost«, sagt ein Rentner aus Hamburg. »Ehrlich gesagt, kann ich meine Frau schon 15 Jahre nicht mehr ertragen. Aber ich bin zu bequem, um jetzt noch was zu ändern. Da schaffe ich mir lieber meine eigene Traumwelt. Ich kaufe mir Bücher, wälze Landkarten und kann die ganzen Ausfahrten von der Route 66 schon auswendig aufzählen. Machen werde ich das erst, wenn sie gestorben ist. Aber dann geht es los, wenn ich noch kann.«

Ein Taxifahrer, um die 40, sagt in derselben Tresenrunde: »Ja, was will man denn machen, wenn man zu Hause die Hölle hat. Ohne Träume geht man doch ein. Ich träume von einer eigenen Taxe. Und von einem Lottogewinn. Mein Leben ist eigentlich nicht so schön verlaufen. Hab immer die falschen Chancen ergriffen und bin oft auf die Schnauze gefallen. Aber die Träume, die sind schön. Die bleiben. Ich kann sogar träumen, wenn meine Frau mit mir keift. Das geht mir zum einen Ohr rein und zum anderen raus. Ich bin in meiner Traumwelt drin.«

41. Ich hab jetzt eine Geliebte

Manfred ist 42. Also im allerbesten Alter. Als er vor 17 Jahren heiratete, wollte er seiner Frau für immer treu bleiben. »Ich hab das echt so geplant«, sagt er. Aber es ist anders gekommen. Vor zwei Jahren hat sich seine Frau »schwer verändert«, sagt er. Sie sei zickig geworden, nichts könne er ihr mehr recht machen, und eigentlich habe ihre Unzufriedenheit ausgereicht, um ihn in die Scheidung zu treiben. Aber das habe er nicht gewollt: »Da sind die Kinder, das Haus, ich will nicht auf alles verzichten.«

Manfred hat daraufhin beschlossen, sich eine zweite Welt aufzubauen. »Ich hab eine Frau kennengelernt, die ist ganz anders. Unkompliziert, gut gelaunt, selbstständig und außerdem auch noch 10 Jahre jünger als meine. Erst wollte ich nicht. Aber dann hab ich mir gesagt: Warum eigentlich nicht? Ich kann doch nichts dafür, dass meine Frau sich so negativ entwickelt. Kann ich mir nicht bei der anderen holen, was ich zuhause so vermisse: ein bisschen Spaß, Fröhlichkeit und Glück, wenn auch nur auf Zeit? Ich hab doch auch ein Recht darauf! Seitdem bin ich richtig aufgeblüht, finde ich jedenfalls. Meine Frau nervt mich nicht mehr so. Ich ertrage sie einfach besser.

Und meine Kinder haben ihren Vater immer noch. Letztlich muss ich sagen: Mir eine Geliebte zu nehmen, war die richtige Entscheidung. Eigentlich müsste ich die vom Arzt verordnet bekommen haben.«

42. Wie ist die ideale Frau?

Zählen wir mal alle Klischees auf, die uns einfallen! Die ideale Frau ist halb Krankenschwester, halb Hure. Halb Mütterchen, halb kleines Mädchen. Verlässlich wie ein Kumpel, kämpferisch wie ein Löwe, weich wie Butter in der Sonne und im Notfall hart wie Stahl. Lustig ist auch wichtig. Niemals ist sie schlecht gelaunt. Und wenn, dann nicht für lange. Keinesfalls ist sie nachtragend. Aber hübsch. Sie kann mit der Kettensäge genauso umgehen wie mit dem Sahnequirl. Sie trägt eine Jeans und alle sagen »wow!«. Sie trägt ein Abendkleid und alle sagen nochmals »wow!«. Sie muss nicht studiert haben, aber sie sollte sich für alles interessieren. Sie sollte keinesfalls geistig stehen bleiben, sondern sie sollte sich weiterentwickeln wollen. Sie darf gern einen Beruf haben, wenn sich das mit den Kindern vereinbaren lässt. Aber sie sollte dem Mann kein schlechtes Gewissen machen, wenn er selber auf seinen Job nicht verzichten möchte oder kann. Auf jeden Fall muss sie total loyal sein. Sie verzichtet grundsätzlich auf diese vielen kleinen verbalen Spitzen, die sich manche Männer von ihren Frauen ständig anhören müssen.

Wenn ihr was nicht passt, dann sagt sie das, und gut ist. Sie verbreitet fast immer gute Laune. Sie interessiert sich für alles, was ihr Mann zu erzählen hat, und sie merkt sich das Wichtige. Aber sie tut nicht ständig so, als wenn sie ihrem Mann erst das Leben erklären oder gute Ratschläge erteilen muss, denn sie weiß: Ich habe einen erwachsenen Mann an meiner Seite, der sehr wohl für sich selbst zu sorgen weiß. Sie kann auch mal die Klappe halten! Sie zählt ihm auf Partys nicht die Gläschen in den Hals. Sie will ihn überhaupt nicht verändern. Schließlich wusste sie ja vorher, was sie kriegt. Und nie, niemals fragt sie: »Was denkst du gerade, Schatz?«

So weit alle Klischees, die uns Männern einfallen. Und wissen Sie was? Alle sind wahr. Nur ein Klischee fehlt noch: Wenn der Mann keine Lust zum Reden hat, dann lässt sie ihn in Ruhe. Das finden Männer gut. Und auch dieses Klischee – ist wahr. Und nun geben Sie bitte Ihrem Mann das Buch »Wie Frauen ticken – und wie Männer darüber denken«. Er kann ja hinten anfangen …

Eine Erwiderung von
Marie Theres Kroetz-Relin

DAS LETZTE WORT
HAT NATÜRLICH EINE FRAU!

Frauen müssen immer das letzte Wort haben. Das ist widerlich, ich weiß, aber ich kann es mir trotzdem nicht verkneifen, meinen Senf dazuzugeben.

Beim Lesen des »männlichen« Anhangs, den mein werter Co-Autor im Alleingang mühsam recherchiert hat, musste ich als Frau manchmal kräftig schlucken. Denken Männer heutzutage wirklich so über Frauen? Da kam mir doch gleich Eva, die Ur-Hausfrau in den Sinn, Sie wissen schon, »Adams Rippe«, die Gott aus dem Paradies gekickt hat, bloß weil sie ihren Lover mit einem Apfel verführt hat (Das Dummchen, hätte ihn ja auch ganz anders verführen können!). Zusätzlich zur Verbannung wurden Apfel-Eva vom Herrn auch noch extra Strafen aufgebrummt: »Du sollst unter Schmerzen Kinder gebären, dein Wille soll deinem Mann unterworfen sein und er soll dein Herr sein.«

Und seitdem versuchen wir, unserem Adam das Paradies auf Erden zu ermöglichen, und leisten feinste Knochenarbeit. Dumm gelaufen, saublöder Apfel, widerliche Schlange – Frauen sind an allem schuld? Denkste! Auch das ist ein Jahrtausende altes Bild, ein Klischee, das in der Bibel zu finden ist.

Aber gerade mal fünfzig Jahre ist es her, dass die Emanzipation erwacht ist! In diesem Zeitverhältnis betrachtet, steckt die Evolution der Gleichberechtigung noch tief in den Kinderschuhen. Und trotzdem fordern jetzt schon die armen, unterdrückten männlichen Zeitgenossen unser Mitleid und Verständnis und sehnen sich nach der klischeebehafteten, idealen Frau?

Darüber habe ich nachgedacht und bin auf der Suche nach dem »Warum« auf eine Tatsache gestoßen, die es seit Menschengedenken – selbst ohne Gedenken – gibt, die aber bis heute viel zu wenig das weibliche Bewusstsein durchdrungen hat: Männer können ohne Frauen nicht existieren! Ich höre den Aufschrei der männlichen Leserschaft. Aber nein, meine Herren, auf euer edles Tröpfchen wollen wir ja gar nicht verzichten, denn ohne Sex wird die Lebensqualität samt Hormonhaushalt auf Null reduziert, ganz abgesehen von dem Spaß, den man verpasst.

Aber trotzdem ist es Fakt, und sogar die Wissenschaft beißt sich erfolglos die Zähne daran aus: Wir Frauen können Leben erzeugen! Jawohl! Selbst der größte Macho muss naturgemäß neun Monate in einer kleinen Frau ausharren, um das Licht der Welt zu erblicken.

Im Anschluss folgen der warme mütterliche Busen und Muttis Erziehung, wobei sie gelegentlich ihre innige Liebe zum Sohn mit der zum Ehemann verwechselt. Und ist er endlich erwachsen geworden, kann er sein »Männlichkeitsgedöns« ohne Frauen auch nicht ausleben. Da würde schließlich das Publikum fehlen. So einfach ist das.

Ergo: Wenn Männer tatsächlich so über uns denken, dann sollten wir Frauen mal darüber nachdenken, wer diese Machos eigentlich großgezogen hat. Eben!

Gleichberechtigung beginnt bei der Erziehung unserer Söhne!

In diesem Sinne wünsche ich Ihnen viel Erkenntnis beim Lesen übers »schwache Geschlecht« und seine weibliche Kraft – und zwar Männlein wie Weiblein!

Die Autoren

HAUKE BROST, 60, begann als Taxifahrer und Fahnder für »Aktenzeichen XY ... Ungelöst«. Er wurde Reporter und Partnerschaftsexperte. Der Textchef einer großen Hamburger Boulevardzeitung ist vor allem für seine bissigen Macho-Kolumnen bekannt. Der Bestsellerautor von »Wie Männer ticken« (2005) widmete sich in weiteren Büchern u.a. dem Leid von männlichen Scheidungsopfern (»Kopf hoch, Männer«), bewahrte sich aber stets den Blick aufs Wesentliche – Pamela Andersons kurviger Bildband stammt ebenfalls aus seiner Feder.

Hauke Brost (www.haukebrost.de) ist dreimal geschieden, hat dreimal überlebt und ist zum vierten Mal glücklich verheiratet. Er hat drei Söhne und einen davon alleine großgezogen. Er hat für Männer-Gazetten wie »Esquire« und »Playboy« gearbeitet und erklärte Frauen den *Mann als solchen* in »Petra«, »Für Sie« und anderen Zeitschriften.

MARIE THERES KROETZ-RELIN wurde 1966 in München geboren. Sie ist die Tochter von Schauspielerin Maria Schell und Regisseur Veit Relin. 1983 drehte sie ihren ersten Spielfilm »Secret Places« und war in den folgenden Jahren in verschiedenen Fernsehfilmen und -serien sowie in Sönke Wortmanns Kurzfilm »Drei D« zu sehen. Sie wurde 1987 als beste Nachwuchsschauspielerin mit der Goldenen Kamera ausgezeichnet.

Ihre schauspielerische Karriere endete jäh, als sie sich 1987 in den Dramatiker und Schauspieler Franz Xaver Kroetz verliebte. Von da ab machte sie »Karriere« als dreifache Mutter und rief 2002 die Hausfrauenrevolution.com ins Leben.

Heute ist die freie Journalistin eine erfolgreiche Buchautorin – und geschieden.

Bitte beachten Sie auch die Hinweise
auf den folgenden Seiten.

Hauke Brost |
Hauke Brost & Marie Theres Kroetz-Relin
WIE MÄNNER & FRAUEN TICKEN
Sonderausgabe in einem Band

ISBN 978-3-89602-875-4
© Schwarzkopf & Schwarzkopf Verlag GmbH, Berlin
2. Auflage, November 2009

KATALOG
Wir senden Ihnen gern kostenlos unseren Katalog.
Schwarzkopf & Schwarzkopf Verlag GmbH
Kastanienallee 32, 10435 Berlin
Telefon: 030 – 44 33 63 00
Fax: 030 – 44 33 63 044

INTERNET | E-MAIL
www.schwarzkopf-schwarzkopf.de
info@schwarzkopf-schwarzkopf.de